Die *geheim* gehaltene Geschichte Deutschlands

Frank Fabian

Die *geheim* gehaltene Geschichte Deutschlands

WAS BIS HEUTE VON HISTORIKERN VERSCHWIEGEN WIRD

Bassermann

ISBN: 978-3-8094-3469-6

5. Auflage 2019

© 2015 by Bassermann Verlag, einem Unternehmen der Verlagsgruppe
Random House GmbH, Neumarkter Str. 28, 81673 München

Projektleitung: Dr. Margit Roth
Satz: JUNG MEDIENPARTNER GmbH, Limburg
Bildnachweis: Seite 55, Christoph S., Wolpertinger, creative common license
Umschlaggestaltung: Atelier Versen, Bad Aibling
Umschlagmotiv: © ullstein bild – AKG
Herstellung: Reinhard Soll
Druck und Verarbeitung: GGP Media GmbH, Pößneck

Printed in Germany

INHALT

4. KAPITEL:
DAS 20. JAHRHUNDERT

DAS GANZ ANDERE GESCHICHTSBUCH

„Wenn man die Geschichte nicht kennt, bleibt man auf immer ein Kind, das nie erwachsen wird!", urteilte der große römische Denker Cicero schon vor rund 2 100 Jahren, und seine Worte haben bis heute Gültigkeit.

Wenn wir erwachsen werden und fähig sein wollen, uns ein eigenes Urteil zu bilden, müssen wir – ob wir wollen oder nicht – unser Deutschland verstehen. Möchten wir selbstständig denken lernen, müssen wir die Vergangenheit erforschen. Und die ist unendlich interessant, sofern man sie entsprechend darstellt. Verkümmert das Fach Geschichte dagegen zu einem bloßen Auswendiglernen von „wichtigen" Geschichtszahlen, befindet man sich, salopp gesagt, auf dem falschen Dampfer.

Geschichte muss man verstehen und begreifen, man muss über die verschiedenen Möglichkeiten Rechenschaft ablegen, wie Geschichte hätte verlaufen können. Manchmal sorgte das Versagen einer einzigen Person dafür, dass Deutschland in eine bestimmte Richtung abdriftete und die Ereignisse einen unheilvollen Verlauf nahmen. Und manchmal war umgekehrt eine Handvoll Menschen dafür verantwortlich, dass Deutschland einen sagenhaften Aufschwung erlebte und heute zu den wichtigsten und stabilsten Ländern der Welt zählt, das rund um den Globus glühend beneidet wird.

Liest man Geschichte richtig, klärt sorgfältig alle Wörter, die man nicht versteht, und bemüht sich darum, Zusammenhänge zu begreifen, ist Geschichte voll von den unglaublichsten Erkenntnissen. Dann verschafft sie uns ein fantastisches Datenmaterial für die Gegenwart. Sie kann uns dann gegen Diktatoren immunisieren, ja das Geschichtsstudium vermag uns sogar vor Krieg und Armut zu schützen!

Geschichte, und das ist in dieser Deutlichkeit nie gesagt worden, ist das vielleicht wichtigste Fach überhaupt. Ihre Kenntnis sorgt dafür, dass wir negative historische Experimente nicht wiederholen und nicht ständig auf der Stelle treten, wie ein Hamster im Rad.

Das richtige, das ausführliche Studium der Geschichte macht uns im Zweifelsfall sogar reich. Denn Wirtschaftsgeschichte liefert uns erstaunliche Informationen darüber, welche Investitionen in der Vergangenheit richtig und welche falsch waren – ein Wissen, das auch in der Gegenwart nützt.

Richtig verstanden, versorgt uns Geschichte mit den Erfahrungen der intelligentesten, erfolgreichsten und mächtigsten Männer und Frauen der Vergangenheit – sofern wir uns die Mühe machen, ihre Biografien zu lesen und von ihnen zu lernen. Kein Studium ist wertvoller, kein Studium zahlt sich mehr aus – falls Geschichte richtig dargeboten wird, gut verständlich und verstehbar, und sofern die richtigen Erkenntnisse herausgefiltert werden.

In diesem Sinne ist niemand wichtiger als der Geschichtslehrer oder der Forscher der Historie und hat niemand eine größere Verantwortung als der Historiograf, der Geschichtsschreiber. Er beeinflusst mit seinen Erkenntnissen möglicherweise viele Generationen.

Geschichte klärt auf.

Plötzlich erkennt man, warum Dinge und Verhältnisse, denen wir heute begegnen, so sind, wie sie sind. Sie sind in der Regel auf historischem Boden gewachsen und leichter zu begreifen, wenn man die Vergangenheit kennt. Geschichte ist der Boden, auf dem wir alle stehen – ob wir wollen oder nicht.

Dabei kommt es allerdings, wie gesagt, auf die Auswertung und Bewertung der Fakten und Ereignisse an. Nichts lässt sich leichter manipulieren als Geschehnisse von gestern. Der Historiograf ist verpflichtet, so objektiv und neutral wie möglich zu berichten und darüber hinaus intelligente Schlüsse aus dem Datenmaterial zu ziehen. Werden Fakten nur wie Perlen auf einer Schnur aneinandergereiht, ohne zu konkreten, handfesten und eindeutigen Ergebnissen zu kommen, taugt Geschichte nichts. Wertet man indes „richtig" aus, wird das Fach Geschichte auf einmal zum wichtigsten Wissensgebiet, das man sich vorstellen kann. Dann steigt Geschichte zur Königin der Wissenschaften auf, und nichts wird den Schüler, den Studenten, den Lehrer und den Wissbegierigen mehr interessieren als die Historie. Er wird unversehens vor Begierde fiebern, noch mehr zu erfahren und die „ganze Wahrheit". Denn nichts ist so befriedigend, wie der Wahrheit auf die Spur zu kommen.

Treten wir umgehend den Beweis dafür an und untersuchen wir die Geschichte Deutschlands, aber anders, als es bisher getan wurde: Fragen wir uns zunächst, was das Wort „deutsch" eigentlich bedeutet. Was verbirgt sich hinter diesem Begriff, den wir scheinbar alle kennen? Welche Eigenschaften bezeichnet man als typisch deutsch?

1. KAPITEL

DAS DEUTSCHE AN DEN DEUTSCHEN ODER WAS IST DAS EIGENTLICH: „DEUTSCH"?

Unter diesem Wort kann man sehr viel verstehen. Mit dem Ausdruck „Deutschland" wird einerseits eine genaue geografische Lage bezeichnet und andererseits auch der heutige deutsche Staat, der sich durch eine bestimmte Regierungsform auszeichnet. Neben einer geografischen Definition Deutschlands, dessen Grenzen sich nebenbei bemerkt im Laufe der Jahrhunderte ständig verändert haben, hat also eine Definition mit der Art der Verwaltung und dem politischen Glaubensbekenntnis zu tun.

Aber was *ist* „deutsch"?

Intellektuell ist es immer gefährlich, eine Nation auf bestimmte Eigenschaften zu reduzieren, und zwar nicht nur, weil dies bei den Deutschen so elend missbraucht worden ist, sondern auch und vor allem, weil Verallgemeinerungen nie stimmen. Das trifft beispielsweise auch auf „den Spanier" zu, der so stolz auf seine spanische Identität ist und bei genauem Hinsehen doch ein Mischmasch aus Ligurern (= Ureinwohnern aus Italien), Kelten (aus Frankreich), Iberern und Karthagern (aus Nordafrika) und Juden (aus aller Welt) ist. Griechen, Römer, Araber, Germanen und Juden formten „den Spanier".

„Den Spanier" an sich gibt es also nicht.

Und wie steht es um „die Deutschen"?

Auch „der Deutsche" ist historisch gesehen ein Mischling: Man müsste zunächst all die germanischen Stämme aufzählen, dann den Einfluss Roms in Rechnung stellen und schließlich sogar viele östliche Nachbarn mit einbeziehen, um der Herkunft „der Deutschen" gerecht zu werden. Später vermischten sich noch ein paar Tropfen französisches, englisches und jüdisches Blut mit dem „deutschen".

Auch hier gilt also: „Den Deutschen" an sich gibt es nicht, er ist nicht „reinrassig", sondern aus verschiedenen Völkern und Stämmen gemischt.

Versuchen wir trotzdem, „den Deutschen" zu beschreiben.

Zunächst muss man dafür die alten Germanen und vor allem ihren Götterhimmel betrachten. Nichts verrät ja so viel über ein Volk wie seine Religion.

Der Germane war ein furchtloser Krieger, ein starker, zäher, mitunter brutaler, aber auch treuer Geselle, für den die höchste Ehre darin bestand, im Kampf zu fallen, um in den mythischen Aufenthaltsort *Walhalla* einzugehen. *Wala* bedeutet tot, an *hala* erinnert noch heute das Wort Halle. „Der Ort der Toten", der „Aufenthaltsort/die Halle der Toten" bezeichnete *Walhalla* mithin.

Der Germane liebte den Krieg, die Schlacht, die Beute. In voller Rüstung durch einen reißenden Fluss zu schwimmen galt ihm als Zeichen der Stärke. Er war ausdauernd und mutig ohnegleichen, selbst die tapferen Römer, die über tausend Jahre ein Weltreich regierten, fürchteten die Germanen. Die Götter der Germanen waren wie sie selbst: bärbeißige, kraftvolle, zornige Gestalten, die den Hammer werfen konnten. Man verachtete jeden, der im Bett starb.

Der Germane besaß einen unvergleichlichen Ehrenkodex. Er achtete die persönliche Ehre höher als das eigene Leben – ein Luxus, den sich heute nur wenige leisten.

DER URSPRUNG DES WORTES „DEUTSCH" UND DIE ANFÄNGE

Wir wollen jetzt noch nicht den Beginn Deutschlands nachzeichnen, darauf kommen wir später noch. Erst einmal geht es hier nur um den Begriff „deutsch".

Als sich etwa ab dem 8. Jahrhundert n. Chr. verschiedene deutsche Länder bildeten, drückte das Wort „deutsch" zunächst den Gegensatz zu Latein aus, der Sprache der Gelehrten.

Deutsch hieß sehr viel früher *diutisk*. *Diot* bedeutete Volk. Das Wort „deutsch" bedeutete also Volkssprache. Indem man Deutsch sprach, konnte man sich dem Volke verständlich machen. Das Verb „deuten" will heute noch sagen, wie man etwas zu verstehen hat. So meinte „Deutsch mit jemandem zu reden" offen und verständlich zu reden, „ohne Umschweife und Hintergedanken, geradeheraus und *deut*-lich seine Meinung, die ungeschminkte Wahrheit sagen", wie der Sprachwissenschaftler Lutz Röhrich feststellte.[1] *Lingua theodisca* bedeutete also frei übersetzt „deutliche oder gut verständliche (Volks-)Sprache".

Im 15. Jahrhundert sprach man auch von *tütsch* oder *teutsch* (= deutsch), während das englische Wort *dutch* später die niederländische Sprache (eigentlich nieder-deutsch) bezeichnete.

Das Klare, das Offene, das Ehrliche, aber auch das Grobe, die Faust, das Derbe, all das war „deutsch". „Undeutsch" meinte schon bei Luther (1483–1546) unverständlich, und so entwickelte sich das Wort „deutsch" schließlich zu einer Positivvokabel.

Spätestens mit dem urwüchsigen, kraftvollen Mönch aus Wittenberg, der die Bibel ins Deutsche übersetzte und damit eine Revolution auslöste, trat die deutsche Sprache einen unvergleichlichen Siegeszug an. Sie wurde hoffähig. Man wurde unabhängig von den „Furzköpfen in Rom", womit Luther respektlos auf den Papst deutete. Das Frühneuhochdeutsche entstand mit Luther. Das Althochdeutsche (Beginn der schriftlichen Überlieferung von ca. 810 bis 1100) und das Mittelhochdeutsche (ca. 1100 bis 1500) hatten den Weg geebnet, mit dem Hildebrandslied (einem Heldenlied) und mit den heute weitgehend vergessenen deutschen Poeten wie Walther von der Vogelweide, Hartmann von der Aue und Wolfram von Eschenbach. Aber erst Luther setzte dem Ganzen die Krone auf, denn niemand war so sprachschöpferisch und rührig wie der Wittenberger.

Deutsch wurde ein Markenzeichen.

Doch wie sahen andere Völker die Deutschen in dieser Zeit?

Es ist immer klug, für eine Nabelschau ausländische Wissenschaftler zu befragen. Sie sind nämlich im Allgemeinen neutraler.

Will Durant, der vielleicht renommierteste Historiker der USA, beschreibt „die Deutschen" um die Zeit Luthers folgendermaßen:

„Man geht wohl nicht fehl, wenn man die Deutschen als das gesündeste, vitalste und kraftstrotzendste Volk im damaligen Europa bezeichnet. Wolgemut und Dürer, Cranach und Holbein [allesamt Maler] zeigen sie uns als muskelstarke, stiernackige Männer mit runden Schädeln, die, mit Löwenherzen ausgestattet, bereit scheinen, die Welt zu verschlingen und mit Bier hinunterzuspülen. Wie die schrecklichen Folterinstrumente aus jener Zeit beweisen, konnten sie grausam sein; sie waren aber auch gutmütig und großherzig und gaben ihrem religiösen Fanatismus nur selten blutigen Ausdruck; die Inquisition war verpönt und wurde im Allgemeinen nicht geduldet. Ein derbes, aber fröhliches Volk, erlaubten sie es ihrer Sinnlichkeit, allzu herbe Formen der Frömmigkeit zu mildern; ihr eher robuster Geist neigte mehr zu handgreiflichem Schabernack als zu trockenem Witz; er nahm der Logik den Stachel, der

Schönheit den Schmelz und ließ weder das Raffinement der Franzosen noch die Eleganz der Italiener aufkommen. Ihre magere Renaissance blieb im Bibelstudium stecken; andererseits war ihr Denken von einer solchen Emsigkeit, gradlinigen Hartnäckigkeit und Robustheit, dass es sie in den Stand setzte, den Bruch mit Rom zu vollziehen und – später – die größten Wissenschaftler in der Geschichte hervorzubringen."[2]

Gleichzeitig waren die Deutschen künstlerisch hochbegabt. Im 15., 16. und 17. Jahrhundert wurden sie regelrecht hofiert. Deutsche Holzschnitzer, Goldschmiede, Gießer, Maler, Bildhauer, Baumeister, Architekten, Kupferstecher und Steinmetze waren überall in Europa gefragt – von Albrecht Dürer, dem großen Meister, ganz zu schweigen. Gleichwohl existierte noch kein einheitliches „Deutschland", wie wir es heute kennen. Lediglich die „deutsche Sprache" und die „deutsche Kultur" bildeten ein gemeinsames Band.

Vor einigen Jahrhunderten gab es mehr als 300 unabhängige „deutsche" Staaten. Jeder dieser Kleinstaaten besaß seinen eigenen Bischof, Abt, Fürsten, Grafen oder König, fast jeder seine eigene Armee, seine eigene Münzprägung und die Bürger oft ihre eigene typische Kleidung. Nur die Sprache, die Musik und die Kunst waren gleich, waren „deutsch". Viele Fürstentümer (z. B. Würzburg, Mainz oder Köln) wurden von Bischöfen oder Äbten geleitet, daneben gab es zahlreiche freie Reichstädte (wie Frankfurt, Hamburg, Bremen oder Nürnberg), die Vielfalt war erstaunlich.

Trotzdem war die Ausbildung in „deutschen Landen" ausgezeichnet – allen voran in Preußen. Sieht man von den zahlreichen Ohrfeigen ab – ein Lehrer berichtete, dass er im Laufe seines Lebens 1.115.800 Ohrfeigen austeilte! – brauchte man den Vergleich mit anderen Ländern nicht zu scheuen.

Die Bedeutsamkeit von Ausbildung und Bildung im 18. Jahrhundert führte schließlich zu einem sagenhaften Aufschwung. Eine relative Freiheit führte zu Ideen, Ideen brachten Wohlstand und Wohlstand ließ die Künste erblühen. Damit war der Boden für Goethe und Schiller und die Goldene Zeit der deutschen Philosophie bereitet.

Doch „deutsch" war auch die sprichwörtliche Sauberkeit. Nirgendwo gab es damals so viele Badestuben in Europa wie in deutschen

Landen. „Deutsch" war auch die große Liebe zur Musik. Überall sang man in Deutschland und fast jeder Deutsche spielte in dieser Zeit ein Instrument. „Deutsch" waren Händel und Haydn, Bach und Beethoven und selbstverständlich Mozart, der bis heute als der weltbeste Komponist gefeiert wird.

Parallel dazu begann die Wirtschaftskraft der Deutschen zu erstarken.

FRIEDRICH WILHELM I.

Es stimmt: Schon vorher gab es eine Periode relativer Stabilität. Handel und Gewerbe waren ermutigt und eine verhältnismäßig große Liberalität ausländischen Unternehmern gegenüber an den Tag gelegt worden. Die preußische Beamten- und Verwaltungseffizienz war legendär. Aber erst im 18. Jahrhundert begann der sagenhafte Aufstieg. Und drei Faktoren begründeten diesen Erfolg: die unnachgiebige Förderung der Wirtschaft, die religiöse Toleranz und das Hochhalten von Gesetz und Ordnung.

Friedrich Wilhelm I. (1688–1740), der Große Kurfürst, leitete wichtige Reformen ein, die sein Sohn später fortführte. Zunächst legte er Wert auf die alten deutschen Tugenden: Fleiß und Sparsamkeit wurden besonders gefördert. Er bestrafte herumlungernde Landstreicher, während er auf der anderen Seite Manufakturen, Industrie und Handel in besonderem Maße förderte. 1717 führte er die Schulpflicht ein. Bereits 1750, so urteilen Historiker, war Preußen in puncto Schulbildung ganz Europa haushoch überlegen. Besonders seine religiöse Toleranz war ein Pluspunkt: Friedrich Wilhelm I. erkannte so klar wie kein anderer, dass religiöse Intoleranz den Staat behindert. So gestattete er seinem Volk, lutherisch zu bleiben, während er selbst einem anderen Bekenntnis anhing. Nicht nur Katholiken und Juden gewährte er Religionsfreiheit, sondern auch vielen anderen Glaubensbekenntnissen. Darüber hinaus förderte er das geistige Leben. Schließlich fanden unter seiner strengen Hand Wirtschafts- und Verwaltungsreformen statt. Friedrich Wilhelm I. sorgte dafür, dass die Ackerbaumethoden verbessert wurden und der

Handel wieder in Schwung kam. Es entwickelten sich neue Industrien auf deutschem Boden (wie die Seidenindustrie). Bemerkenswerterweise kümmerte sich der große Preuße aber auch um die Natur. So verfügte er einen Erlass, wonach jeder Bauer vor seiner Hochzeit zwölf Bäume pflanzen musste.

Aber es sollte noch besser kommen.

DEUTSCHLAND NACH 1800

Nach Ansicht vieler Geschichtswissenschaftler, unter ihnen beispielsweise der Historiker Heinrich Treitschke, hatte Deutschland seine glanzvollste Zeit um und nach 1800. Dieses Urteil rührt zum Teil daher, dass in dieser Zeit wirklich bedeutende Geister auf deutschem Boden lebten. Hier sind Goethe und Schiller zu nennen, die von England bis Italien bekannt waren, aber auch die berühmten Philosophen Kant, Fichte, Schelling und Hegel, die von Russland bis Frankreich gelesen wurden. Und wir dürfen noch einmal auf Haydn, Mozart und Beethoven stolz sein, die die gesamte (musikalische) Welt eroberten. Wie war eine solche Blüte möglich?

Ein Grund ist sicherlich, dass damals zahlreiche (deutsche) Staaten existierten. Durch diese Vielfalt war eine gewisse politische Freiheit gegeben; nicht alles wurde zentralisiert entschieden. So erhielten sich kulturelle Eigenarten. Diese vielen kleinen deutschen Staaten waren zwar politisch nicht sehr stark – was von Nachteil war, wie sich später zeigte, als Napoleon sie im Handstreich nahm –, aber dafür machte die Geisteswelt Quantensprünge.

Der große Denker Fichte etwa rief nicht nur dazu auf, gegen die Herrschaft des Adels mobil zu machen, sondern auch dazu, endlich Denkfreiheit zu gewähren. Zudem plädierte er dafür, sich nicht unterdrücken zu lassen, und lehnte die Vorstellung ab, dass ein Mensch irgendjemandes Eigentum sei. Und auch andere Philosophen machten sich um eine bessere Staatsform Gedanken. Damals hatte sich eine interessante Mischung großer Geister auf diesem Fleckchen Erde vereint, das wir bereits Deutschland nennen wollen, obwohl es aus zahlreichen

Kleinstaaten bestand. Viele individuelle Selbstverwaltungen machten eine relative Unabhängigkeit dieser bemerkenswerten Entwicklung möglich.

In der Folge ging es mit Siebenmeilenstiefeln Schritt für Schritt voran. Die Gründe dafür waren ein enorm hoher Ausbildungsstandard, technische und industrielle Fortschritte und ein unvergleichliches Universitätswesen mit wissenschaftlichen Einrichtungen, Laboratorien und Forschungsinstituten. Deutschland wurde nach übereinstimmenden Aussagen internationaler Historiker zur wichtigsten Macht auf dem europäischen Kontinent. Deutsche Ingenieure und Wissenschaftler entwickelten sich zu den besten der Welt.

Gleichzeitig expandierte die Wirtschaft. Das Wirtschaftswachstum in dieser Zeit kann nur als explosiv bezeichnet werden. Mit ihm korrespondierte eine wachsende Bevölkerung, die ebenfalls explosionsartig anstieg. Schon im Jahr 1890 zählte man 49 Millionen Deutsche. Dabei war das Bildungsniveau, wie schon erwähnt, einmalig auf der Welt. Auf 1 000 Einwohner gab es nur einen einzigen Analphabeten! Und der hohe Wissenstand kam allen zugute, zum Beispiel auch der Landwirtschaft. Die Expansion war auf vielen Gebieten atemberaubend: 1890 wurden 89 Millionen Tonnen Kohle gefördert – 227 Millionen Tonnen im Jahre 1914! Der Zuwachs im Bereich des Stahlsektors war noch spektakulärer: 17,6 Millionen Tonnen gab es im Jahre 1914, mehr als in Großbritannien, Frankreich und Russland zusammengenommen. Neue Industrien schossen wie Pilze aus dem Boden. Die optische Industrie, die technische Industrie und die Elektroindustrie schufen Meilensteine des Fortschritts, aber auch Wissenschaft, Literatur und Kunst blühten.

MILITARISMUS

Deutsch waren aber leider auch Friedrich der Große (1712–1786), der allzu viele Kriege führte, und erst recht Bismarck (1815–1898), der alte Kriegshetzer und Kriegstreiber, der Deutschland mit „Blut und Eisen" schuf, indem er der Kleinstaaterei ein Ende bereitete. Mit einer gewissen logischen Konsequenz schlitterte Deutschland von Bismarck über einen nicht sehr intelligenten deutschen Kaiser Wilhelm II. (1859–1941) in den Ersten Weltkrieg (1914–1918) hinein und stolperte von dort in den Zweiten Weltkrieg (1939–1945).

Halten wir nur so viel fest: Die Vokabel „deutsch" enthält leider auch einen gewissen Militarismus und Untertanengeist, der von dem Schriftsteller Heinrich Mann sehr genau beschrieben wurde, und eine Anfälligkeit für „große Führer".

Aber eines Tages wendete sich das Blatt schließlich wieder.

DEUTSCHLAND NACH 1945

Deutschland – genauer gesagt der westliche Teil Deutschlands – nahm nach 1945 erneut einen unglaublichen wirtschaftlichen Aufschwung, den Gegner wie Freunde nur ungläubig verfolgen konnten. Binnen Kurzem zählte die Bundesrepublik Deutschland wieder zu den wichtigsten Mächten der Welt. Deutsche Ingenieure und deutsche Wissenschaft wurden in einigen Disziplinen erneut weltweit führend. Das flächenmäßig kleine Land im Herzen Europas brachte am laufenden Band blitzgescheite Köpfe hervor. Nahezu in jedem Fachgebiet und jeder Wissenschaft ließ sich schließlich ein berühmter Name deutscher Herkunft finden. Die Industrie besaß bald schon wieder Weltbedeutung, denken wir nur an die Elektroindustrie. Deutsche Autos galten ohnehin schon immer als die besten Autos weltweit. Die größten Genies des Automobils – wie Carl Benz, Gottlieb Daimler, Nikolaus August Otto oder Ferdinand Porsche – hatten der Welt auf die Räder geholfen und den Grundstein für eine Industrie gelegt, die nach 1945 jeden siebten Erwerbstätigen im Lande direkt oder indirekt ernährte.

Der Export boomte. Die Statistiken schrieben eine fast ungebrochene Erfolgsgeschichte. Zwischen 1948 und 1952 stieg die deutsche Industrieproduktion um 110 Prozent und das reale Bruttoinlandsprodukt um 67 Prozent, recherchierte der Historiker Paul Kennedy.[3] Die Stahlproduktion, 1946 praktisch nicht mehr existent, entwickelte sich zur größten Europas mit über 34 Millionen Tonnen im Jahre 1960.

23

Aber auch die Deutsche Demokratische Republik soll nicht unerwähnt bleiben, der östliche Teil Deutschlands, wo man in wirtschaftlicher Hinsicht ebenfalls vieles auf die Beine stellte.
Auch das war „deutsch"!

DIE DEUTSCHEN HEUTE

Als der Kommunismus weltweit an Einfluss verlor und das Sowjetreich auseinanderfiel, wurde ein neues Kapitel in der Geschichte Deutschlands aufgeschlagen: 1990 wuchs zusammen, was zusammengehört. „Wessis" und „Ossis" mussten voneinander lernen, und der Prozess ist noch heute nicht abgeschlossen.

Was aber ist heute „deutsch"?

Da eine Nabelschau immer problematisch ist, hört man am besten anderen zu, wie sie über „die Deutschen" urteilen. Vor allem die Länder im Süden und Osten (wie zum Beispiel Italiener, Spanier oder Türken) charakterisieren Deutsche als besonders fleißig und ordnungsliebend. Sie loben deutsche Tugenden wie Strebsamkeit, Ausdauer und Fleiß. Sie sprechen von der Zuverlässigkeit der Deutschen und ihrer Pünktlichkeit und halten in administrativen und verwaltungstechnischen Angelegenheiten kein anderes Volk für so begabt.

In den USA sind die Deutschen ebenfalls als harte Arbeiter bekannt. Tugenden wie Ehrlichkeit und Rechtschaffenheit werden ihnen zugeschrieben, aber auch Erfindungsreichtum und Intelligenz: Viele deutsche Wissenschaftler wanderten ehemals in die USA ein.

Die Franzosen urteilen ähnlich positiv, selbst wenn sie es ungleich besser verstehen, die angenehmen Seiten des Lebens zu genießen und das *savoir vivre* (= wissen, wie man fröhlich lebt) zu einer eigenen Kunstform erhoben haben.

In England mischt sich eine unterschwellige Angst vor der deutschen Wirtschaftsmacht mit Respekt – selbst wenn man hier von allem, was jenseits der britischen Insel liegt, selbstsicher und etwas hochnäsig vom Kontinent spricht. Damit zielt man allerdings auch auf Frankreich und andere Länder.

Die Japaner beneiden die Deutschen um Goethe und Schiller und fliegen bis heute zehntausend Meilen weit, um das Goethe-Museum in Frankfurt zu besuchen. Die größten Musiker der Welt verbeugen sich immer noch vor Bach, Beethoven und Mozart, die deutsche Klassik ist international.

Alle hoch entwickelten Staaten beneiden die Deutschen, weil sie immer noch die besten Autos der Welt bauen. Und wenn deutsch manchmal auch mit laut und übertrieben gleichgesetzt wird (wie in Dänemark etwa), wenn der Deutsche im lateinamerikanischen Raum auch das Bild des Vierschrötigen hervorruft (*aleman quadrado*, der Quadratschädel), wenn die Polen auch auf die *Kartoflarz*, die Kartoffeln essenden Deutschen, verweisen und die Russen uns *Wurstfresser* nennen oder die Amis uns *Krauts* (von Sauerkraut), so zollt man nolens volens, ob man will oder nicht, doch dem deutschen Genie und dem deutschen Fleiß überall Respekt.

Ein verhältnismäßig kleines Land, ja geradezu ein Mückenschiss auf dem Globus, konnte eine solche Wirkung auf dem gesamten Planeten erzielen. Nur die Deutschen waren vermessen genug, es mit der ganzen Welt aufzunehmen, zu verlieren und wieder auf die Beine zu kommen.

All das ist also deutsch. Deutsch ist das Kämpferische, deutsch ist diese Elite von Erfindern, Tüftlern, Wissenschaftlern und Ingenieuren. Deutsche waren und sind ein Volk von Dichtern und Denkern, von Musikern und Malern, das Qualitätssiegel *Made in Germany* existiert noch heute.

Aber wie gelang es den Deutschen (genauer gesagt: bestimmten germanischen Stämmen) eigentlich, einst die Weltmacht Rom geradezu beiseitezufegen und gemeinsam mit den Franzosen zur stärksten Macht auf dem europäischen Kontinent aufzusteigen?

Beginnen wir mit unserer Geschichte Deutschlands.

2. KAPITEL:

DIE ANFÄNGE UND DAS MITTELALTER

1. DER UNTERGANG ROMS UND DER AUFSTIEG DER GERMANEN

Nichts ist aufregender und spannender, als die Gründe für den Untergang eines Reiches zu verstehen. Diese Informationen versorgen uns mit Daten, die unmittelbar auf die Gegenwart bezogen werden können. Und weiß man mit unumstößlicher Gewissheit, wie Staaten untergehen, lassen sich aus dem Umkehrschluss wertvolle Informationen gewinnen, wie ein Land ohne Wenn und Aber nach „oben" geführt werden kann.

Genau diese Informationen werden in diesem Kapitel geliefert.

Bevor wir jedoch die Erfahrungen von eintausend Jahre Geschichte zusammenfassen und die Erkenntnisse niederlegen, warum das übermächtige Weltreich der Römer einst von der Landkarte verschwand, müssen wir erst kurz erzählen, was überhaupt geschah.

DIE GERMANISCHEN STÄMME

Betrachten wir zunächst die verschiedenen germanischen Stämme, die zusammenfassend als Germanen bezeichnet wurden und die im kalten Norden voller Neid auf das südliche, fruchtbare, warme Italien blickten.

Ger bedeutet „Speer", im Wort *manen* steckt das Wort „Mannen". Lange Zeit glaubte man, Germane bedeute einfach der „Speer tragende Mann". Doch inzwischen haben sich die Sprachwissenschaftler darauf verständigt, dass die Herkunft vom lateinischen Wort *germanus* (= echt, wahr) wahrscheinlicher ist. Ein Germane war danach ein „echter Mann", was wohl auf seine kriegerischen Fähigkeiten hindeutet. Zwar gibt es noch ein paar andere Theorien dazu, aber zu unserer und unserer Leser Erleichterung müssen wir die hier nicht alle aufführen.

Obwohl man sich ein paar Jahre lang damit beschäftigen könnte, die verschiedenen germanischen Stämme aufzuzählen, dient das wenig der Erkenntnis. Zu diesem Thema nur so viel:

1. Zu den sogenannten **Nordseegermanen** zählten etwa die **Angeln** und die **Sachsen**. Aus dem Namen „Angeln" entwickelte sich später die Bezeichnung „Engländer", obwohl ursprünglich ein Gebiet im heutigen Schleswig-Holstein für die Namensgebung Pate stand – nämlich ein Landstrich, der Angeln hieß.

Die Sachsen wurden nach ihrem beliebten Hiebmesser, dem Sax, benannt – was abermals ihre kriegerische Qualität betont.

2. Zu den sogenannten **Rhein-Weser-Germanen** zählten mindestens zwölf Stämme: so etwa die **Chatten**, aus denen sich im Laufe der Jahrhunderte der Name „Hessen" entwickelte (und zwar so: Chatten, Hatti, Hazzi, Hassi, Hessi, Hessen). Aus diesen Stämmen gingen später die **Franken** hervor, die uns noch beschäftigen werden, weil sie eine unglaubliche Expansion einleiteten. Das Wort *frank* bedeutet „frei" oder „kühn".

3. Die **Sueben** bildeten eine eigene Kategorie unter den Germanen, und aus diesem Namen entwickelte sich später die Bezeichnung „Schwaben". Zu den Sueben zählten etwa die **Markomannen** (*marko* = Pferde), also die „Männer auf Pferden", oder die Langobarden, was – wie man inzwischen weiß – fälschlicherweise mit „Langbärte" übersetzt wurde. Was das Wort tatsächlich bedeutet, können wir am besten mit dem Komödiendichter Karl Valentin beantworten: „Nichts Genaues weiß man nicht!"

4. Aus den **Nordgermanen** entwickelten sich später die Dänen, Schweden und Norweger, und zu

5. den Germanen, die rund um die Oder und die Warthe siedelten, zählten beispielsweise die **Burgunder** oder **Vandalen**. Aus dem Wort „Vandale" leitete sich später der Begriff „Vandalismus" her, was so viel wie „blinde Zerstörungswut" bedeutet. Denn die Vandalen sollen im Jahre 455 Rom zerstört und geplündert haben.

6. Schließlich sollte man noch die **Goten** erwähnen, ein ostgermanisches Volk, das den Römern ebenfalls heftig zusetzte, und die **Bajuwaren**, aus denen sich der Begriff „Bayern" entwickelte. Dieser Volksstamm hat nicht allein einen germanischen Ursprung, sondern enthält auch anderes Blut. Die Bajuwaren waren die „Männer aus Baia", was auf Böhmen deutet.

Tacitus, der große römische Historiker, beschrieb die Germanen seiner Zeit so:

„Ich selbst trete deren Meinung bei, die glauben, dass die Völkerschaften Germaniens, ohne je durch eheliche Verbindungen mit anderen Stämmen fremdartige Bestandteile in sich aufgenommen zu haben, ein eigenständiges, reines, nur sich selbst ähnliches Volk geworden sind. Daher ist auch die Körperbeschaffenheit trotz der großen Menschenzahl bei allen die gleiche: blaue Augen mit wildem Ausdruck, rötliches Haar, hochgewachsene und nur für den Angriff starke Leiber... An Kälte und Hunger haben sie sich infolge Klima oder Boden gewöhnt ..."[1]

DER KAMPF UM DIE MACHT

Nun darf man sich den Fall Roms nicht so vorstellen, dass eine einzige Schlacht zwischen Germanen und Römern geschlagen wurde und danach die Römer sozusagen sang- und klanglos von der Bildfläche verschwanden. Vielmehr beteiligten sich fast alle der oben genannten Stämme – und noch sehr viele mehr –am Fall Roms, der sich über viele Jahrhunderte hinzog.

Es gab zahlreiche Schlachten. Und nicht nur mit Germanen. Das Römische Weltreich wurde noch von anderen Völkern bedrängt: beispielsweise von den Hunnen – einem mittelasiatischen Reitervolk, das den Römern wie eine Geißel Gottes erschien. Aber es waren vor allem die Germanen, die wieder und wieder gegen Rom und seine Grenzen vorstießen. Sie rollten in verschiedenen Wellenbewegungen an, bis das Römische Reich zermürbt und ausgehöhlt war.

Anfänglich versuchten die klugen Römer, die vielleicht gescheitesten Köpfe in Sachen Regierungskunst, die Germanen zu integrieren. Man darf nie vergessen, dass sie den Germanen ursprünglich haushoch überlegen waren – in militärischer Taktik, in Kultur und Kunst, ja in fast allen zivilisatorischen Belangen, und in puncto politischem Genie sowieso. Noch Cäsar konnte die verschiedenen germanischen Stämme gegeneinander ausspielen. Aber diese Zeiten waren unwiederbringlich vorbei.

Klügere römische Kaiser suchten ihr Heil darin, die gefährlichen Germanen von den Vorzügen des Römischen Weltreichs zu überzeugen – es war wohlgeordnet, versprach Sicherheit und ließ andere unter gewissen Bedingungen an seinem Reichtum teilhaben. Germanen dienten in dieser Zeit sogar in den römischen Legionen oder siedelten in den Grenzgebieten. Bevor der römische Koloss fiel, hatten einige Germanen hohe römische Ämter inne. Ja, die Römer waren ein gerissenes Volk!

Aber das Römische Reich war riesig: Es reichte vom heutigen England, über weite Teile des heutigen Frankreichs und Deutschlands bis ganz hinunter nach Spanien und zu Teilen Nordafrikas. Es war schier unvorstellbar, wie die Römer dieses gigantische Reich überhaupt je geschaffen und kontrolliert hatten.

Doch eines Tages wendete sich das Blatt. Zeitgleich mit dem Einfall der Hunnen im Jahre 375 n. Chr. setzte die Völkerwanderung ein: Die Germanen bewegten sich in Richtung des reicheren, wärmeren Südens, auf Italien zu. Hier schien jeden Tag die Sonne, und hier hatten die Götter scheinbar ein Paradies geschaffen. Die Goten, die Burgunder, die Angeln, die Sachsen, die Vandalen, die Sueben, die Langobarden, die Franken – alle brachen auf.

Das Signal dazu gaben gewissermaßen die Hunnen, ein Volk, das ein zeitgenössischer Historiker so beschrieb: von „schrecklichem, schwärzlichem Ansehen …[das Gesicht] gewissermaßen ein abscheulicher Klumpen … und eher Punkte [darin] als Augen." Fest steht: Die Hunnen waren außergewöhnlich gute Reiter und Bogenschützen, die selbst in vollem Galopp nach hinten schießen konnten und als Erste über stabile Sättel mit Steigbügeln verfügten. Sie besiegten einen Teil der Goten, woraufhin sich einige Gotenstämme den Hunnen anschlossen. Es winkte ja fette Beute – in Italien und Rom gab es Schätze, Gold und Frauen!

Eine Weile wogte der Kampf zwischen dem Römischen Reich und den Hunnen/Germanen hin her: Raffinierte römische Kaiser spielten ein letztes Mal die Germanenstämme gegeneinander aus und warfen sie den angreifenden Hunnen entgegen. Manchmal kauften und bestachen sie auch germanische Heerführer, wandten sich dann aber vom Schauplatz des Geschehens ab und ihrem Wein, den Mätressen und dem verweichlichten Luxusleben zu. Rom vergnügte sich, als die Welt unterging, es starb und lachte dabei, urteilte ein zeitgenössischer Kritiker.

Die Hunnen versetzten Rom eine geraume Zeit in Angst und Schrecken, eroberten die Ewige Stadt aber zunächst nicht.

Nach den Hunnen ergoss sich die nächste Sturmflut über Rom. Alarich, der König der Westgoten, erpresste im Jahre 410 n. Chr. von den Römern 5 000 Pfund Gold und 30.000 Pfund Silber und versprach im Gegenzug dafür, die Stadt zu verschonen. Doch ungeachtet dessen öffnete ihm ein Sklave nachts heimlich die Tore Roms, denn zahllose Sklaven waren zu den Angreifern übergelaufen. Sklaven und Goten schändeten nun römische Frauen, mordeten die Reichen, metzelten alles nieder, was sich ihnen in den Weg stellte, und machten Tausende von Gefangenen.

Und als die Goten abzogen, machte Rom mit seinem Lotterleben weiter, als wäre nichts geschehen.

Wenig später wanderten die Vandalen über Spanien nach Afrika. Hier verbündeten sie sich unter anderem mit einer christlichen Sekte, die bitter von den Priestern in Rom verfolgt wurde. Die Vandalen nahmen als Erstes das reiche Karthago ein, die Kornkammer Roms, und machten so das Weltreich von sich abhängig.

Trotzdem fuhr Rom fort, zu tanzen und zu lachen.

Die Vandalen, mit ihrem Führer Geiserich an der Spitze, stachen deshalb eines Tages in See, marschierten direkt nach Rom und nahmen im Jahre 455 geradezu im Handstreich die Ewige Stadt ein. Diesmal war die Plünderung unbeschreiblich: Edelmetalle, Schmuck, heilige Gerätschaften – einfach alles wurde geraubt. Und wieder floss das Blut in Strömen.

Rom ging also langsam unter, Stück für Stück.

In den letzten Tagen Roms herrschte das Chaos. Germanen versuchten, ihre Führer zu Königen auszurufen. Die alten Römer protestierten zwar, doch das war nur das letzte Aufbäumen eines untergehenden Reichs. Gleichzeitig wurde Rom von weiteren Wellen von Plünderern und Eroberern heimgesucht.

Die Germanisierung der (ursprünglich römischen) Armee führte schlussendlich dazu, dass die wahren Herrschers Italiens Germanen und nicht mehr Römer waren. Geiserich befand sich im Besitz Afrikas, die Angeln und Sachsen hatten Britannien erobert und die Franken Gallien, das heutige Frankreich. Soweit das Auge reichte, herrschten die Germanen. Das riesige Römische Reich existierte schließlich nicht mehr. Und so starb Rom, das einst die Welt beherrscht hatte.

Eine neue Zeit begann. Eine neue Zivilisation erstand aus Schutt und Asche. Der ewige Zyklus der Geschichte aus Tod und Wiedergeburt setzte ein.

WARUM ROM UNTERGING

Das scheinbar ewige Rom, das ein rundes Jahrtausend Bestand hatte (6. Jahrhundert v. Chr. bis 5. Jahrhundert n. Chr.) und Weltmacht Nr. 1 war, ging also unter. Aber was waren die *wirklichen* Gründe dafür, nicht nur die äußerlichen Ursachen, die wir gerade beschrieben haben? Warum verschwand das Römische Weltreich von der Landkarte?

Fassen wir wie versprochen die Erkenntnisse von tausend Jahren Geschichte zusammen und nehmen dafür die Perspektive Roms und der Römer ein. Fragen wir zunächst: Was zeichnete Rom eigentlich aus?

Die Römer entwickelten eine Zivilisation, die jeder vorangegangenen Zivilisation weit überlegen war! Speziell in der Kunst des Regierens erreichten sie fantastische Höhen.

Erinnern wir uns in gebotener Kürze: Schon im alten Rom waren die Römer schlau genug, nur die Herrschaft zweier Männer (= Diarchie) zuzulassen. Dadurch verhinderten sie, dass sich eine Person zum Alleinherrscher aufschwingen konnte und an seinem eigenen Größenwahn erstickte. Ursprünglich standen zwei Männer, mit gleichen Rechten versehen, an der Spitze des römischen Staates – aber immer nur ein Jahr lang. Jeder, der versuchte, sich zum König ausrufen zu lassen, durfte ohne Prozess hingerichtet werden. Auch jeder Versuch, sich ohne Zustimmung des Volkes Ämter zu erschleichen, konnte mit dem Tode bestraft werden. Man hatte außerdem einen Senat etabliert, der ebenfalls der Tyrannei eines Einzelnen entgegenwirken sollte. Der Senat war der Rat der Ältesten in Rom, er bestand anfangs aus 300, später aus 600 Mitgliedern. Der Senat bestimmte mit wechselndem Gewicht die römische Politik. Wenn man so will, handelte es sich um eine Herrschaft der Besten. Denn jedes Mitglied musste sich vorher in einem politischen Amt bewährt haben. Unwürdige wurden ausgestoßen.

Die Römer waren Meister in vielen Belangen. Sie erreichten ein beträchtliches Know-how auf juristischem Gebiet. Unser deutsches Recht fußt zu einem beträchtlichen Teil auf dem römischen Recht. Die Römer waren führend in Sachen Literatur, Architektur, Straßen- und Kanalbau, Militär und Verwaltung. Trotzdem tilgte die Geschichte dieses hochkultivierte, mächtige Reich von der Landkarte, denn Männer wie Augustus oder Hadrian waren die Ausnahmen, nicht die Regel.

Doch was waren die *wirklichen* Gründe für den Untergang Roms?

Listen wir sie der Reihe nach auf.
1. Nicht alle römischen Herrscher waren intelligent und integer. Wir begegnen auf dem römischen Kaiserthron zwar unglaublichen Tugenden – personifiziert etwa in den Kaisern Augustus, Trajan (53–117 n. Chr.), Hadrian (76–138 n. Chr.) und Marc Aurel (121–180 n. Chr.) –, andererseits aber auch völlig verachtenswerten Führerfiguren, und zwar besonders in der Degenerationsphase. Es gab abenteuerliche Auswüchse. Erinnern wir uns

nur an Cäsar (100–44 v. Chr.), Caligula (12–41 n. Chr.) oder Nero (37–68 n. Chr.), deren Hurerei, Völlerei, Sadismus, Tyrannei und Kriegslust hinreichend bekannt sind.

Auf dem Thron saßen schließlich grausame Usurpatoren, mitleidlose Soldatenkaiser sowie Kaiser und Gegenkaiser, die mit dem Schwert um den Thron stritten. Kurz, es gab ein ständiges Gerangel um die Macht. Die Monarchie versagte.

Aber war es wirklich nur die Monarchie, die versagte? Die Auswüchse der Aristokratie sind ebenfalls hinlänglich bekannt. In keinem historischen Film, der die Zeit des sterbenden Roms behandelt, wird heute darauf verzichtet, die reichen, fetten und faulen Patrizier zu zeichnen, die sich in prunkvollen Gemächern auf bequemen Liegestatten räkeln, aus überladenen Schalen Weintrauben, Fasan und Wildbret fressen und sich aus goldenen Kelchen Wein in die Gurgel schütten, während sie sich von ihren Sklavinnen und Dirnen verwöhnen lassen. Der Müßiggang, möglicherweise die größte Gefahr für die Aristokratie, brachte Rom ebenfalls an den Rand des Abgrunds.

Aber auch die Demokratie versagte. Von 77–60 v. Chr. etwa wissen wir von dem ständigen Kampf zwischen den Optimaten (*optimates* = zu den Besten gehörend, kurz gesagt die Aristokraten) und den Popularen (*populares* = volksfreundlich, in gewissem Sinne die Vertreter der Demokratie, die Vertreter der Rechte des Volkes). Die Popularen forderten freie Bahn für die Tüchtigen, alle Macht der Volksversammlung und freies Land für die Veteranen und Armen. Die Optimaten dagegen glaubten, hohe Ämter könnten nur durch Adlige bekleidet werden, also durch Söhne von Familien, deren Vorfahren bereits hohe Ämter innehatten. Beide Parteien strebten während des Niedergangs des Römischen Reiches ganz offen nach der Diktatur und bedienten sich ohne Gewissensbisse der unglaublichsten Einschüchterungsmethoden sowie der Korruption. Stimmen wurden wie Äpfel auf dem Markt gekauft, ja es gab sogar eine regelrechte Arbeitsteilung beim Stimmenkauf. Kandidaten gingen mit dem Geldbeutel in der Hand auf öffentlichen Plätzen von Wähler zu Wähler. Manchmal wurden Stimmen sogar zu Tausenden auf einen Schlag erworben. Ganze Wählergruppen wurden bestochen, deren Führern man vorher erkleckliche Summen ausgehändigt hatte.

2. Mehr und mehr flohen die Besten und die Tüchtigsten aus den Ämtern. Zeitweilig wurden sie sogar per Gesetz in Ämter gezwungen, um für den Staat zu arbeiten. Aber niemand konnte oder wollte sich mehr mit diesem Staat identifizieren. Menschen flohen aus den Städten, um Bauern oder Mönche zu werden. Das Image des Staates war auf dem Tiefpunkt angelangt. Der Begriff „Pflichterfüllung" konnte niemandem mehr plausibel gemacht werden, da in den obersten Etagen Faulheit und Bestechung regierten und alles nur nach dem geldwerten Vorteil abgewogen wurde. Das Image des Staatswesens war zum Schluss vollständig zerstört, mit dem Staat war kein Staat mehr zu machen.

3. Die zahlreichen Kriege waren ein weiterer Grund für den Niedergang Roms. Zeitgleich degenerierte das römische Heerwesen. Schon Kaiser Marc Aurel musste für seine Heere Söldner, Gladiatoren, Verbrecher und Sklaven anwerben. Ein Heer jedoch, das nur durch Geld motiviert wird, ist leicht zu besiegen. Allein die bloße Existenz von Söldnerheeren führte mit zum Niedergang Roms. Zuletzt gaben, wie wir bereits berichtet haben, die Germanen im römischen Heer den Ton an. Aber davon einmal abgesehen, führen Kriege praktisch nie zum Sieg, selbst wenn sie gewonnen werden. Jeder Krieg schuf aufs Neue böses Blut. Jeder Krieg kostete unzählige Menschenleben und Unsummen von Geld, auch wenn das Geld durch Tributzahlungen kurzfristig wieder hereingeholt werden konnte. Aber die Besiegten empfanden stets einen unendlichen Hass gegen die Eroberer. Sklaven und Sklavinnen wurden von den Römern hinweggeführt, ja manchmal rottete man den gesamten Adel des besiegten Landes aus. Der Boden blieb verwüstet zurück, und als Zugabe füllten sich nach einigen guten Kaisern viele elende römische Provinzstatthalter wieder den Geldsack. Die Ausbeutung der Provinzen, die unter Kaisern wie Augustus und Ha-

drian praktisch beendet worden war, kam wieder in Mode. In dem Maße, wie Rom sich für den Mittelpunkt der Welt hielt und alles andere um sich herum nur als Blutspender betrachtete, verlor das Reich seine Existenzberechtigung. Dieses Denken führte zu einem „politischen Vampirismus" (Durant), der nur in Aufstand und Revolution enden konnte. Eine Staatsführung, die nicht für alle Glieder und alle Teile Verantwortung übernimmt, schaufelt sich früher oder später ihr eigenes Grab. Rom, das im Grunde ein durch Kriege zusammengeschustertes Reich war, zerfiel, als es einen weit über seine Möglichkeit hinausgehenden Machtbereich aufrechtzuerhalten suchte. Unter militärischen Gesichtspunkten könnte man von einer strategischen Überdehnung sprechen, aber man kommt der Wahrheit näher, wenn man sieht, dass Rom nicht weiterexistieren konnte, weil die Sünden der Vergangenheit und Gegenwart das riesige Reich förmlich auffraßen.

4. Rom scheiterte auch aus wirtschaftlichen Gründen. An erster Stelle sind hier die hohen Steuern zu nennen. Kein Herrscher nach Hadrian und Marc Aurel war intelligent genug, niedrige Steuern zu erheben. Das meiste Geld wurde überdies in Kriegen verschwendet, die durch die Söldnerheere immer teurer wurden. Außerdem verwandelte sich Rom mehr und mehr in einen Wohlfahrtsstaat. Während kluge Herrscher der Armut durch Arbeit entgegengesteuert hatten, warfen die törichten Kaiser am Schluss blind Getreide unter das Volk, um den Pöbel zu beruhigen. Brot und Spiele wurden zum Nulltarif verlangt. Daneben gab es nach den guten Kaisern erneut eine ausufernde Bürokratie und einen schmarotzenden Hof, der Unsummen verschlang. Geld wurde an allen Ecken und Enden verschwendet, die Tugend der Sparsamkeit geriet in Vergessenheit. Also erhöhte man weiter die Steuern – ein Teufelskreis war die Folge. Die erdrückenden Steuern lähmten den Handel, die Industrie und die Gewerbetreibenden. Sogar die Sklavenmärkte kollabierten schließlich. Das Verkehrswesen sank auf ein niedriges Niveau. Aufgrund der mangelnden Ordnung und des mangelhaften Zustands der

römischen *stratae* (= Straßen) hielt Rechtsunsicherheit Einzug.
All das waren die Folgen der zu hohen Steuern. Während die
hart arbeitende Mittelklasse abenteuerlich hoch besteuert wurde,
schmarotzten der Adel und der Hof fröhlich. Das schürte den
Hass. Kaiser Diokletian (236/245–ca. 312 n. Chr.) setzte dem
Ganzen die Krone auf, als er ein Zwangskorsett staatlicher Verordnungen erließ. Damit schnürte er die Gewerbetreibenden so
ein, dass die Wirtschaft zeitweilig fast völlig zum Erliegen kam.
Auch die Anzahl der Sklavenaufstände war im sterbenden Rom
legendär; die Sklaven fühlten sich ausgebeutet und wollten der
sie übervorteilenden, selbstgerechten Aristokratie nicht länger
dienen. Gewöhnlich wurden die Aufstände brutal und grausam
niedergeschlagen. Und damit verspielte man im Grunde jede
Zukunft. Denn die Sklaven liefen bei der ersten Gelegenheit zu
den neuen Herren über, wie wir bereits gehört haben.

5. Ein weiterer Grund für den Niedergang Roms war der Raubbau
   an der Natur. Entwaldung, Erosionen und ein verantwortungs-
   loser Umgang mit Feld, Wald und Wiesen in Mittel- und Südita-
   lien trugen dazu bei, große Gebiete unfruchtbar zu machen. Und
   das ging zu Lasten der Bauern.

6. Spätestens seit Kaiser Hadrian ging die Bevölkerung überdies
   erheblich zurück. Auf der anderen Seite drangen die Germanen
   ins Reich ein, die vorher durch kluge Herrscher in das Volk in-
   tegriert worden waren. Andererseits starb das römische Volk an
   sich gewissermaßen aus, da sich eine neue Einstellung zur Familie breit machte. Abtreibung und Scheidungen waren an der
   Tagesordnung. Die Ehe wurde nicht mehr geachtet, Geburten-
   beschränkungen und Kindesaussetzungen, wiewohl nicht legal,
   waren zuletzt geradezu akzeptiert. Sexuelle Ausschweifungen,
   Ehelosigkeit und Promiskuität kennzeichneten die Sitten. Die
   Zahl der Eunuchen in Rom nahm ständig zu. Empfängnisver-
   hütung und Kindestötungen führten zu einem empfindlichen
   Rückgang der Bevölkerung.

Der legendäre englische Historiker Edward Gibbon (1737–1794) trug nebenbei bemerkt schon vor rund 200 Jahren die Gründe für den Untergang des Römischen Weltreiches zusammen, und das so sorgfältig wie kein zweiter. Er verwies unter anderem auf die unintelligenten Regierungen verschiedener Cäsaren, den „Despotismus der Soldaten", die Teilung in ein Ost- und Weströmisches Reich, die Angriffe der Barbaren, also der Germanen, und das Erstarken des Islam. Auch auf die zersetzenden Gefahren des Christentums machte er aufmerksam, das die alte Religion stürzte und am Schluss eine Priesterherrschaft errichtete.[2]

Sucht man die Gründe für den Verfall Roms noch weiter zu abstrahieren, ergibt sich folgendes Bild: Mangelnde Ethik war der Hauptgrund für den Verfall dieses Riesenreiches, sei es auf dem Gebiet der Regierung, der Natur oder der Familie. Ein zweiter wesentlicher Faktor liegt im mangelnden politischen Know-how, bestimmte Entgleisungen zu verhindern. Für Rom gilt, was schon für das alte Griechenland wahr ist: Es wurde nicht von außen zerstört, nicht durch den Einfall der Barbaren – wie die Römer die Germanen und Hunnen überheblich nannten –, sondern letztlich durch sich selbst. Auch Gibbon konstatierte, dass nicht von außen hereindringende Völkerschaften Rom zu Fall brachten. Das Römische Reich war längst von innen morbide und faul, bevor es in die Hände der Feinde fallen konnte.

Rom zerstörte sich selbst.

Im Umkehrschluss bedeutet das: **Ein Volk, ein Land, eine Nation blüht und gedeiht, wenn**

- der Herrscher oder die herrschende Klasse ein immens hohes Ethik-Niveau besitzt;

- wenn es für die Tüchtigen einen Anreiz gibt, politisch tätig zu werden, und Pflichterfüllung, Stolz, Ehre und Fähigkeit wirklich etwas bedeuten;

- wenn Kriege, vor allem strategische Überdehnungen, vermieden werden und allen umliegenden Völkerschaften Selbstbestimmung, Würde und Ehre zugestanden werden;

- wenn die Wirtschaft an allen Ecken und Enden gefördert wird. Vor allem müssen die Steuern niedrig gehalten werden und der Staat selbst muss sparen, während der Wohlfahrtsstaat nicht ausufern darf;

- gleichzeitig müssen Menschenrechte groß geschrieben werden;

- aufwärts geht es schließlich, wenn die Natur nicht hemmungslos ausgebeutet wird, sondern einen hohen Stellenwert besitzt, und wenn

- die Familie und die Kinder Schutz genießen und als das Ideal der zwischenmenschlichen Beziehung betrachtet werden.

Damit haben wir auf wenige Seiten zusammengepresst ein Knowhow gewonnen, das es in sich hat. Würde man es auf die heutige Zeit anwenden, könnte man in jedem Land der Erde einen immensen Aufschwung herbeiführen!

Doch wie ging es weiter? Das Rad der Geschichte lässt sich nicht aufhalten, es dreht sich unaufhaltsam. Verschiedene germanische Stämme besaßen nun die Macht. Durch den Fall Roms war ein Machtvakuum entstanden, das ausgefüllt werden musste.

Ein neuer Abschnitt der Geschichte konnte beginnen.

2. DIE ZWEI GESICHTER
KARLS DES GROSSEN

Nachdem das Römische Reich untergegangen war, herrschte zunächst Chaos, wie es bei einem Machtvakuum fast immer der Fall ist.

Während sich die verschiedenen germanischen Stämme unablässig untereinander bekriegten und ihre Mannen sich wechselseitig die Schädel einschlugen, versuchten einige wenige weitsichtige Philosophen, Literaten und Mönche, von der römischen Kultur zu retten, was zu retten war.

Innerhalb der zahlreichen germanischen Stämme mauserten sich die Franken nach und nach zum mächtigsten Volk. Die Franken waren eigentlich ein Zusammenschluss von mindestens zwölf Stämmen, wie wir bereits an früherer Stelle dargelegt haben. Stets herrschte ein König, der anfangs aus dem Geschlecht der Merowinger stammte. Benannt nach einem legendären Ahnherr und König Merovich, hielten die Merowinger die Franken anfänglich fest im Zaum. Doch dann begingen sie einen entscheidenden Fehler: Sie delegierten einen Großteil ihrer Macht auf einen sogenannten Majordomus (*maior domus* = Haupt der Hofhaltung), der mit der Zeit mehr und mehr Befugnisse übernahm, während sich die Merowingerkönige selbst ausgelassen vergnügten, sich auf der Jagd verlustierten, die Faulheit zur höchsten Philosophie erhoben, Heerscharen von Konkubinen aushielten und sich kurz gesagt den übelsten Ausschweifungen hingaben. (Sie hatten die Geschichte Roms nicht studiert!)

Ursprünglich hatte der Majordomus nur die Oberaufsicht über die Hofhaltung und die Befehlsgewalt über die königlichen Güter. Am Ende aber erstreckte sich sein Einflussbereich sogar auf die Finanzen, die Gerichte und das Heer. Und eines Tages war es dann so weit: Ein Majordomus, Pippin III. (714–768), ließ beim Papst in Rom anfragen, ob es sündhaft sei, die merowingische Puppe zu entthronen und sich selbst zum König zu machen. Der Papst, der die Unterstützung der Franken gegen den germanischen Stamm der Langobarden (in Oberitalien) dringend brauchte und natürlich wusste, wer die Zügel wirklich in der Hand hielt, nickte gnädig und gab seinen Segen. Pippin III., auch Pippin der Kurze genannt, berief eine Versammlung der wichtigsten Adligen und Geistlichen ein, ließ sich zum König ausrufen – und steckte den letzten Merowingerkönig in ein Kloster, wo er verschimmelte.

So nahm die Dynastie der Karolinger ihren Anfang, die nach Karl Martell benannt ist, dem Vater Pippins des Kurzen. Dessen bedeutendster Spross sollte sein Sohn Karl der Große werden, der mächtigste und berühmteste Karolinger und der einflussreichste König des Mittelalters.

EINE UNVORSTELLBARE BIOGRAFIE

Biografen aller Provenienz überschlagen sich, wenn es darum geht, das Leben Karls des Großen zu beschreiben. Und so viel ist richtig: Das Leben Karls des Großen (auf Latein *Carolus Magnus*) lässt sich nicht in gewöhnliche Kategorien pressen.

Karl der Große war ohne Frage ein überragender Geist, der all seine Feinde besiegte, eine vollständig neue Ordnung in Europa schuf, vielleicht sogar den Grundstein für das heutige Europa legte, Bischöfe und Papst gleichermaßen unter seine Knute zwang, „Frankenreich" auf ein neues, kulturelles Niveau hob, eine stabile Administration sowie ein neues Regierungssystem schuf und dabei noch Zeit fand, sich um die Armen zu kümmern und den vier Winden den Namen zu geben, die sie heute tragen.

Mit 1,90 Meter ein Hüne von einem Mann, blond, ein Krieger, von strotzender Gesundheit und seiner Sprache nach ein „Deutscher", krempelte er ein ganzes Zeitalter um.

Gönnen wir uns das reizvolle Experiment, seine Biografie zweimal zu erzählen – und zwar aus völlig unterschiedlichen Blickwinkeln, wobei am Ende eine wirkliche Überraschung auf uns wartet.

BIOGRAFIE NR. 1

Als 771 sein Bruder Karlmann starb, wurde Karl der Große Alleinherrscher über das Frankenreich. Es dauerte keine zwei Jahre, und der Papst ersuchte ihn um Hilfe – abermals gegen die Langobarden in Norditalien, gegen die schon sein Vater zu Felde gezogen war. Karl kam, sah und siegte, ein deutscher Cäsar, und setzte sich kurzerhand noch die eiserne Krone des Langobardenkönigs aufs Haupt. Er bestätigte dem Papst frühere Landübereignungen, kehrte nach Hause in seine Hauptstadt Aachen zurück und führte in der Folge nicht weniger als 53 Feldzüge.

Kurz gesagt, Karl der Große weitete das Frankenreich aus wie keiner zuvor. Er unterwarf die Bayern, schlug in nicht weniger als 18 Feldzügen mehrmals die Sachsen, vernichtete die Awaren, kämpfte gegen die Mauren in Spanien und besiegte die vordringenden Slawen.

Das zentralasiatische Reitervolk der Awaren war der erste geschichtlich erfasste mongolische Stamm und möglicherweise mit den Hunnen verwandt. Als Mauren (zu griech. *amauros* = dunkelhäutig) bezeichnete man damals alle Nomaden in Nordafrika, die die Araber islamisiert und die ihnen bei der Eroberung des heutigen Spaniens geholfen hatten. Die Slawen siedelten weitgehend in Osteuropa, heute sind beispielsweise Russland, Tschechien, die Slowakei oder Polen mehrheitlich slawischer Prägung.

Aber Karl kämpfte auch erfolgreich gegen die Dänen, die Böhmen und gegen Venedig. Der Krieg war sein Handwerk, der Sieg sein Produkt. Kein einziger Herrscher des Mittelalters war so erfolgreich wie Karl der Große.

Natürlich wurden die Grenzen des Frankenreiches ständig nach außen geschoben. Auf der Höhe seiner Macht beherrschte Karl der Große nicht nur die späteren deutschen Lande und den Raum des heutigen Frankreichs, er verfügte darüber hinaus fast über ganz Italien, weite Teile im heutigen Osteuropa, über wichtige Landstriche in Nordspanien sowie über Länder und Land entlang der heutigen kroatischen Küste.

Sein eigentlicher Coup gelang ihm jedoch mit seiner Kaiserkrönung: Im Jahre 800 zog Karl mit prächtigem Gefolge in Rom ein, wo er von Papst Leo III. empfangen wurde. Dieser war dem Frankenkönig mehr als verpflichtet – aus Gründen, auf die wir noch zu sprechen kommen werden.

Karl besuchte am Weihnachtstag die Peterskirche und kniete vor dem Altar nieder. Da holte Leo III. völlig überraschend eine mit wertvollen Edelsteinen besetzte Krone hervor und setzte sie Karl aufs Haupt. Die Gemeinde jubelte und rief dreimal: „Karl, dem Augustus, dem von Gott gekrönten, großen und friedenbringenden Kaiser der Römer, Heil und Sieg!" Der Frankenkönig wurde mit heiligem Öl gesalbt – und der Papst begrüßte ihn fortan als Kaiser.

Seit der Absetzung des letzten römischen Kaisers war dieser Titel nicht mehr verliehen worden. Karls neuer Titel lautete jetzt: *Karolus serenissimus augustus a Deo coronatus magnus pacificus imperator Romanum gubernans imperium, qui et per misericordiam die rex Francorum, atque Langobardorum*, oder auf gut Deutsch: „Karl, der allergnädigste, erhabene, von Gott gekrönte, friedensstiftende Kaiser, der das Römische Reich regiert, von Gottes Gnaden außerdem König der Franken und Langobarden."

Diese Krönung hatte weitreichendere Konsequenzen, als man zunächst glauben könnte: Erstens trat Karl der Große damit in die Fußstapfen der römischen Kaiser und setzte damit gewissermaßen das Römische Reich fort – womit natürlich gewisse Ansprüche einhergingen. Das fränkische Reich wurde auf einmal das Nachfolgereich Roms.

Zweitens wurde das Kaisertum durch niemand Geringeren als den Papst selbst sanktioniert. Damit leitete Karl seine Machtbefugnisse direkt von Gott ab, oder genauer gesagt vom christlichen Oberhaupt, und vergrößerte seinen Einfluss gegenüber den Adligen. Andererseits begab er sich aber auch zu einem gewissen Grad in die Hände des Papstes.

Die Einheit von Kirche und Staat war geboren. Rein formal musste nun jeder in Karls Reich unter anderem das *Pater Noster* (= Vaterunser) kennen, und Verunglimpfungen des Christentums konnten mit dem Tode bestraft werden.

Mit der Kaiserkrönung wurde also einerseits der christlichen Kirche der Rücken gestärkt, andererseits fand das Römische Reich seine Fortsetzung in den Franken. Das alte Weltreich erstand wieder auf – allerdings in neuem, christlichem Gewand.

Niemand kam Karl dem Großen jetzt mehr gleich, selbst der Kaiser in Byzanz (dem heutigen Istanbul) musste eines Tages Karl als ebenbürtig anerkennen. Die Kaiserkrönung war ein Meisterstreich hoher Politik, denn sie vergrößerte und zementierte die Macht des neuen Kaisers beträchtlich.

Aber mit Macht muss man etwas anfangen. Und so entfaltete Karl fortan eine ungeheure Aktivität. Tatsächlich reorganisierte der frischgebackene Kaiser das neu geschaffene Riesenreich von Grund auf. Das Reich wurde in Grafschaften unterteilt, die als Stellvertreter Karls fungierten und ihm Rechenschaft abzulegen hatten, gemeinsam mit einem Bischof oder Erzbischof, der für geistliche Fragen zuständig war. Ein eigenes Botensystem wurde etabliert, durch das Karl der Große seine Ohren überall haben und Einfluss nehmen konnte. Die Königsboten (*missi dominici*) überbrachten Karls Wünsche an die verschiedenen Grafen und Bischöfe. Deren Handlungen, Rechtsprechungen und Verwaltung ließen sich nun überwachen, sodass Missbräuche, Bestechungen, Erpressungen und Vetternwirtschaft abnahmen.

Und Karl unterbreitete auch neue Gesetzesvorschläge. Gesetze wurden schließlich in sogenannten Kapitularien (*capitularia* = „Gesetzeskapitel") festgehalten, die die Gesamtversammlung der Freien bestätigten. Das erste Mal seit langer Zeit gab es so etwas wie ein schriftlich fixiertes Recht – ein gewaltiger Fortschritt.

Ferner förderte Karl der Große mit allen Kräften die Wirtschaft und den Handel. Maße, Gewichte und Preise wurden vereinheitlicht und eine weitgehend stabile Währung etabliert. Brücken und Straßen wurden gebaut, Kanäle und Wege, die Messen unterlagen seinem besonderen Schutz. Allenthalben kehrte Ordnung ein, eine unumgängliche Notwendigkeit für einen Staat, der blühen und gedeihen will.

Schließlich gründete Karl der Große sogar Einrichtungen, um die Armen zu unterstützen, brandmarkte jedoch die Bettelei als Verbrechen.

Am erstaunlichsten aber waren seine kulturellen Bemühungen: Der große Frankenkönig zog viele Gelehrte an seinen Hof, selbst aus Irland,

Britannien und Italien kamen gescheite Köpfe. Mit ihnen und mit den Mönchen und Bischöfen begründete er das Schulwesen. Grammatik, Sprache, Musik, Rechnen ... all das wurde nun erstmalig frei und kostenlos im Frankenreich gelehrt. Karl selbst bemühte sich, noch in hohem Alter lesen und schreiben zu lernen, aber der alte Haudegen brachte es in diesen Disziplinen nicht weit. Immerhin kämpfte er heldenhaft gegen das Alphabet.

Trotz all dieser Aktivitäten fand er noch Zeit, vier Frauen und fünf Konkubinen glücklich zu machen und 18 Kinder zu zeugen, darunter acht legitime. Der Papst drückte beide Augen zu. Wer wollte, ja wer konnte dem Frankenkönig, dessen Reich größer war als jedes andere Reich, das die Erde je gesehen hatte, Vorschriften machen?

Im Jahre 813 machte Karl der Große seinen Sohn Ludwig (der später Ludwig der Fromme genannt werden sollte) zum Mitkaiser und übergab ihm sein Reich. 814 starb er, nach einem erfüllten Leben und nach nur siebentägiger Krankheit. Er wurde in seiner Kapelle in Aachen beigesetzt, in seine kaiserlichen Gewänder gekleidet.

Rund dreieinhalb Jahrhunderte später nahm ihn die Kirche, der er so treu gedient hatte, in die Schar der Heiligen auf. Sie hatte seine Missetaten gegen seine guten Taten aufgewogen und war zu dem Schluss gekommen war, dass er im Himmelreich einen besonderen Platz verdient habe.

NOCH EINMAL:
KARL DER GROSSE ODER BIOGRAFIE NR. 2

So und nicht anders könnte man das berauschende, das pralle Leben dieses großen Frankenkönigs erzählen, und tatsächlich liest man es so und nicht anders in etwa 90 Prozent aller Bücher. Franzosen wie Deutsche versuchen bis heute, ihre Geschichte auf Karl den Großen zurückzuführen.

Die Sache hat indes einen Haken: Die Biografie, wie sie oben dargestellt ist, enthält nicht einmal ein Hundertstel der tatsächlichen Ereignisse, selbst wenn die Rahmendaten stimmig sind und nicht geleugnet werden können. Aber der Historiker, der der Wahrheit auf die Spur kommen will, kann sich nicht daran vorbeimogeln, auch folgende Tatsachen zu berichten:

Ja, Karl der Große übernahm die Regierung über das gesamte Frankenreich, als sein Bruder Karlmann starb. Aber er überging geflissentlich das Erbrecht von Karlmanns Söhnen, die beide noch zu jung waren, um ernsthaft Widerstand zu leisten. Er stahl also seinen Neffen ein Reich, er stahl das halbe Frankenreich.

Karlmanns Witwe flüchtete mit ihren Söhnen an den Hof des Langobardenkönigs Desiderius, der damals in Oberitalien ein eigenes Reich errichtet hatte und ständig mit dem Papst im Clinch lag. Als Desiderius ernsthaft mit dem Papst aneinandergeriet (wie immer ging es um Besitz und Macht), zögerte Karl der Große nicht, dem Papst sofort zu Hilfe zu eilen. Wie wir bereits gehört haben, schlug Karl die Langobarden vernichtend, so viel ist stimmig. Verzweifelt flüchtete Desiderius mitsamt Karlmanns Witwe und deren Söhnen nach Verona. Aber Verona fiel – bis heute weiß man nicht, ob durch Verrat oder durch freiwillige Übergabe.

Ab diesem Zeitpunkt verschwinden Karlmanns Witwe und seine Söhne aus der Geschichte. Wir erfahren nichts mehr von ihnen. Es gibt keine Quellen, die uns Auskunft über ihr weiteres Schicksal geben. Von Karls offiziellen Geschichtsschreibern werden sie totgeschwiegen. Warum? Man kann nur vermuten, dass sie entweder umgebracht oder – bestenfalls – für immer hinter Klostermauern verschwanden, was damals einer Gefängnisstrafe gleichkam.

Desiderius selbst, der Langobardenkönig, wurde seiner Krone beraubt, nachdem Karl der Große die langobardischen Städte besiegt hatte. Er wurde in ein Kloster gesteckt, hörte gewissermaßen ebenfalls auf zu existieren. Karl kürte sich, wie wir bereits gehört haben, mit der eisernen Krone der Langobarden und schlug Land und Leute dem Frankenreich zu. Es gab keine Wahl und keine Krönung, das blanke Schwert regierte, sonst nichts.

Es wurden ungeheure Schätze erbeutet, von denen sich Karl der Große den Löwenanteil unter den Nagel riss, aber auch für den Papst fielen erkleckliche Bröckchen ab. So wundert es nicht, dass er den Raub des Langobardenreiches guthieß und offiziell von einer „gottgewollten Fügung" sprach.

Als die langobardischen Adligen später einen Aufstand wagten, schlug Karl ihn brutal nieder, verbannte die Aufrührer, zog ihre Besitztümer ein – und ersetzte sie durch ihm genehme, fränkische Grafen, Bischöfe und Äbte.

Kurz gesagt: Karl raubte ein weiteres Reich.

Am heikelsten freilich ist die Kaiserkrönung im Jahre 800, die nichts als lupenreine Public Relations war und mit der allen Sand in die Augen gestreut wurde. Es liest sich hübsch und fast ergreifend, wenn uns Karls offizieller Biograf Einhard berichtet, der Frankenkönig sei von der Kaiserkrönung völlig überrascht worden.

Doch wer will das glauben?

Wenn es um einen Machtpoker dieser Größenordnung geht, wird alles hinter gut verschlossenen Türen vorher abgekartet. Und genauso war es natürlich auch hier, wie sorgfältig recherchierende Historiker später herausfanden. Das sind die Fakten: Der Papst (Leo III.), der Karl den Großen krönte, verdankte dem Frankenherrscher viel. Denn Leo III. war kein unbeschriebenes Blatt. Ihm waren einst Unzucht, Bestechung und Meineid vorgeworfen worden – und nicht nur von einer Seite. Er hatte Karl den Großen bereits Jahre vor der Kaiserkrönung getroffen und verdankte *ihm* eine offizielle Absolution seiner päpstlichen Sünden. Mit anderen Worten: Karl der Große hatte dem Papst *vorher* aus der Patsche geholfen. Der Kaiserkrönung, die so weitreichende Konsequenzen hatte, waren demnach mit hoher Wahrscheinlichkeit genaue Absprachen hinter den Kulissen vorausgegangen.

Noch fragwürdiger waren die Sachsenkriege Karls des Großen. 30 Jahre lang verheerte und beraubte Karl die Sachsen. Er richtete ein Blutbad nach dem anderen an, tötete, mordete und brandschatzte. Gerechtfertigt wurde das alles mit dem Heidentum der Sachsen. Die Stämme wurden zwangschristianisiert, mit Feuer und Schwert. Karls Trompeter sprachen nur von der „Schwertmission" und davon, welche Wonne es sei, sich unter „das sanfte und süße Joch Christi" zu beugen. Eigentum wurde konfisziert, Menschen vertrieben und Geiseln getötet – unter dem Vorwand, nun könne die „Frohe Botschaft" verkündet werden. Im Jahre 782 schlachtete Karl, der „Leuchtturm Europas", 4 500 Sachsen ab wie Vieh. Nachdem die Sachsen schon besiegt waren, wurde der Rest zusammengepfercht und brutal umgebracht. Karl befahl, ihre Köpfe abzuhacken und die Körper in einen Fluss zu werfen. Danach feierte der fromme Karl fröhlich Weihnachten und lobte den Herrn. 30 Jahre lang zog Karl wieder und wieder gegen die Sachsen, die *paganissimi* (= die Erzheiden) „verwüstend, raubend, Straßen säubernd, ganze Wälder verbrennend, Saaten vernichtend, Brunnen verschüttend, Bauern metzelnd".[3]

Alle Sachenkriege wurden mit äußerster Grausamkeit geführt, Massendeportationen schlossen sich an viele Siege an. In den Jahren 795 bis 799 und 804 wurden rund 10.000 Familien mit Weib und Kind verschleppt. Karl siedelte die Sachsen unter anderem in Gallien an, dem heutigen Frankreich, wo sie zinsträchtige Bauern wurden und dort die reichen Herren ernähren mussten. Die sächsischen Frauen verkaufte er in die Sklaverei. Gleichzeitig wurden in der verbleibenden Bevölkerung Massentaufen erzwungen. Harte und härteste Gesetze wurden für die Sachsen erlassen. Selbst wenn die Fastengebote nicht genau eingehalten wurden (und ein Sachse etwa Fleisch während der Fastenzeit aß), wurde der Tod verfügt.

Karl hingegen schlemmte während der Fastentage, weil ihm das Fasten angeblich nicht bekam.

Die ununterbrochenen Sachsenkriege sind das schwärzeste Kapitel im Buche Karls des Großen, die kein Historiker heute gutheißt.

Erst später wurde dieser gnadenlose Eroberungskrieg von kriecherischen Geschichtsschreibern in eine „friedliche Bekehrung" uminterpretiert. Oder noch deutlicher: Von voreingenommenen Biografen wurde Geschichte verfälscht! Die Wahrheit ist: Nicht selten kämpften Bischöfe und Äbte mit dem Schwert in der Faust an vorderster Front, wenn es galt, die Sachsen zu erschlagen, aufzuhängen, zu köpfen und auszurotten. Und in Karls Gefolge befanden sich stets fromme Priester, die nach einem Blutbad sofort das „heilige Evangelium der Liebe" predigten.

Auch der Sieg gegen die Bayern lässt sich von einer anderen Seite betrachten. Karl entmachtete Tassilo III., den Bayernfürsten, eiskalt. Auch hier spielte der Papst eine zwielichtige Rolle. Denn er versprach, Karl von jeder Sünde freizusprechen, wenn im Lande der Bayern gebrandschatzt, getötet oder geraubt würde. Karl rückte also wohlgemut in Bayern ein, er hatte ja seine Absolution bereits in der Tasche. Er siegte ohne große Probleme, wohl auch weil sich die bayerischen Bischöfe auf Karls Seite schlugen. Später wurde Tassilo der Prozess gemacht, in einer juristischen Farce beschuldigte man ihn des Hochverrats. Nach bewährtem Muster wurde Tassilo daraufhin zum Mönch geschoren und in Klosterhaft genommen. Nachdem sich die klösterlichen Mauern hinter ihm geschlossen hatten, hörte man auch von ihm nie wieder etwas. Er starb hier, nicht anders als der ehemalige Langobardenkönig.

Wir brauchen in diesem Sinne nicht noch einmal alle Kriege aufzuführen und hinter die Kulissen zu leuchten. Karl führte auch gegen die Slawen regelmäßig Krieg, er vernichtete Land und Leute im heutigen Böhmen und Tschechien und hauste wie ein Teufel. Er unterjochte, verheerte und stahl wie ein Hunnenfürst. Er beging tausendfaches Unrecht und terrorisierte nahezu alle Länder in seiner Nachbarschaft. *Karolus serenissimus augustus a Deo coronatus Magnus pacificus* – „Karl, der durchlauchteste, von Gott gekrönte und Frieden bringende Kaiser" unternahm (mit Ausnahme von zwei Jahren) während seiner gesamten Regierungszeit jedes Jahr mindestens einen Feldzug! Er bekriegte die Langobarden, Sachsen, Friesen, Bayern, Awaren, Slawen, Araber, Bretonen und Dänen. Fast immer handelte es sich dabei um Angriffskriege. Karl rottete aus, sengte, plünderte und raubte. Er unterjochte, versklavte, eroberte, mordete und tötete. *Das* war sein Tagesgeschäft. Kein einzelner Mann brachte so viel Leid über seine Zeit wie Karl, der sogenannte Große.

Und wie erging es dem eigenen Volk? Profitierte es nicht von Karls Beutezügen? Brachte er nicht einen unendlichen Wohlstand? Machte er nicht zumindest seine eigenen Mannen reich?

Nun, einige wenige, ja!

Auf der anderen Seite ging es dem gemeinen Volk nicht unbedingt gut. In vielen Jahren grassierten die schlimmsten Hungersnöte, die man sich vorstellen kann, selbst in seinem Kernland. Ja, die Adligen und Bischöfe führten ein gutes Leben, aber die meisten Franken profitierten nicht von Karls Politik. Unterernährung im gesamten Reich war an der Tagesordnung, wie uns neutrale Historiker immer wieder versichern.

Selbst seine *missi dominici*, seine Botschafter, die zum Teil tatsächlich ein Mehr an Gerechtigkeit etablierten, waren manchmal nur freche, anmaßende Gesandte, die sich zunächst einmal selbst bestens verköstigten (gesetzlich sanktioniert, versteht sich!). Es ist überliefert, dass sie bisweilen sogar inquisitorische Befragungen unternahmen und so dem Volk nicht immer einen Dienst erwiesen.

Über Karls private Sünden wollen wir geflissentlich hinwegsehen, denn sein Sündenregister ist auch so lang genug. Er verstieß je nach Lust und Laune manche seiner Frauen und zeugte einen Bastard nach dem anderen, verhängte jedoch die Todesstrafe über die Sachsen, wenn sie die christlichen Ehegesetze nicht einhielten.

Kurz gesagt: Er legte zweierlei Maß an.

BEURTEILUNG

Wie man sehr schnell sehen kann, lässt sich die Biografie Karls des Großen auf zwei Arten lesen.

Was aber ist „wahr"? Wie sollen wir urteilen?

Nun, es kommt auf den Maßstab an, den man anlegt. Der Historiker Ranke (1795–1886) urteilte, dass er „zu groß für eine Biografie" sei, und die Franzosen bezeichneten später Napoleon als den „wiedergeborenen Karl den Großen". Er wurde „Karl der Einiger" und „Karl der Europäer" genannt. Er war der „allerchristlichste Regent", der „Vater der Kirche", Hohepriester und König zugleich. Schließlich wurde Karl sogar heilig gesprochen, wie wir bereits gehört haben. Aachen, seine Grabstätte, avancierte zur Kultstätte, die noch heute Tausende von Verehrern anzieht.

Sein Biograf Einhard verherrlichte Karl den Großen beinahe wie einen Gott – was uns jedoch nicht weiter wundert, da er ja vom Kaiser bezahlt wurde. Die Kirche liebte ihn ebenfalls, was auch nicht übermäßig erstaunt, da Karl der Große sowohl Rom als auch Bischöfe und Äbte im Frankenreich reich machte und mit Geld, Land, Leibeigenen und Pfründen ausstattete. Und da in dieser Zeit die Priester den Griffel führten, da nur sie die Schrift beherrschten, verwundert es nicht, dass sie allesamt Lobgesänge auf ihn anstimmten.

Spätere Generationen griffen auf diese Quellen zurück; Karl der Große eignete sich hervorragend dazu, eine gerade moderne, politische

Idee zu zementieren. Mit ihm konnte man auf altehrwürdige Wurzeln verweisen, ihn konnte man für alles und jedes in den Zeugenstand rufen. Und so entstand im Laufe der Jahrhunderte ein Geschichtsbild, das nicht weiter von der Wahrheit entfernt sein könnte.

Aber was war die Wahrheit?

Grundsätzlich müssen wir festhalten, dass die Regierungspolitik Karls des sogenannten Großen nicht etwa darin bestand, allen zu helfen und das Bestmögliche für die größte Anzahl aller Beteiligten herbeizuführen. Er wollte vielmehr einer kleinen Clique von Adligen und Priestern ein gutes Leben ermöglichen und mit ihnen und durch sie herrschen und Kontrolle ausüben. Das Volk dagegen stöhnte über überhöhte Steuerforderungen, überhöhte Preise, Verschuldung und Verpfändung.

Doch warum existieren des ungeachtet bis heute all die positiven Beurteilungen? Nun, vergessen wir nie: Sieger schreiben Geschichte! Karl der Große besiegte all seine Feinde. Also diktierte er, was offiziell über ihn gedacht werden durfte. Natürlich ließ er sich zu seiner Zeit besingen und verherrlichen. Natürlich legen deshalb die meisten der vorhandenen Quellen nur von seiner angeblichen Größe Zeugnis ab. Und später schrieb man von diesen Quellen ab.

Welches Ergebnis bleibt unterm Strich?

Karl eroberte mit List, mit dem Schwert, mit dem Mittel der Intrige und mit dem Papst als Verbündetem ein Riesenreich, in unvorstellbar kurzer Zeit. Aber es gelang ihm nicht, trotz aller späteren frommen Lügen, ein geordnetes Reich aufzubauen. Das beweisen die heftigen Kämpfe unter seinen unmittelbaren Nachfolgern. Wiederholen wir: *Jedes* Jahr wurde Krieg geführt, mit nur zwei Ausnahmen! Karl ging es lediglich darum, ein Weltreich zu erobern und sich vielleicht im Himmel einen Ehrenplatz zu sichern. Dafür watete er knietief im Blut. Wie viele Menschen er dabei tötete, danach fragte er nicht.

Glaubte er selbst an seine Mission? Glaubte er wörtlich an das Christentum? Wahrscheinlich! Trotzdem behandelte er Papst und Bischöfe wie Untertanen, manchmal wie Stallburschen, ja er mischte sich sogar in die kirchliche Gesetzgebung ein und stellte sich stets über den Papst.

Zugegeben, er war ein Genie in Sachen Macht, und zementierte sie, indem er mit dem Papst, den Bischöfen und den Priestern eine neue, nie da gewesene Art von Kontrolle etablierte.

Er benutzte das Christentum und die christliche Lehre, um *mental* zu herrschen, nicht nur durch das Schwert.

Damit sind wir bei einem der „heißesten" Themen dieses Buches: Wir müssen uns fragen, was es mit diesem geheimnisvollen Christentum auf sich hat.

3. LUDWIG DER DEUTSCHE ODER DIE GEBURT DEUTSCHLANDS

Aber bevor wir näher auf das Christentum eingehen, müssen wir zunächst noch die Frage beantworten, wie sich die Geschichte fortschrieb und wie dieses Deutschland eigentlich entstand.

Karl der Große vermachte sein Riesenreich, wie wir bereits gehört haben, Ludwig I., genannt „Ludwig der Fromme" oder *Louis le Pieux*, bevor er starb und gleich in zwei Himmel auffuhr – in den Himmel der Germanen, Walhalla, und in den Himmel der Christen.

Ludwig I. war zu fromm und zu nachgiebig, als dass er das riesige Frankenreich hätte regieren können. Noch zu seinen Lebzeiten fuhren ihm seine drei Söhne ständig in die Parade und versuchten, sich selbst ein Stück von dem Kuchen abzuschneiden, der zu verteilen war. Seine drei Söhne, Karl der Kahle, Lothar I. und Ludwig der Deutsche, bekämpften nicht nur sich selbst wechselseitig, sondern auch ihren Vater bis aufs Messer. (Einen vierten Sohn namens Pippin unterschlagen wir hier, um die Sache nicht unnötig zu verkomplizieren.)

Ludwig der Deutsche (ca. 806–876) hatte vom Vater zunächst Baiern und einige nach Osten hin angrenzende Länder als Unterkönigtum erhalten, weshalb er sich zunächst (ab 826) nur „König von Baiern" nannte. Karl der Kahle orientierte sich mehr in Richtung des heutigen Frankreichs. In der Mitte zwischen dem „Franzosen" und dem „Deutschen" befand sich Lothar I. Jeder der drei Brüder beäugte die beiden anderen argwöhnisch und suchte nach Gelegenheiten, den eigenen Machtbereich zu vergrößern. Eine Zeit lang wogte der Kampf unentschieden zwischen diesen drei Parteien hin und her, mit wechselnden Bündnissen. Der Vater, Ludwig der Fromme, wurde vorübergehend als Kaiser abgesetzt, dann wieder eingesetzt – bis er schließlich (im Jahre 840) das Zeitliche segnete, vielleicht zur Erleichterung aller.

Aber jetzt ging der Bruderkrieg erst richtig los: Karl der Kahle, Lothar I. und Ludwig der Deutsche lieferten sich einen vieljährigen Krieg – in dem erneut jeder gegen jeden kämpfte, mit wechselnden Bündnissen und Treueschwüren. Meineide waren „wohlfeil wie Brombeeren", wie ein Historiker das ausdrückte. Schließlich verständigten sie sich darauf, das Riesenreich Karls des Großen endgültig in drei Teile aufzuteilen. Im Vertrag von Verdun (im Jahre 843) erhielt Karl der Kahle ein Reich, das mit einigem guten Willen als das heutige Frankreich bezeichnet werden könnte. Lothar I. beanspruchte Gebiete, die zwischen diesem Frankreich und dem heutigen Deutschland lagen, inklusive weiter Teile Italiens. Ludwig der Deutsche legte gewissermaßen den Grundstein für das heutige Deutschland. Die beigefügte Graphik veranschaulicht diese Reichsteilung:

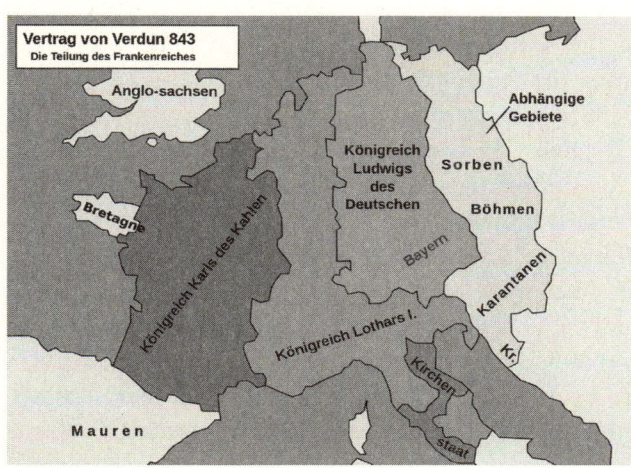

Nun sind wir endgültig der Gründung Deutschlands auf der Spur! Die Enkel Karls des Großen gründeten drei Staaten – und einer dieser Staaten entwickelte sich später zu unserem Deutschland.

Zu Beginn hieß das Gebiet Ludwigs des Deutschen (der seinen Beinamen übrigens erst sehr viel später im 19. Jahrhundert bekam) allerdings noch nicht Deutschland, sondern Ostfränkisches Reich – die Westfranken waren die Untertanen Karls des Kahlen. Es wurde zudem anfänglich nicht nur Ostfränkisches Reich genannt, sondern auch *Francia orientalis*, *Austria*, *Austrasien* und *Ostarrichi* – alles Bezeichnungen, die auf den Osten deuten. Wir Deutschen sind also Menschen, die im Osten leben – vom Standpunkt der Franzosen aus gesehen durchaus verständlich.

Dieser Ludwig (auch Ludwig II. genannt) wurde *rex Germanorum*, König der Germanen, oder *rex Germaniae* betitelt, was die Verbundenheit zur Vergangenheit und seine Abstammung verdeutlicht. Er ist unser Urvater, wenn wir von Karl dem Großen absehen, der ja von den Franzosen und den Deutschen gleichermaßen als Ahnherr beansprucht wird.

Ludwig der Deutsche stand nun vor dem Problem, auf der einen Seite dem neu gegründeten Reich – das wir der Einfachheit halber bereits Deutschland nennen wollen – eine neue Identität zu geben und auf der anderen Seite sein Reich gegen verschiedene Feinde zu verteidigen oder, ehrlicher gesagt, seiner Person und seinem Schwert Respekt zu verschaffen, indem er die Reichsgrenzen ständig erweiterte. Also führte er zahlreiche Kriege: unter anderem gegen die Slawen in Böhmen und Mähren. Wie schon sein Großvater Karl der Große versuchte er, durch christliche Missionierung seinen Einfluss zu zementieren (im Osten und im Norden, in Bremen, Hamburg und Schweden etwa) und gleichzeitig die Gier seiner Brüder einzudämmen beziehungsweise umgekehrt ihnen den einen oder anderen Bissen wegzuschnappen. Kleriker, Bischöfe, Äbte, die hohe Geistlichkeit – all dieses Personal diente auch ihm dazu, seine Machtansprüche zu festigen. Das Christentum wurde abermals zu einer Philosophie degradiert, mit der man Ansprüche durchsetzen und Mord und Raub legitimieren konnte.

Kurz und gut: Ludwig der Deutsche kämpfte an allen Fronten – selbst im Innern. Denn seine Söhne erwiesen sich teilweise als genauso illoyal wie er selbst – er hatte ja seinen eigenen Vater bekriegt – und versuchten, ihm noch zu Lebzeiten die Macht streitig zu machen.

Geschichte ist manchmal erschreckend gerecht.

WAS WÄRE, WENN ...

Es ist eine ebenso verführerische wie intellektuell reizvolle Aufgabe, sich vorzustellen, was passiert wäre, wenn Ludwig der Deutsche alle seine Schlachten verloren oder wenn sein Vater, Ludwig der Fromme, das gesamte Reich Karl dem Kahlen vermacht hätte. Nun, das Frankenreich wäre erhalten geblieben! Wir sprächen heute vielleicht in Italien, Deutschland, Holland oder in der Schweiz alle französisch. Wir hätten keine unterschiedlichen Kulturen entwickelt. Die zahlreichen deutsch-französischen Kriege später wären vermieden worden. Die gesamte europäische Geschichte hätte umgeschrieben werden müssen. Einfach alles hätte sich anders entwickelt, vieles vielleicht positiver. Möglicherweise wäre aber auch fast alles ähnlich gekommen. Die Geschichte beweist ja, dass Riesenreiche leicht auseinanderbrechen, wenn sie nicht von einem überragenden Kopf regiert werden. Das römische Weltreich, strategisch weit überdehnt, brach eines Tages ebenso auseinander wie die ehemalige Sowjetunion. Das Riesenreich Alexanders des Großen überdauerte so wenig wie das Weltreich der Perser.

Der Keim der fränkischen Bruderkriege lag in der unintelligenten Regelung der Herrschaftsfolge begründet – die ewige Achillesferse der Monarchie. Jeder Frankenkönig versuchte, seine Söhne gerecht zu behandeln und jedem einen Teil des Erbes zukommen zu lassen. Damit war der Streit vorprogrammiert.

Die Osmanen dagegen – Herrscher in einem späteren großtürkischen Reich – versuchten auf der Höhe ihrer Macht im 13. und 14. Jahrhundert das Nachfolgeproblem dadurch zu lösen, dass sie alle Mitbewerber um den Thron bis auf einen einzigen Sohn hinmorden ließen. Das schier unlösbare Problem der Monarchie heißt also Nachfolgeregelung. Zu oft folgen Schurken oder Narren auf einen starken König – was beweist, wie verletzlich die Monarchie als Regierungsform ist.

Aber in gewissem Sinne ist es müßig, darüber zu spekulieren, wie es hätte kommen können, denn das Rad der Geschichte lässt sich nicht zurückdrehen.

Was geschah weiter?

ENDE UND BEGINN

Ludwig der Deutsche starb 876 in Frankfurt am Main und beendete damit ein Kriegerleben, in dem (physisch) das Schwert und (mental) die Bibel regiert hatten, nicht anders als zur Zeit seines Großvaters.

Er hinterließ ein Erbe, das sich durch vier Machtfaktoren auszeichnete.

Es gab (1) den König und (2) die Adligen, weiter (3) den Papst und (4) die Kirchenfürsten (Erzbischöfe, Bischöfe, Äbte). Diese vier Machtfaktoren bestimmten die gesamte spätere Geschichte des deutschen Mittelalters.

Das aber führt uns erneut zu der Frage: Was hatte es mit diesem mysteriösen Christentum auf sich?

4. WAS ÜBER DAS CHRISTENTUM NICHT BEKANNT IST

Die Geschichte Deutschlands lässt sich nicht verstehen, wenn man das Christentum nicht von seinem innersten Kern her begriffen hat. Diese Religion prägte unser Land von frühesten Zeiten an.

Rund 31 Prozent der deutschen Bevölkerung bekennen sich heute zur römisch-katholischen Kirche, ebenfalls etwa 31 Prozent zur evangelischen Kirche, beide mit fallender Tendenz. Außerdem gibt es ca. 15 andere christliche Glaubensbekenntnisse, von der griechisch-orthodoxen Kirche bis hin zu den Zeugen Jehovas. Sie alle spielen allerdings zahlenmäßig eine untergeordnete Rolle. Demgegenüber stehen rund 32 Prozent, die keiner Kirche angehören, und rund 3 Prozent Muslime – beide Richtungen verzeichnen eine steigende Tendenz. Trotzdem: Rund 64 Prozent aller heutigen Deutschen bezeichnen sich immer noch als Christen.

Früher lasen sich die Zahlen noch eindrucksvoller, und wer nicht dem Christentum angehörte, wurde (zur Zeit Karls des Großen, Ludwigs des Deutschen und vieler folgender Jahrhunderte) einfach mit dem Schwert zwangsbekehrt. Mit anderen Worten: *Jeder* hatte christlich zu sein!

Aber was ist eigentlich christlich?

JESUS CHRISTUS

Versuchen wir, die Geschichte dieses Jesus Christus so objektiv und neutral wie möglich zu erzählen. Dabei müssen wir uns freilich auf mehr als eine Überraschung gefasst machen, denn die wahre Geschichte, und nur dieser fühlt sich der Historiker verpflichtet, ist mehr als brisant.

Leider kann man über das tatsächliche Leben Jesu erstaunlich wenige gesicherte Fakten zusammentragen. Die Quellenlage ist dürftig.

Jesus Christus wurde im Jahre 1, 2, 3, 6 oder 7 vor „Christi Geburt", der offiziellen Zeitrechnung, geboren. Er erhielt den Namen *Jeschua* oder *Josua*, was wörtlich so viel bedeutet wie „Jahwe hilf!". *Jahwe*, auch *Jehovah* oder *JHWH*, war der Name des jüdischen Gottes (die Hebräer schrieben die Vokale ursprünglich nicht aus).

Die religiöse Überlieferung erzählt seine Geschichte folgendermaßen: Bethlehem, ein Städtchen acht Kilometer südlich von Jerusalem, war sein Geburtsort, Maria seine Mutter, Joseph sein Vater. Als Jesus heranwuchs, zog er predigend durch die Lande, heilte dem Neuen Testament zufolge Kranke, machte Blinde sehend und Lahme gehend, erweckte Tote und vollbrachte viele andere Wunder. Er predigte Nächstenliebe, Friedfertigkeit und Aufrichtigkeit. Gemäß der Überlieferung sammelte er zwölf Apostel um sich, die später sein *Evangelium* (= Verkündigung) weitertragen sollten. Als er sich als der lang ersehnte *Messias* (Heiland, Erlöser) zu erkennen gab, führte er den Bruch mit dem orthodoxen Judentum herbei. Mit den Römern verscherzte er es sich, als er von einem neuen Reich sprach und sich als König der Juden bezeichnete. Die römischen Besatzer witterten daraufhin revolutionäre Umtriebe. Im Alter von etwa 30 Jahren, den gängigen religiösen Überlieferungen zufolge, wurde er verraten und gefangen gesetzt. Zeugen sagten gegen ihn aus. Man verurteilte ihn zur Kreuzigung. Der Leichnam wurde später begraben, aber einige seiner Anhänger verkündeten, er sei wiederauferstanden und in den Himmel aufgefahren.

Halten wir an dieser Stelle ein und stellen zunächst fest: Keine Geschichte erzielte je eine größere Wirkung als diese.

Aber ist sie auch wahr?

GEGENSTIMMEN

Die Gegenstimmen sind zahlreich und bis heute nicht verstummt. Kritiker weisen vor allem darauf hin, dass das Christentum nicht originär ist, sondern auf anderen, früheren Religionen fußt. Sie verweisen außerdem darauf, dass es schon vorher ähnliche Gestalten wie Christus gab. Nun, will man der Wahrheit die Ehre geben, muss man zumindest folgende Fakten einräumen:

- Die Juden machen darauf aufmerksam, dass der Glaube an einen Messias aus ihren Schriften entlehnt wurde. Juden glauben bis heute an die Ankunft eines Erlösers, der allerdings ihrer Überzeugung nach noch nicht auf der Erde erschienen ist (hebräisch: *Maschiach* = der Gesalbte).
  Sie weisen darauf hin, dass der Hintergrund der Gleichnisse des Neuen Testamentes aus dem jüdischen Kulturraum übernommen wurde und die Himmelfahrt ebenfalls aus ihren heiligen Büchern stammt.
  Und so viel ist richtig: Auch die (jüdischen) Propheten Moses, Enoch, Elias und Jesaja fuhren alle angeblich gen Himmel.

- Religionswissenschaftler verweisen darauf, dass es erstaunliche Parallelen zu den fernöstlichen Religionen gibt. Die göttliche Dreifaltigkeit kommt auch im Hinduismus vor, wo die Götter Brahma, Shiva und Wishnu, stellvertretend für die Erschaffung, den Fortbestand und die Zerstörung, auch eine heilige Trinität bilden. Krishna, eine Verkörperung Wishnus, wird ebenfalls gekreuzigt und steigt zum Himmel auf, allerdings lange vor Christus. Von Krishna heißt es zudem, er werde am letzten Tag zurückkehren, um die Lebendigen und Toten zu richten.
  Und schließlich wird auch Buddha eine Art jungfräuliche Geburt nachgesagt, auch bei seiner Geburt reisen Könige aus der Ferne an, und auch er wirkt zahlreiche Wunder.

Und so viel ist wahr: Im Buddhismus gab es, lange vor Christus, bereits die Heiligen- und Reliquienverehrung, den Gebrauch von Weihwasser, Weihrauch und Kerzen, den Rosenkranz, geistliche Gewänder, Mönche und Nonnen, sogar die Klostertonsur und den Zölibat. Es gab die Beichte, Fastentage, Heiligsprechungen, das Fegefeuer und Totenmessen. Und es gab zahlreiche Belehrungen durch Buddha, die alle darauf abzielten, eine höhere Ethik zu etablieren.

- Die Griechen bestehen darauf, dass die Erlösungs-Idee auch ihrem Gott Dionysos nachgesagt wurde. Dionysos war ursprünglich ein Fruchtbarkeitsgott, ein wilder Gott, Symbol für Wein, Weib und Gesang und zuständig für frohe Festlichkeiten. Später wandelte er sich zum Gott des Rausches und endete als Sohn, der für die Menschheit stirbt, um sie zu erlösen.

  Die Griechen kannten, lange vor Christus, das Fegefeuer, sie kannten die Geschichte, dass wir alle später einem ewigen Richter Rede und Antwort stehen müssen, sie kannten sogar den Ablasshandel. Dagegen zog schon damals der größte griechische Philosoph Platon zu Felde. Und sie kannten den Begriff der Sünde und den Begriff des Heilers oder Heilandes – ihre heiligen Schriften strotzen vor Wundern, die sie ihren Heilern und Göttern andichteten.

- Der Historiker schließlich wird darauf aufmerksam machen, dass bei vielen Vorstellungen bereits die Perser Vorarbeit leisteten – und zwar in der Person Zarathustras. Zarathustra (oder *Zoroaster, Zartoscht, Zarathuschtra* = wörtl. der Besitzer des goldfarbenen Kamels) lebte lange vor Christus. Dieser Prophet schenkte den Persern eine ganze Religion und schuf eine vorher unbekannte Theologie, geradezu aus dem Nichts.

  Zarathustra sei göttlich empfangen worden, weiß die Überlieferung, ein himmlischer Strahl sei in den Busen einer Jungfrau gedrungen; aber auch ein Priester habe bei der Empfängnis mitgewirkt, freilich von einem Engel geleitet. Zarathustra wird als ein äußerst rechtschaffener Mensch mit unendlicher Liebe zur Weisheit beschrieben. Im Erwachsenenalter habe ihn der Teufel versucht, aber vergeblich. Trotz schwerer Prüfungen sei er dem höchsten Gotte treu geblieben, dem Herrn des Lichts, *Ahura Mazda*. Dieser Gott sei ihm eines Tages erschienen und habe ihm das *Avesta* ausgehändigt, das Buch des Wissens und der Weisheit, mit dem Gebot, seinen Inhalt den Menschen zu predigen.

In der Folge zog Zarathustra lehrend und predigend durch die Lande. Nur ein einziger Gott, eben *Ahura Mazda*, sollte und durfte angebetet werden. Alles, so Zarathustra, sei von ihm geschaffen worden, die Gestirne, die Sonne, der Mond, das Wasser, die Meere, die Erde, die Pflanzen, die Tiere und selbst der Mensch. Weiter lehrte der persische Prophet, dass das Gute am Tag des Jüngsten Gerichts siegen werde. Sofern das Gute im Menschen überwiege, dürfe er an diesem Tag über eine Brücke ins Paradies schreiten.

Schließlich finden wir noch Folgendes in Zarathustras Lehre: die Abstammung aller Menschen von einem Urelternpaar, die Sintflut, die der Herr des Lichts über die Menschen kommen ließ, weil er unzufrieden mit ihnen war, den Kampf mit dem Teufel, die Prophezeiung des Weltunterganges und die Existenz einer Hölle und eines Fegefeuers. Die Hölle wird als schrecklicher Ort beschrieben, in dem die verurteilten Seelen bis ans Ende aller Zeiten braten müssen.

Zarathustra starb in hohem Alter, ein Blitz traf ihn, so wissen zumindest seine Jünger, und er fuhr schnurstracks in den Himmel auf.

Wiederholen wir und bringen wir die Theologie Zarathustras auf den Punkt. Folgendes wurde – lange vor Christus! – im persischen Raum gelehrt:

eine Art Jungfrauen-Geburt;

die Existenz eines einzigen, übermächtigen Gottes;

die Erschaffung der Welt, ja alles Existierenden einschließlich des Menschen, durch diesen übermächtigen Gott;

der ewige Kampf zwischen Gut und Böse, zwischen Gott und dem Teufel;

die Versuchung (des Propheten) durch den Teufel;

das Jüngste Gericht;

die Existenz von Himmel und Hölle;

die Existenz des Fegefeuers;
die Himmelfahrt des Propheten;
die Sintflut aufgrund der Sünden der Menschen.

- Aus Ägypten ist uns dies bekannt: Die Eingottlehre wurde im alten Ägypten erfunden, und zwar von Echnaton, einem Pharao, der alle früheren ägyptischen Götter von ihrem Thron stieß, die Priesterkaste entmachtete und nur Aton, den Sonnengott, gelten ließ.

Auch die Sprüche Salomons stammen, wie man heute weiß, nicht allein von Salomon, dem weisen jüdischen Herrscher. Historiker wie Will Durant haben festgestellt, dass sie manches der ägyptischen Literatur schulden.

Und die Ägypter waren vielleicht die Ersten, die der Unsterblichkeit der Seele ein immenses Gewicht beimaßen. Es wurde ein unvorstellbarer Aufwand betrieben, damit es die Seele im Jenseits gut hatte.

Selbst der Begriff der Sünde wurde wahrscheinlich von den Ägyptern erfunden, zumindest benutzten sie ihn eifrig. Zahlreiche ägyptische Schriften verraten uns eine Denkweise, die der jüdischen und christlichen so unähnlich nicht ist. Man könnte sogar von einer Vorformulierung der Zehn Gebote sprechen: Bereits in Ägypten wurde nämlich gegen Ehebruch, Betrug, Diebstahl, die Lüge und Ehrfurchtslosigkeit gegenüber Gott mobil gemacht. Sogar den Ablasshandel gab es bereits im alten Ägypten.

Die ägyptische Literatur schließlich ist ebenfalls voller Wunder, nicht anders als die jüdische, indische oder christliche. Auch hier gibt es Magier, die Gliedmaßen wieder anwachsen lassen, heilen und Tote zu neuem Leben erwecken können.

DIE WAHRHEIT UND NICHTS ALS DIE WAHRHEIT

Das Christentum wurde, so viel steht fest, über 1 700 Jahre lang als völlig originär betrachtet – eine Sichtweise, die heute beim besten Willen nicht mehr aufrecht erhalten werden kann. Andererseits gingen mit dem Christentum auch viele positive Auswirkungen einher. Speziell in deutschen Landen lernten die barbarischen Germanen, wie sie von den Römern bezeichnet wurden, vielleicht zum ersten Mal, dass es so etwas wie Nächstenliebe überhaupt gab. Unsere Vorfahren lernten zudem nicht nur lesen und schreiben, sondern auch ein Stückchen Kultur und eine Prise Anstand. Und: Die Vorbildfunktion, die von den vielen Heiligen im Mittelalter ausging, kann man nur erahnen, messen lässt sie sich nicht. Christliche Nonnen in den Klöstern kümmerten sich um Kranke und Hungernde, und christliche Mönche sammelten Heilkräuter und sind dafür verantwortlich, dass bei uns zum ersten Mal so etwas wie Zivilisation Einzug hielt.

Wenn der Historiker also einerseits die Geschichten um Jesus Christus nicht lesen kann, ohne auf die früheren Bezüge Rücksicht zu nehmen, so kann er andererseits auch nicht die positiven Seiten dieses Christentums leugnen. Das Christentum tröstete die Schwachen, sorgte für Witwen und Waisen, half Eltern, ihre Kinder besser zu erziehen, und ließ sie vor Mord und Totschlag, Diebstahl und Lügen zurückschrecken.

Die Lehre dieses Jesus Christus, ob er nun auf anderen Gestalten fußt oder nicht, ist einzigartig. Sie ist menschenfreundlich, friedlich, positiv und zivilisatorisch hoch bedeutsam.

Eine ganz andere Frage ist es indes, was die Menschen aus dieser Lehre machten.

DER KAMPF UM EINE EINHEITLICHE LEHRE

Bevor wir uns mit den machtpolitischen Seiten des Christentums genauer auseinandersetzen, müssen wir zunächst festhalten, dass es ursprünglich keine allgemeinverbindliche Lehre gab. Am Anfang existierten nur alle möglichen Gemeindefantasien, fragwürdige Überlieferungen, Gerüchte, Verkündigungen und Vorstellungen über das angeblich kurz bevorstehende Weltende, kurz: allerlei bunt zusammengewürfelte Geschichten. Von allen Seiten drangen außerdem andere Ideen in dieses Christentum ein, aus aller Herren Länder und von verschiedenen Religionen, Abspaltungen, Sekten und Philosophien.

Noch einmal: Das Christentum präsentierte ursprünglich alles andere als eine einheitliche Lehre. Die wildesten, die widersprüchlichsten Aussagen fanden in diesem Christentum Platz. Tatsächlich gab es schier unzählige Glaubensbekenntnisse.

Diesem Sammelsurium von wilden Ideen setzte erst Kaiser Konstantin (ca. 278–337) ein Ende. Er schlug gewissermaßen mit der Faust auf den Tisch. So konnte es seiner Meinung nach nicht weitergehen. Alle naslang stand ein neuer Erleuchteter auf, der eine Erscheinung hatte und von Gott inspiriert worden war, und behauptete, sich im Besitz der allein seligmachenden Wahrheit zu befinden. Priester und Bischöfe bekämpften und schmähten sich wechselseitig, jeder wusste alles besser. (Einen „unfehlbaren" Papst gab es noch nicht.) Diesem Affentheater, diesem Zirkus musste ein Ende gesetzt werden! Konstantin befahl, nur eine Version des Neuen Testamentes vorzulegen. Bislang zirkulierten alle möglichen und unmöglichen Erinnerungen und Gerüchte.

Zugegeben, schon vorher hatte es Versuche gegeben, das Neue Testament festzuschreiben und Jesus auf einige „verbindliche" Schriften zu reduzieren. Es zirkulierten schon im 2. Jahrhundert n. Chr. Sammlungen der Briefe des heiligen Paulus, und Markion, der Begründer einer einflussreichen christlichen Richtung (Markionismus), versuchte zu dieser Zeit ebenfalls, einige Schriften zusammenzutragen, die allein als echt gelten sollten. Aber erst Konstantin, der auch das erste allgemeine Konzil einberief, schaffte wirklich Ordnung.

Das Christentum, wie wir es heute kennen, begann sich zu formieren. Die heute mächtigste Religion auf der Welt fing an, sich für *ein* Buch zu entscheiden: Das Neue Testament entstand, das gemeinsam mit dem Alten Testament als Bibel bezeichnet wird.

DAS WICHTIGSTE BUCH DER WELT

Konstantin der Große befahl also aus machtpolitischen Gründen, eine einzige Fassung des Neuen Testamentes und der Bibel zu erstellen. Eine ganze Gruppe hochgelehrter Priester, vielleicht angeführt von einem gewissen Eusebius (Kirchenlehrer, ca. 260–340), machte sich an diese Mammutaufgabe. Es gab unendlich viele widersprüchliche Erinnerun-

gen und Überlieferungen sowie Häretiker und Ketzer, also Abweichler, die nichts auf die offizielle Meinung gaben. Aus einer Unzahl von
Schriften schied man schließlich die kanonischen (kanonisch = als echt
anerkannt, von griech. *kanos* = Richtschnur, Regel) von den apokryphen
Schriften (apokryph = unecht, griech. *apokryphos* = untergeschoben).

Tatsächlich existierte ja kein originales Manuskript des Neuen Testamentes, sondern lediglich Fragmente von Kopien von Kopien. Ein
Markus-Fragment beispielsweise wurde erst zweieinhalb Jahrhunderte
nach den eigentlichen Ereignissen entdeckt. Wiederholen wir: zweieinhalb Jahrhunderte später! Ein Fragment, kein vollständiger Bericht! Wer
will es wagen, hier von geschichtlicher Wahrheit zu sprechen? Schrift-
gelehrte, Priester und Theologen verfassten erst jetzt die „endgültige"
Fassung. Aus theologischen und politischen Gründen schob man bestimmte Überlieferungen kurzerhand beiseite. Man kürzte, strich und
verbesserte. Strömungen, die nichts ins Bild passten, wie die Gnosti-
ker, wurden ausgemerzt. Die Gottgleichheit Jesu wurde beschlossen,
Gottähnlichkeit war vielen Priestern zu wenig. Schließlich galt es, *eine
einzige* Wahrheit zu etablieren. Tatsächlich wurde noch Jahrhunderte
später weiter gestrichen, hinzugefügt und gekürzt, bei Übersetzungen
allemal, wie bei der ins Lateinische übertragenen Bibel oder später bei
der ins Deutsche übersetzten Heiligen Schrift durch Martin Luther.

Aber damals wurde das Fundament gelegt. Das Fundament zu dem
Versuch, eine allgemeingültige Version zu schaffen.

Während im Laufe dieser turbulenten Zeiten noch verschiedenen
Priester und Theologen die Inhalte der Bibel bestimmten, war es später
das Papsttum, das Anspruch darauf erhob, in geistigen Fragen unfehl-
bar zu sein. Und so entstand die mächtigste religiöse Institution, die die
Welt bis heute gesehen hat.

DIE ENTSTEHUNG DES PAPSTTUMS

Die verschiedenen Päpste ihrerseits, die später einen so ungeheuren
Einfluss auf Deutschland nehmen sollten, fußten auf einer hochbrisan-
ten Tradition, die man kennen muss, will man Geschichte verstehen.

Fragen wir in aller Naivität: Wie konnte es dem Papst in Rom, der ursprünglich nur ein Bischof unter vielen war, gelingen, alle Mitbewerber um die geistige und geistliche Macht beiseitezuschieben und sich als den wichtigsten und ersten Vertreter Christi auf Erden zu etablieren? Die Story liest sich spannender als ein Krimi.

Nach katholischer Auffassung ist der Papst in Rom der Nachfolger des heiligen Petrus, über den im Neuen Testament geschrieben steht: „Du bist Petrus und auf diesen Felsen will ich meine Kirche bauen. Und die Pforten der Hölle sollen sie nicht überwältigen. Und dir gebe ich die Schlüssel über das Himmelreich. Was du auf Erden bindest, soll im Himmel gebunden sein. Und was du auf Erden lösest, soll im Himmel gelöst sein." (Matthäus 16, 18-19)

Folgenschwere Worte! Petrus ist nach katholischer Auffassung der Erste unter den Bischöfen und hat die Macht, Menschen zur Hölle zu verdammen oder Einlass in den Himmel zu gewähren. Außerdem behauptete die katholische Kirche schon früh, dass sogar das Grab des Apostels Petrus unter dem Petersdom in Rom aufgefunden worden sei.

Mit anderen Worten: Die Päpste griffen mehr und mehr nach der Macht in der gesamten Christenheit; sie suchten diesen Machtanspruch durch das Neue Testament und einige Gebeine zu beweisen.

KRITIKER DES PAPSTTUMS

Es muss erlaubt sein, erneut auch auf Gegenstimmen aufmerksam zu machen. Selbst wenn Petrus einst als der „Fels" bezeichnet worden war, (griech. *petros* = Stein, Fels), so bedeutete das nicht automatisch – gaben jedenfalls Kritiker zu bedenken –, dass auch seinen Nachfolgern die gleiche Bedeutung beizumessen sei. Ferner konnten buchstäblich Hunderte von Untersuchungen und Veröffentlichungen natürlich nie beweisen, dass Petrus' Gebeine unter der Peterskirche in Rom liegen. Wie auch? Wer kann schon noch nach 2 000 Jahren aus einigen Knochen mit Gewissheit Rückschlüsse auf eine Person ziehen?

Außerdem ist bekannt, dass bis zum 4. Jahrhundert mehrere wichtige Bischöfe gleichberechtigt nebeneinander existierten, ohne dass es einen Papst gab. Die bedeutendsten Bischöfe saßen in Konstantinopel (heute Türkei), Antiochia (Syrien), Jerusalem (Israel), Alexandria (Ägypten) und Rom (Italien).

Selbst der Bischof von Mailand konkurrierte einst mit dem Bischof von Rom, ganz abgesehen von nordafrikanischen Bischöfen, die sich heftig gegen ein Primat (lat. *primus* = der Erste) des römischen Bischofs wehrten.

Lange Zeit gab es in der Urkirche keine Vorrangstellung des römischen Bischofs. Die ersten obersten christlichen Priester in Rom formulierten anfangs auch keinen entsprechenden Machtanspruch. Das Wort „Papst" (kirchenlat. *papa* = Vater) wurde in Rom erst seit dem 8. Jahrhundert regelmäßig benutzt. Viele nichtrömische Bischöfe nannten sich zudem noch im 11. und 12. Jahrhundert „Stellvertreter Petri".

In Glaubensfragen wurde anfänglich im Rahmen von Konzilen (lat. *conciliare* = beraten) entschieden, nicht vom römischen Bischof. Aber verschiedene starke Päpste arbeiteten unaufhörlich darauf hin, die Vorrangstellung des Bischofs von Rom immer stärker festzuschreiben.

Wir könnten an dieser Stelle viele Namen nennen, aber deuten wir nur auf Leo den Großen, 440 bis 461 Bischof von Rom. Er bezeichnete sich bereits als *Pontifex maximus*, den höchsten Priester. Und so ging es immer weiter durch die Jahrhunderte: Die römischen Bischöfe beanspruchten mehr und mehr Macht. Schließlich ließen sich die Päpste sogar einen eigenen Staat schenken, den Kirchenstaat, und fügten den Schenkungen noch ein paar gefälschte Urkunden hinzu, die ihr scheinbares Anrecht auf weiteren Besitz verbrieften. Als ein Papst Karl den Großen zum Kaiser krönte, diente das nicht nur dem Frankenherrscher, sondern auch dem Papst selbst. Ihm kam auf einmal unendliche Bedeutung zu. Auch Papst Gregor VII. (1020–1085) und Papst Innozenz III. (1161–1216) arbeiteten intensiv darin, die Machtbasis des Papstes zu erweitern; wir werden an späterer Stelle noch auf sie zu sprechen kommen, ihre Biografien sind hochinteressant. Kurz gesagt wurden die Päpste stärker und stärker, aber erst im 19. Jahrhundert wurde die „Unfehlbarkeit" des Papstes festgeschrieben. Auf dem ersten Vatikanischen Konzil, im Jahre 1870, ließ Papst Pius IX. verkünden:

„Zur Ehre Gottes, unseres Heilandes, zur Erhöhung der katholischen Religion, zum Heil der christlichen Völker lehren und erklären wir endgültig als von Gott geoffenbarten Glaubenssatz … unter Zustimmung des heiligen Konzils: Wenn der Römische Papst in höchster Lehrgewalt … spricht, das heißt: wenn er seines Amtes als Hirt und Lehrer aller Christen waltend … endgültig entscheidet, eine Lehre über Glauben oder Sitten sei von der ganzen Kirche festzuhalten, so besitzt er aufgrund des göttlichen Beistandes, der ihm im heiligen Petrus verheißen ist, … Unfehlbarkeit …" [4]

Die Entwicklung, die schließlich zur „Unfehlbarkeit" führte, war demnach ein 1 500 Jahre währender Prozess; er vollzog sich schleichend. Doch schon im 11., 12., 13., 14. und 15. Jahrhundert verfügte der Papst über eine Macht, die ohnegleichen war. Sie erlaubte es ihm, Entscheidungen zu treffen, die selbst deutsche Könige und Kaiser in Nöte brachte!

All diese Hintergründe müssen wir mitdenken, wenn wir das Mittelalter und den Kampf der Päpste mit den deutschen Kaisern und Königen verstehen wollen, auf die wir in den nächsten Kapiteln zu sprechen kommen.

Aber fassen wir zunächst zusammen: Im Prinzip gelang es dem Bischof von Rom, eine Stellung zu erlangen, die einer geistigen, geistlichen oder mentalen Herrschaft gleichkam. Nur der Papst stand offenbar mit Gott auf Du und Du. Wer wollte, wer konnte mit einer Person konkurrieren, die darüber bestimmen konnte, ob man der „ewigen Seligkeit" verlustig ging oder nicht?

MACHTPOLITISCHE KONSEQUENZEN

Aufgrund der hierarchischen Struktur und des Primates des Papstes ließen sich nun theologische Streitigkeiten blitzschnell vom Tisch wischen. Es gab ja jetzt eine letzte, höchste Instanz. Vorher war endlos gestritten worden, jetzt kehrte Ruhe ein. Es entstand eine unglaubliche Machtbasis.

In Rom sammelte sich das Geld, hier wurde verfügt und bestimmt. Es wurde ein Machtfaktor geschaffen, an dem selbst die weltlichen Fürsten und Könige nicht mehr vorbeikamen. Einen einzigen Priester oder Bischof konnte ein gewiefter Herrscher noch in die Tasche stecken, einen nahezu allmächtigen Papst, der über Millionen und später Milliarden von Gläubigen verfügte, sicherlich nicht.

Wie man auch immer zu dem Papsttum stehen mag, plötzlich war ein Machtfaktor geschaffen worden, der den Lauf der deutschen Geschichte vollständig verändern sollte.

5. EIN PAAR KÖNIGE, EINE NEUE DYNASTIE UND DER KAMPF GEGEN DAS PAPSTTUM

Könige sind in der Geschichte wohlfeil zu haben. Es existierten etwa ein paar Tausende, allein in der bekannten Geschichte. Sie sind nichts Besonderes. Ägypten allein kannte über dreihundert Pharaonen, die verschiedensten Dynastien wechselten dort regelmäßig einander ab, genau wie in dem sich formenden Deutschland.

Die meisten Herrscher und Könige der Frühgeschichte sind im Dunkel der Historie verschwunden, ihre Namen sind vergessen oder unter zahlreichen Trümmern begraben. Auch die deutschen Könige des Mittelalters kennt kaum noch jemand – es sei denn, man studiert zufällig Geschichte. Tun wir unserem Deutschland aber immerhin die Ehre an, die wichtigsten zu benennen:

Ludwig der Deutsche hatte drei Söhne, die er alle liebte und alle bei seinem Tod bedenken wollte. Deshalb teilte er das Reich unter ihnen auf – der klassische Fehler eines Herrschers, wir haben bereits darauf hingewiesen.

Eine Zeit der Wirren folgte, auch bedingt durch einige Einfälle der Normannen. Mit Normannen oder Nordmannen bezeichnete man nicht nur Männer aus dem Norden, sondern allgemein auch Seeräuber.

Erst ein Enkel Ludwigs, Arnulf (850–899), sorgte wieder für eine gewisse Ordnung: Er wurde zum König der Ostfranken gekürt, wie Deutschland immer noch genannt wurde, später zum Kaiser und jagte die Normannen schließlich davon.

Sein Sohn, Ludwig das Kind (893–911), war – wie der Name schon verrät – zu jung, um dieses Ostfrankenreich oder Deutschland mit eiserner Faust zu regieren. Die Ungarn fielen von allen Seiten in das Reich ein, aber die Herzöge oder Landesfürsten mussten selbst die Angriffe abwehren. Dadurch erstarkten die Herzöge, die die einzelne Teile dieses jungen Deutschlands regierten, und traten auf einmal fast neben den König – durchaus vergleichbar mit den Ministerpräsidenten der heutigen Bundesländer, die in gewissem Sinne deren (demokratische) Nachfolge angetreten haben.

Das Königtum erfuhr eine Schwächung. So wie heute der Bundeskanzler durch die Ministerpräsidenten von Bayern, Nordrhein-Westfalen, Hessen, Berlin und so fort eine Schwächung erfahren kann, wenn sie zu stark und einflussreich werden, so mauserten sich die Herzöge damals zu Konkurrenten des Königs.

Als Ludwig das Kind das Zeitliche segnete, traten deshalb die mächtigsten Herzöge Deutschlands zusammen und wählten gemeinsam mit der hohen Geistlichkeit einen neuen König aus einem ganz anderen Geschlecht: Konrad I. (881–918), der Herzog von Franken, wurde zum König gekürt; das karolingische Geschlecht spielte keine Rolle mehr in der Geschichte.

Das Herzogtum Franken umfasste zu jener Zeit das heutige Hessen, das nördliche Baden-Württemberg und Südthüringen sowie weite Teile von Rheinland-Pfalz und Teile von Oberbayern.

Konrad kämpfte Zeit seines Lebens gegen den Sachsenherzog Heinrich, aber er war trotzdem so gescheit, ihn als seinen Nachfolger zu empfehlen, als sich sein Leben dem Ende zuneigte.

Heinrich I. (876–936), genannt der Vogler, weil ihn der Ruf zum König angeblich bei der Vogeljagd ereilte, bereitete die Regierungszeit des mächtigen Otto I. (912–973) vor, der für eine kurze Zeit den Traum Karls des Großen fast noch einmal wahrmachen sollte.

OTTO I.

In einem einzigen Satz zusammengefasst gelang Otto I. Folgendes: Er deckte zweimal eine Verschwörung seines eigenen Bruders gegen sich auf, vergab ihm zweimal, scharte die deutschen Herzöge und die hohe Geistlichkeit fest hinter sich und setzte durch, dass er allein Bischöfe, Erzbischöfe und hohe Verwaltungsbeamte ernennen durfte. Er schloss die deutschen Stämme endgültig zu einem einzigen Deutschland zusammen, etablierte sich als oberster Lehnsherr von Dänemark, Polen und Böhmen, schlug einen Aufstand seines Sohnes und Schwiegersohnes nieder und siegte endgültig über die Ungarn. Er hielt Einzug in Rom, ließ sich vom Papst zum Kaiser krönen, setzte einen widerspenstigen Papst ab und hievte einen ihm genehmen Papst auf den Thron Petri. Er schränkte die Ausdehnung des Kirchenstaates ein, verleibte das restliche Mittel- und Norditalien seinem Besitz, dem „Römischen Reich", ein und reklamierte es als Teil seines Erbes. Schlussendlich ließ er seinen Sohn Otto II. von dem neuen Papst zum Mitkaiser krönen und sicherte so die Nachfolge.

Dann starb Otto I.

Wirklich von Bedeutung war, dass Deutschland von nun an immer stärker als eine Einheit wahrgenommen wurde. Dennoch nannte sich das gesamte riesige Staatsgebilde noch immer „Römisches Reich". Erst im Jahre 1157 wurde das Imperium zusätzlich als „heilig" bezeichnet, im 15. Jahrhundert kam der Zusatz „deutscher Nation" hinzu. Aber dieses Reich war zu keiner Zeit heilig oder römisch. Über die wirkliche Macht verfügten die Deutschen und das Schwert!

Doch allein durch die Bezeichnung wurde der Gedanke eines römischen Weltreiches in dieses neue Deutschland hinübergerettet. Das Christentum besaß sein Zentrum weiterhin im ewigen Rom. Aber die Macht hatte sich wie gesagt längst verschoben. Das ärgerte zumindest eine Person mächtig, nämlich den Papst. Er sann intensiv darüber nach, wie er eines Tages die Machtfrage erneut stellen und zu seinen Gunsten entscheiden konnte.

DIE OTTONEN UND HEINRICH III.

Als neues Herrschergeschlecht beziehungsweise als neue Dynastie (griech. *dynasteia* = Macht, Herrschaft) hatten sich nun die sogenannten Ottonen etabliert. Jetzt hatten die Sachsen das Sagen, die einst Karl der Große unterjocht hatte.

Auf Otto I. folgten Otto II. (955–983) und Otto III. (980–1002). Mit dem „richtigen" Namen signalisierte man immer auch eine bestimmte Politik. Auf Otto III. folgte Heinrich III. (1017–1056), ein Herrscher aus dem Adelsgeschlecht der Salier, einem ostfränkischen Geschlecht, der uns wieder ein paar Zeilen wert sein soll.

Heinrich III. ist nicht bemerkenswert, weil er die Polen schlug oder die Ungarn erneut zur Räson zwang. Bedeutsam ist er deshalb, weil er als erster deutscher König (und später Kaiser des „Heiligen Römischen Reiches") einen „Ablasstag" einführte. An diesem Tag musste jeder all seinen Feinden vergeben. Rachegefühle und Hass mussten vergessen und begraben werden. Außerdem führte er gemeinsam mit der Kirche den sogenannten Gottesfrieden (lat. *pax dei*) ein – Tage, an denen die Waffen im gesamten Land ruhen mussten. In gewissem Sinne liegt hier der Keim für die späteren Friedensbewegungen. Heftige Kirchenstrafen wurden verhängt (wie beispielsweise die Exkommunikation, der Ausschluss aus dem Schoß der Kirche), wenn man diesen Frieden brach. Raub und Diebstahl wurden während dieser Zeit besonders streng bestraft. Und man verbot an diesen Tagen Krieg zu führen, genau wie während der Fastenzeiten, den hohen Feiertagen und während bestimmter Wochentage.

Ein Jahrzehnt lang herrschte deshalb ein relativer Friede in diesem Deutschland, in dem vorher Krieg beinahe ein vergnüglicher Zeitvertreib gewesen war. Die Idee von Ordnung und Stabilität, die nur durch Frieden zu gewährleisten ist, begann sich in den Köpfen festzusetzen.

Adlige und Ritter konnten jetzt nicht mehr frisch, fromm und fröhlich gegeneinander ziehen und sich begeistert die Köpfe einschlagen oder gut gelaunt die Bauern bestehlen und deren Mägde vergewaltigen. Einige Historiker sprechen gar von einem Goldenen Zeitalter unter Heinrich III. Möglicherweise war Deutschland in dieser Zeit das blühendste Land Europas. Überall entstanden Städte, Priester und Mönche erzogen die Jugend und die Anfänge einiger Wissenschaften wurden ebenfalls bereits gelehrt. In Fulda entstand die größte Bibliothek des gesamten Kontinents. Selbst die Dichtkunst, das Schauspiel und die Geschichtsschreibung entwickelten sich zaghaft.

Heinrich III. förderte auch die Bildung und die Ausbildung, er wirkte darauf hin, dass viele Schulen eröffnet wurden. Holzbauten wurden durch Steinbauten ersetzt und italienische Architekten inspirierten deutsche Baumeister zu gewagten Experimenten.

Kurz gesagt dämmerte so etwas wie Zivilisation am Horizont. Der derbe Deutsche vertauschte bereits hin und wieder das klobige Schwert mit dem feinfühligen Griffel.

All das hinderte Heinrich III. freilich nicht, nacheinander drei rivalisierende Päpste abzusetzen, die in Rom ihr Unwesen trieben, und zwei neue Päpste nach seinem Geschmack auf den Thron des heiligen Petrus zu setzen. Immerhin machte er auch gegen die Simonie mobil. Unter Simonie verstand man den Verkauf geistlicher Ämter: Wer nur genug zahlte, wurde Bischof oder bekam ein anderes einträgliches geistliches Amt. Der römische Adel, der bislang kirchliche Belange recht willkürlich mit Geld und Dukaten geregelt hatte, wurde zum Segen aller auf das rechte Maß zurechtgestutzt.

Trotzdem lauerten alle Mächtigen begierig auf Heinrichs Tod – allen voran der außerordentlich ehrgeizige Papst Gregor VII. Die deutsche Vorherrschaft und Selbstherrlichkeit war so gar nicht nach seinem Geschmack. Mit unziemlicher Ungeduld wartete er auf seine Stunde.

HEINRICH IV.

Schon Heinrich IV., der Sohn Heinrichs III., sollte dem Papst eine Gelegenheit bieten zu zeigen, wer mehr Macht in Händen hielt: der König oder der Papst.

Heinrich IV. (1050–1106) war beim Tod seines Vaters gerade einmal sechs Jahre alt, mit 15 Jahren wurde er bereits Kaiser! Kaum hatte er die Krone auf dem Kopf, erhoben sich auch schon viele Adlige, um dem Jüngling die Zähne zu zeigen. Vor allem die Steuern waren ihnen ein Dorn im Auge – wie sich die Zeiten doch gleichen! Immer und immer wieder musste Heinrich IV. gegen die Aristokraten ins Feld ziehen, bis sie endlich klein beigaben.

Kaum hatten sie ihr Knie vor ihm gebeugt, erließ unser vor Ehrgeiz brennender Papst Gregor VII. einen Erlass, der die Laieninvestitur verbot. Bei der Investitur (lat. *investitura* = Einkleidung) handelte es sich um das Recht, Geistliche, in unserem Fall vor allem die mächtigen Bischöfe, zu erheben und zu benennen – also um einen beträchtlichen Machtfaktor. Denn wer Bischofssitze und Einkünfte vergeben konnte, hatte das Land in der Tasche. Da der Papst die Investitur durch einen Laien, in diesem Fall den König, verbot, konnte das nur eines bedeuten: Krieg zwischen dem Papst und dem König, Krieg zwischen Rom und der deutschen Monarchie.

Von Karl dem Großen an hatten in der Vergangenheit alle Kaiser ihre Macht dadurch gestützt, dass sie ihnen genehme Bischöfe mit Land und Leuten versorgten. Diese dienten ihnen in der Folge treuer als all die Grafen und Herzöge zusammengenommen. Und jetzt beanspruchte der *papa* in Rom auf einmal dieses Privileg für sich! Zehn Jahre lang bekämpfte Heinrich IV. nun den Papst mit allen denkbaren diplomatischen und kriegerischen Mitteln, mit lauteren und unlauteren Methoden, aber der Papst schlug ebenso hart zurück.

Die Aristokraten sahen freudig zu und nutzten die Gunst der Stunde. Da der König ständig mit Rom beschäftigt war, versuchten sie, sich so viele Privilegien wie möglich unter den Nagel zu reißen. Viele sächsische Adlige probten den Aufstand.

Zu allem Überfluss erblickte eine Verschwörung das Licht der Welt, der sich Heinrichs eigene Söhne anschlossen. Und als ob es der Schicksalsschläge noch nicht genug gewesen wäre, trat auch noch ein Gegenkönig auf den Plan.

Aber gehen wir einen Schritt zurück und berichten wir der Reihe nach.

Wie gestaltete sich zunächst dieser sogenannte Investiturstreit im Detail? Er bedeutete im Grunde genommen ja nichts anderes als Kampf zwischen dem deutschen König und dem römischen Papst. Dazu müssen wir den Charakter Gregors VII. näher betrachten, also des Papstes, der die herausragende Rolle in diesem Streit spielte.

Das Papsttum hatte sich Schritt für Schritt immer mehr Macht angemaßt, wie wir bereits berichtet haben. Papst Gelasius I. hatte im Jahre 495 die sogenannte Zweigewalten-Lehre formuliert. Sie besagte, dass zwei Mächte die Welt regierten: Die geistliche Gewalt lag seiner Ansicht nach beim Papst, den Bischöfen und den Priestern, die weltliche Gewalt beim Kaiser oder König, den Herzögen, Grafen und so fort. Jetzt trat auf einmal Papst Gregor VII. auf den Plan und verkündete, alle Könige und Kaiser seien dem Papst grundsätzlich untertan! Natürlich erhoben sich murrende Stimmen. Denn viele Bischöfe in Deutschland verdankten ihre Macht dem König und nicht dem *papa* in Rom. Gregor VII. wurde als „heiliger Satan" bezeichnet und schlimmer.

Nun, wer war Gregor VII.? Er war eine durchaus schillernde Figur, wie selbst Katholiken zugeben. Er zeigte, so viel steht fest, ein unziemliches Interesse an Waffen und Soldaten, war verliebt in den Krieg, sprach eine militante, marktschreierische, beleidigende Sprache und beschimpfte jeden und alle. Er schmähte Könige und Herzöge auf das Übelste, klagte sie des Hochmuts, des Raubes, des Verrats und des Mordes an, befahl ihnen, dem Nachfolger des heiligen Petrus (also ihm selbst) zu gehorchen und schrieb oder initiierte (im Jahre 1075) eine Abhandlung, die als *dictatus papae* (= das Diktat des Papstes) in die Geschichte einging. In dieser Abhandlung stellte er einige neue Rechtssätze auf, die zwar jeder historischen Grundlage entbehrten, aber bestimmten, dass es in Zukunft dem Papst allein erlaubt sei, neue Gesetze zu erlassen, die kaiserlichen Herrschaftszeichen zu verwenden, und dass alle Fürsten dem Papst die Füße zu küssen hätten. Sie erhoben außerdem den Anspruch, dass der Papst den Kaiser absetzen dürfe und er die letzte Entscheidung bei bestimmten Urteilen habe. Außerdem habe die römische Kirche niemals geirrt und werde in Ewigkeit niemals irren.

Die Feinde des Papstes schüttelten nur den Kopf und sprachen von Größenwahn, Überheblichkeit und Dreistigkeit.

Doch Gregor VII., ein Bauernsohn und ehemaliger Mönch, klein von Statur und mit verkniffenem Gesichtsausdruck, wie ihn Chronisten beschreiben, schüttelte nur die Fäuste und verlangte noch mehr: Er forderte, jeder Kaiser und König – ob in Deutschland, England, Frankreich, Russland, Spanien, Polen, Ungarn, Dänemark und so fort – müsse sich ihm in Zukunft völlig unterordnen. Mit anderen Worten: Er forderte die Herrschaft über die ganze Welt!

Der Investiturstreit war allerdings nur ein Punkt auf dem Programm dieses machtbesessenen Papstes. Richtig aneinander geriet er mit dem deutschen König Heinrich IV., als es um die Frage der Besetzung der Bischofsstühle ging.

Zunächst verdrehte Heinrich IV. nur scheinbar hilflos die Augen und forderte Gregor VII. in einem Absageschreiben mit den Worten „Steige herab, steige herab!" zur Abdankung und Demut auf. Der König sei von Geburt an von Gott in sein Amt berufen, der Papst dagegen nur von Menschen gewählt, argumentierte er.

Als Gregor VII. das Antwortschreiben in den Händen hielt, schäumte er vor Wut und schleuderte die wohl gefährlichste Waffe in Richtung des deutschen Königs, die vorstellbar war: Er belegte ihn mit dem Kirchenbann. Er exkommunzierte den König und schloss ihn aus der Gemeinschaft der Gläubigen aus. Damit forderte er jeden Christen auf, Heinrich IV. den Gehorsam zu verweigern.

Das brachte den deutschen König in echte Bedrängnis. Denn die deutschen Bischöfe wollten es sich mit dem Oberhirten der Kirche nicht verscherzen. Heinrich IV. suchte zu retten, was zu retten war: Eine diplomatische Note löste die andere ab, aber der halsstarrige, düstere Gregor VII. ließ sich nicht umstimmen.

Und so trat der deutsche König schließlich den berühmten Gang nach Canossa an, einer Burg in Oberitalien. Für Heinrich IV. bedeutete das die Flucht nach vorn. Er musste von dem Bann gelöst und wieder in den Schoß der Kirche aufgenommen werden, wollte er seine Macht nicht verlieren. Im Jahre 1076 brach der deutsche König mitten im Dezember auf, um Gregor persönlich zu treffen und die Angelegenheit aus der Welt zu schaffen. Auf der Burg Canossa (von der heute nur noch ein paar Mauern stehen) traf er den Oberhirten der römischen Kirche. Die Legende will wissen, dass er in einem Büßergewand erschien und dreimal vor das Burgtor pilgerte, dass er in Eis und Schnee erbärmlich fror und demütig warten musste, bevor ihn der Papst gnädig empfing, ihn wieder in die Kirchengemeinschaft aufnahm und von dem Bann lossprach.

In Italien und in Deutschland jubelte man, alles schien wieder in Ordnung zu sein. Aber der Schein trog; der Streit zwischen dem Papst und dem König war nur aufgeschoben, nicht aufgehoben.

An dieser Stelle müssen wir noch von einer anderen Front berichten, die unvermutet aufzog. Die deutschen Fürsten, die die Schwächung des Königtums rasch für sich nutzen wollten, wählten 1077 wie aus heiterem Himmel einen Gegenkönig. Daraufhin wandte sich Heinrich IV. an den Papst und forderte ihn auf, den unrechtmäßigen Gegenkönig sofort mit dem Bann zu belegen, andernfalls würde er einen Gegenpapst ernennen müssen.

Gregor VII. spuckte Gift und Galle. Wie konnte es dieser deutsche König, der gerade vor ihm auf dem Bauch gelegen hatte und zu Kreuze gekrochen war, wagen! Und so erklärte im Jahre 1080 der Papst den König kurzerhand für abgesetzt.

Heinrich IV. zögerte keine Sekunde und stellte sofort einen Gegenpapst auf. Dann scharte er seine Mannen um sich und zog sozusagen mit dem blanken Schwert in der Faust nach Rom. Er nahm die Ewige Stadt ohne Probleme ein und ließ sich von dem Gegenpapst zum Kaiser krönen. Gregor war außer sich vor Wut, konnte aber zunächst nichts unternehmen. Stattdessen verschanzte er sich in Rom in der Engelsburg, benachrichtigte gleichzeitig heimlich einige Verbündete, die ihn in einer Nacht- und Nebelaktion befreiten. Er floh aus Rom und zog sich tobend, lästernd und gedemütigt in eine andere italienische Stadt zurück.

Da schlug das Schicksal zu: Im Jahre 1085 starb Gregor VII., ohne allerdings ein Jota von seinen Ansprüchen abgerückt zu sein. Er hinterließ sein Gift und seinen wahnhaften Herrschaftsanspruch seinen Nachfolgern, die Gregors VII. Politik zäh und unnachgiebig weiterverfolgten.

Der Papst war zwar tot, aber sein Erbe lebte.

Der Kampf hatte gerade erst begonnen.

Und wie erging es Heinrich IV.? Wie bereits gehört, hatten sich seine eigenen Söhne gegen ihn erhoben, vielleicht angespornt von den Drohungen und Schmeicheleien des verstorbenen Papstes. Deshalb hatte Heinrich seinen Sohn Konrad, eigentlich sein designierter Nachfolger, absetzen lassen und den jüngeren Sohn Heinrich (= den späteren Heinrich V.) zu seinem neuen Nachfolger bestellt. Aber auch Heinrich V. fiel seinem Vater in den Rücken und schlug sich auf die Seite des neuen Papstes Paschalis II. Ihm versprach Heinrich V. demütig Gehorsam. Zudem verbündete er sich mit dem deutschen Hochadel gegen seinen Erzeuger. Und so standen eines Tages die Heere des Sohnes und des

Vaters einander gegenüber. Kann es eine anrührendere Tragödie geben? Aber die Schlacht fand nicht statt, weil plötzlich wichtige Verbündete von Heinrich IV. abfielen.

Doch Ende des Jahres 1105 gelang es Heinrich V. schließlich, seinen Vater durch Verrat gefangen zu setzen, und zwang ihn zur Abdankung. Heinrich IV. entkam aus dem Gefängnis. Er stellte gerade ein neues Heer auf, um hart zurückzuschlagen, als er mitten in seinen Vorbereitungen starb.

Kein Schicksal demonstriert besser als das Leben Heinrichs IV. – das einer griechischen Tragödie gleicht – die vier bereits genannten Machtfaktoren: der Kaiser, der Papst, die Bischöfe und die Adligen. Sie alle suchten stets nur ihren eigenen Einflussbereich zu erweitern, mit allen legalen und illegalen Mitteln, mit hundert Tricks und tausend Finten. Dafür gingen sie ständig wechselnde Koalitionen ein. Loyalität gab es kaum, nicht einmal in der eigenen Familie, dafür aber in allen Lagern eine unendliche Gier – nach Macht, Besitz und Ruhm, in genau dieser Reihenfolge.

Der Papst hatte indes die Machtfrage neu gestellt. Er verlangte nach einer Antwort.

Der neue König, Heinrich V., der treulose Sohn, erbte das Problem seines Vaters, den er eingekerkert, zur Abdankung gezwungen und vielleicht in den Tod getrieben hatte.

Die Geschichte schlug einen Salto mortale und begann von vorn.

HEINRICH V.

Nachdem Heinrich V. von seinem ärgsten Widersacher, seinem Vater, befreit war, erkannte er mit Entsetzen, dass er vor dem gleichen Problem stand, mit dem der Vater ehemals gekämpft hatte. Zunächst begegnete er dem Papst und den Geistlichen voller Ergebenheit, er schmeichelte sich devot bei dem Petrusnachfolger ein. Doch als es um die Besetzung von Bischofsämtern ging, machte er eine Kehrtwendung um 180 Grad: Der neue Papst forderte lautstark das Investiturrecht – aber Heinrich V. schüttelte den Kopf.

Der König war noch mit anderen Problemen beschäftigt: Die Ungarn, die Böhmen und die Polen wurden aufmüpfig. Also blieb Heinrich nichts anderes übrig, als gegen seine Feinde (Ungarn, Böhmen) zu ziehen. Das lenkte seine Aufmerksamkeit ab und zersplitterte sie.

Das wirkliche Problem, das nagende Problem, blieb allerdings der Investiturstreit.

Andere europäische Herrscher hatten sich des Problems inzwischen mit diplomatischen Mitteln galant entledigt und einen mehr oder wenigen faulen Kompromiss mit dem Papst ausgehandelt: Dieser sollte bei geistlichen Funktionen das Sagen haben, die Könige aber bei weltlichen Entscheidungen, wie beispielsweise bei der Besetzung wichtiger Ämter. Nur der deutsche König widersetzte sich. Heinrich hielt nach seinen Auseinandersetzungen mit den Ungarn und Böhmen weiter an der Investitur fest, was den Papst vor Zorn fast zerfraß.

Nachdem verschiedene diplomatische Bemühungen gescheitert waren, zog Heinrich V. im Jahre 1110 nach Italien, um das Problem vor Ort mit Waffengewalt zu lösen und die Kaiserkrone einzufordern. Der Papst stellte rasch ein eigenes Heer auf beziehungsweise rief einige Verbündete zu Hilfe, wurde von ihnen aber schmählich im Stich gelassen. Plötzlich war er zu Verhandlungen bereit.

Papst und König, die beiden Widersacher, trafen sich zu geheimen Unterredungen außerhalb Roms. Paschalis II. schlug eine völlig überraschende Lösung vor: Heinrich sollte verschiedene weltliche Rechte (wie Ämter, Grundbesitz, Ritterschaften, Burgen, Städte, Münzrecht, Zollrecht, Marktrecht, Gerichtsbarkeit usw.) sowie vom Reich ehemals an Bischöfe verliehenen Besitz zurückerhalten; die Bischöfe sollten künftig nur von kirchlichen Eigengütern leben, zu denen die Abgabe wie „der Zehnte" – eine Art Kirchensteuer – und private Schenkungen gehörten. Im Gegenzug sollte der zukünftige Kaiser auf die Investitur von Bischöfen verzichten.

Ein glänzendes Geschäft für Heinrich! Aber auch der Papst konnte so sein Gesicht wahren, zumal nicht ihn die Nachteile betrafen, sondern verschiedene deutsche Bischöfe. Beide Spitzbuben, der deutsche König und der Papst, rieben sich die Hände.

Eilig wurde die Kaiserkrönung anberaumt, die Teil der Abmachung war. Im Jahre 1111 begannen in Rom die Krönungsfeierlichkeiten, in deren Verlauf die hinter den Kulissen getroffenen Absprachen erstmalig ans Licht kamen. Die Bischöfe protestierten laut. Das Geschäft zwischen König und Papst sollte auf ihre Kosten gehen! Es kam zu Tumulten und Gewalttaten – die Kaiserkrönung, eine hochheilige Zeremonie, musste abgebrochen werden.

Die Betroffenen schrien wütend auf. Es war offensichtlich, dass ihre Macht auf dem Spiel stand. „Ketzerei" und „Kirchenraub" wurde gebrüllt. Einige Vertraute drängten Heinrich V., den Papst kurzerhand gefangen zu nehmen. Der deutsche König begriff, dass das abgekartete Spiel gescheitert war. Kurz entschlossen verhaftete er den Papst mitsamt allen greifbaren Kardinälen, nahm die geistliche Bande in Haft, wie er sie nannte.

Ein Staatsstreich!

Augenblicklich kam es zu Ausschreitungen. Rom stand kopf. Die Deutschen plünderten und raubten, während die Glocken wütend und laut läuteten. Goldene Kirchengefäße und Ornate wurden gestohlen, einige Deutsche im Gegenzug erstochen. Es gab regelrechte Straßenschlachten, denn der König führte den Papst und die Kardinäle als Geiseln mit sich, „nackt im Schlepptau", wie einige Chronisten behaupten, „mit Stricken um den Hals und auf den Rücken gebundenen Händen", weiter „unzählige Bürger in Ketten".

Der König selbst wurde angegriffen, verwundet und vom Pferd geschlagen, aber einer seiner Leute rettete ihm das Leben. Sein Lebensretter wurde von dem aufgebrachten Pöbel in Stücke gerissen. Heinrich V. entkam mit knapper Not, mitsamt seinen wertvollen Geiseln.

Paschalis II. und seine Kardinäle wurden auf einer Burg inhaftiert und weichgekocht. Schließlich lenkte der Papst ein. Er gestand dem König das Recht der Investitur zu, gelobte unter Eid, Heinrich künftig keine Schwierigkeiten mehr zu machen, ihn niemals zu bannen – und krönte ihn ein paar Tage später in der Peterskirche zum Kaiser.

Heinrich hatte scheinbar auf ganzer Linie gesiegt. Doch der Schein trog. Er hatte nicht mit dem Intriganzpotenzial des Papstes gerechnet. Kaum befand sich Paschalis wieder auf freiem Fuß, und kaum war Heinrich V. nach Deutschland zurückgekehrt, ließ der Papst den frisch gekrönten Kaiser von verschiedenen ihm untergebenen Geistlichen bannen – um nicht wortbrüchig zu werden, dem Buchstaben des Eides nach – und erklärte die gesamten Abmachungen für null und nichtig. Bann über Bann kam nun über den deutschen Herrscher, der Papst wütete und tobte – aber nur durch den Mund anderer.

Die deutschen Reichsfürsten merkten auf. War das nicht wieder eine fabelhafte Gelegenheit, die Position des Herrschers zu schwächen? Ihnen war es zudem ein Dorn im Auge, dass Heinrich V. in Deutschland versuchte, sein Reichsgut zu vergrößern. Er kaufte oder baute in reicher Zahl Burgen, was viele mit Missbehagen beobachteten. Vor allem der sächsische Herzog geriet zu einem Gegenspieler, musste sich schließlich aber dem Kaiser in einem härenen Büßergewand unterwerfen. Diese erniedrigende Behandlung fachte den Zorn der Reichsfürsten und verschiedener deutscher Erzbischöfe nur umso mehr an. Man stand kurz vor einem deutschen Bürgerkrieg. Mehr als einmal zitterte Heinrich V. um seine Position.

Mit Mühe konnten die innerdeutschen Streitigkeiten am Ende beigelegt werden. Doch da war noch immer dieser Papst, der in Rom durch die Münder seiner geistlichen Untergebenen tobte und Bannsprüche gegen den Kaiser schleudern ließ. In Rom sprach man nur von den „gottlosen Deutschen" und beschimpfte sie als „Barbaren", ja sogar als „Sarazenen".

Also brach Heinrich V. im Jahre 1116 abermals nach Rom auf, um dem wortbrüchigen Papst endgültig das heilige Maul zu stopfen. Paschalis II. floh umgehend, als er von den herannahenden Deutschen hörte. Heinrich zog unbehelligt in Rom ein und ließ seine neue Gemahlin Mathilde zur Kaiserin krönen – von einem Geistlichen, der ihm gewogen war. Der Papst schrie in seinem Schlupfwinkel auf und exkommunizierte diesen Geistlichen sofort – ohne Erfolg. Erst als Heinrich V. im Jahre 1118 Rom den Rücken kehrte, wagte sich Paschalis aus seinem Versteck heraus und zog vorsichtig wieder in Rom ein. Wenige Tage, nachdem er die Ewige Stadt betreten hatte, starb er.

Aber das Papsttum war unsterblich, es war inzwischen die mächtigste religiöse Einrichtung auf dem gesamten Erdenrund.

Auf Paschalis II. folgte Gelasius II. Deshalb kehrte Heinrich im Jahre 1118 völlig überraschend nach Rom zurück, woraufhin Gelasius II. Fersengeld gab. Der deutsche Kaiser ernannte ohne zu zögern einen Gegenpapst und verschärfte damit die Situation erneut.

Gelasius, der durch keinen Eid gebunden war, bannte Heinrich V. – und den Gegenpapst gleich mit. Daraufhin erhob sich in Deutschland ein Sturm des Protestes – gegen Heinrich! Die Fürsten verlangten von Heinrich, sofort nach Deutschland zurückzukehren und sich zu verantworten. Sie drohten ihm sogar mit der Absetzung. Mit dem Papst konnte, ja durfte man sich nicht anlegen, er besaß Macht über die ewige Seligkeit. Eilig machte sich Heinrich auf – zurück über die Alpen –, um es mit der neuen Opposition in den heimatlichen Gefilden aufzunehmen. Einige Fürsten gaben sofort klein bei, aber speziell der Erzbischof von Mainz gab keine Ruhe – bis wieder ein deutsches Heer einem deutschen Heer gegenüberstand. Erst im letzten Augenblick konnte ein neuer deutscher Bruderkrieg verhindert werden.

Doch die Fürsten bedrängten Heinrich, endlich Frieden zu wahren und eine Einigung mit dem Papst herbeizuführen.

In Rom war Gelasius II. inzwischen verstorben. Jetzt hielt der neue Papst, Calixt II., die Zügel fest in der Hand. Der Gegenpapst, dem man den Spitznamen *Burdinus* (Eselchen) gegeben hatte, floh aus Rom. Er verschanzte sich in einem gut befestigten Stützpunkt, doch Calixt rannte mit einigen gekauften Haudegen dagegen an, siegte – und ließ sich das „Eselchen" ausliefern. Der Gegenpapst wurde zuerst gefoltert, dann in ein Bocksfell gesteckt und in Rom als Spottfigur, verkehrt herum auf einem Kamel sitzend, durch die Straßen geführt. Dort wurde er mit weiteren Schlägen und Steinwürfen bedacht. Dann kerkerte man ihn in einem süditalienischen Kloster ein, wo er starb, jedoch ohne seinen Anspruch auf den Papstthron aufgegeben zu haben. Calixt triumphierte. Und fühlte sich nun stark genug, es mit dem deutschen Kaiser aufzunehmen.

Heinrich V. versuchte anfangs, sich mit dem neuen Papst zu einigen – vergebens. Als der Druck der deutschen Fürsten stärker wurde, beugte sich der deutsche Kaiser im Jahre 1022 schließlich dem Druck aus Rom. Kaiser Heinrich akzeptierte den Anspruch der Kirche auf die Investitur. Der Text, der die Einigung festhielt, lautete in Auszügen so:

„Ich, Heinrich, durch Gottes Gnaden erhabener Kaiser der Römer (…) überlasse (…) der heiligen katholischen Kirche jegliche Investitur (…) und gestatte, dass in allen Kirchen eine Wahl und freie Weihen stattfinden (…) ich gebe wahren Frieden Calixt und der heiligen römischen Kirche, sowie allen, die auf seiner Seite sind oder waren."[4]

Calixt, „der Knecht Gottes", wie er sich selbst nannte, gestand umgekehrt dem deutschen Kaiser zu, dass die neu gewählten Bischöfe (und Äbte) dem Kaiser geben müssten, was des Kaisers sei, also verschiedene (weltliche) Abgaben. Das war nicht mehr als ein Trostpflaster.

In Italien und Burgund ging der Einfluss auf die Einsetzung von Bischöfen durch den deutschen Kaiser gänzlich verloren.

Mit anderen Worten: Der Papst, oder genauer gesagt das Papsttum, das mit Gregor VII. einen ganz neuen Anfang genommen hatte, hatte den Kaiser besiegt. Es hatte den deutschen Kaiser in die Knie gezwungen; die geistliche Gewalt triumphierte über die weltliche Gewalt, die mentale Power über die Power des Schwertes.

Ein fast fünfzigjähriger Krieg war beendet, der Deutschland wieder und wieder verheert hatte. Calixt, der neue Papst, hatte nichts Besseres zu tun, als seinen Triumph in Rom durch ein Monumentalgemälde zu verewigen.

Heinrich V. dagegen war am Ende seines Lebens ein gebrochener Mann. Ein erfolgloser Frankreichfeldzug, in den er durch seine verwandtschaftlichen Beziehungen zum englischen Königshaus hineingezogen wurde, gab ihm den Rest. 1125 verschied Heinrich V. An seinem Sterbebett versammelten sich bereits die möglichen Nachfolger, denn es ging um fette Beute.

Ein Gremium aus je zehn Vertretern der Sachsen, Schwaben, Franken und Bayern, den vier mächtigsten Stämmen, einigte sich nach seinem Tod darauf, den sächsischen Herzog Lothar zum neuen König zu küren, einen erklärten Feind Heinrichs V. Heinrich hatte ja keine Kinder.

Und so verschwand auch das Geschlecht der Ottonen, das einstmals allerorten die Gemüter bewegt hatte, auf Nimmerwiedersehen aus der Geschichte.

LEHREN DER GESCHICHTE

Ist es nicht herrlich bequem, sich im Sessel zurückzulehnen, vor seinem geistigen Auge all diese deutschen Könige und Kaiser an sich vorüberziehen zu lassen und auf ihre Fehler zu deuten?

Otto I. vergab zweimal einem Verräter – seinem eigenen Bruder, der erneut gegen ihn mobil machte. Das war reine Torheit. Viele Könige später begingen den gleichen Fehler. So verzieh Ludwig XIII. von Frankreich seinem aufrührerischen Bruder, der hinter seinem Rücken zum Verrat aufrief, ebenfalls zweimal.

Vertraue niemals zweimal – so muss wohl die politische Lehre lauten, die man aus Ottos I. Fehler ziehen kann.

Ja, Otto I. erreichte schließlich alles – aber nur, um überraschend zu sterben.

Macht, Besitz und Ruhm sind unverlässliche Brüder, und obwohl im Tageskampf nichts verlockender als diese drei Dinge erscheint, wird der Mensch doch immer von ihnen betrogen, und sei es nur durch den eigenen Tod.

Hochinteressant ist des Weiteren, dass (1) das Römische Reich, (2) das Christentum und (3) das Germanentum eine völlig neue Verbindung eingingen, die man schon damals, aber erst recht später, als „deutsch" bezeichnete. Viele der Träume und der Techniken des Römischen Reichs flossen in dieses sich immer mehr formende „Deutschland" ein, außerdem die Dogmen und Lehren des Christentums, die freilich recht freizügig und auf germanische Art ausgelegt wurden.

Rom, das längst untergegangen war, war also doch nicht untergegangen, es lebte gewissermaßen in dem neuen Deutschland fort!

Wie haben wir die verschiedenen deutschen Könige und Kaiser zu bewerten?

Sie waren durchaus unterschiedlicher Natur.

Heinrich III., obwohl beileibe kein Friedensfürst, machte erstmals die Idee des Friedens populär. Er förderte Wissenschaft, Kunst und Ausbildung – immer Zeichen eines intelligenten Politikers. Er etablierte zurückhaltend formuliert eine gewisse Ethik. Auch das zeichnete ihn aus und führte zu einem ersten „Goldenen Zeitalter" in Deutschland.

Heinrich IV. wiederum kann als Musterbeispiel für diesen Satz dienen: **Familienbande garantieren nicht immer Loyalität.**

Wenn ein Herrscher – gleichgültig ob Monarch, Aristokrat oder Demokrat – nicht hart daran arbeitet, echte Loyalitäten zu schaffen, stürzt er.

Und wir erkennen, dass das Papsttum immer zwielichtiger wurde. Während auf dem Stuhl des heiligen Petrus einst auch ehrenwerte Personen Platz genommen hatten, begann der Papst jetzt eine immer dubiosere Rolle zu spielen. Das lehrt uns Folgendes:

Priester und sogar Päpste können auch Schurken sein, und wir tun gut daran, im Einzelfall zu entscheiden, ob es sich bei einem „geistlichen Herrn" um einen Spitzbuben oder einen Heiligen handelt.

Religion lässt sich auch als Deckmäntelchen nutzen, um Heiligkeit lediglich zu suggerieren, während unter der Soutane ein Huf hervorlugt. Viele Päpste gebärdeten sich immer weltlicher und entfernten sich dadurch immer weiter von den ursprünglichen Lehren des Christentums.

Ein Größenwahnsinniger, Gregor VII., versuchte zum ersten Mal, sich als geistlicher Weltmonarch zu etablieren, und nicht eben wenige törichte Päpste folgten seinen blutigen Spuren.

Heinrich V. wiederum mag uns als Beispiel dafür dienen, dass man nicht die ganze Welt fressen kann. Sein Kampf gegen das Papsttum nimmt sich vielleicht heroisch aus und ist der Stoff, aus dem Hollywood-Dramen gezaubert werden, doch der Verräter wurde nur ständig selbst verraten. Der Kampf gegen das Papsttum endete zu seinen Ungunsten, nach seinem Tod befand es sich auf der Höhe seiner Macht.

Heinrich V. beging wenigstens vier entscheidende Fehler:

1. Da er selbst keinerlei Loyalität kannte – weder gegenüber dem eigenen Vater, noch gegenüber dem Papst oder den Fürsten – wurde ihm auch keine Loyalität entgegengebracht.
    Wer durch Verrat regiert, erntet Verrat.
    Der Umkehrschluss gilt ebenfalls:
    Loyalität erzeugt Loyalität, nicht immer, aber oft.
    Da es Heinrich V. an persönlicher Integrität mangelte, verunsicherte er seine Anhänger und schaffte sich zuhauf hasserfüllte Feinde. Hinterlist und Brutalität waren seine Sache – wen wundert es, dass seine eigenen Methoden wieder auf ihn zurückfielen?

2. Sein zweiter Fehler bestand darin, dass er an zu vielen Fronten gleichzeitig kämpfte. Er suchte England beizustehen, kämpfte im Osten Deutschlands gegen Böhmen und Ungarn, mischte sich in

Polen ein, versagte in vielen Feldzügen, kämpfte gegen den Vater, verschiedene Fürsten und immer wieder und fast pausenlos gegen den Papst, ja sogar gegen verschiedene Päpste. Die schlichte Lehre lautet also:

Man muss einen Vielfrontenkrieg vermeiden, er ist zu riskant und geht gewöhnlich verloren.

3. Er verabsäumte es, zunächst sein eigenes Haus zu bestellen und eine sichere Machtbasis zu schaffen. Selbst in bloßen Machtkategorien gedacht – und das waren die einzigen Kategorien, in denen er sich bewegte –, versagte Heinrich V. Man macht sich nicht zu neuen Eroberungen auf, wenn die alten noch nicht abgesichert und fest etabliert sind.
   Die erste Aktion beim Spiel um die Macht muss darin bestehen, eine sichere Basis (Hausmacht) zu schaffen.

4. Er nutzte nicht klug und nicht intensiv genug die Mittel der Diplomatie. Es war ein eklatanter Fehler, sich immer wieder mit dem Papsttum anzulegen – andere Könige in Europa hatten längst elegante Lösungen gefunden, um den Papst zu geben, was des Papstes ist, und sich trotzdem die eigene Machtbasis gesichert.
   Diplomatie ist dem Krieg fast immer vorzuziehen.

Heinrich V. lernte nicht aus seinen Fehlern. Kein Wunder, dass er scheiterte und fast alle Historiker vernichtend über ihn urteilen. Zum Schluss konnte er sich nur noch am Rhein und am Main halbwegs sicher bewegen, seine Bewegungsfreiheit war empfindlich eingeschränkt. Er starb ohne Erben – und das Königtum fiel an seine Widersacher. Das Geschlecht der Salier hörte mit ihm auf zu existieren.

Ein neues Kapitel in der Geschichte Deutschlands wurde aufgeschlagen. Jetzt gab es neben dem Kaiser einen zweiten, einen mächtigen und brandgefährlichen geistlichen Führer an der Spitze – den Papst. Er war nicht mehr bereit, vor der weltlichen Macht zu Kreuze zu kriechen. Die Oberpriester in Rom, die einst von weltlichen Herrschern hoch emporgehoben worden waren, forderten Könige heraus und bissen die Hand, die sie einst gefüttert hatte.

6. ERSTAUNLICHE STAUFER

Stupor mundi, das Erstaunen der Welt, nannten die Zeitgenossen Friedrich II., der wenig später – nach dem Erlöschen des vorangegangenen Herrschergeschlechts – in Deutschland die Zügel übernahm – und nicht nur in Deutschland.

Und tatsächlich: Friedrich II. war ein Kaiser besonderer Güteklasse und eine Ausnahmeerscheinung auf dem Thron: Er sprach fließend italienisch, französisch, lateinisch, griechisch, deutsch und arabisch und zählte zu den gebildetsten und gelehrtesten Männern seiner Zeit. Er war zweifelsohne einer der intelligentesten deutschen Kaiser, denn er erstritt so manchen Sieg allein mithilfe der Diplomatie. Er führte die Null in die Mathematik ein, förderte die Wissenschaften, kämpfte gegen den Aberglauben, betätigte sich als Autor, formulierte völlig neue Gesetze, von denen einige schon in die Neuzeit deuteten und ein höheres Niveau von Recht definierten, diente dem Fortschritt und vielfach auch dem Frieden. Generell betrachtete man ihn als Wunderwesen unter den Monarchen, und er war auch zweifellos ein Phänomen.

Was machte er „richtig"? Was unterschied ihn von anderen Herrschern?

Wir werden auf seine erfolgreiche Aktionen und Prinzipien noch genauer zu sprechen kommen.

Aber berichten wir der Reihe nach.

ﻌﻟ

DIE ERSTEN STAUFER: KONRAD III., BARBAROSSA UND HEINRICH VI.

Wir wollen es dem Leser und uns ersparen, den Übergang vom letzten Kaisergeschlecht zu den Staufern genau zu skizzieren. Es bringt nicht viel an Erkenntnis.

Die Staufer waren ein schwäbisches Adelsgeschlecht – der Name leitet sich von einer ihrer Burgen her, von Burg Stauf. Sie zählten schon im 11. Jahrhundert zu den einflussreichen schwäbischen Adelsfamilien.

Nach einigen Irrungen und Wirrungen in Bezug auf die Königswürde wurde im Jahre 1138 ein Staufer, nämlich Konrad III., zum deutschen König gewählt. Konrads Kaiserkrönung in Rom wurde allerdings durch den erfolglosen Zweiten Kreuzzug verhindert – wir werden auf die einzelnen Kreuzzüge später noch zu sprechen kommen. Obwohl Konrad also nie zum Kaiser gekrönt worden war, trug er dennoch diesen Titel, möglicherweise um seine Gleichrangigkeit gegenüber dem byzantinischen Kaiser zu betonen.

Nach Konrads Tod wurde Friedrich I. (ca. 1122–1190), genannt *Barbarossa* (ital. = roter Bart), zum neuen deutschen König gewählt. Obwohl später allseits von den Chronisten besungen, war Barbarossas Leben weniger spektakulär, als man vielleicht annehmen sollte. Auch er geriet in Konflikt mit dem Papst und unternahm einige Italienzüge, die aber größtenteils scheiterten. Barbarossa ließ im Laufe seiner Auseinandersetzungen mit dem Papsttum gleich mehrere Gegenpäpste erheben, erreichte aber nicht die Unterwerfung der oberitalienischen Städte, die sich mit dem Papst verbündet hatten. Immerhin war er klug genug, schließlich Frieden mit dem *papa* und den Städten zu schließen, seine Hausmacht in Deutschland zu vergrößern, teilweise durch simplen Kauf, und Schwaben verwaltungstechnisch auf ein neues Niveau zu heben. Er starb auf dem Dritten Kreuzzug.

Dem Rotbart folgte Heinrich VI. (1165–1197) auf den Thron. Ihm gelang es zwar, das süditalienische Reich, wo sich die Normannen breitgemacht hatten, mit dem Königreich zu verbinden und den legendären englischen Kreuzfahrer Richard Löwenherz gefangen zu nehmen (wodurch England kurzzeitig lehnspflichtig wurde), aber seine brutalen Maßnahmen in Italien, die zu diesen Erfolgen führten, fanden nicht den Beifall des Volkes. Auch der Papst hasste diesen Heinrich abgrundtief. All das war indes nur das Vorspiel zu dem größten aller Staufer.

FRIEDRICH II.

Endlich gelangte Friedrich II. auf den Thron, den wir bereits angekündigt haben. Friedrich II., Sohn Heinrichs VI., erblickte einen Tag nach der Krönung seines Vaters zum König von Sizilien das Licht der Welt. Als sein Vater – inzwischen deutscher König und Kaiser des Imperiums – rund drei Jahre später starb, wurde Friedrichs Nachfolge zwar nicht anerkannt, er aber immerhin 1198 zum König von Sizilien gekrönt. Diese Insel liebte er Zeit seines Lebens und betrachtete sie als seine eigentliche Heimat. Als auch noch seine Mutter kurz darauf verschied, wurde der Papst zu seinem Vormund bestellt. Das war natürlich eine hochbrisante Konstellation, denn der Kaiser und der Papst bekämpften sich jetzt schon eine geraume Weile unbarmherzig. Der Papst nutzte diese Position sofort aus und beschnitt die kaiserlichen Rechte in Italien dramatisch. Friedrich war ihm ein ideales Faustpfand! Gleichzeitig suchten die Aristokraten und Geistlichen in Sizilien Friedrichs Minderjährigkeit auszunutzen, um ihre eigene Macht und ihren Besitz zu vergrößern. Was konnte ein Kind schon dagegen tun?

Die Zeit war jedoch auf Friedrichs Seite. Jedes Jahr gewann er an Weisheit bei Gott und den Menschen. Er besaß „eine schöne und anmutige Haltung", wie ein Chronist schrieb, weiter rotes, gelocktes, langes Haar und vor allem eine hohe Intelligenz. Friedrich lernte reiten und fechten sowie mehrere Sprachen. Er las zahlreiche geschichtliche Werke und machte sich in Sizilien mit verschiedenen Religionen und Völkerschaften vertraut – die Vielfalt dürfte auf seinen Geist einen positiven Einfluss gehabt haben.

Endlich wurde er aus der Vormundschaft des Papstes entlassen. Mit zwölf Jahren schickte er den Regenten, den ihm der Papst vor die Nase

gesetzt hatte, nach Hause, mit 13 Jahren übernahm er die Regierungsgeschäfte, mit 14 Jahren wurde er volljährig und forderte weitere Rechte ein und mit 15 Jahren trat er in den Stand der Ehe.

Von einem Tag auf den anderen wurde er politisch aktiv. Als Erstes versuchte er, die aristokratischen Räuber in Sizilien in ihre Schranken zu weisen. Da wuchs zusätzlich der neue deutsche Kaiser aus dem
Geschlecht der Welfen zu seinem Gegenspieler heran, der aus heiterem Himmel Sizilien überrennen und einkassieren wollte. Der Papst
schwankte zunächst, wem er beistehen sollte. Dann schlug er sich auf
Friedrichs Seite, seinem ehemaligen Mündel. Er bannte den Konkurrenten und rieb sich die Hände. Nichts erfreute den Papst mehr, als dass
sich die verdammten Deutschen gegenseitig bekriegten. Es war eine
Lust, zu leben und das Zünglein an der Waage zu sein!

Und der Papst initiierte einen weiteren Coup: Kaum war der wel-
fische Kaiser gebannt, erhob er mithilfe einiger deutscher Fürsten
Friedrich zum Kaiser. Friedrich, scheinbar nur ein Papstzögling, zögerte keinen Moment und griff mit beiden Händen zu. Sofort ritt er
nach Rom. In der Ewigen Stadt wurde Friedrich II. mit Begeisterung
empfangen. Der frischgebackene, blutjunge Kaiser, der nichts als einen
Titel und das kleine Sizilien besaß, lieh sich Geld (der eigene Geldbeutel war leer) und zog mit einer kleinen Anhängerschar über die Alpen,
um sich Deutschland einzuverleiben. Als er in Konstanz ankam, wollte
man ihn zunächst nicht einlassen. Aber als Friedrich II. den Bann des
Papstes verlesen ließ, der gegen seinen Konkurrenten verhängt worden
war, wechselten die Herren der Stadt die Seiten. In Konstanz begann
Friedrichs Siegeszug.

Stadt um Stadt lief zu ihm über. Stets war Friedrich klug genug, die
Meinungsführer mit großzügigen Schenkungen und Versprechungen
für sich zu gewinnen. Deutschland atmete auf. Friedrichs Ruf eilte ihm
allenthalben voraus. Er geriet zu einem Phänomen. Ein Fürst nach dem
anderen schlug sich auf seine Seite, dieser Jüngling gewann die Herzen
im Sturm.

Obwohl ihn der Papst zum Kaiser gekrönt hatte, bedeutete das im
Grunde nicht viel. Deshalb ließ sich Friedrich noch einmal bestäti-
gen. Im Jahre 1212 fand in Frankfurt eine Nachwahl statt, und da sein
Widersacher gerade das Zeitliche gesegnet hatte, war der Zeitpunkt

günstig. Eine beträchtliche Anzahl von Fürsten bestätigte Friedrich als deutschen Herrscher, ein Erzbischof vollzog die heilige Weihe.

Aber noch immer waren nicht alle Widersacher in Deutschland ausgeschaltet. Als sich abermals ein Konkurrent gegen Friedrich II. erhob (wieder aus dem ursprünglich fränkischen Adelsgeschlecht der Welfen, auch Guelfen genannt), war ihm das Glück erneut hold: Denn zu dieser Zeit verlor gerade ein englisch-welfisches Heer einen kleinen Krieg gegen die Franzosen. Aus welchen Gründen auch immer der Kampf zwischen Engländern/Welfen und Franzosen geführt wurde, damit wollen wir uns hier nicht aufhalten.

Und – man muss es sich vorstellen! – Friedrich II. tat es ein drittes Mal: Er ließ sich jetzt in Aachen durch den Mainzer Erzbischof zum römisch-deutschen König krönen! Dieser Jüngling wusste nicht nur, dass eine gute Show alles ist und Zeremonien genutzt werden müssen, sondern auch, dass mit dieser Krönung abermals Stimmen gewonnen wurden, dass weitere Meinungsführer Deutschlands zu ihm überliefen.

Die Welfen hatten das Nachsehen.

Noch einmal wurde Friedrich II. vom Papst bestätigt, dem höchsten Richter in Sachen Kaisertum. Rasch holte er seine Frau und seinen Sohn nach Deutschland und nahm nun noch den sizilianischen Königstitel an, den zeitweise sein Sohn getragen hatte. Sein fünfjähriger Sohn Heinrich erhielt stattdessen das Herzogtum Schwaben und die Befehlsgewalt über Burgund.

Anschließend zog Friedrich II. zurück über die Alpen und ließ sich vom neuen Papst (Honorius III.) ein weiteres Mal zum Kaiser krönen. Vier Krönungen – wer konnte, wer durfte es jetzt noch wagen, etwas gegen den Mann zu sagen, den viele als Milchbart verspottet hatten und der doch schon in jungen Jahren gerissener war als so manch altgedienter Herzog?

Jetzt galt es, die Besitzungen zu sichern. Friedrich II., der sich anfänglich so spendabel gezeigt hatte, machte sich nun daran, auch in Deutschland seine Hausmacht zu vergrößern. Er setzte nicht auf Krieg, sondern auf Erbschaften und Verhandlungen. Darüber hinaus gründete er nicht weniger als 39 Städte, vor allem im Südwesten Deutschlands – auch auf kirchlichem Territorium. Selbstverständlich waren diese neuen Städte ihm gegenüber loyal bis unter die Haarspitzen.

Wieder zurück in Sizilien hob er – ein weiterer Meisterstreich – seine geliebte Insel auf ein völlig neues Niveau und organisierte hier den ersten modernen Beamtenstaat. Er erließ vollkommen neue Gesetze, die teilweise bereits die Neuzeit ankündigten. Vielleicht als erster deutscher Herrscher erließ er Gesetze zur Erhaltung der Natur und zum Schutz von Frauen und Minderheiten! Er erließ Gesetze, die die ständigen Adelsfehden beendeten und den Landfrieden wiederherstellten. Neu erbaute Burgen fielen an den König zurück, dessen militärische Gewalt dadurch zementiert wurde. So konnte er den Frieden sicherstellen. Die Adligen protestierten natürlich. Er schaltete sie aus, indem er auf kleinere Landadlige setzte, denen er zumindest anfangs einige wichtige Privilegien gab. Gleichzeitig startete er ein Flottenbauprogramm und weitete die königliche Kontrolle über den Handel aus.

Der Handel, die Wirtschaft ... das ist der Stoff, aus dem Erfolge gemacht werden. Friedrich förderte den Handel mit Salz, Eisen, Stahl, Hanf, Teer, gefärbten Tuchen und Seidenstoffen, er eröffnete Textilfabriken, errichtete Modellbauernhöfe, förderte den Anbau von Baumwolle und Zuckerrohr, baute Straßen und Brücken, verbesserte die Wasserversorgung, reduzierte die Binnenzölle, die den Handel bislang behindert und lahmgelegt hatten, und führte kurz gesagt eine unglaubliche Blüte herbei.

Als die letzten Sarazenen auf Sizilien den Aufstand gegen ihn probten, besiegte Friedrich II. sie, siedelte sie um – und gewann sie sogar als Verbündete. Zunächst dienten sie ihm auch treu in der Verwaltung und später im Heer. Er vernichtete sie nicht, sondern gab ihnen eine neue Bedeutung.

Auch im restlichen Italien besaß Friedrich II. Besitzungen, die er in eine neue Zeit führte. Im Jahre 1224 gründete er die Universität Neapel, die unter anderem höhere Beamte für den Staat ausbilden sollte. Er berief viele gelehrte Köpfe an diese Universität und unterstützte finanziell begabte Studenten. Er gründete eine Universität für Apotheker und hob damit das Niveau der Heilkunde.

Verweilen wir noch ein wenig bei Friedrichs kulturellen Leistungen: Er verfasste selbst ein Buch über die Falkenjagd, in dem zum ersten Mal völlig neue, wissenschaftliche Sichtweisen einflossen. Es enthielt

Anleitungen zur Aufzucht und Dressur von Jagdfalken, aber auch über neunhundert Vogelbilder und beschrieb in fantastischer Detailtreue verschiedene Verhaltensweise einzelner Vogelarten. Friedrich II. versuchte, wie er selbst schrieb, „sichtbar zu machen die Dinge, die sind, so wie sie sind", und schlug damit ein neues Kapitel in der Naturforschung auf.

Er las viele arabische Werke im Original, ließ nicht nur christliche, sondern auch muslimische und jüdische Wissenschaftler an seinen Hof kommen und diskutierte mit ihnen. Er stellte sogar eigene Gelehrte an, die ihm die klassischen griechischen und islamischen Werke ins Lateinische übersetzen mussten.

Dass er das Rechnen mit der Null einführte, mag auf seinen Kontakt mit den Arabern zurückzuführen sein. Jedenfalls revolutionierte das die Buchhaltung ebenso wie die Mathematik. Er überredete den Sultan von Ägypten, ihm den berühmten Mathematiker al-Hanifi zu überlassen, damit er von ihm lernen könne, und war eine Zeit lang ganz verliebt in die internationalste aller Sprachen – die Mathematik. Er interessierte sich für Chemie, Metallurgie und Philosophie und richtete viele Fragen an Gelehrte in Ägypten, Arabien, Syrien und im Irak.

Sein zoologischer Garten diente in erster Linie der Beobachtung. Er versuchte nämlich die Aufzucht von Hühnern, Hunden und Tauben genauso zu verbessern wie die von Pferden und Kamelen. Er führte Schonzeiten für Tiere ein, die auf der genauen Beobachtung ihrer Brutzeiten basierten, und erließ hierfür sogar eigene Gesetze. Friedrich II. war der erste Umweltschützer auf dem Thron.

Er war unendlich wissbegierig und vielleicht der erste Rationalist. Dinge, die er nicht verstand und die durch die Religion in abergläubischer Weise interpretiert worden waren, erforschte er und versuchte, sie zu begreifen. Er setzte den Verstand über den Glauben und verbot beispielsweise sogenannte Gottesurteile; er glaubte nicht, dass in einem Zweikampf immer der Unschuldige gewinnt! Friedrich II. glaubte auch nicht an die jungfräuliche Geburt und hegte Zweifel hinsichtlich der biblischen Schöpfungsgeschichte, vor allem was den zeitlichen Rahmen betraf.

Zahlreiche Künstler, Schriftsteller und Wissenschaftler befanden sich an seinem sizilianischen Hof, den man schließlich nur noch den

Musenhof nannte. Seine verhältnismäßige Toleranz gegenüber anderen Völkern erlaubte es ihm, zu lernen und noch einmal zu lernen; Friedrich war vielleicht der bestinformierte Mann seiner Zeit. Grundsätzlich war er allen Religionen gegenüber tolerant eingestellt – ein Zeichen von hoher staatsmännischer Intelligenz. Er ließ griechischorthodoxe und römische Christen, Muslime und Juden nach ihrer Fasson selig werden. Als die Juden von Fulda im Jahre 1235 des Ritualmordes an einem christlichen Kind angeklagt wurden, erklärte der Herrscher die ganze Geschichte für eine alberne, böse Erfindung und rettete die Juden.

Alles schien wie im Märchen. Doch als Friedrich die Zügel überall fest in der Hand zu halten, als er der größte aller Kaiser zu sein schien, als überall lauthals sein Lob gesungen wurde, braute sich über seinem Kopf das erste Unwetter zusammen.

Es kam aus einer Ecke, die der aufmerksame Leser längst erraten hat: Es kam aus Rom, aus dem Vatikan, es kam vom Papst.

WIE MAN KRIEGE GEWINNT

Friedrich II. hatte dem Papst einst das Versprechen geben müssen, eines Tages einen Kreuzzug zu unternehmen, um das Heilige Land, in dem Jesus Christus gestorben war, für die gläubige Christenheit zurückzuerobern. Friedrich hatte, klug wie er war, immer wieder Ausflüchte angeführt. Aufgrund seiner Nähe zu den Sarasenen war ihm die Kultur im Nahen Osten nicht so fremd wie dem Papst, sie war ihm vielmehr vertraut und er schätzte sie hoch. Friedrich II. sprach ja arabisch, er hielt Künstler und Wissenschaftler aus aller Herren Länder an seinem Hof, er kannte keine Vorurteile. Jetzt aber forderte der Papst ungeduldig sein Versprechen ein.

Als Friedrich II. wegen einer Seuche den Kreuzzug abermals verschob, bannte ihn der Papst. Zugegeben, der inzwischen fast allmächtige Kaiser hatte versucht, in die Kirchenstruktur Siziliens einzugreifen, hatte einige päpstliche Ländereien zu kaiserlichem Reichsgut erklärt und war dem *papa* noch in anderen Belangen auf die Zehen getreten. Offenbar konnte es nicht zwei Herrscher geben.

Trotz des Bannes brach Friedrich eilig auf, um den Papst durch Taten zu überzeugen. Aber dieser sogenannte Fünfte Kreuzzug unterschied sich fundamental von allen früheren Kreuzzügen! Was unternahm Friedrich konkret? Wieder schimmert das Genie dieses einmaligen Kaisers durch. Er verhandelte! Ja, er verhandelte mit dem Sultan von Kairo und erreichte, ohne auch nur einen Tropfen Blut zu vergießen, dass die Christen in Jerusalem weite Teile der Stadt beherrschen und ihr eigen nennen durften. Man muss es sich vorstellen! Während bei den früheren Kreuzzügen das Blut in Strömen floss, erreichte dieser Kaiser das angestrebte Ziel, ohne einen einzigen Ritter zu verlieren. Er schloss einen Friedensvertrag mit dem Sultan, speiste fürstlich mit ihm, scherzte und lachte und unterhielt sich königlich – und kehrte anschließend zurück ins heimatliche Italien, nicht ehe er sich zuvor noch die Krone des Königreichs Jerusalem aufs Haupt gesetzt hatte!

Sein „Kreuzzug" war ein voller Erfolg.

Aber in Italien hatte sich längst ein Unwetter zusammengebraut. Der Papst war ungewöhnlich rege gewesen. Er hatte Friedrichs Abwesenheit genutzt, um hinter dem Rücken des Kaisers Unfrieden zu stiften. Er hatte Friedrichs Untertanen und seinen Sohn Heinrich vom Treueid gegenüber dem Kaiser entbunden und ein Heer zur Invasion nach Sizilien geschickt. Mönche hatten außerdem allerorten berichtet, der Kaiser weile nicht mehr unter den Lebenden. Selbst ins Heilige Land hatte der rührige Papst dem Kaiser Gesandte nachgeschickt, die jedem Christen befahlen, den Gehorsam gegenüber Friedrich aufzukündigen.

Kaum ins heimatliche Italien zurückgekehrt, musste Friedrich also erst einmal die päpstlichen Truppen in ihre Schranken weisen. Dann nahm er durch einen Mittelsmann – der selbst eine hohe geistliche Position innehatte, aber Friedrich in Treue verbunden war – Vermittlungsgespräche mit dem Papst auf. Immerhin war er als Sieger heimgekehrt. Schließlich machte er dem Papst einige Zugeständnisse, woraufhin der oberste Priester Roms den Bann zähneknirschend wieder aufhob.

Zur gleichen Zeit brannte es in Deutschland. Hier hatte Friedrichs Sohn Heinrich während dessen Abwesenheit törichterweise eine fürstenfeindliche Politik betrieben, die in völligem Gegensatz zu Friedrichs Vorgehen stand. Dieser hatte nämlich stets darauf geachtet, die wichtigsten Meinungsführer für sich einzunehmen, sie nicht vor den Kopf zu stoßen und mit ihnen statt gegen sie zu regieren. Also erklärte Friedrich II. kurzerhand verschiedene Erlasse seines Sohnes für ungültig. Daraufhin verbündete sich dieser mit einigen norditalienischen Städten und kaiserfeindlichen Adligen. Doch sobald Friedrich II. in Deutschland auf der Bildfläche erschien, löste sich der Aufstand in Luft auf. Friedrichs Ruf eilte ihm voraus wie Donnerhall, er war längst zu einer Legende geworden. Der Kaisersohn wurde abgesetzt und in Sizilien eingekerkert.

Gleichzeitig verkündete Friedrich 1231 einen Landfrieden, söhnte sich mit seinen alten Feinden, den Welfen, aus und erhob seinen Sohn Konrad IV. zum neuen römisch-deutschen König.

Politische Klugheit, wohin das Auge blickt.

DIE FEHLER

Gleichwohl beging Friedrich II. eine Reihe politischer Fehler, die wir uns ebenfalls vor Augen halten müssen, wenn wir der geschichtlichen Wahrheit gerecht werden wollen. Der Konflikt mit dem Papst spitzte sich immer mehr zu – vielleicht war er unumgänglich, zumindest in den Machtkategorien dieser Zeit gedacht. Friedrich verstrickte sich in einige unnötige Kriege mit den oberitalienischen Städten, die er nicht zu seinen Gunsten entscheiden konnte, wenn er auch einige wichtige Siege errang. Viele Städte steckten mit dem Papst unter einer Decke.

Er behinderte die neuen Kreuzzugs-Absichten des Papstes, sodass ihn dieser ein zweites Mal bannte, als „Antichristen" brandmarkte und jetzt mit einem unglaublichen Propagandafeldzug zu vernichten suchte.

Der Kampf zwischen Papst und Kaiser brach erneut offen aus. Friedrich reagierte auf den Bann, indem er die Verwaltung in Sizilien vollkommen umstrukturierte und alle päpstlichen Einflüsse dort eliminierte. Er ließ die Grenzen sperren und die dem Papst ergebenen Bettlerorden ausweisen. Die Bischofsstühle wurden nun nach seinem Gutdünken neu besetzt. Friedrich machte sich daran, auch das restliche Italien, das zum „Reich" gehörte, in seinem Sinne umzustrukturieren:

Er suchte den Einfluss des Papstes auszuradieren und seinen eigenen überall zu etablieren. Und Friedrich schlug mit einer gewaltigen Propagandakampagne zurück. Er ließ alle wissen, dass *er* der eigentlich friedliebende Fürst sei. Er stellte sich selbst als Messiaskaiser hin, den Papst jedoch als die „Hure Babylons".

Der Papst raste und tobte. Er rief zu einem Kreuzzug gegen Friedrich auf und versprach jedem guten Christen einen vollkommenen Ablass, wenn er nur dem Kaiser den Gehorsam verweigere.

Friedrich wiederum gewann verschiedene italienische Städte für sich, scheiterte aber bei dem Versuch, Rom einzunehmen. Immerhin setzte er einige Bischöfe gefangen, die an einem Konzil teilnehmen wollten, das der Papst einberufen hatte, um noch stärker gegen ihn mobil zu machen. Da starb der Papst überraschend.

Friedrich war eine Verschnaufpause vergönnt. Er einigte sich mit dem neuen Papst und versprach, sich aus dem Kirchenstaat zurückzuziehen, wenn im Gegenzug der Bann aufgehoben würde. Halbherzig hielt man beidseitig die Versprechungen ein.

Doch es blieben einfach zu viele Machtfragen ungeklärt, und so belegte ihn auch der neue Papst kurze Zeit später mit dem heiklen Bann, mit dem man die gesamte Christenheit gegen eine Person aufhetzen konnte. Der propagandistische Kampf wogte eine Zeit lang unentschieden hin und her: Friedrich suchte sich wieder von dem Bann zu befreien, aber nichts fruchtete. Als schließlich kaiserliche Truppen in den Kirchenstaat einmarschierten, floh der neue Papst nach Frankreich. Dort berief er ein Konzil ein und erklärte den Kaiser für abgesetzt.

Doch damit nicht genug: In Deutschland wurde ein Gegenkönig gewählt, und in den oberitalienischen Städten brach ein Aufstand aus. Es brannte überall!

Gegen die aufständischen Städte in Italien ging Friedrich II. militärisch vor – allerdings auf völlig neue Art. Friedrich kannte sich selbst nicht mehr. Er schlug einen Aufstand nach dem anderen nieder, nahm Geiseln, ließ seine Feinde hinrichten, blenden und ihnen die Hände und Füße abhacken.

Da machte das Gerücht einer Verschwörung gegen Friedrich die Runde, angeblich angeführt von seinem eigenen Kanzler. Friedrich ließ ihn verhaften und des Augenlichts berauben, woraufhin der Kanzler seinen Kopf so lange gegen die Wand schlug, bis er starb.

Wenig später versuchte Friedrichs eigener Arzt ihn zu vergiften – nur mit Mühe entkam der Herrscher diesem Anschlag. Und zu allem Überfluss erreichte ihn auch noch die Nachricht, einer seiner Söhne sei gefangen genommen worden.

Das Schicksal hatte sich offenbar gegen den Kaiser verschworen, der zuvor ein Glückskind gewesen war.

Im Jahre 1250 wendete sich das Blatt noch einmal zu Friedrichs Gunsten: Verschiedene italienische Städte wechselten überraschend auf die Seite des Kaisers, und Friedrichs Sohn Konrad besiegte in Deutschland den Gegenkönig, die Marionette des Papstes. Jetzt bot der Papst Unterhandlungen an, da er seine Felle davonschwimmen sah.

Friedrich II. stand kurz vor dem endgültigen Sieg. Da erkrankte er. Er hatte in zu kurzer Zeit zu viele Schläge einstecken müssen. Die Ruhr warf den Kaiser nieder und erinnerte ihn an seine Sterblichkeit. Völlig überraschend starb Friedrich im Jahre 1250.

WAS UNS DER STAUFER FRIEDRICH II. LEHRT

Untersuchen wir, wie versprochen, die „richtigen Aktionen" dieses erstaunlichen Kaisers, den man auch heute noch lieben kann, was man von einigen deutschen Königen und Kaisern leider nicht sagen kann. Worin bestand die Klugheit dieses Kaisers?

1. Es zeugt von außerordentlicher politischer Klugheit, sich anfänglich, als er noch ein „Nobody" war, der Hilfe des Papstes zu versichern. Friedrich II. war zu Beginn in machtpolitischer Hinsicht geradezu ein Niemand, er brauchte dringend Verbündete. Der Papst bot sich an – und Friedrich griff mit beiden Händen zu und nutzte und benutzte den Papst auch späterhin, um Machtfragen galant und hochintelligent zu lösen.

Bemerkenswerterweise stellte er – im Gegensatz etwa zu Barbarossa – nie einen Gegenpapst auf. Das zeigt, dass er dieser Institution im Grunde nie seinen Respekt versagte. Wir lernen:
Wenn sich das schwächste Glied im Machtpoker mit dem stärksten verbündet, verbessert das schlagartig dessen Position.
Die publikumswirksame Erhöhung durch den Meinungsführer Nr. 1 kann eine bislang verhältnismäßig unbedeutende politische Figur von einem Tag auf den anderen an die Spitze katapultieren.

2. Als Friedrich mit kleiner Gefolgschaft und wenig Geld in der Tasche in Deutschland einzog, war die Machtfrage noch lange nicht entschieden. Friedrich II. war klug genug, großzügig Geschenke und Privilegien zu verteilen. (Es kostet nichts, Land und Besitz, der anderen gehört, zu verschenken!) Sein Ruf verbreitete sich mit ungeheurer Geschwindigkeit, die Herzen flogen ihm nur so zu. Er wusste, er musste andere Meinungsführer und Schlüsselfiguren dringend gewinnen und überzeugen, wenn er auch nur den Hauch einer Chance haben wollte.
Und so fiel ihm dieses Deutschland, in dem andere sehr viel mächtiger waren als er selbst, das er nicht kannte und in dem seine Feinde sowohl über alles Geld der Welt als auch über Soldaten verfügten, geradezu in den Schoß.
Ein Großteil der machtpolitischen Riege lässt sich allein durch großzügige Geschenke und Versprechungen gewinnen.

3. Zu Friedrichs Meisterstreichen gehörte auch die Nachwahl in Frankfurt – mit allem Pomp und allen Feierlichkeiten. Das Volk war ungeheuer beeindruckt. Die Wahl war von höchster Relevanz, signalisierte sie doch, dass Friedrich die Machtverhältnisse in Deutschland anerkannte und achtete und dass neben oder vielleicht sogar über dem Papst in Deutschland andere das Sagen hatten, die er respektierte.
Was für ein gerissener Fuchs in Sachen Macht!
Als er sich gar im deutschen Aachen ein zweites Mal krönen ließ, bewies das erneut seine Intelligenz. Aachen war der Herrschersitz

Karls des Großen, hier lag der größte aller deutschen Kaiser begraben, die Aura des unbesiegbaren Karl wurde sozusagen gleich mit eingekauft.

Die vierte Kaiserkrönung war insofern ein Coup, als dass der Papst gewechselt hatte und er damit indirekt auch die Macht des neuen Papstes bestätigte.

Mit anderen Worten: Friedrich hatte einen scharfen Blick für tatsächliche Machtverhältnisse.

Jeder sollte sehen und wissen, wer nun das Zepter in der Hand hielt, selbst wenn dazu vier Krönungen erforderlich waren!

Politische Zeremonien haben einen bedeutsamen Symbolcharakter, sie besitzen eine enorme Kommunikationskraft und müssen im Machtpoker rigoros genutzt werden.

4. Nicht durch Krieg, sondern durch (unblutige) Erbschaften und Stadtneugründungen erweiterte Friedrich II. systematisch seinen Machtbereich in Deutschland. Warum sich auf alten Besitz stürzen, wenn man neuen sozusagen aus dem Nichts schaffen kann?!
   Wenn höchste Staatskunst darin besteht, den eigenen Machtbereich zu erweitern, so sollte das unblutig und auf intelligente Weise geschehen; intelligent sind Neugründungen, Fantasie, Erbschaften, Heiraten, verlockende Kaufangebote, die Mittel der Diplomatie, Vereinbarungen und Bündnisse.

5. Ein kühnes Unterfangen war es, das Königreich Sizilien völlig zu reorganisieren und auf ein ganz neues Niveau zu heben – und das abermals weitgehend unblutig. Sizilien verschaffte Friedrich II. eine sichere Machtbasis.
   Wie die klügsten Herrscher der Geschichte konzentrierte er sich auf die Wirtschaft und den Handel, der durch seine neu gegründete Flotte in Sizilien einen enormen Aufschwung nahm und vollständig unter seine Kontrolle fiel.
   Außerdem war es ein Meisterstück, eine moderne Gesetzgebung einzuführen, dem aufrührerischen Sizilien Frieden zu verordnen und die Sarazenen sogar als Freunde, Verwaltungsbeamte und Krieger zu gewinnen.

Wie gelang ihm das alles? Er ließ die Sarazenen hoch gewinnen und wies ihnen echte Bedeutung zu.

Die Förderung der Wirtschaft, eine höhere Gerechtigkeit, Ordnung, eine Spitzenverwaltung und Frieden sind die wichtigsten Bestandteile, um einen Staat nach „oben" zu katapultieren.

6. Friedrichs kulturellen Leistungen sind vielleicht am wichtigsten: Er reformierte das Recht, das heißt, er schuf eine neue, eine höhere Form des Rechts, förderte Wissenschaftler und Künstler, hob die Heilkunde und die Verwaltung auf ein neues Niveau und half, den Siegeszug der Vernunft vorzubereiten. Seine relative Toleranz in Sachen Religion erhob ihn weit über seine Zeitgenossen.

   Religiöse Toleranz und die Förderung der Wissenschaften und Künste führen zu einer echten Blüte.

7. Das Bravourstück in Jerusalem schließlich sucht seinesgleichen. Die Stadt nur durch Verhandlungen zu nehmen verrät ein einzigartiges diplomatisches Geschick. Dass Friedrich II. nebenbei noch eine Krone auf sein Haupt setzte, war schon fast übermütig, jedenfalls aber ein echtes Husarenstück.

   Auch den Papst durch ein paar Zugeständnisse zu versöhnen und Deutschland Frieden zu bringen, indem er seinen eigenen Sohn absetzte und sich mit den alten Gegnern, den Welfen, aussöhnte, verrät außergewöhnliche staatspolitische Klugheit.

   Wie man Kriege gewinnt? Indem man sie nicht führt.

   Erinnert werden sollte in diesem Zusammenhang daran, dass in Deutschland während Friedrichs Regierungszeit über 35 Jahre lang nahezu ununterbrochen Frieden herrschte.

DER GRÖSSTE FEHLER FRIEDRICHS II.

Vielleicht der einzige Fehler Friedrichs II. bestand darin, die propagandistische Macht des Papsttums zu unterschätzen. Alles lief auf die Konfrontation zwischen dem Kaiser und dem Papst hinaus – das Spiel früherer Jahrhunderte wiederholte sich. Ja, der Kaiser beherrschte die Körper, aber der Papst die Seelen. Friedrich II. warf zum Schluss alles in die Waagschale, um das Papsttum niederzuringen – übersah aber, dass diese Institution einen entscheidenden Vorteil birgt: Kaum starb ein Papst, wurde ein neuer gewählt, der unter Umständen ein noch gefährlicherer Gegner sein konnte. Das dynastische Denken dagegen gebot es, den eigenen Sohn auf den Thron zu heben. Aber Söhne verfügen nicht notwendigerweise über die Fähigkeiten des Vaters und sind vielleicht nicht einmal loyal. Während sich das Papsttum immer wieder erneuern konnte, unabhängig von einer leiblichen Linie, degenerierte ein Herrschergeschlecht üblicherweise mit der Zeit.

Sich mit dieser, der mächtigsten spirituellen Institution seiner Zeit anzulegen war sicherlich ein Fehler. Das Papsttum, das ihn einst so weit emporgehoben hatte, stürzte ihn am Schluss. Zu guter Letzt verlor Friedrich II. diese Auseinandersetzung – als er praktisch schon gewonnen hatte. Ein machtgieriger Papst verleitete Friedrich zu Handlungen, von denen der vielleicht intelligenteste deutsche Kaiser zuvor immer Abstand genommen hatte: Er führte brutal Krieg, schlachtete Menschen hin, verstümmelte sie und ließ sich zuletzt von seinem Hass auf den Papst auffressen. Hass und Rache aber sind die schlechtesten Ratgeber für einen König. Der Tod überraschte ihn mitten im Siegestaumel.

Das beweist erneut, wie vergänglich all diese Machtspiele sind, bei denen scheinbar um die ganze Welt gepokert wird. Selbst wenn die ganze Welt gewonnen wird, geht sie dem Sieger am Ende immer wieder verloren.

Der Tod ist ein sarkastischer Geselle, der nur Hohn und Spott für unseren Ehrgeiz übrig hat.

DAS ENDE DER STAUFER

Und so endete das glanzvolle Geschlecht der Staufer, nachdem es sich noch ein paar Mal in einigen letzten Zuckungen aufgebäumt hatte. Als Friedrichs Sohn Konrad, der in Deutschland die Stellung für ihn gehalten hatte, wenig später starb, war dort die Zeit der Staufer endgültig vorbei. In Sizilien hielt sich zwar Konrads Sohn Konradin noch einige Jahre länger, aber die Uhr tickte bereits. Als Konradins Truppen von einem Gegenkönig, den der Papst quasi aus dem Hut gezaubert und zum neuen Herrn über Sizilien gemacht hatte, geschlagen wurden, griff man Friedrichs Enkel wenig später auf, nahm ihn gefangen und kerkerte ihn ein. In einem Scheinprozess erhob man alle möglichen und unmöglichen Anschuldigungen gegen ihn, bevor man ihn verurteilte. Im Jahre 1268 endete Konradin wie ein gewöhnlicher Verbrecher unter dem Henkersbeil in Neapel. Er wurde in ungeweihter Erde verscharrt, um das Geschlecht der Staufer noch im Tode zu demütigen.

Mit dem letzten männlichen Staufer verschwand das einst so machtvolle Geschlecht endgültig aus der Geschichte.

7. DIE WAHRHEIT ÜBER DIE KREUZZÜGE

Aber drehen wir das Rad der Geschichte zunächst noch einmal zurück. Sträflich vernachlässigt haben wir bislang ein Thema, das weite Teile des Mittelalters durchzieht und das man keinesfalls außer Acht lassen darf, wenn man die Atmosphäre, die Stimmung, die Träume und die Hoffnungen dieser aufregenden Zeit verstehen will: die Kreuzzüge.

Wir werden in diesem Kapitel die wirklichen Hintergründe ausleuchten; bis heute sind die Kreuzzüge mit einem Geheimnis umwoben.

Aber definieren wir zunächst den Begriff.

Im engeren Sinne verstand man unter den Kreuzzügen die Züge in das Heilige Land, in das heutige Israel, wo Jesus gewirkt und gepredigt und sein Blut für die gesamte Menschheit vergossen hatte – wenn man den frommen Überlieferungen Glauben schenken durfte. Hier war gemäß des Neuen Testamentes Christus von den Juden gekreuzigt worden, und so avancierte das Kreuz zum Symbol für eben diese Kreuzzüge. Man zeichnete es sich auf die Stirn oder ließ es sich in verschiedenen Farben auf Brust oder Rücken malen oder nähen – einige Orden schrieben bestimmte Farbkombinationen vor.

Allen voran empfand es der Papst immer mehr als Schande, dass sich der heilige Boden, auf dem Jesus Christus gewandelt war, in den Händen der Muslime befand. Sie unterdrückten angeblich immer öfter fromme Wallfahrer, die nach Jerusalem pilgerten. Die ganze Wahrheit war indes: Auch aufstrebende Städte wie Venedig oder Genua waren nicht uninteressiert an „Kreuzzügen", da sich dadurch ihre eigene Einflusssphäre erweitern ließ. Das sogenannte Byzantinische Kaiserreich (in der heutigen Türkei und Teilen Griechenlands gelegen mit Byzanz/Konstantinopel als Hauptstadt), das offenbar im Untergang begriffen war und auf dem Weg ins Heilige Land lag, versprach fette Beute. Aber auch in Ägypten, Syrien und Palästina/Israel lockten Eroberungen.

Gregor VII. hatte bereits von Kreuzzügen geträumt, aber erst Papst Urban II. gelang es, Ritter und Bauern, Adlige und Leibeigene, Bürger und Verbrecher, Kaufleute und Abenteurer, Mönche und Halunken dafür zu gewinnen, „das Kreuz zu nehmen" und sich ins Heilige Land aufzumachen.

DER ERSTE KREUZZUG

Im Jahre 1095 schien das ganze Christentum vom Kreuzzug-Fieber gepackt. Die Franzosen waren besonders eifrig, aber auch die Deutschen konnten ihre Begeisterung kaum zügeln. In Deutschland folgten viele Tausende einem Priester namens Gottschalk sowie dem Grafen Emicho von Leiningen. Ein wilder, ungeordneter Haufen von Bauern und Adligen, kurz Menschen aus allen Gesellschaftsschichten, brach jubelnd auf. Ohne Bedenken brachten sie auf dem Weg nach Jerusalem viele Juden um und überfielen und beraubten Bauern und Dörfer, die am Wegesrand lagen. Hier ging es ja um eine heilige Sache. Der wilde Haufen überwand Hunger und Krankheit, Hitze und selbst die Pest – und befand sich unversehens mitten in Syrien. Dort jedoch vernichtete ein Türkenheer die ersten Kreuzfahrer fast vollständig.

Diesem ungeordneten Haufen folgten nach einiger Zeit Ritter, Grafen und Blaublütige, jetzt erheblich geordneter. Sie stellten eine wirkliche Gefahr für das Morgenland dar. Allerdings befanden sich auf diesem ersten Zug nicht allzu viele Deutsche – der deutsche König, Heinrich IV., stand gerade unter Bann. In Byzanz/Konstantinopel unterstützte der byzantinische Kaiser die Kreuzfahrer, da er sich fette Beute ausrechnete, wenn die verdammten Muselmanen besiegt wären. In Syrien und Palästina eroberte dieses Kreuzfahrerheer zwar mehrere wichtige Städte, aber der Kampf, die Hitze und der Durst richteten große Teile des Heeres zugrunde. Schließlich standen nur noch 12.000

Mann vor den Toren Jerusalems. Da Jerusalem indes nur von tausend Mann verteidigt wurde, kam es, wie es kommen musste: Die heiligste Stadt der Erde fiel – unter dem ohrenbetäubenden Jubelgeschrei der Kreuzfahrer, die wüteten wie Berserker: Menschen wurden gefoltert, enthauptet, erschossen, von Türmen gestürzt oder verbrannt. „Frauen wurden erdolcht, Säuglinge von der Mutterbrust gerissen und über die Stadtmauern geschleudert oder an Pfählen zerschmettert", berichtete ein Chronist. Anschließend umarmten sich die Kreuzfahrer, weinten heiße Tränen vor Freude und stürzten in die Grabeskirche, wo Christus nach seinem Tod aufgebahrt worden sein sollte. Sie hatten ihr Ziel erreicht. Die Heilige Stadt befand sich wieder im Besitz des Christentums, selbst die Engel im Himmel sangen Hosianna.

Eilig wurde das Königreich Jerusalem errichtet, das offiziell unter päpstlicher Herrschaft stand. In Wahrheit aber gaben einige Aristokraten den Ton an. Grund und Boden wurden neu verteilt und die früheren Lehnsherren zu Leibeigenen gemacht, christliche ebenso wie muslimische. Die einheimischen Christen blickten mit Wehmut auf die frühere muslimische Herrschaft zurück, in der man sie viel toleranter und gerechter behandelt hatte. Jetzt hielten die neuen Mönchsritterorden – Johanniter und Tempelritter – die Macht in den Händen. Im Jahre 1190 wurde zudem der Deutschritterorden gegründet.

Die meisten Kreuzfahrer kehrten nun in ihre angestammten Lande zurück, sodass das neue Königreich Jerusalem nur noch unzureichend verteidigt war. Und so kam es wieder, wie es kommen musste: Eine Stadt nach der anderen in dieser Region fiel zurück in die Hände der „Ungläubigen" – was helle Empörung in Europa und den Zweiten Kreuzzug auslöste.

DER ZWEITE KREUZZUG

Der heilige Bernhard von Clairvaux und ein neuer Papst waren dafür verantwortlich, dass sich besonders in Frankreich und Deutschland die Gemüter erhitzten. Dank Clairvaux' „feuriger Beredsamkeit" nahmen wieder zahlreiche Menschen das Kreuz, um in einem Zweiten Kreuzzug (1147–1149) das Heilige Land endgültig unter die Kontrolle der Christen zu bringen. Obwohl diesmal Könige an der Spitze des Zugs standen, konnte das die erneuten Plünderungen zahlreicher Städte, die auf dem Weg ins Heilige Land lagen, nicht verhindern. Wasserlose Wüsten und geschickt gelegte Hinterhalte dezimierten die Deutschen und die Franzosen im Laufe des Zuges aber derart, dass sich die christliche Armee auflöste und der deutsche König gedemütigt, krank und besiegt nach Hause zurückkehren musste.

Im Heiligen Land gewannen unterdessen die Muselmanen eine Region nach der anderen zurück. Hinter all dem steckte direkt oder indirekt ein fast legendärer Sultan, der durch seine Klugheit und seine beispiellose Toleranz von sich reden machte: ein gewisser Saladin. Kurz gesagt eroberte er durch raffinierte Strategien Stadt um Stadt, zeigte sich aber erstaunlich milde und gnädig im Sieg. Ja, er gestattete es sogar, dass sich Juden in Jerusalem ansiedelten und Christen die Stadt besuchten, wenn auch ohne Waffen.

Aber in Rom raste der Papst. Unmöglich konnte der Herr im Himmel die Ungläubigen den Sieg davontragen lassen! Unmöglich!

DER DRITTE KREUZZUG

Der Dritte Kreuzzug (1189–1192) schien aus diesem Grunde eine schiere Notwendigkeit zu sein und wurde weitgehend von deutschen Kreuzrittern angeführt. Diesmal stand der Staufer Friedrich I. (Barbarossa, Rotbart) an der Spitze.

Ganz Deutschland klatschte Beifall, als der 67-jährige Kaiser, tief bewegt von den Worten eines Erzbischofs, aufbrach, um die Scharte des Zweiten Kreuzzuges auszuwetzen. Ein zweiter, ein rotbärtiger Moses schien die Christenheit anzuführen. Religiöse Schwärmer dankten ohne Unterbrechung auf wundgescheuerten Knien dem Herrn. Aber dem glanzvollen Aufbruch folgte schon bald die Ernüchterung. Im Heiligen Land geriet das Kreuzzugsheer erneut in verschiedene Hinterhalte. Mehrmals wurde der Nachschub des deutschen Heeres abgeschnitten, sodass Elend, Hunger und Krankheit die Ritter befiel. Und eines Tages schlug das Schicksal unbarmherzig zu: Barbarossa ertrank jämmerlich und recht unspektakulär in einem Flüsschen, wahrscheinlich als er es überqueren wollte. Mit einem Mal waren die Deutschen ihrer Integrations- und Symbolfigur beraubt.

Immerhin gab es noch die tapferen Engländer.

Richard I. Löwenherz, der englische König, machte von sich reden, als er sich in der Folge mit Saladin eine Schlacht nach der anderen lieferte. Bei beiden handelte es sich um Männer, wie sie wohl nur Shakespeare zaubern kann, um echte Helden – voller Brillanz, Scharfsinn und Löwenmut.

Die verschiedenen Kämpfe endeten damit, dass Richard einige Küstenstädte behielt, es Christen und Muslimen erlaubt wurde, unbehindert die Territorien der jeweils anderen Religion zu betreten, und Pilger jetzt sicher und unbelästigt nach Jerusalem reisen konnten – während die Stadt selbst in den Händen der Muslime blieb.

Wenn man so will, handelte es sich um ein Patt.

DER VIERTE KREUZZUG

Der Vierte Kreuzzug (1202–1204) ließ deshalb nicht lange auf sich warten.

Papst Innozenz III. war die treibende Kraft hinter diesem Kreuzzug, außerdem ein gewisser Fulko von Neuilly, ein Priester, der Richard Löwenherz in England persönlich aufsuchte und ihn ermahnte, „seine drei Töchter: Stolz, Habgier und Unkeuschheit von sich zu weisen" und stattdessen noch einmal das Kreuz zu nehmen. Der ebenso tapfere wie geistreiche Richard Löwenherz lachte ihm ins Gesicht und antwortete dem Priester: „Ich vermache sie [= die drei „Töchter"] denen, die sie am meisten verdienen: meinen Stolz den Templern, meine Habgier den Mönchen ..., meine Unkeuschheit den Geistlichen." Ein Kreuzzug schien ihm genug!

Schließlich erklärte sich Venedig nach langem Schachern mit dem Papst bereit, für eine unweltliche Summe noch einmal gegen die „Ungläubigen" mobil zu machen. Gleichzeitig ließ sich Venedig hinter dem

Rücken des Papstes von den Muslimen bestechen, die Kreuzritter von Palästina fernzuhalten – behauptet jedenfalls ein Chronist dieser Zeit.

Wie auch immer die Wahrheit aussieht, fest steht: Venedig spielte falsch.

Als ein weiteres gewaltiges Heer in Richtung Heiliges Land aufbrach, rieben sich die geschäftstüchtigen Venezianer die Hände. Alles lief auf eine üppige Erweiterung ihres Machtbereiches hinaus.

Auf dem Weg ins Heilige Land wurde zunächst Konstantinopel eingenommen, die reichste Stadt der Welt, die doch eigentlich christlich war und die Kreuzfahrer bislang unterstützt und sogar eingelassen hatten. Aber Konstantinopel war ein Konkurrent Venedigs im Handel!

Wie wurde der Überfall auf Konstantinopel gerechtfertigt? Einige gutgläubige Christen empörten sich darüber, dass in Konstantinopel – einer hochchristlichen Stadt! – Muslime ungehindert ihre Moscheen besuchen durften, und zettelten einen Aufstand an. Der Aufstand eskalierte – bis Kreuzfahrer allenthalben mordeten und raubten, plünderten und sengten, wie die ärgsten Barbaren. Konstantinopels Kaiser floh, und der Doge von Venedig sicherte sich eilig drei Achtel der Stadt. Die Kreuzfahrer stahlen Gold, Silber, Kunstwerke, kostbare Bücher, Reliquien, Statuen, Stoffe, Sklaven und Edelsteine. „Nie in der gesamten Geschichte der Welt wurde so reiche Beute gemacht", kommentierte ein Chronist. Venedig war nun die unbestrittene Handelsmacht des gesamten Mittelmeeres. Mit der Ausschaltung Konstantinopels beherrschte Venedig die Handelsrouten und war hier zur Nr. 1 aufgestiegen, nicht zuletzt auch deshalb, weil die wichtigsten Posten im neuen Konstantinopel mit Venezianern besetzt wurden. Die christlich-griechische Kirche, die bislang ihr eigenes Süppchen gekocht hatte, wurde rasch unter die Oberherrschaft des Papstes gestellt, der nur würdevoll nickte, als er von dem tückischen Überfall auf die Stadt hörte.

Die meisten Kreuzfahrer kehrten mit fetter Beute zurück in ihre Heimat.

Ein Häuflein unverbesserlicher Idealisten marschierte weiter bis nach Jerusalem, allerdings ohne einem einzigen Muselmanen ein Haar zu krümmen und ohne das geringste Ergebnis.

DIE WEITEREN KREUZZÜGE

Man könnte noch brav und artig vom Fünften, Sechsten, Siebten und Achten Kreuzzug berichten, aber das brächte wenig neue Erkenntnis. Immerhin dazu noch so viel: Im Jahre 1212 inszenierte ein deutscher Jüngling namens Nikolaus einen Kinderkreuzzug ins Heilige Land. Die meisten, im Durchschnitt zwölf Jahre alten Kinder starben vor Hunger, fielen Wölfen zum Opfer oder endeten in der Sklaverei.

Den Sechsten Kreuzzug führte Friedrich II. – den einzigen intelligenten Kreuzzug, wir haben bereits darüber berichtet.

Der Siebte und der Achte Kreuzzug wurden vom französischen König ausgerichtet, die Ergebnisse waren in beiden Fällen bescheiden. Den Achten Kreuzzug beendete ein Durchfall, der die Kämpen des französischen Königs heimsuchte.

Noch zwei Jahrhunderte lang (!) suchte das Abendland das Morgenland mit weiteren Kreuzzügen heim. Aber die Übermacht der Muslime, die auf heimischen Boden kämpften, entschied jede Schlacht von vornherein. Das Königreich Jerusalem existierte bald nur noch auf dem Papier – bis das Abendland realisierte, dass es die Kreuzzüge endgültig verloren hatte.

DAS RESULTAT

Was hatten die Kreuzzüge gebracht? Die Resultate waren gelinde gesagt bescheiden.

Wallfahrten nach Jerusalem wurden seltener, da die Reise gefährlicher war als je zuvor. Die Muslime zeigten sich den Christen überlegen, auch in vielen kulturellen Aspekten: So gab es zum Beispiel in Europa nach den Kreuzzügen mehr private Aborte und Bäder – mit anderen Worten: Die Hygiene verbesserte sich. Christliche Ärzte lernten von jüdischen und muslimischen Heilern. Viele arabische Begriffe drangen in die verschiedenen europäischen Sprachen ein, die Mathematik erklomm im Abendland ein höheres Niveau, und der Kompass und das Schießpulver hielten im Westen Einzug. Handel und Gewerbe nahmen mit der Zeit einen beträchtlichen Aufschwung. Denn der Kontakt mit der fremden Kultur öffnete die Augen für ihre Vorteile. Gewürze, Früchte, seltene Stoffe (Musselin, Satin, Samt), Parfüme und Edelsteine wurden nach Europa exportiert. Das Blickfeld weitete sich, und das Bankwesen erhielt neue Impulse.

Aber all das wäre natürlich auch ohne die verheerenden Kreuzzüge möglich gewesen. Die Vorteile der Kreuzzüge an sich waren nebensächlich. Und dass der Hass gegenüber den Muslimen teilweise in Bewunderung umschlug, war ein Ergebnis, das von den Initiatoren der Kreuzzüge sicherlich nicht beabsichtigt gewesen war.

Das aber führt uns zu der interessantesten aller Fragen, nämlich der Frage nach den Verantwortlichen für diese unnützen Kriege.

WAS NICHT IN DEN GESCHICHTSBÜCHERN STEHT

Wir haben mit den vorangegangenen Anmerkungen nicht einmal die Hälfte der Wahrheit über die Kreuzzüge gesagt. Grundsätzlich wurden Kreuzzüge bis in unsere Gegenwart hinein romantisiert und völlig falsch dargestellt. Kreuzzüge waren der Stoff, aus dem farbige Abenteuerfilme zusammengebastelt wurden! Hier gab es eine klare Unterscheidung zwischen gut und böse – sehr wichtig für einen guten Film! Man konnte Richard Löwenherz (welch ein dankbarer Name!) mit wehendem Kreuzfahrermantel zeigen, in all seiner Tapferkeit und seinem sagenhaften Mut. Man durfte das Rittertum verklären und Liebesgeschichten zaubern, mit hübschen Sklavinnen, die sich nach dem Helden verzehrten.

Die Wirklichkeit dagegen war sehr viel brutaler. Tatsächlich wurde gemeuchelt und gemordet, dass sich ein Sadist vor Lust winden könnte. Es wurde geraubt, geplündert und gefoltert.

In puncto Wahrheit ist es wichtig, dass all diese falsche Romantik buchstäblich jahrhundertelang den Blick dafür verstellte, dass es hinter

den Kulissen ganz präzise Drahtzieher gab, die diese Kreuzzüge eiskalt, völlig gewissenlos und genau berechnend inszenierten!
Damit wird es nun wirklich spannend.
Die Manipulation begann bereits mit dem hehren Wort „Kreuzzug"!

EINE VERRÄTERISCHE DEFINITION

Spätestens seit Konstantin dem Großen (272/285–337) und erst recht seit Karl dem Großen (748–814) wurden Andersgläubige und Heiden einfach zwangsbekehrt. Das schloss barbarische Abschlachtungen ein, die man heute wahrscheinlich als Völkermord klassifizieren würde; wir haben darauf bereits aufmerksam gemacht. Fest steht: Nahezu das gesamte Mittelalter hindurch scheuten viele Kaiser, Könige und Päpste nicht davor zurück, das Schwert zu ergreifen und damit zu missionieren. Besonders entsetzlich war die Vernichtung vieler Ketzer, Sekten und Andersgläubiger. Sie wurden oft einfach niedergemetzelt, schließlich galt es, den einzig wahren Glauben zu verbreiten.

Aber wer war für diese Untaten in letzter Konsequenz verantwortlich?

Die barbarischen Kreuzzüge verantworteten vor allem vier Päpste:
1. Papst Gregor VII. (1073–1085 auf Petris Stuhl),
2. Papst Urban II. (1088–1099 im Amt),
3. Papst Eugen III. (1145–1153 in Würden) und
4. Papst Innozenz III. (1198–1216 Papst).

Auch Sergius IV. († 1012), Honorius III. († 1227), Gregor X. († 1276), Johannes XXI. († 1277), Nikolaus V. († 1455) und Pius II. († 1464) sollen zumindest erwähnt werden.

Um das Thema nicht unnötig zu verkomplizieren, ignorieren wir die Tatsache, dass der Historiker bereits einige Vor-Kreuzzüge kennt. Und selbstverständlich gab es Kreuzzüge, die von Fürsten und Königen initiiert wurden. Doch als Vater der Kreuzzüge muss zweifellos Papst Urban II. gelten. In gewissem Sinne erfand er sie.

Kreuzzüge konnten ins Heilige Land führen, waren aber auch alle „heiligen Kriege" gegen innere oder äußere Feinde der Christenheit. Als

Feinde galten, und nun wird es brisant, Muslime, heidnische Slawen, Mongolen, Juden, orthodoxe (russische) Christen und Sekten (wie Katharer, Bogomilen oder Hussiten).

Bei den Katharern (griech. = die Reinen) handelte es sich um die größte Sekte im Mittelalter. Um 1143 verbreiteten sie sich vom Balkan aus über Mittel-, West- und Osteuropa und fassten vor allem in Spanien, Italien und Frankreich Fuß. Sie huldigten der Armut, der strengen Askese und der Enthaltsamkeit (von Fleisch und von der Ehe). In einigen Kreuzzügen wurden sie grausamst verfolgt und ausgerottet.

Die mittelalterliche Sekte der Bogomilen (slaw. = die Gottesfreunde) waren in Osteuropa und Kleinasien ansässig. Auch sie wurde bei Kreuzzügen abgeschlachtet.

Die Hussiten waren Anhänger von Johannes Huss, einem böhmischen Reformator, der von ca. 1370 bis 1415 lebte und trotz Zusicherung des freien Geleits von der römischen Kirche als Ketzer verbrannt wurde. Hussiten wurden ebenfalls allerorten bekriegt und niedergemäht; auch die Kriege gegen sie bezeichnete man als Kreuzzüge.

Praktischerweise wurde ab einem gewissen Zeitpunkt so ziemlich alles Kreuzzug genannt, was im Gegensatz zu den Intentionen des Papstes stand.

Die „klassischen" Kreuzzüge führten natürlich ins Heilige Land, nach Jerusalem. Sie standen im Ansehen höher als Kreuzzüge nach Spanien, Afrika, ins Baltikum oder nach Osteuropa oder solche, die gar in Westeuropa ausgefochten wurden.

Die Kreuzritter durften Waffen tragen und sich *milites Christi*, Soldaten Christi, nennen.

Unter diesem Schlagwort wurde in der Folge eine unvorstellbare Bewegung in Szene gesetzt und die entsetzlichsten Gräueltaten gerechtfertigt. Der Trick bestand darin, die Feinde, in unserem Fall die Muslime, zunächst übel zu diffamieren, zu verleumden und ihnen die grauenhaftesten Untaten zu unterstellen. Danach durfte man ihnen mit der Zustimmung Christi die Kehle durchschneiden.

Auf dem Ersten Kreuzzug, der nach Jerusalem führte, wir haben es bereits gehört, kam es zu beispiellosen Massakern. Es wurde geplündert, gemordet und gebrandschatzt, dass es dem Leser noch heute den Atem verschlägt. Das blutrünstige Vorgehen der Kreuzritter löste in der gesamten islamischen Welt Entsetzen aus. Weibliche Gefangene wurden erst vergewaltigt und anschließend ermordet, Kinderkörper wurden zerschmettert und Männer gefoltert. Kein Versprechen, keine Kriegsordnung, kein Kriegsrecht musste eingehalten werden. Man kämpfte ja „nur" gegen die Ungläubigen. Je tiefer man im Blut watete, desto sicherer war der Sitz im Himmelreich.

Nun könnte man fassungslos die Frage stellen: Wie konnte so etwas passieren? Wie konnten Menschen, die sich doch der Tugend der Nächstenliebe verschrieben hatten, so fehlgeleitet werden?

DIE TEUFLISCHEN METHODEN

Sieht man von dem infamen Gregor VII. ab, war die Schlüsselperson für die Kreuzzüge wie gesagt Urban II. Betrachten wir Papst Urban II. deshalb etwas genauer:

Im Jahre 1095 rief Urban II. auf der Synode von Clermont (Südfrankreich) zum Ersten Kreuzzug auf, um den „freien Zugang zu Jerusalem wiederherzustellen", weil hier ja angeblich Jesus gewirkt hatte. Die rund 180 Teilnehmer dieser Synode wurden Zeugen der vielleicht demagogischsten, hetzerischsten Rede, die je im Mittelalter gehalten wurde. Sarazenen wurden als „gottloses Volk" betitelt und als „Hunde", die sich im „Heiligtum" befänden. Natürlich müssten diese Hunde aus Jerusalem vertrieben werden.

Die von Papst Urban II. gehaltene, vielleicht folgenschwerste Rede des gesamten Mittelalters begann folgendermaßen:

„Die Wiege unseres Heils nun, das Vaterland des Herrn, das Mutterland der Religion, hat ein gottloses Volk in seiner Gewalt. Das gottlose Volk der Sarazenen drückt die heiligen Orte, die von den Füßen des Herrn betreten worden sind, schon seit langer Zeit mit seiner Tyrannei und hält die Gläubigen in Knechtschaft und Unterwerfung. Die Hunde sind ins Heiligtum gekommen, und das Allerheiligste ist entweiht. Das Volk, das den wahren Gott verehrt, ist erniedrigt ..."[5]

Wir wollen dem Leser die gesamte Rede ersparen. Sicher ist, dass mit dieser Rede die Kreuzzüge ihren Anfang nahmen.

Der eigene Tod, der im Kampf gegen die Ungläubigen eintreten konnte, wurde in dieser und jeder der vielen folgenden Reden grundsätzlich als etwas Erstrebenswertes dargestellt. Urban II. bemühte ferner eine ganze Reihe von Motivationstechniken, wie man heute sagen würde, um die Menschen zu diesem Kreuzzug (und später zu anderen Kreuzzügen) zu verführen.

Konkret versprach er
- die Aufhebung aller anhängigen Gerichtsverfahren,

- einen Schuldenaufschub,

- Schutz gegen Verfolgung,

- den Erlass aller Sünden, auch Todsünden wie Mord,

- das ewige Seelenheil und das Paradies sowie

- reiche Beute in den eroberten Ländern.

Selbst Rechtsbrecher und Mörder konnten sich also reinwaschen, wenn sie nur das Kreuz nahmen! Leibeigene durften in den Krieg ziehen, Bürger wurden von drückenden Steuern befreit, Schuldnern Zinsen erlassen und Diebe und Mörder befreit sowie Todesurteile in lebenslänglichen Dienst in Palästina umgewandelt.

Hinter vorgehaltener Hand erzählte man sich außerdem wundersame Geschichten über den sagenhaften orientalischen Reichtum. Einige Schwarmgeister fabulierten von dunkelhäutigen Schönheiten, die nur darauf warteten, von starken Kreuzrittern in den Armen gehalten zu werden.

Und so nahmen Hunderttausende das Kreuz.

Regelrecht berühmt wurden die Kreuzzugsablässe. Man sammelte in unvorstellbarem Ausmaß Geld und nochmals Geld für diese Kreuzzüge ein. Durch reichliche Geldzahlungen konnte man sich auch von der Teilnahme an einem Kreuzzug loskaufen und sich trotzdem paradiesische Wonnen sichern. Bestimmte Ablassvergünstigungen ließen sich sogar auf Verstorbene ausweiten. Die Vergebung der Sünden war jedenfalls ein hochprofitables Geschäft.

„*Deus vult*", schrie man, „*Deus le volt*!" oder „Gott will es". Mit dieser Parole wurden gutgläubige Christen förmlich hypnotisiert und zu Mördern gemacht. Urban II. setzte das Volk in Trance und peitschte es zum sogenannten Ersten Kreuzzug auf.

Christus befiehlt! Die Kreuzzugshysterie erreichte nie gekannte Ausmaße. Gemeine wie Edle schlossen sich den Zügen an. Deutsche, französische, flämische und lothringische Ritter verließen Weib und Kind und ritten los. Und selbst Frauen ergriffen das Kreuz. Es gab sogar eigene Bauern- und Kinderkreuzzüge, wie wir bereits gehört haben. Ganze Familien hefteten sich das Kreuz auf die Schulter, auf Brust oder Rücken und zogen mit Kind und Kegel, mit Ochsenkarren, hölzernen Schwertern und Sicheln los, um die „Ungläubigen" aus dem Heiligen Land zu verjagen.

Bereits auf dem Weg nach Jerusalem wurde in unvorstellbarem Ausmaß getötet und gemordet – unter anderem in Reims, Verdun, Metz, Mainz, Trier, Köln und Prag. Die Großverbrechen waren scheinbar alle gottgefällig. Besonders gern metzelte man Juden hin. In Serbien, Ungarn und Griechenland wurde weiter geplündert und gemordet.

Fanatische Prediger halfen Urban II. mehr und mehr, „Pilger" ins Heilige Land zu verfrachten, wie beispielsweise der Asket Peter aus Amiens.

Dabei erreichte nur ein verschwindend kleiner Teil überhaupt Byzanz, ein noch kleinerer Teil Jerusalem; wir haben auch hierüber bereits berichtet.

Am Ende des Ersten Kreuzuges wurde die „Stadt des Friedens" (= die wörtliche Bedeutung des Wortes „Jerusalem") wochenlang belagert. Als sie schließlich eingenommen wurde, floss das Blut erneut in Strömen.

Was hatte Urban II., der Drahtzieher hinter den Kulissen, von all dem? Welches Resultat hatte der Erste Kreuzzug, dieses grausame Schauermärchen?

Die Kreuzzüge, so spätere Schätzungen, kosteten insgesamt über eine Million Menschen das Leben, zu denen Juden, Christen und Muselmanen zählten, Männer, Frauen und Kinder.

Urban II., den man heute vielleicht wegen Volksverhetzung ins Gefängnis sperren würde, starb zwei Wochen nach der Einnahme Jerusalems. Die „Krönung" seines Lebenswerkes durch die Kreuzritter, die Gründung des Königsreichs Jerusalem, erlebte er nicht mehr.

Aber dieser Papst, der sich auch Statthalter Christi auf Erden nannte, Nachfolger der Apostelfürsten, Pontifex Maximus der Weltkirche, geistiger Vater des Abendlands und Heiliger Vater aller Kreuzritter, lebte in gewisser Weise weiter. Denn er erhielt einen Platz in der Kirchengeschichte: Als Dank für sein Wirken wurde er am 14. Juli 1881 von der „allein seligmachenden Kirche" offiziell in den „Kanon der Seligen" aufgenommen.

WAS GERNE VERSCHWIEGEN WIRD

Graben wir noch ein wenig tiefer. Hinter den Päpsten standen oft Prediger, Priester oder Äbte, die ihrerseits die Päpste in Bewegung setzten oder zumindest wortgewaltig unterstützten.

Hinter Urban II. beispielsweise stand ein Kloster, dessen wirkliche Bedeutung wahrscheinlich nie richtig erfasst worden ist, ein Kloster mit gewaltigem Einfluss. Das Kloster Cluny – in Burgund (= Bourgogne) gelegen, also im Zentrum des heutigen Frankreich, mit Dijon als Regionalhauptstadt – war damals ein Ort christlicher Vordenker. Hier wurde hohe Politik gemacht, hier wurden hochfliegende Pläne geschmiedet, die manchmal die Zukunft der gesamten Christenheit betrafen.

Papst Urban II. war Abt dieses hochberühmten Benediktinerklosters Cluny, das Anfang des 10. Jahrhunderts zum Ausgangspunkt einer gewaltigen Kirchenreform wurde. Cluny war eine Hochburg der Geistlichkeit, seine Äbte berieten Kaiser, Könige, Fürsten und Päpste, ja aus ihren Reihen kam mitunter sogar der Papst – man muss sich diesen Einfluss vor Augen halten!

Das Kloster war mächtig und reich, hier wurden viele Messen gekauft, um begüterten Christen das Seelenheil zu garantieren. Cluny war unter anderem zuständig für das Pilgerwesen. Bestimmt liegen hier die Wurzeln für die Manie Urbans II., möglichst viele Soldaten Christi nach Jerusalem (und in den Tod) zu schicken.

Cluny war bekannt für seine prunkvollen Prozessionen und sein kostbares Altargerät, die Prachtentfaltung war für ein Kloster ungewöhnlich. Auf der anderen Seite wurde die Kommunikation der Mönche untereinander eingeschränkt, sprechen war verboten! Zur

Verständigung diente ein eigener Zeichencode. Die Mönche kannten allein 22 verschiedenen Fingerstellungen, um Kleidungsstücke zu bezeichnen, und 35 für Nahrung; selbst verschiedene Brotsorten konnten mit diesem Zeichencode deklariert werden.

Und in dieser hochgeistigen Atmosphäre wurde Urban II. groß!

Bemerkenswerterweise gelangte nicht nur Urban durch dieses Kloster zu Ruhm und Ehre – und in hohe und höchste Positionen. Später wurde hier ein weiterer Abt unendlich mächtig – sein Einfluss erstreckte sich tatsächlich auf die gesamte Christenheit. Wir sprechen von Bernhard von Clairvaux (geb. 1090), der im Grunde genommen hinter dem Zweiten Kreuzzug steckte.

Das Kloster war offenbar so etwas wie eine Kaderschmiede für Kreuzzüge und für militante christliche Unternehmungen.

Dieser Abt, der „heilige Bernhard", war der Protektor des berüchtigten Templerordens – eines, wiederholen wir es, militanten Ordens, der zeitweilig zu unvorstellbarer Macht aufstieg. Die Templer, ursprünglich geistliche Führer, mutierten zu ausgebildeten Soldaten und wurden dabei steinreich.

Bernhard von Clairvaux gewann Könige und Fürsten für einen weiteren Kreuzzug. Er entfaltete eine unvorstellbare Aktivität und übertraf mit seinen Hetzreden sogar noch Urban II. Friedrich Schiller nannte ihn einen „geistlichen Schuft". So viel stimmt immerhin, dass seine protektionierten Templer durch Kriege, Raub und Schenkungen so viele Schätze zusammenrafften, dass sie selbst für Könige eine Gefahr darstellten. Bernhard von Clairvaux empfahl seinen Templern, „mit dem Schwert zuzustoßen", wenn es um die Verbreitung des Glaubens und den Schutz der Pilger ging, die auf dem Weg nach Jerusalem waren. Selbst das Ökumenische Heiligenlexikon, das gewiss nicht im Verdacht stehen kann, christenfeindlich zu sein, zitiert den später heiliggesprochenen Bernhard von Clairvaux mit den Worten: „Ein Ritter Christi tötet mit gutem Gewissen; noch ruhiger stirbt er. Wenn er stirbt, nützt er sich selber; wenn er tötet, nützt er Christus."

Diese religiös motivierte Militärkaste hatte also ihren Ausgangs- und Mittelpunkt im Kloster Cluny. Sie führte Aggressionskriege und erklärte Raub und Mord zu einer guten Tat. Hinter ihr stand wie gesagt der fanatisierte Bernhard von Clairvaux, das „religiöse Genie", wie es die Kirche sah, gleichzeitig „Mönch, Heiliger und Mystiker", der von Land zu Land reiste und halb Europa in den Zweiten Kreuzzug trieb – alles mit seiner „honigsüßen Beredsamkeit". Erneut können wir also eine Persönlichkeit exakt identifizieren.

Man kann für jeden einzelnen Kreuzzug eine Person ausmachen, die letztlich dafür verantwortlich zeichnete.

Für den Dritten Kreuzzug war ein Erzbischof verantwortlich, der Friedrich I. Barbarossa aufhetzte: der Erzbischof von Tyrus (auch Tyros oder Sur genannt), einer Stadt im heutigen südlichen Libanon.

Der Vierte Kreuzzug ist auf Papst Innozenz III. zurückzuführen sowie auf den fanatischen Prediger Fulko von Neuilly.

Und so können wir immer weiter die Geschichte durchforschen, wir werden dabei immer wieder auf Einzelpersönlichkeiten stoßen.

Deshalb wollen wir den springenden Punkt noch einmal wiederholen:

Man kann für jeden einzelnen Kreuzzug eine Person ausmachen, die letztlich für ihn verantwortlich zeichnete.

Diese Einzelpersönlichkeiten bedienten sich der infamsten Methoden, wie wir bereits gehört haben, um Menschen in den Krieg zu hetzen. Sie benutzten das Christentum selbst, eine Religion der Liebe und des Friedens, um Könige und Bauern, Adlige und Bürger, Kaufleute und Gauner in den Krieg zu treiben.

Was aber bedeutet das?

DIE DESTRUKTIVE PERSÖNLICHKEIT IN DER GESCHICHTE

Die grundlegenden Absichten der christlichen Urkirche, die darin bestanden, seine Mitmenschen zu lieben, Frieden herbeizuführen und Frieden zu halten, wurden vollständig pervertiert. Und so gelangen wir zu einer wichtigen Erkenntnis:

Eine in ihren Ursprüngen friedfertige Religion kann in ihr völliges Gegenteil verwandelt werden, sobald sich destruktive Persönlichkeiten an ihre Spitze setzen.

Damit kann letztlich keine Gruppierung für die Gräuel der Kreuzzüge verantwortlich gemacht werden; man muss auf konkrete Gestalten
verweisen! Destruktive Einzelpersönlichkeiten bedienten sich lediglich
einer machtvollen Gruppierung, um sie in eine völlig falsche Richtung
zu lenken.

Ja, Cluny war die Brutstätte für die Kreuzzüge, wenigstens zwei der
wichtigsten Kreuzzugs-Hetzer stammten aus diesem geheimnisvollen
Kloster. Aber dennoch waren es Einzelpersönlichkeiten, die die Kreuzzüge verantworteten.

Genau identifizierbare Persönlichkeiten zeichnen für all diese Gräueltaten verantwortlich.

**Nichts geschieht zufällig in der Geschichte, nichts geschieht, ohne
dass es konkrete Verursacher gibt.**

Wenn es aber destruktive Persönlichkeiten gibt, die den Lauf der
Geschichte derart negativ beeinflussen und ein Land in ein Meer von
Blut tauchen können, dann müssen wir die Fähigkeit entwickeln, solche Persönlichkeiten anhand bestimmter Merkmale frühzeitig zu identifizieren, möglichst schon im Vorfeld!

Ist so etwas möglich?

Unser Meinung nach: Ja!

Die weitere Geschichte Deutschlands wird beweisen, dass es 14
Merkmale gibt, die destruktive Persönlichkeiten im politischen Raum
kennzeichnen, immer und ausnahmslos.

Um diese Merkmale hieb- und stichfest zu machen, müssen wir
zunächst noch weiteres Material zusammentragen, was die Geschichte Deutschlands, was unsere Geschichte betrifft. Wir brauchen noch
mehr „Fleisch". Auf einmal ist nichts spannender, nichts lehrreicher
und nichts wichtiger, als Geschichte zu studieren.

Fahren wir fort!

8. DAS MÄCHTIGSTE ADELSGESCHLECHT DER WELT

Kehren wir von den Kreuzzügen zurück in unser schönes Deutschland.

Hier waren die Karten inzwischen neu gemischt worden. Wie nicht anders zu erwarten entstand nach dem Tod des letzten Staufers in unseren Landen ein beträchtliches Machtvakuum, das später durch ein neues Adelsgeschlecht ausgefüllt werden sollte, wie es die Welt noch nicht gesehen hatte.

Aber zunächst herrschte in Deutschland finsterstes Mittelalter. Niemand wollte die Kaiserkrone, die vom Papst so tief in den Dreck getreten worden war, aufheben und sich aufs Haupt setzen.

Die mächtigsten Personen in unseren Landen waren die sieben Kurfürsten – die Erzbischöfe von (1) Köln, (2) Mainz und (3) Trier, (4) der König von Böhmen, (5) der Pfalzgraf bei Rhein, (6) der Markgraf von Brandenburg und (7) der Herzog von Sachsen. Diese sieben Kurfürsten (von *küren* = wählen) waren für die Wahl des neuen Kaisers verantwortlich. Aber einerseits konnten sie sich auf keinen Namen einigen und andererseits waren sie in Wahrheit auch nicht so brennend an einem neuen allmächtigen Monarchen interessiert, da der aller Wahrscheinlichkeit nach ihren eigenen Einfluss wieder beschneiden würde.

Und so schlitterte Deutschland in eine kaiserlose Zeit, die von 1254 bis 1273 währte. Dem Land bekam diese Zeit nicht gut: Raubritter überfielen Reisende und Händler, ja ganze Städte wurde von Banden überfallen, weder Leben noch Eigentum wurden geachtet. Der Ruf nach Ordnung wurde immer lauter, Deutschland verlangte nach Recht und Gesetz, selbst wenn es auf Kosten einer gewissen Freiheit gehen sollte. Schließlich trafen sich die sieben Kurfürsten im Jahre 1273 in Frankfurt, um dieser Zeit des Faustrechts ein Ende zu setzen.

Die *Goldene Bulle* aus dem Jahre 1356 hielt endgültig fest, dass allein den sieben Kurfürsten das Wahlrecht zustand. Dabei galt das Mehrheitsprinzip – Einstimmigkeit war nicht vonnöten. Außerdem erhielt der König nun automatisch den Kaisertitel, der Zug nach Rom und die Bestätigung durch den Papst war überflüssig.

Die *Goldene Bulle*? Hierbei handelte es sich um ein Dokument oder eine Urkunde mit einem goldenen Siegel (Silberbullen waren selten), die die Rechtlichkeit der Vereinbarung bestätigte. Der Begriff „Bulle" (= Urkunde) leitet sich von dem lateinischen Wort *bulla* her und bedeutete ursprünglich Kapsel, in der das Siegel aufbewahrt wurde.

Die *Goldene Bulle* aus dem Jahre 1356 blieb bis zum Zerfall des Heiligen Römischen Reiches Deutscher Nation (1806) in Kraft und war das wohl wichtigste Gesetz, das es gab. Es hielt fest, wer die Macht und Deutschland vergeben durfte.

Aber zurück zu den sieben Kurfürsten: Sie mussten einen neuen Kaiser wählen. König Ottokar II. von Böhmen, einer der sieben Kurfürsten, bot sich an und liebäugelte damit, sich selbst die Krone aufs Haupt zu drücken. Doch er war den anderen Kurfürsten ohnehin schon zu mächtig. Man zog einen vermeintlich schwachen Grafen vor, einen gewissen Rudolf von Habsburg.

Noch nie hatte sich ein Wahlgremium in seiner Einschätzung so getäuscht!

DIE HABSBURGER

Die Habsburger waren ein europäisches Adelsgeschlecht, das seinen Namen von der Habsburg herleitete, ihrer Stammburg in der Schweiz, die manchmal auch Habichtsburg genannt wurde.

Rudolf I. von Habsburg (1218–1291) war anfänglich tatsächlich nichts anderes als ein unbedeutendes Gräflein, aber als er zum Kaiser erhoben wurde, änderte sich das mit einem Schlag. Die Anlagen des Habsburgers waren gut: Rudolf besaß ein hohes Gerechtigkeitsempfinden, er war mutig, zielstrebig, mit schneidendem Verstand begabt – und hielt die Augen offen. Sein Anspruch an sich selbst: „Ich bin nicht König geworden, um mich einzuschließen. Meine Augen sollen alles sehen und meine Ohren alles hören, was im Lande vor sich geht."

Als Erstes setzte er dem Raubrittertum ein Ende. Um ganze Arbeit zu leisten, ließ er viele Raubritter einen Kopf kürzer machen und zerstörte ihre Burgen.

Danach erließ er ein Gesetz über den Landfrieden. Jeder Geschädigte konnte nun vor einem Richter Klage erheben und Schadensersatz einfordern. Der Landfrieden gewährleistete, dass im Falle von Unrecht der Rückgriff auf private Gewalt unnötig wurde. Verstöße gegen den Landfrieden wurden mit harten Strafen geahndet. Gebäude, Sachgüter und Wege (wie Kirchen, Wohnhäuser, Mühlen, Ackergeräte, Brücken oder Reichsstraßen) wurden genauso unter Schutz gestellt wie Personen (Geistliche, Pilger, Kaufleute, Frauen, Bauern, Jäger und Fischer). Ein ganz neues Niveau von Recht und Gesetz hielt mit diesem Landfrieden Einzug. Die Bevölkerung atmete auf, und die adligen Nichtsnutze duckten sich weg.

Nur einer stand knurrend in der Ecke und fletschte die Zähne: Ottokar II., der König von Böhmen. Er konnte es nicht verwinden, dass man ihn bei der Wahl zum Kaiser einfach übergangen hatte.

DER MACHTKAMPF

Ottokar begehrte zum ersten Mal auf, als der Habsburger befahl, unrechtmäßig angeeignete Reichsgüter wieder an das Reich zurückzuführen, wie es mit den anderen Kurfürsten vereinbart worden war. Recht sollte Recht bleiben, auch vergangenes Unrecht durfte nicht toleriert werden. Auch Ottokar II. wurde aufgefordert, einige Reichsgüter zurückzugeben.

Rudolf versuchte zunächst ganz offiziell, auf einem Hoftag, Ottokar zu belehren, aber der böhmische König weigerte sich hartnäckig. Also schlug Rudolf, der Habsburger, zu: Auf einem zweiten Hoftag wurden Ottokar alle Reichslehen und die österreichischen Länder aberkannt; außerdem wurde über den böhmischen König die Reichsacht verhängt. Ottokar schien das nicht weiter zu stören. Seine Hausmacht war ungleich größer als die des kleinen Grafen. Sollte der Habsburger doch mit ein paar Papieren herumwedeln und alles Mögliche behaupten! Wen scherte das?

Nun schlug Rudolf von Habsburg noch härter zu. Der Kaiser schloss ein Bündnis mit den sechs Kurfürsten und dem König von Ungarn, das direkt vor der Haustür Ottokars lag. Dann marschierte er gegen Wien. Erstmalig erkannte Ottokar, dass er es mit einem gleichrangigen, vielleicht sogar überlegenen Gegenspieler zu tun hatte. Er trat die Flucht nach vorn an, verzichtete eilig auf gewisse Ansprüche, unter anderem in Österreich, und erkannte Rudolf nun hochoffiziell als Monarchen an. Aber es handelte sich bloß um eine Finte: Der böhmische König spielte auf Zeit.

Und so prallten die beiden Kontrahenten schließlich erneut aufeinander. Die Entscheidungsschlacht gewann Rudolf, indem er erst am Ende sorgfältig versteckt gehaltene Reservetruppen einsetzte. Ottokar bezahlte die Fehleinschätzung seines Kontrahenten mit dem Leben; er starb nach der verlorenen Schlacht auf der Flucht.

Rudolf der Habsburger aber witterte Morgenluft.

DER UNAUFHALTSAME AUFSTIEG

Nachdem Ottokars Reichsgüter an das Reich zurückgefallen waren, belehnte Rudolf I. mit dem Einverständnis der Kurfürsten seine Söhne mit Österreich, der Steiermark, mit Kärnten und mit der Krain – also mit österreichischen und böhmischen Ländern. Damit ging ein unvorstellbarer Machtzuwachs einher. Die Grundlage der Herrschaft der Habsburger war geschaffen!

Ferner betrieb Rudolf eine raffinierte Heiratspolitik, wie sie auch in den folgenden Jahrhunderten von keinem Hause vergleichbar in Szene gesetzt wurde. Rudolf verheiratete seine sechs Töchter so geschickt, dass er plötzlich über die interessantesten Beziehungen verfügte. Als Kaiser des Reiches stand es ihm außerdem zu, neue Lehen zu vergeben. So wuchs das Geschlecht der Habsburger innerhalb von zwei Jahrzehnten zu der mächtigsten Adelsfamilie Europas heran.

Greifen wir ein wenig vor: Im auslaufenden 15. Jahrhundert kam die Dynastie in den Besitz des Herzogtums Burgund – und schließlich sogar in den Besitz der Kronen Spaniens, Böhmens, Kroatiens und Ungarns!

Im 16. und 17. Jahrhundert herrschten Habsburger über das schier allmächtige Königreich Spanien, über Portugal und riesige überseeische Besitzungen in Amerika, Afrika und Asien – ein Reich, das weitaus größer als das gesamte Römische Reich auf der Höhe seiner Macht war, ein Reich, „in dem die Sonne nie unterging". Nebenlinien der Dynastie regierten in Teilen Italiens und zeitweilig sogar in Mexiko.

Mit nur zwei Ausnahmen stellten die Habsburger ab Rudolf I. in der Folge alle Kaiser des Heiligen Römischen Reiches bis zum Jahre 1806. Und selbst danach war der Traum noch nicht ganz ausgeträumt.

1740 starb zwar die männliche österreichische Habsburger-Linie aus, aber die Erbtochter Maria Theresia wurde mit Franz Stephan von Lothringen verheiratet, die Dynastie nannte sich jetzt Habsburg-Lothringen. Unter der geschickten Maria Theresia blühte Österreich auf wie nie zuvor. Sie hievte ihre Kinder mit Umsicht auf verschiedene europäische Throne. Der letzte deutsch-römische Kaiser, Franz II., begründete 1804 das erbliche Kaisertum Österreich, das bis 1918 bestand. Das Kaisertum in Österreich war also bis ins 19. und 20. Jahrhundert hinein noch habsburgisch! Mit anderen Worten: Als es längst schon keine Kurfürsten mehr gab, regierten die Nachkommen des armen Grafen Rudolfs von Habsburg noch immer.

9. DEUTSCHLAND IM SPÄTMITTELALTER ODER DIE NEUDEFINITION VON MACHT

Es ist müßig, all die folgenden deutschen Kaiser (meist Habsburger) und Päpste (meist Italiener) namentlich aufzuzählen und das Gerangel um die Macht weiterzuverfolgen, nicht zuletzt auch deshalb, weil die Musik auf einmal an ganz anderen Orten spielte.

Wir haben „vergessen" zu erwähnen, dass in Deutschland auch auf anderen Gebieten ein enormer Fortschritt stattfand: Neue Ideen und eine neue Kultur begannen unser Land zu verändern – und zwar in einem solchen Ausmaß, dass es die alten Gewalten zeitweise fast an den Rand drängte.

Geschichte ist immer auch die Geschichte der Wirtschaft, der Kaufleute, der Handwerker, der Erfinder, der Schriftsteller, der Maler, Bildhauer, Architekten und Musiker, der begnadeten Techniker und Ingenieure, der Wissenschaftler und des kleinen und großen Mannes. Wer Geschichte auf eine Geschichte der Kaiser, Könige und „großen Politiker" reduziert, verkennt ihren Kern.

Tragen wir deshalb einige wichtige Entwicklungen nach.

Schon im 11. Jahrhundert hatten hochbegabte Baumeister und Architekten die Dome von Worms und Speyer im romanischen Stil erbaut, in dem verkürzt gesprochen auch römische Bauelemente mit eingeflossen waren.

Im 13. Jahrhundert begann man in Freiburg und Köln Dome bis schier in den Himmel hinein zu errichten, jetzt jedoch im gotischen Stil. Der gotische Stil im Kirchenbau zeichnete sich aus durch einen Langbau, Rippengewölbe, aufgebrochene, hohe Wände mit großen Fenstern, der Betonung der Vertikalen (die Gebäude schienen schier nach oben zu stürzen!), schlanke Pfeiler und geometrische Formen wie den Kreis und den Bogen, um nur einige wenige Stilelemente zu nennen. Der Ausdruck gotischer Stil ist irreführend, denn er nimmt vom Wort her Bezug auf die Goten – jenem alten, längst vergessenen germanischen Volksstamm –, während in Wahrheit die christliche Ideenwelt mit vielen Symbolen dargestellt wurde. Aber ein vorwitziger Italiener, der die scheinbar barbarische deutsche Bauweise abqualifizieren wollte, prägte diesen Ausdruck – und er ist bis heute haften geblieben.

Unerwähnt bleiben dürfen auch nicht der große Dom von Bamberg, der einen Übergangsstil zeigt, sowie der Dom von Naumburg.

Es entstanden Bauwerke von einer Kunstfertigkeit und Pracht, wie man sie zuvor praktisch nicht gekannt hatte. Deutsche Baumeister zählten zu den besten Architekten der Welt.

In dieser Zeit nahmen in Deutschland auch das Kunsthandwerk und die Kunst einen enormen Aufschwung. Gold- und Silberschmiede, Holzschnitzer, Steinmetze, Erzgießer, Buchmaler, Maler und Bildhauer machten auf einmal auf sich aufmerksam. Tatsächlich erlebte die Skulptur eine nie da gewesene Blüte. Tilman Riemenschneider (ca. 1460–1531) machte von sich reden und viele andere mehr. Der Erzgießer Peter Vischer (1460–1529) schuf ein Kunstwerk nach dem anderen, und Hans Holbein (1465–1524) legte seine atemberaubenden Entwürfe für farbige Glasfenster vor. Aber nicht nur Kirchen und Schlösser wurden mit Kunst nahezu überschüttet, selbst in gut situierten Bürgerhäusern zog der Kunstsinn ein. Fackelhalter, Kerzenhalter, Kannen, Schüsseln, Schlösser, Esslöffel, Teppiche, Wandbehänge und sogar Kleider gerieten zu kleinen Kunstwerken.

Die wohnlichsten Häuser in ganz Europa besaßen um 1500 die Deutschen: Glasfenster, Geländer, massive Treppen, tapezierte Wände, gediegene Möbel, Polstersitze, geschnitzte Truhen und Schränke, Himmelbetten, Teppiche, beeindruckende Kachelöfen …, all das gab es bereits um diese Zeit.

In der Malerei herrschten zwar noch immer weitgehend religiöse Motive vor, aber auch die Porträtmalerei fasste Fuß sowie andere weltliche Darstellungen.

Einen nicht geringen Anteil daran hatte der größte aller Künstler dieser Epoche: Albrecht Dürer.

ALBRECHT DÜRER

Noch heute wird der Nürnberger Albrecht Dürer (1471–1528) von vielen Deutschen als größter Maler aller Zeiten gefeiert. Dürers Vater war Goldschmied zu Nürnberg, Albrecht Dürer selbst das dritte von 18 Kindern. Schon in der väterlichen Werkstatt lernte das Genie, mit Feder und Kohle, Stichel und Stift umzugehen. Sein wahres Geheimnis bestand vielleicht darin, dass er sich zum genauesten Beobachten erzog – nicht anders als Leonardo da Vinci, der die Beobachtung zur Mutter aller Fähigkeiten erhoben und kultiviert hatte wie kein Zweiter. Jedes noch so kleine Detail wurde genauestens dargestellt – selbst auf seinen Kupferstichen, die schon zu Lebzeiten auf eine enorme Resonanz stießen.

Albrecht Dürer fuhr mehrmals nach Italien, um von anderen großen Meistern zu lernen, und bereiste auch andere Länder, um sich inspirieren zu lassen. Wie Leonardo zeichnete er praktisch alles, was ihm vor die Augen kam: Wasser und Berge, Gräser und Flüsse, jedes Zipfelchen Natur – Pferde und Hunde, Hasen und Schweine, ein ganzer Zoo bevölkerte seine Fantasie, schließlich hässliche und schöne Menschen, Bauern und Aristokraten, Handelsherren und den Kaiser, nichts war vor seinem Pinsel sicher.

Immer betonte er die genaue Wiedergabe der Wirklichkeit, die ihm über alles ging. Trotzdem ist immer wieder auch ein Hang zur Karikatur festzustellen. Seine Kupferstiche, dank derer er Drucke anfertigen und seinen Geldbeutel füllen konnte, fanden in ganz Europa reißenden Absatz.

Insgesamt fertigte Dürer während seines schaffensreichen Lebens über tausend Zeichnungen, rund 250 Holzschnitte und etwa hundert Kupferstiche an. Im Jahre 1515 setzte ihm der Kaiser eine Rente aus, denn war er längst hochgeehrt und wurde in ganz Europa bewundert. Doch als er sich auf einer seiner Reisen mit Malaria infizierte, waren seine Tage gezählt. Mit 57 starb der Maler. Sein bester Freund verfasste diese Grabinschrift für ihn: QUICQUID ALBERTI DURERI MORTALE FUIT SUB HOC CONDITUR TUMULO –„Was sterblich war an Albrecht Dürer, liegt unter diesem Hügel."

DIE ENTDECKUNG DER WISSENSCHAFT

Vielleicht kann man das Spätmittelalter sogar dafür verantwortlich machen, die Wissenschaften erfunden zu haben, oder genauer gesagt das methodische Vorgehen, gepaart mit der Kunst der Beobachtung und manchmal sogar schon der exakten mathematischen Darstellung. Denn nicht nur Dürer war ein anerkannter mathematischer Kopf, sondern auch Kopernikus oder Gutenberg.

Nikolaus Kopernikus (1473–1543) stellte nur durch genaue Beobachtung fest, dass sich die Planeten auf Kreisbahnen um die Sonne drehen – und infolgedessen die Erde nicht im Mittelpunkt des Alls steht. Diese Theorie war eine regelrechte Revolution, mit der in gewissem Sinne die Bibel widerlegt wurde, weshalb sich dagegen später auch so heftiger Widerstand unter den Priestern regte. Kopernikus allerdings war klug genug, seine Entdeckungen erst nach seinem Tode veröffentlichen zu lassen.

Der Mainzer Johannes Gensfleisch, genannt Gutenberg (ca. 1400–1468) wiederum erfand in dieser Zeit den Buchdruck mit beweglichen Metall-Lettern. In China kannte man diese Methode bereits, aber sie war nie bis nach Europa gedrungen. Die Verwendung von beweglichen Lettern revolutionierte die Welt, denn nun konnten auf einmal alle Menschen Bücher lesen – man war nicht mehr auf ein paar hohe Herren oder Geistliche angewiesen.

Nichts hat unsere Kultur so sehr verändert wie die Erfindung der Schrift und die Erfindung des Buchdruckes. Wissen und Informationen wurden mit einem Mal allen zugänglich. Bücher mussten nicht mehr mühsam per Hand abgeschrieben werden und waren unerschwinglich.

Der Buchdruck mit beweglichen Lettern löste eine Informations-Revolution aus. Jetzt konnten Autoren, Schriftsteller und Gelehrte ihre Bücher drucken lassen und auf eine weite Verbreitung hoffen, plötzlich konnte sogar die Bibel von allen gelesen werden.

Viele Naturbeobachtungen fanden dadurch ebenfalls Eingang ins Allgemeinwissen. Als im 16. Jahrhundert Christopher Kolumbus (1451–1506) Amerika entdeckte und ein Jahrhundert später Johannes Kepler (1571–1630) sowie Galileo Galilei (1564–1642) weitere erstaunliche astronomische, mathematische und physikalische Tatsachen zutage förderten, war es mit dem Mittelalter endgültig vorbei.

Hinzu kam, dass es schon zuvor beträchtliche Machtverschiebungen gegeben hatte. Neue Kräfte waren auf den Plan getreten, die das überlieferte System mit Kaiser, sieben Kurfürsten, Herzögen, Grafen, Bischöfen und Äbten gründlich durcheinanderwirbelten.

DIE NEUEN MÄCHTE

Tatsächlich blieb nach einer Weile kein Stein mehr auf dem anderen.

Die Zeit der Lehen war endgültig vorbei. Seit Karl dem Großen hatten die Kaiser die Kriegsdienste ihrer treuen Mannen mit Lehen entlohnt. Darunter verstand man königlichen Grund und Boden, der den Getreuen anfänglich nur „verliehen" wurde, bevor er erblich wurde. Die großen Lehnsherren „verliehen" ihrerseits Teile davon, kleinere Lehen, an ihre Dienstmannen, an Grafen, Ritter und so weiter. Wer keinen Adelstitel führte, galt sieben Jahrhunderte lang nichts. Besonders die Bauern wurden unterdrückt und in erbärmlicher Abhängigkeit gehalten.

Nun schlug eine neue Stunde.

Innerhalb der Kirche hatte sich zuvor eine Art zweite Macht etabliert, zu der nicht nur der Papst und die Bischöfe, sondern auch die verschiedenen Orden und Bruderschaften gehörten.

Einige dieser Orden waren entstanden, als die europäischen Heere im Heiligen Land einfielen. Verschiedene Bruderschaften, wir haben bereits darüber berichtet, wurden mit der Zeit steinreich. Zu ihnen zählten der Johanniterorden und der Templerorden – aus dem sich später angeblich die Freimaurer entwickelten, was geschichtlich nie zufriedenstellend geklärt wurde. Der *Ordo Theutonicorum* dagegen war ein lupenrein deutscher Orden, der nach den Kreuzzügen bis ins 15. Jahrhundert hinein eine wichtige politische Rolle in Nordosteuropa spielte, in Polen etwa und dem späteren Preußen. Benediktiner und Dominikaner, Franziskaner und Augustiner wetteiferten darum, möglichst viele Mönche und Nonnen zu einem heiligmäßigen Leben zu bekehren.

Aber spätestens im 12. Jahrhundert begannen auch die reichen Kaufleute nach der Macht zu greifen. In Köln etwa machten sie dem dortigen Erzbischof das Leben schwer und verlangten nach konkreter politischer Einflussnahme. Im 13. Jahrhundert kam es zu regelrechten Kämpfen zwischen diesen Kaufleuten und dem Erzbischof, bis dieser klein beigab. Jetzt regierten die großen Händlerfamilien die Stadt Köln – eine Entwicklung und ein Trend, der auch in anderen Städten um sich griff.

Schließlich schlug die Stunde der Zünfte. Zünfte (das Wort bedeutete ursprünglich „sich zusammenfügen", der Begriff „ziemen" ist darin ebenfalls enthalten) waren die Zusammenschlüsse von Handwerkern zu einem Verband, der sich von den reichen Handelsherren nicht mehr alles vorschreiben ließ. Mit anderen Worten: Kaufleute und Handwerker hielten jetzt das Zepter in der Hand.

Die Handelsherren, die sich auf den internationalen Handel verlegten, waren die ganz großen Gewinner in dieser Umbruchzeit. Und in diesem Zusammenhang fand ein hochinteressantes politisches Experiment statt, das wir uns einmal genauer ansehen wollen.

EINE NEUE KAUFMANNSMACHT: DIE HANSE

Die Hanse war ursprünglich ein Zusammenschluss von Kaufleuten in Norddeutschland. Zwar förmlich erst im Jahre 1356 gegründet, kooperierten doch schon vorher Kaufleute aus Köln und Lübeck mit sächsischen, preußischen, englischen und niederländischen Städten. Es handelte sich um eine Gemeinschaft von Händlern, die sich zu gemeinsamer Verteidigung und Förderung ihrer Interessen zusammengeschlossen hatten. Die Hanse bestand anfänglich aus mutigen, unternehmungslustigen Kaufleuten, die manchmal mehr Abenteurer, Forscher und Gelehrte waren als Händler. Sie reisten über weite, ja bisweilen ungeheuer weite Strecken, schlugen sich mit fremden Sprachen herum, kauften Waren ein, wo sie billig waren, und verkauften sie andernorts teuer – die älteste kaufmännische Erfolgsformel der Welt.

Aber noch einmal zurück zum Wort „Hanse". Der Begriff bedeutete wörtlich Kaufmannsgilde oder Genossenschaft. Hansa in früheren Jahrhunderten bezeichnete eine Kriegsschar oder ein Gefolge. Seit dem 13. Jahrhundert trat das Wort „Hanse" das erste Mal in unserem Sinne auf. Im Jahre 1282 findet man in einer alten Schrift die *mercatores de hansa Alemanie* erwähnt, die „Kaufleute der Genossenschaft der Alemanen". Andere Quellen bezeichneten diese Kaufleute auch als *esterlinges, oosterlinges, Sterlings, Ostelins* oder *Austrelins* – also als „Ostlinge", als Menschen, die aus dem Osten stammten.

Rund 70 große und etwa 130 kleine Städte schlossen sich schließlich zu einer Handelsorganisation von Kaufleuten und Fernkaufleuten zusammen. Sie verfügten nach einiger Zeit über beträchtliche Macht, da sie Geld im Überfluss verdienten. Immer mehr wandelte sich die Hanse zu einer politischen Organisation. Im 13. Jahrhundert war die Hanse nur im nördlichen Europa vertreten, aber im 17. Jahrhundert gab es auch Niederlassungen in Russland, Frankreich, Flandern, England, Portugal, Spanien und sogar Italien. Die Handelsniederlassungen waren hochlukrativ, hier wurden Waren umgeschlagen, zuletzt sogar Waren aus dem Osmanischen Reich. Niederlassungen, die auch Kontore hießen, gab es in Lübeck, Hamburg, Braunschweig, Danzig, Köln und Dortmund, aber auch in Oslo, London, Bordeaux, Nowgorod, Königsberg, Kopenhagen und Lissabon. Über Ländergrenzen hinweg, unabhängig von Königen und alteingesessenen Adelscliquen, machte die Hanse Politik in ganz großem Stil – vor allem Handelspolitik.

Eine riesige Gefolgschaft, prall gefüllte Geldbeutel und später sogar eine eigene Flotte, mit der der eigenen Handelspolitik Nachdruck verliehen werden konnte, beschreiben die Macht der Hanse, die ursprünglich nur in Frieden Waren einkaufen und verkaufen wollte – Pelze, Walrosselfenbein, Wachs, Silber, Flachs, chinesische und persische

Seide, Arzneimittel, Weihrauch, Tuche und Metalle. Aber auch Getreide, Holz, Teer, Gewürze, Fleisch und Fisch wurden gehandelt. Für den An- und Verkauf von Gütern benötigte man sichere Handelsstraßen zu Lande und zu Wasser sowie sichere Einkaufs- und Verkaufsorte abseits und jenseits aller kleinlichen politischen Intrigen und Scharmützel, der beliebteste Zeitvertreib vieler Fürsten und Könige.

Schon im 13. Jahrhundert kristallisierte sich die Stadt Lübeck als die führende Hansestadt heraus. Dagegen opponierten andere Städte des Bundes immer wieder, allerdings mit wenig Erfolg. Eine Kaufmannselite lenkte in Lübeck die Geschicke und schuf ein Reich über Ländergrenzen hinweg bis in die entferntesten Winkel der bekannten Welt.

Selbst Könige zitterten am Ende vor der Hanse, die Handelsembargos verhängen und sogar Krieg führen konnte. Hansekaufleute prozessierten sogar gegen Herrscher (den König von Frankreich zum Beispiel) und legten sich zeitweilig mit dem König von England an, und mit dem König von Dänemark sowieso.

Aber in erster Linie war die Hanse ein Antriebsmotor der Zivilisation: Sie befreite die Ost- und Nordsee von Seeräubern, schuf neue Wasserwege, beobachtete Ströme und Gezeiten, errichtete Leuchttürme, sorgte für Hafenanlagen und Kanäle, etablierte ein Seerecht und stand ganz allgemein gesprochen ein für *law and order*, für Recht und Gesetz.

Gleichzeitig sorgte der Verbund für eine hohe Handelsethik in den eigenen Reihen. Sie kontrollierte Preis und Qualität der von ihren Mitgliedern verkauften Waren und schuf sich einen so guten Ruf, dass der englische Name *Easterlings* (Männer des Ostens) für Hanseaten als *Sterling* im Sinne von „gediegen, echt, vollwertig" in die englische Sprache einging und schließlich sogar die Währung des englischen Geldes bezeichnete. Die Hanse operierte übernational und schuf Wohlstand, wo auch immer sie auftrat. Dennoch verschwand sie eines Tages zur Gänze aus der Geschichte.

Was war geschehen?

Wir werden später auf den Untergang der Hanse eingehen, aber an dieser Stelle reicht es zu wissen, dass neben dem König, dem Adel, dem Papst und den Geistlichen plötzlich auch ein übernational operierender Handelsherr auf den Plan trat. Ein neuer Machtfaktor war geboren.

ANDERE KRÄFTE

Natürlich war es nicht nur die Hanse, die plötzlich beinahe wie aus dem Nichts erschien und das alte Gleichgewicht der Kräfte zu zerstören drohte. Auch in anderen Städten gab es Kaufsmannsbünde und Kaufmannsfamilien, die unvorstellbar mächtig wurden. Einige, wie etwa die Fugger in Augsburg, rafften einen schier unendlichen Reichtum zusammen. Von ihnen sollten später selbst Könige Gelder leihen.

Der Geldadel begann den Geburtsadel zu verdrängen.

Weiter bekamen die städtischen Gremien mehr Macht.

Es gab noch keine Polizei, aber eine penible häusliche Ordnung, eine strenge Schuldisziplin und eine noch strengere Vergeltung: Bei Raub drohte der Galgen, ein kleiner Diebstahl kostete gewöhnlich ein Ohr und im Falle von Gotteslästerung wurde die Zunge abgeschnitten.

Deutschland trat in eine neue Zeit ein und die Karten wurden neu gemischt.

AM VORABEND DER REFORMATION

Am deutlichsten zeichnete sich der Umbruch in der Literatur ab, deren Möglichkeiten durch Gutenberg auf einmal schier ins Unermessliche gestiegen waren. Gutenbergs Erfindung trat ihren Siegeszug erst in Deutschland, dann in ganz Europa an. Nach kürzester Zeit gab es 20 Druckverleger in Augsburg, 21 in Köln und 24 in Nürnberg. Bücher wurden verkauft wie warme Semmeln, besonders in Frankfurt, Nördlingen und Ulm. Schulen schossen in der Folge wie Pilze aus dem Boden, aber auch immer mehr Universitäten. Heidelberg und Erfurt, Wien und Augsburg, Nürnberg und Mainz wurden zu neuen Zentren der Gelehrsamkeit. Zunehmend entstanden Dichtungen, Mysterien- und Passionsspiele, Schwänke und Satiren. Das Diesseits wurde wichtiger als das Jenseits. Pfaffen wurden gern aufs Korn genommen und verulkt. Ulrich von Hutten (1488–1523) war der vielleicht bekannteste Dichter dieser Epoche, in der sich die Reformation bereits ankündigte. Er wetterte sorglos gegen Tyrannen, Räuber und gottlose Geister auf dem Papstthron. Aber es war nicht nur Spott, der den Geistlichen entgegenschlug, sondern mitunter regelrechter Hass. An der Spitze der Kirche wurde gehurt, geprasst und geschlemmt, während man sich in den unteren Rängen verzweifelt um ein frommes Leben bemühte.

Fast ein Drittel des gesamten deutschen Grundbesitzes befand sich in Händen der Kirche, aber was die bärbeißigen Deutschen noch weit mehr erboste, war der Umstand, dass ungeheure Geldmengen in Richtung Rom flossen – also außer Landes. Die Deutschen, die einst die Römer besiegt hatten, wurden nun durch die Hintertür von Römern besiegt – tatsächlich wurden sie ausgenommen wie eine Weihnachtsgans.

Der kleine Mann, zwischen Bibel und Bierkrug, vernahm immer wieder, was in Rom passierte: Von allem erhielt dieser verdammte Papst einen fetten Anteil. Dabei waren die Bestechlichkeit des Vatikans, die Sittenlosigkeit Papst Alexanders VI. (1431–1503) und seine Verschwendung sattsam bekannt.

Aber auch im eigenen Lande gab es genügend Ungerechtigkeiten: Die Klöster genossen Steuerfreiheit, der normale Bürger nicht. Bistümer wurden auch in Deutschland höchstbietend verscherbelt. Das Priesterzölibat wurde oft missachtet, während die unbedeutendsten Vergehen des kleinen Mannes nicht selten mit schweren Bußen und Kirchenstrafen geahndet wurden.

Die Siege der Muslime über die Kreuzritter schmerzten noch immer – der Deutsche verliert ungern seine Kriege. Man gedachte kopfschüttelnd vieler Religionsführer, die einfach verbrannt, und vieler Sekten, die von einigen Päpsten brutal ausgerottet worden waren.

Die Sünden der hohen Geistlichkeit standen in zu krassem Gegensatz zu dem, was fromm und frömmelnd geredet und gepredigt wurde.

Die Zeit war reif für Martin Luther.

3. KAPITEL:

DIE NEUZEIT BIS
ZUM SCHICKSALSJAHR 1914

1. DER WENDEPUNKT:
MARTIN LUTHER

Ebenso wenig wie Rom plötzlich unterging, so wenig endete das Mittelalter innerhalb eines Tages, eines Jahres oder Jahrzehntes. Die Menschen selbst waren sich der Tatsache, dass eine völlig neue Zeit angebrochen war, nicht immer bewusst.

Die größten Veränderungen der Neuzeit hatten mit der Stellung des Papstes und der Religion generell zu tun, die bislang die alles beherrschende Kategorie im Leben gewesen war. Diese Veränderungen wurden natürlich von vielen herbeigeführt. Doch die mit Abstand wichtigste Person dafür war der Mönch Martin Luther, der, zumindest der Legende nach, im Jahre 1517 wütend 95 Lehrsätze oder Thesen an die Tür der Wittenberger Schlosskirche nagelte, um gegen den verruchten Ablasshandel zu Felde zu ziehen.

Niemand ist bis heute so umstritten wie dieser Martin Luther. Deshalb ist es klug, sich sein Leben einmal unter dem Vergrößerungsglas zu betrachten.

DIE GEFÄLSCHTE BIOGRAFIE

Wie verführerisch wäre es, Martin Luthers Leben zweimal zu erzählen: Einmal aus der Perspektive der Katholiken und ein zweites Mal vom Standpunkt der Protestanten aus. Man hätte seine helle Freude und könnte über „geschichtliche Wahrheit" mehr lernen als durch hundert akademische Vorträge über dieses Thema!

Die Protestanten würden schwärmerisch von dem ernsthaften Bemühen Martin Luthers berichten, von seinem entbehrungsreichen Leben und von seinem Ringen um die Wahrheit. Sie würden darauf verweisen, dass er ein hochintelligenter Student war, mit einem Doktortitel und schließlich einer Professur, dem niemand auch nur annähernd das Wasser reichen konnte, wenn es um das Wort ging, das Wort Gottes, die Bibel, die Heilige Schrift. Sie würden darauf verweisen, dass er, nur um die Übersetzungsfehler der lateinischen Bibel zu vermeiden, sogar Griechisch und Hebräisch lernte, dass er keine Mühen scheute und keine Anfechtungen und dass er monatelang, ja jahrelang in einem kleinen Stübchen kämpfte, manchmal mit dem Teufel persönlich, dem er einmal sogar ein Tintenfass nachwarf. Die Protestanten würden wieder und wieder auf die verruchten Zustände in Rom aufmerksam machen, die zahlreichen Huren, den Ämterschacher und die Käuflichkeit der hohen Geistlichkeit – und demgegenüber die Integrität Luthers betonen. Sie würden auf Luthers Sprachgewalt zu sprechen kommen, seine Kenntnisse in Rhetorik, Dialektik (= die Kunst der Gesprächsführung), Logik und Philosophie. Sie würden besonders betonen, dass er im Jahre 1505 als einer der Besten mit dem Magister (*magister* = Meister, ein Grad an der Universität) abschloss, dass er Kirchenlieder schrieb und Musik über alles liebte, die er zur Ehre Gottes einsetzte, dass er allen möglichen Fürsten, Königen, Kaisern, Bischöfen und Päpsten widerstand, wenn es um das Wort Gottes ging, und dass er das Christentum auf ein höheres Niveau hob.

Der Leser würde diesen Luther innig lieben und staunend vor dem gewaltigen Lebenswerk dieses Mannes stehen, der ganz Deutschland umkrempelte, ja ganz Europa beeinflusste, und selbst heute, fünfhundert Jahre später, noch einen Einfluss besitzt, wie ihn selten ein einzelner Mensch hatte.

Die Katholiken wiederum würden diesen Luther genüsslich zerpflücken. Sie würden betonen, dass sein Vater nur ein derber Bauer, später Bergmann war, der sein Söhnchen gern mit Weidenstöckchen durchbläute, und dass er während seiner Erziehung oft die Rute zu spüren bekam. Und es ist richtig: „Wegen der falschen Beugung eines Hauptwortes bekam der Junge an einem einzigen Tag 15-mal die Rute zu kosten".[1] Das alles würde dazu verführen zu glauben, dass Martin Luther nur in Strafkategorien denken konnte. Die Katholiken würden Luthers erotische Fantasien auswalzen, auf seine Theologie der Furcht, seine Höllenvisionen und seine Teufelsbesessenheit verweisen, sie würden nicht aufhören zu betonen, dass er die Gelübde der Armut, der Keuschheit und des Gehorsams ablegte (1506), später aber all diese Gelübde brach. Sie würden lächelnd bemerken, dass er sich eine entlaufene Nonne zur Frau nahm und mit ihr sechs Kinder hatte, der verdammte Hurenbock! Sie würden darauf verweisen, dass er später das Schwert segnete, mit dem die Bauernaufstände blutig niedergeschlagen wurden, dass er die Juden verteufelte, Sekten bis aufs Messer bekämpfte und den großen Philosophen, Gelehrten und Autor Erasmus von Rotterdam (1466–1536) schmähte. Kurz, sie würden mit allen Mitteln versuchen, seine moralische Glaubwürdigkeit zu erschüttern. Sie würden auch nicht vergessen zu erwähnen, dass Luther, der Heuchler, aus politischen Gründen einem befreundeten Fürsten (Philipp von Hessen) ein Gutachten ausstellte, das diesem die Doppelehe erlaubte, ein „Fall der Notdurft", und dass er bisweilen soff wie ein Loch. Die Katholiken würden genüsslich alle Legenden aufarbeiten, die sich um seinen Tod ranken, von denen eine Version besagt, er sei nach Art des Verräters Judas durch Selbstmord gestorben, indem er sich am Bettpfosten erhängte, eine andere, dass ihn der Satan persönlich erwürgte, eine dritte, dass er infolge eines Schlaganfalls im Bett verschied, als er mit Käthe, der entlaufenen Nonne, gerade Unzucht trieb.

Alles Legende, Legende, Legende!

Immerhin! Man muss sich vor Augen halten: Allein die Materialauswahl verführt dazu, Partei für oder gegen Luther zu ergreifen.

Autoren können aus tausend Informationen genau jene zehn auswalzen, aufarbeiten, betonen und ausschlachten, mit denen sich ihre eigenen Theorien stützen lassen. Autoren können Schwerpunkte setzen – falsche Schwerpunkte und willkürliche Schwerpunkte. Sie können Anekdoten, Erzählungen und Gerüchte aufgreifen und diese vielleicht sogar als Gerüchte brandmarken, aber indem sie diese ausschlachten, trotzdem die Aufmerksamkeit des Lesers darauf lenken.

Allein durch die Intensität, mit der ein Gerücht besprochen wird, manipuliert man.

Luthers Biografie stellt also für den Historiker eine reizvolle Aufgabe dar. Er muss beide Seiten gewichten, alle Argumente hören, unparteiisch sein und sollte sich dennoch nicht in diese erbärmliche „wissenschaftliche" Haltung flüchten, am Ende alles offen zu lassen, nur um hinter den akademischen Zinnen seiner Geistesburg nicht einen Kopf kürzer gemacht zu werden.

Luther, so viel steht fest, wird auf Jahrhunderte hinaus ein Streitobjekt bleiben. Der größte Kampfhahn der Geschichte wird selbst stets umstritten bleiben, jedenfalls wenn man einer der großen christlichen Konfessionen zuneigt. Ist das nicht der Fall, kann man etwas unbeschwerter, objektiver und neutraler an ihn herantreten. Aber ein neutraler Standpunkt existiert ja im Grunde auch nicht. Man kann dem Andersgläubigen immer vorwerfen, andersgläubig zu sein, dem Atheisten, Gott zu verleugnen, und dem Skeptiker, den Skeptizismus zur allein seligmachenden Wahrheit erhoben zu haben.

Es gibt keine Neutralität.

Dem Historiker, der weder einen katholischen noch einen evangelischen Standpunkt verficht, muss man immerhin zugestehen, dass er distanzierter, kühler und weniger emotional reagieren kann. Er muss ja nicht, von Haus aus sozusagen, ablehnen oder schwärmen, er kann sich neugierig wie ein Kind an den Sachverhalt herantasten, unbelasteter und unvoreingenommener.

Doch zuerst müssen die Fakten auf den Tisch! Um Luther zu verstehen, müssen wir zunächst die Zeitumstände ein wenig ausleuchten. Luther bewegte sich ja wie jeder in einem historischen Kontext, den es zu begreifen gilt.

DIE KIRCHE VOR GERICHT

Die Kirche, die ihren Gläubigen so gern mit dem Jüngsten Gericht droht, muss es sich gefallen lassen, selbst vor Gericht gestellt zu werden; anders kann man der geschichtlichen Wahrheit nicht auf die

Spur kommen. Wie stand es um die Kirche, genauer gesagt um die römische Kirche, vor dem Auftreten Luthers?

Von unhaltbaren Zuständen zu sprechen wäre eine schamlose Untertreibung. Selbst Historiker katholischer Provenienz geben unumwunden zu, dass sich die Kirche vor Luther auf dem absoluten Tiefpunkt befand. Nicht nur der Papst, sondern auch die Kardinäle, Bischöfe, Priester und Mönche jagten hinter dem Geld her wie der Teufel hinter der Seele. Es wurde alles nur Erdenkliche zu Geld gemacht: Ämter wurden verschachert und verhökert, Urteilssprüche in (geistlichen) Gerichten meistbietend verkauft, Gläubige bei der Messe und den Sakramenten zur Kasse gebeten und auf einfach alles (kirchliche) Steuern erhoben. Umgekehrt versuchten die hohen kirchlichen Würdenträger alle Wonnen aus dem Leben herauszupressen, die denkbar waren. Viele geistliche Herren hielten sich Kurtisanen, die Völlerei war an der Tagesordnung und der liebe Gott wurde generell vernachlässigt. Die Bischöfe kleideten sich in die feinsten Gewänder und gingen gern auf die Jagd – sie verhielten sich also nicht grundlegend anders als die weltlichen Fürsten. Da dieses Spiel bereits Jahrhunderte währte, war die Kirche inzwischen unermesslich reich geworden. „Ein katholischer Historiker berechnete den Anteil der Kirche am Nationalvermögen Deutschlands auf ein Drittel, an dem Frankreichs auf ein Fünftel."[2]

In anderen Ländern sah es ähnlich aus. Die Kirche häufte vor allem Grundbesitz an. Sie verkaufte neue Ämter, Pfründen und immer wieder Ablässe. Sie erhob zahlreiche Steuern – angeblich, um die Gläubigen dem Himmel näher zu bringen, in Wahrheit aber, um die Schafe zu scheren.

Korruption, neue Taxen (= Steuern) und Fälschungen von Reliquien (die man teuer verkaufen konnte) waren an der Tagesordnung. Für Riesensummen wurden Kardinalshüte verschachert. Selbst der niedere Klerus lebte oft in Saus und Braus. Einige Klöster unterschieden sich nicht von öffentlichen Bordellen, wie uns selbst katholische Autoren versichern.

Am verkommensten aber war Rom.

Nahezu jeder Priester verfügte hier über eine Mätresse, nicht selten sogar über mehrere. In Rom kamen auf eine Bevölkerung von knapp

100.000 Seelen rund 6 000 Prostituierte. All das musste bezahlt werden. Immer wieder gab es daher gute Gründe, aus dem Volk noch mehr herauszupressen – sei es für Türkenfeldzüge (wo Gelder nachweislich oft missbräuchlich verwendet wurden) oder für protzige Bauten, die angeblich nur dem Herrn dienten.

Besonders katastrophal sah es an der Spitze der Christenheit aus.

Päpste hielten sich Mätressen, hatten Kinder, waren bestechlich und verwandelten den Vatikan mitunter in ein Bordell. Hier nur einige wenige Beispiele:

- Bonifaz VIII. (1235–1303), durch Habgier, Fresslust, Blutdurst und Grausamkeiten berühmt, steckte ein Viertel aller kurialen Einnahmen der eigenen Familie zu (Kurie = die päpstliche Behörde). Er ernannte fünf Verwandte zu Kardinälen, darunter einen Bankier, der Bonifaz dafür als Kuppler diente. Er soll Bonifaz „sowohl in eigener Person wie mit Sohn und Tochter gut befriedigt haben und ganz gewiss nicht nur um Gottes Lohn".[3]

- Innozenz VIII. (1432–1492) feierte die Hochzeiten seiner Kinder öffentlich im Vatikanpalast.

- Alexander VI. (1431–1503) hatte fünf, vielleicht sogar mehr Kinder. Dieser Papst ernannte seinen Sohne Cesare zum päpstlichen Heerführer, und der eroberte mit unvorstellbarer Brutalität ganze Ländereien für den Papstthron.

Grundsätzlich wurde der Gläubige gemolken, dass es eine Wonne war. Eine der sichersten Einkommensquellen war dabei der Ablasshandel. Dem Gläubigen wurde weisgemacht, er könne sich ohne Weiteres von seinen Sünden loskaufen, wenn er nur genug Geld bezahle. Tausende, Zehntausende, ja Hunderttausende von Jahren im Fegefeuer blieben ihm so angeblich erspart. „Sobald das Geld im Kasten klingt, die Seele in den Himmel springt." Ein einträgliches Geschäft! Die Ablassprediger überschlugen sich und suchten diese Geldquelle noch ständig zu erweitern.

Die Höhe der Ablässe richtete sich üblicherweise nach den Jahren im Fegefeuer, die man sich ersparen wollte. Den Ärmsten der Armen gab man jedoch auch schon für zwei Pfennige Dispens (kirchenlat. *dispensa* = Erlass einer Pflicht), da nicht mehr aus ihnen herauszuholen war. Manche Ablassbriefe wurden auch schon mal für einen Krug Wein oder ein Bier ausgestellt, und Prostituierte erkauften sich den Ablass bisweilen durch Beischlaf.

Die Kirche wurde dabei fetter und fetter. Das Geschäft mit der Sünde und Schuld gedieh. „Zum Schluss ging der Handel mit … Beichtbriefen so weit, dass diese auf Vorrat gekauft und – wie Wertpapiere – nach Belieben weitergegeben werden konnten." [4]

Neben diesen Beichtbriefen gab es auch noch sogenannte Butterbriefe, mit denen sich der Gläubige von den Abstinenzen freikaufen konnte, also von den Fastentagen. Während der kleine Mann dem Fleischgenuss entsagen musste, schlemmte der Reiche – den Ablass dafür, den Butterbrief, hatte er bereits in der Tasche. Mit päpstlicher, mit höchst kirchlicher Erlaubnis durfte er nach Herzenslust an allen Tagen Fleisch, Eier und Käse verzehren.

Auch von in der Not abgelegten Gelübden konnte man sich freikaufen. Sogar Diebesgut durfte man behalten, sofern man nur die richtigen Ablassbriefe erwischte.

Man muss es sich wirklich plastisch vor Augen führen, mit welchem Prunk und Pomp all diese Ablässe verkauft wurden: Der berühmte Ablassverkäufer Johann Tetzel ließ seinen Einzug in eine Stadt mit dem Läuten der Kirchenglocken bekannt machen. Die Glocke war das Radio des Mittelalters! Es gab große Empfänge, sobald Tetzel vor Ort war. Er zog mit großem Gefolge in die deutschen Städte ein und erinnerte die Menschen wirkungsvoll an ihre Sünden – mit Reden, die ihnen eine Höllenangst einjagten, sodass sie das Feuer schon zu spüren glaubten.

„Fahnen, Wappen und Wimpel wurden bemüht und ein regelrechter öffentliches Spektakel inszeniert. Ganze Wägen karrten hinter Tetzel her, gefüllt mit Ablassbriefen, mit schönen, geschriebenen Urkunden, die alles Mögliche und Unmögliche versprachen. Und dann predigte dieser Tetzel, bildhaft, mit wilden Gesten und Worten, die bis ins Mark drangen: ‚Hört ihr nicht, eure toten Eltern schreien und rufen: Erbarmt euch doch mein! Wir sind in schwerer Strafe und Pein, daraus ihr uns mit geringen Almosen erretten könnt'" (gefunden bei H. Herrmann). Sogar seine Verwandten, seine Liebsten, konnte man freikaufen. Was für ein prächtiges Geschäft! Da der Mensch nicht ohne Sünde auskommt, flossen unvorstellbare Summen in die weiten Taschen Roms, wo die Gelder verprasst, verhurt oder in zweifelhafte Projekte gesteckt wurden.

Während das Volk darbte, aber zahlte, sah es die dickwanstigen, gefräßigen Mönche sich die fetttriefenden Hände ablecken, die Priester ihre drallen Dirnen nach Haus schleppen und die Bischöfe sich auf der Jagd verlustieren. Die Päpste in Rom aber setzten dem Ganzen die Krone auf. Die Zeit glich einem Pulverfass, besonders in Deutschland. Hier warf man gutes deutsches Geld den fremden römischen Päpsten hinterher, sodass der Reichtum außer Landes getragen wurde. In dieser Situation trat der Mönch Martin Luther auf den Plan und erklärte öffentlich, dies alles sei eine unvorstellbare Sauerei.

LUTHERS BIOGRAFIE

Wer war dieser Luther, der plötzlich Himmel und Hölle in Bewegung setzte? Luthers Leben liest sich spannender als jeder Agentenkrimi.

Martin Luther (oder damals Lüder, Luder, Loder, Lotter, Lutter, Lauther geschrieben, man nahm es mit dem Namen nicht so genau wie mit der Religion), der spätere Erzketzer, der den Papst persönlich herausforderte, das „Närrlein Gottes"; wie er sich einmal nennt, ist ein Bergmannskind und kein vom Teufel gezeugter Wechselbalg, wie es die Katholiken später behaupten. Er kommt im Jahre 1483 (auch 1482 und 1484 werden von der Forschung genannt) in Eisleben zur Welt, einem winzigen Flecken Erde mitten im Herzen Deutschlands.

Er genießt eine strenge Erziehung, auch in der Schule, und seine Geistesgaben sind überdurchschnittlich. Der junge Luther lernt schreiben, lesen, singen und lateinisch. Der Vater schickt ihn 1501 nach Erfurt, der Hauptstadt des heutigen Thüringen, auf die Universität. Er saugt Theologie und Philosophie in sich ein und schließt 1505 sein Studium mit dem Magister ab. Gerade will er sich dem Rechtsstudium zuwenden, als es passiert: Luther gerät in ein Gewitter, die Schleusen des

Himmels öffnen sich, es donnert und blitzt, alle Höllengeister scheinen losgelassen zu sein. Luther fürchtet um sein Leben, Blitze schlagen rechts und links neben ihm ein. Er glaubt, sein letztes Stündlein habe geschlagen. In seiner Not gelobt er, Mönch zu werden, wenn ihn Gott am Leben lasse, denn er will nicht ohne die Gnadenmittel der Kirche vor Gottes Richterstuhl treten. Das Ergebnis: Das Gewitter lässt nach, Luther überlebt – und wird Mönch.

Er tritt in ein Augustinerkloster ein, fastet dort, geißelt sich und legt schließlich die drei Mönchsgelübde ab (Armut, Keuschheit, Gehorsam). 1507 wird er zum Priester geweiht. Da er eine gute Auffassungsgabe besitzt, macht er schnell Karriere. Er wird im Jahre 1508 nach Wittenberg komplimentiert, unterrichtet an der dortigen Universität und erhält später den Lehrstuhl für Theologie. Einmal reist er nach Rom, aber nur allzu gern kehrt er wenig später in sein kleines Wittenberg zurück. Dort erklimmt er Sprosse um Sprosse auf der Karriereleiter und wird Generalvikar der Ordensprovinz. Dabei lehrt und predigt er und predigt und lehrt. Doch klammheimlich entfernt er sich immer weiter von der offiziellen Lehre der Kirche, je intensiver er sich mit der Bibel selbst beschäftigt. Besonders die Ablasskrämer sind ihm ein Dorn im Auge. Und als einer der berühmtesten Ablassverkäufer, eben der bereits erwähnte Tetzel, in seiner Region die Schafe scheren will, läuft das Fass bei ihm über.

Mit seinen 95 Thesen bricht Luther einen Krieg vom Zaun, der über ein halbes Jahrtausend andauern wird. Der Mönch bietet dabei sogar dem Papst Paroli – und nicht nur ihm, sondern allen, die dessen Partei ergreifen. Auf der anderen Seite jubelt ihm das Volk zu; es sieht in Luther seinen Wortführer. Keine Grobheit ist Luther in der Folge gut genug, um den Papisten (= Anhänger des Papstes) eins auszuwischen. Dabei ist er erst noch gemäßigt, erst später vergleicht er sie mit Schweinen, Teufeln und Fürzen.

Dabei bewegt er sich auf gefährlich glattem Parkett. Tetzel, der Star der Ablassprediger, antwortet ihm mit 106 Anti-Thesen. Ein Inquisitor aus Köln droht Luther unverhüllt mit dem Scheiterhaufen. Johannes Eck, der Vizekanzler der Universität Ingolstadt, wettert ebenfalls lautstark zurück. Und in Rom werden die Sturmtruppen des Papstes aufgeboten. Jetzt wird es wirklich gefährlich: Luther wird nach Rom zitiert. Aber Luther hat noch allzu gut in Erinnerung, was man mit Erzketzern in der Vergangenheit anstellte. Man sicherte ihnen freundlich freies Geleit zu – und verbrannte sie dann auf dem Scheiterhaufen. Luther geht nicht in die Falle. Er bleibt in seinem sicheren Wittenberg. Also ist der Papst gezwungen zu reagieren. Da er die deutschen Fürsten nicht verprellen will, muss er vorsichtig vorgehen. Inzwischen hat auch Luther seine Fäden gesponnen und ein erstaunliches Beziehungsnetz geknüpft.

Der Papst verfügt, dass Luther nach Augsburg zu kommen hat! Gleichzeitig wird Cajetan, ein versierter, mit allen Wassern gewaschener Theologe, auf Luther angesetzt. Luther zögert. Aber als ihm der Kaiser persönlich freies Geleit zusichert, macht er sich nach Augsburg auf. Ein Riesenspektakel ist die Folge. Cajetan verlangt Luthers Widerruf, doch Luther bleibt bei seinen Behauptungen. Der Augsburger Disput geht aus wie das Hornberger Schießen. Die Fronten verhärten sich, und Luther kehrt nach Wittenberg zurück.

Der Heilige Stuhl tobt. Doch der Pontifex weiß, er muss vorsichtig vorgehen, klug, abwartend und zurückhaltend. Die Fürsten in Deutschland sind von größter Bedeutung. Außerdem haben bereits zu viele geistliche und weltliche Herren Luthers Partei ergriffen, der jetzt eine wahre Sturzflut an Traktaten niederprasseln lässt. Luther geißelt nun längst nicht mehr nur den Ablass, sondern alle kirchlichen Missstände.

Dem Papst platzt der Kragen. Er droht mit der schärfsten Waffe, über die er verfügt: den Bann. Papst Leo X. erlässt die entsprechende Bulle (im Jahre 1520). Gleichzeitig ordnet er die Verbrennung aller Schriften Luthers an und mahnt ihn ein letztes Mal, in den Schoß der allein seligmachenden Kirche zurückzukehren. Doch Luther ist nicht mehr daran interessiert, was ihm der römische „Furzkopf" entgegenschleudert. Im Gegenteil: Er verfasst das Traktat „An den christlichen Adel deutscher Nation, von des christlichen Standes Besserung!" – in Deutsch! Nicht in Latein. Das allein kommt schon einer Revolution gleich. Luther wettert gegen die Abhängigkeit von Rom. Er schimpft. Er rügt die Bettelorden. Er kritisiert den Zölibat, das Mönchsgelübde, die Pilgerfahrten, die Seelenmessen. Das Resultat? Der Papst schäumt – und macht im September 1520 die Exkommunikationsbulle in ganz Deutschland publik.

Luthers Reaktion lässt nicht lange auf sich warten. Er schlägt mit einem zweiten Manifest zurück: „Von der Babylonischen Gefangenschaft der Kirche". Hierin enträustet er sich über das Abendmahl und wettert über die Sakramente, die er nicht alle gelten lassen will.

Und nun folgt Schlag auf Schlag.

Luther publiziert: „Von der Freiheit eines Christenmenschen". Nicht die guten Werke, sondern der Glaube allein, poltert Luther, bewahrten den Christen vor dem ewigen Höllenfeuer. Damit ist der Riss endgültig, das ist nicht römische Doktrin. Luthers Schriften finden reißenden Absatz. Traktate, Schriften, Kampfschriften und Pamphlete fließen aus seiner Feder, werden gesetzt, gedruckt, verbreitet und in viele Sprachen übersetzt. Der Aufruhr ist perfekt. Der Mönch bietet dem Papst die Stirn.

Und wieder schlägt das allmächtige Rom zurück. Luthers Schriften werden beschlagnahmt, dem Feuer übergeben und verbrannt. Er wird quasi für vogelfrei erklärt. In Köln, in Mainz und in anderen Städten lodern die Flammen. Aber in Leipzig und anderen Orten wird umgekehrt die Bulle des Papstes beschmutzt, zerrissen und verbrannt. Der Mönch exkommuniziert den Papst!

Flugschriften über Flugschriften erscheinen. Luther wird zum meistgelesenen Autor Deutschlands. Er erschafft eine neue Sprache. Er kann, er will sich nicht unterordnen. Das Wort Gottes ist alles, der vermaledeite Papst nichts. Luther wütet und tobt in seinen Schriften, zeigt immer mehr Fragwürdigkeiten auf und protestiert gegen Regeln, Normen, Formen, Kirchengesetze und Bräuche. Persönlich wirft er eine Abschrift der Bulle des Papstes ins Feuer. Seine Studenten in Wittenberg johlen und klatschen Beifall.

Der Papst ist außer sich. Und so wird ein neuer Schachzug geplant: Luther wird vorgeladen, auf den Reichstag zu Worms. Der Kaiser selbst, Karl V., die höchste weltliche Gewalt, wird diesmal vorgeschoben, dem Erzketzer Luther die Flötentöne beizubringen. Allerdings ist die Situation verzwickter als man annehmen sollte. Denn viele Fürsten in Deutschland lieben weder den Papst noch den Kaiser. Trotzdem gedenkt Karl seine ganze Machtfülle auszuspielen. Obwohl Luther gewarnt wird, erscheint er auf dem Reichstag zu Worms (1521). Doch es kommt anders als gedacht: Der Kaiser hat sich in dem wortgewaltigen Luther verschätzt. Das Mönchlein kriecht nicht etwa zu Kreuze – im

Gegenteil. Weite Teile des Volkes lieben ihn inzwischen und jubeln ihm zu, als er in Worms einzieht. Bilder mit Luther machen die Runde, er ist ein regelrechter Volksheld und populärer als der Kaiser, der sich für den Herrn der Welt hält. Auf dem Reichstag bietet der Bettelmönch dem Kaiser Paroli. Der Kaiser weiß nicht mehr weiter, denn Luther widerruft nicht. Ein fauler Kompromiss ist das Ergebnis.

Das Gerücht macht die Runde, man wolle Luther gewaltsam nach Rom schleppen und ihm ein hübsches Feuer unter dem Hintern anzünden. Und tatsächlich! Als Luther sich gerade auf dem Weg zurück in sein sicheres Wittenberg befindet, passiert es: Straßenräuber treten zwischen den Bäumen hervor. Sie nehmen Luther gefangen und verschleppen ihn.

„Die Wegelagerer reißen ihn mit sich fort, lassen ihn wie ein Hündlein neben ihren Pferden herlaufen – und geben sich erst außer Sichtweise der Zurückgebliebenen zu erkennen. Sogleich hebt die Begleitung den Doktor auf ein Pferd, reitet mit ihm stundenlang querfeldein, um alle Spuren zu verwischen und langt schließlich mit dem ungeübten Reitersmann gegen 23 Uhr auf einer geheimnisvollen, abgelegenen Burg an."[5]

Was niemand weiß: Das Ganze ist ein abgekartetes Spiel. Luthers Gönner haben ihn mit seinem Einverständnis gefangen nehmen lassen. Mit diesem inszenierten Coup soll er vor dem Zugriff des Kaisers und des Papstes geschützt werden. Luther wird heimlich auf der Wartburg untergebracht, einer trutzigen Burg, knapp zwei Kilometer von dem Städtchen Eisenach entfernt.

Papst Leo X. schäumt. Wieder ist ein Anschlag auf Luther missglückt. Erneut befiehlt er, alle Schriften Luthers verbrennen zu lassen, wo immer man sie findet.

Luther seinerseits muss zunächst einmal den Kopf einziehen. Der Boden unter seinen Füßen ist zu heiß geworden. Eilig tauscht er die Kutte gegen ein Rittergewand. Luther wird glatt rasiert und zu einem echten Junker verwandelt. Er lernt sogar ritterliche Umgangsformen. Zwei Edelknaben bedienen ihn und bringen ihm Speis und Trank in seine gut abgeschirmte Stube auf der Ritterburg. Dabei sind dem geheimnisvollen Junker Jörg, wie er jetzt genannt wird, Besuche streng untersagt.

Auf der Wartburg verbringt Luther seine Tage unter dem Schutz von Söldnern. Er lässt sich einen Bart wachsen, der ihn gut tarnt, und taucht unter. Unterdessen schreibt er. Und schreibt. Und schreibt. Er stürzt sich mit Feuereifer auf die Bibel, die bis dato weitgehend bloß in lateinischer Sprache existiert, und übersetzt sie ins Deutsche. Zugegeben: Es gab schon vorher 18 deutsche Bibelübersetzungen, aber nie zuvor wurde sie mit solcher Sprachgewalt übertragen.

Luther arbeitet ohne Unterlass. Der Papst, sein Erzfeind, spielt vorläufig keine Rolle, da er von einem Tag auf den anderen nicht mehr aufzufinden ist. Und Luther schreibt und schreibt und quält sich mit dem Wort ab. Er kämpft mit dem Teufel – selbst auf der Wartburg, wo er angeblich ein Tintenfass nach ihm schleudert. Noch heute sind an der Wand von Luthers Zimmer die Tintenspuren zu sehen, da sie von eifrigen Protestanten immer wieder nachgezogen werden.

Luther scheint vorläufig den Kampf gewonnen zu haben. Seine Anhänger jubeln. Sie demolieren Pfarrhäuser und Bibliotheken, sie randalieren und pfeifen auf den Papst. Luthers Schriften finden immer größere Verbreitung. Besonders sein Kampf gegen den Zölibat ist populär. Einige Mönchsorden schrumpfen auf die Hälfte. Mönche suchen sich fröhlich Weiber, nicht selten Nonnen. Deutschland befindet sich im Rausch. Endlich hat man diesem verdammten Rom eine lange Nase gezeigt.

Und Luther übersetzt weiter, wie von tausend Furien gejagt. Er bewertet die Bibel völlig neu. Einige Schriften verwirft er, andere lässt er gelten – nicht wissend und nicht ahnend, dass nach ihm tausend andere kommen werden, die mit dem gleichen Recht wie er Teile der Bibel für echt oder unecht erklären. Aber Luther befindet sich in Hochstimmung. Eine ganze Theologie entsteht.

Das Volk liest regelmäßig und mit dem größten Vergnügen Luthers Kampfschriften und Pamphlete. Selbst die Bauern, seit Jahrhunderten unterdrückt, zitieren seine Worte. Durch seine Schriften fühlen sie sich aufgerufen, ihr Joch abzuwerfen. Das einfache Volk steht auf Luthers Seite.

Nicht so die hohen geistlichen Würdenträger. Einige schießen sich auf ihn ein. Luther antwortet darauf mit einer Streitschrift, die es in sich hat: „Wider den falsch genannten geistlichen Stand des Papstes und der Bischöfe". Hierin ruft er dazu auf, die „Wölfe" mit Gewalt zu vertreiben. „Es wäre besser, dass alle Bischöfe ermordet, alle Stifte und Klöster ausgewurzelt (= ausgerissen, vernichtet) würden …", giftet er.

Die Bauern sehen sich durch Luther bestätigt. In seinem Traktat „Von weltlicher Obrigkeit: wie weit ihr gehorcht werden muss" stellt er die These auf, die Gewalt des Staates ende da, wo der Bereich der Religion beginne. Der Papst in Rom wird informiert, doch er kann den Lauf der Dinge nicht mehr rückgängig machen. Die Bauern werden immer aufmüpfiger. Luther ist ihr Idol. Das Wort Gottes wird zum neuen Schlachtruf, der sich gegen Rom, aber auch gegen alle Kirchen-fürsten, Stifte, Abteien und Klöster richtet, die das Volk aussaugen. Weitere Flugschriften erscheinen. Einige rufen offen zum Aufstand gegen alle Pfaffen auf. Pamphlete, „Schmachbüchlein" und gedruckte Lästerreden machen die Runde.

Und dann geht es Schlag auf Schlag. An allen Ecken und Enden lodern wie aus dem Nichts Bauernaufstände auf. Nahezu in ganz Deutschland und Österreich finden Bauernrevolten statt. Allerorten weigern sich die Bauern, weltliche und kirchliche Steuern zu ent-richten, und greifen zu Gewalt. Mit Mistgabeln gehen sie gegen die vormaligen Unterdrücker vor. Neue Gestalten wie Thomas Münt-zer (1489–1525) setzen sich an die Spitze der Bewegung, aber auch Schankwirte oder Ritter (wie Götz von Berlichingen mit der eisernen Hand, 1480–1562) fraternisieren mit den wild gewordenen Rotten. Man überfällt Klöster und Burgen, trinkt als Erstes die Weinkeller leer, besäuft sich bis zum Stehkragen und knüpft anschließend ein paar geistliche und weltliche Herren auf. Bischöfe, Äbte und Fürsten werden von ihren Sitzen gejagt.

Der Papst beginnt zu frohlocken. Die Bauern begehen unvorstell-bare Grausamkeiten. Wurden sie nicht von diesem Herrn Luther da-zu aufgestachelt? Auch die weltliche Obrigkeit, die teilweise Luther in Deutschland den Rücken freigehalten hatte, sieht sich unvermittelt der Wut der Bauern ausgesetzt. Luther gerät zwischen alle Fronten. Waren es nicht seine Traktate, die den Bauern den Himmel auf Erden verspro-chen hatten? Jetzt beginnt Luther, sich von den Bauern zu distanzieren. Eilig lässt er Schriften erscheinen, die zur Besonnenheit mahnen. Und als die Aufstände schließlich immer blutiger werden, schlägt er sich offen auf die Seite der deutschen Fürsten.

Der Papst in Rom sieht zu und reibt sich die Hände. Luther sitzt in der Falle. Inzwischen rasen die Horden weiter. Sie erpressen Lösegelder von Klöstern und heizen vor allem jenen ein, die nicht von Rom abfallen wollen. Deutschland brennt.

Und deshalb schlagen die weltlichen Herren eines Tages blutig zurück. Luthers Schrift „Wider die räuberischen und mörderischen Rotten der Bauern" segnet ihnen das Schwert ab (1525). Von Luther beschwatzt, schmiedet sein eigener Kurfürst ein Bündnis mit dem Herzog von Braunschweig und Landgraf Philipp von Hessen. Die Soldaten dieses Bündnisses rücken bewaffnet gegen die Rotten, gegen Thomas Müntzer vor. Die geschulten Soldaten besiegen natürlich die ungeordneten Bauernhaufen. Das Ergebnis: 5 000 Bauern werden erschlagen, Gefangene geschwind an den Galgen gebracht. Nun wird in Deutschland gejagt, gefoltert und getötet, bis das Land in einem Meer von Blut ertrinkt. Bauern werden allerorten niederkartätscht, Rebellen zu Tode geröstet, enthauptet, niedergemetzelt und aufgeknüpft.

Luther sitzt zwischen allen Stühlen. Obwohl sich die Erde rot von Blut färbt, schreibt er: „Ich bin der Meinung, es sei besser, dass alle Bauern erschlagen werden, als die Fürsten und Magistratsleute, darum weil die Bauern ohne göttliche Veranlassung das Schwert ergriffen haben." Und er hetzt: „Die Obrigkeit soll endlich zuschmeißen, stechen und würgen."

Die Bauernrevolten in Deutschland und Österreich, die sich insgesamt über drei Jahre erstrecken, werden blutig niedergeschlagen. Das Fazit ist erschreckend: Insgesamt werden 130.000 Bauern getötet, teilweise im Kampf, teilweise durch Scharfrichter. Ein Henker rühmt sich, allein 1 200 Köpfe persönlich abgeschlagen zu haben. Viele Bauern werden obdachlos und verstecken sich in den Wäldern.

Obwohl Luther Manifest um Manifest wider die Bauern schleudert, triumphiert der Papst erneut: War es nicht dieser Luther, der sie aufgestachelt hatte? Der Papst sieht seine Stunde gekommen. Rache wird am besten kalt genossen, denkt er.

Die Bauern selbst sehen sich von Luther verraten. Haben sie nicht seine Sache vertreten? Und macht er jetzt nicht mit der Obrigkeit gemeinsame Sache? Sie münzen seinen Namen Doktor Luther zu Doktor Lügner um. Luther wird so verhasst, dass er sich lange nicht mehr aus Wittenberg hinaustraut.

Dabei hatte er den Aufruhr zunächst freudig begrüßt. Aber jetzt lässt er die Bauern in ihrer schwärzesten Stunde im Stich. Seine Saat geht auf, nur nicht so, wie er sich das erträumt hatte.

Aber der Unruhe nicht genug. An allen Ecken und Enden erwachsen weitere selbst ernannte Propheten. Neue Bewegungen entstehen. Zwingli (1484–1531) etwa, ein Züricher Reformator, macht in der Schweiz von sich reden – mit zum Teil gänzlich anderen Lehren. In der Schweiz kämpfen zuletzt lutherische, hussitische und zwinglianische Glaubensbekenntnisse miteinander.

Doch vor allem Luther wird populär: Nach Frankreich wird die evangelische Bewegung ebenso getragen wie in den hohen Norden. In Nordeuropa (England sogar!) und Osteuropa (Polen besonders) gärt es. Überall flackern evangelische Bewegungen auf. Sie sind zwar gewöhnlich inspiriert durch Luther, aber beileibe nicht im genauen lutherischen Sinne, sondern mit eigenen Galionsfiguren, Vorkämpfern und Wortführern, die durchaus nicht wortwörtlich des Wittenbergers Interpretationen des „Wortes" übernehmen, ja ihn zum Teil sogar bekämpfen.

Dennoch sind all diese neuen Bewegungen mehr lutherisch als päpstlich. Erneut sieht Rom seine Felle davonschwimmen. Dazu kommt, dass Luther auch in Deutschland wieder an Boden gewinnt, da er sich rechtzeitig auf die Seite der Fürsten geschlagen hatte. Wieder befindet sich der Papst in der Defensive.

Luther entschließt sich, „dem Teufel und dem Papst" ein weiteres Schnippchen zu schlagen. Inmitten all der Wirren tritt er in den Stand der Ehe ein! Die Story ist zu köstlich, man muss sie sich gönnen.

Im Jahre 1523 geschieht folgende Räuberpistole: Eines Tages erreicht Luther ein Hilferuf. Zwölf Nonnen aus einem Zisterzienserinnen-Kloster haben von frömmelnden Gebeten und einem männerlosen Dasein genug. Sie stammen aus adligen Familien und wollen dem Kloster den Rücken kehren. Luther fühlt sich angesprochen. Es gelingt ihm, einen wagemutigen Helfershelfer anzuheuern. Ein Kaufmann wird gewonnen, der das Kloster regelmäßig mit Bier und Fischen in Fässern beliefert, die er in einem Planwagen heranschafft. Die zwölf Nonnen werden bei einer dieser Touren kurz vor der Abfahrt aus dem Kloster heimlich in diesem Planwagen versteckt, vielleicht in den leeren Fässern. Sie entkommen jedenfalls, die Entführung gelingt.

Luther lacht sich eins und bemüht sich in der Folge, die Nonnen unter die Haube zu bringen. Doch einer der Nonnen, einer gewissen Katharina, gelingt es nicht, sich den Patrizier zu angeln, auf den sie ein Auge geworfen hat. Verzweifelt sucht Luther eine neue gute Partie für sie. Er schlägt ihr einen gewissen Dr. Glatz als Ehemann vor. Aber Käthchen sagt auch der nicht zu. Sie erklärt, sie werde lieber Dr. Luther ehelichen als diesen Dr. Glatz. Luther ist betroffen. Er geht tagelang mit sich zu Rate, die Hände tief in den Taschen. Luther ist alles andere als ansehnlich, er ist derb, grobknochig und fett, und hier wird er plötzlich von einem leibhaftigen Weibsbild begehrt. Schließlich fackelt er nicht lange. Der ehemalige Mönch heiratet die entlaufene Nonne. Später wird er sechs Kinder mit ihr haben.

Natürlich ist das wieder Wasser auf die Mühlen der Gegner. Der Papst in Rom schreit „Unzucht", und auch viele ehemalige Kampfgenossen wenden sich von dem „brünstigen" Luther ab.

Alle erdenklichen Geschütze gegen die Frau und gegen die fleischliche Lust werden nun von Rom aufgefahren.

Und wieder schlägt Luther zurück. Er bezeichnet den Papst als „Satansbraten", als „Stellvertreter des Teufels" und als „Antichrist". Die Bischöfe als „gottlose Heuchler", Mönche als „Flöhe", „Mörder" und „Henker". In seiner Wut fordert er, man solle alle Bischöfe und Äbte im Rhein ertränken, und schmäht und lästert wie in seinen besten Zeiten.

Aber er steht unter schärfster Beobachtung, auch wenn man ihm nicht direkt ans Leder geht. Luther weiß darum. Wenn er in Wittenberg furze, rieche man das in Rom, beschwert er sich.

Der Kampf gegen das Papsttum (der Name des Papstes wechselt des Öfteren, aber die Institution bleibt die gleiche) geht unverdrossen weiter. Die Bauernaufstände, die Heirat sind nur Nebenschauplätze für den eigentlichen Krieg: den Krieg um die Gläubigen. Denn die Ausbreitung der lutherischen Ideen schreitet unaufhaltsam voran. Der Papst in Rom kocht vor Ärger auf Petris Stuhl.

Mittlerweile gibt es jedoch so viele Propheten neben Luther, dass er sich bemüßigt sieht, seine Lehre genauer auszuformulieren und gewissermaßen in Stein und Eisen zu meißeln. Alte Weggefährten sind ihm dabei eine unschätzbare Hilfe. Er, der einst Toleranz predigte, wird nun selbst zum Dogmatiker. Aber da der Papst in Rom lästert, Luther löse eine Flut von neuen Glaubensbekenntnissen aus, und diese Kritik ätzt, macht sich Luther daran, den „evangelischen" Glauben zu zementieren, der nur auf der Schrift beruht. Luther wettert dabei gegen Wittenberger, gegen Zwinglianer, Wiedertäufer und alle möglichen Sekten. Im Jahre 1525 bedient er sich in Sachsen und Brandenburg sogar der Zensur, man muss es sich vorstellen! Und 1530 empfiehlt er, die Todesstrafe gegen Vertreter ketzerischer Ideen einzusetzen! Seine Weggefährten hingegen fordern nur Körperstrafen für Abweichler.

Die meisten Regierungen hängen (wie Luther) der Idee an, dass nur ein einheitliches religiöses Bekenntnis gut für den Staat sei (was in der Geschichte nie bewiesen worden ist!). Und so werden in der Folge katholische Kirchenvermögen von den evangelischen Fürsten, Ländern und Autoritäten eingezogen – beschlagnahmt oder gestohlen wäre wohl der richtigere Ausdruck.

Gleichzeitig schlägt Luther weiter wild um sich. Selbst gegen Erasmus von Rotterdam, den hoch angesehenen Humanisten, wird er ausfällig. Er verteufelt die Juden, weil sie keine Christen sind, und das in einer Sprache, die einem das Blut in den Adern gefrieren lässt. Mit einem Wort: Luther entthront den Pontifex in Rom und setzt sich selbst auf den Papstthron. Jetzt ist er es, der Unfehlbarkeit beansprucht.

Der unvorstellbare Erfolg scheint ihm recht zu geben.

Im Jahre 1527 ist das lutherische Glaubensbekenntnis in halb Deutschland orthodox. Die Katholiken mit ihrem Papst würden sich am liebsten in ein Mauseloch verkriechen. Überall läuft man zu Luther über: in Augsburg, Magdeburg, Straßburg, Nürnberg, Braunschweig und in vielen anderen deutschen Städten. Hamburg, Bremen, Rostock, Lübeck, Danzig, Riga und viele schwäbische Städte werden lutherisch. Die Fürsten stehen auf seiner Seite, haben sie so doch die Gelegenheit, sich die fetten Pfründen der Katholiken unter den Nagel zu reißen. Auch Ostfriesland, Schlesien, Schleswig-Holstein sowie Teile Süd- und Westdeutschlands fallen von der alten Kirche ab. Mit Mühe behauptet sich der Katholizismus in Mainz, Trier, Köln und Bayern, aber erst nachdem der Papst beträchtliche Zugeständnisse gemacht hat.

Ein neuer Reichstag soll alles lösen. Aber alle Strategien, die den Lutheranern die Macht beschneiden sollen, schlagen fehl – selbst als Kaiser Karl erneut persönlich eingreift und dem Papst Schützenhilfe leistet. Proteste werden unterzeichnet und das Wort „Protestant" erblickt das Licht der Welt.

Luther, noch immer offiziell unter Reichsacht, schaut aus der Ferne zu. Karl gelingt nichts, den Evangelischen (wie sich die Lutheraner schließlich selbst nennen, da sie als einzig gültige Grundlage ihres Glaubens das Evangelium akzeptieren) gelingt alles. Karl droht, schüttelt die Faust und winkt mit einem Krieg. Daraufhin stellen die Protestanten ihrerseits Truppen auf. Skandinavien und England fallen von Rom ab. Selbst das katholische Frankreich paktiert mit den lutherischen Reichsfürsten, um die Macht der Habsburger, die Karl verkörpert, nicht ins Uferlose wachsen zu lassen.

Luther lästert fröhlich im Hintergrund, der Papst tobt. Luther verfasst Hymnen und Kirchenlieder, die die halbe Nation singt, der Oberpriester in Rom bleckt die Zähne.

Der große Ketzer weiß die lutherischen Fürsten hinter sich. Religion ist Politik geworden, die Frage des Glaubens zweitrangig, die Frage der Macht erstrangig.

Ungemein praktisch für die protestantischen Fürsten ist der Umstand, dass sie jetzt in Luther sozusagen ihren eigenen Papst haben: Als Philipp von Hessen von der „Brunst" geplagt wird (er ist verheiratet, hat einen Stall voll Kinder, aber sein Auge auf eine neue Buhlin geworfen), fragt er an, ob Luther ihm die Erlaubnis zur Bigamie erteilen könne. Luther stimmt zu, gibt ihm seinen Segen, verlangt aber, dass alles hübsch unter der Decke bleiben solle. Natürlich wird das Skandälchen publik – und der Papst hat einen weiteren Grund, Luthers Moral vor der Welt zu brandmarken.

Luther jedoch steigt auf zum unumschränkten Herrscher der Protestanten. In dieser Funktion greift er im Jahre 1545 noch einmal mit unvorstellbarer Heftigkeit den Statthalter Christi in Rom an. Ein Traktat erscheint mit dem Titel „Wider das Papsttum zu Rom, vom Teufel gegründet". Er schmäht und lästert den Petrusnachfolger, heißt ihn einen Sodomiten und tollen, groben Esel, den Blitz und Donner erschlagen sollen. Er wünscht ihm die Pestilenz, die Franzosenkrankheit und den Aussatz an den Hals. Im Überschwang seiner Kräfte fordert er sogar, den Kirchenstaat aufzulösen und in das Reich zu integrieren. Warum nicht Rom und das Papsttum auslöschen, für immer? Er fordert, dem

Papst, diesem verdammten Gotteslästerer, die Zunge herauszureißen und ihn mit der Zunge an den Galgen zu nageln.

Der Erfolg scheint ihm nach wie vor recht zu geben. Einfach überall ist der Protestantismus auf dem Vormarsch. In Skandinavien erobert der neue Glaube das Volk im Sturm. In Schottland, England und Amerika wird der Katholizismus von dem Schweizer Reformator Calvin verdrängt (aber Calvin ist nicht denkbar ohne Luthers Ideen). Auch in Osteuropa breiten sich Luthers Ideen weiter aus. Als Kaiser Karl nicht mehr von den Türken und Frankreich bedrängt wird, versucht er in einer letzten verzweifelten Hauruck-Aktion, Deutschland für den „wahren Glauben" zurückzugewinnen. Er entscheidet einige wichtige Waffengänge für sich, scheitert letztlich ironischerweise aber am Papst. Dieser missgönnt dem Habsburger die Siege und möchte seinen Kirchenstaat in Italien nicht von Besitztümern des Kaisers umschlossen sehen. Im entscheidenden Moment zieht er seine Papsttruppen zurück, sodass die Evangelischen ein Patt erreichen.

Cuius regio eius religio – „Wer regiert, darf auch die Religion bestimmen" – auf diese Formel einigt man sich letztendlich, nach zahlreichen Schlichtungsversuchen. Trotzdem gärt es weiter. Calvin hat inzwischen große Teile der Schweiz erobert. Selbst im erzkatholischen Frankreich gibt es protestantische Bewegungen. Der Norden Europas ist mittlerweile fast vollständig evangelisch. Die Bewegungen in England, in Schottland und in den Niederlanden überrollen die alten Mächte. Obwohl einige Länder widerstehen (wie das erzkatholische Spanien), tritt der Protestantismus einen unvergleichlichen Siegeszug an.

Jahrhunderte später noch werden Schlachten geschlagen, Luthers Protestantismus besitzt eine narkotische Wirkung, der sich nur wenige entziehen können.

Tatsächlich währt der Kampf buchstäblich Jahrhunderte, man denke nur an die Auseinandersetzungen zwischen Katholiken und Protestanten in Irland im 20. Jahrhundert.

Wir haben vergessen zu berichten, dass Luther selbst inzwischen den Weg alles Irdischen gegangen ist. Nach einer heiteren Mahlzeit bei Freunden klagt er über heftige Magenschmerzen. Seine Kräfte schwinden. Er muss sich hinlegen. Ein Schlaganfall lähmt seine Zunge, die so viele Lästerreden ausgestoßen hat. Am 18. Februar 1546 stirbt Luther.

Man überführt seinen Leichnam nach Wittenberg, wo man ihn in der Schlosskirche beisetzt. Der größte aller Ketzer ist tot, der Gründer einer neuen Religion aber ist unsterblich.

Reflektieren wir ein wenig darüber.

LUTHERS SÜNDEN

Luthers Sünden bestanden nicht darin, dass er eine Nonne heiratete oder ein paar sexuelle Fantasien hatte. Er war in dieser Hinsicht zuchtvoller, ehrlicher und gradliniger als nahezu das gesamte Zeitalter, das zwar alles unter der Decke tat, sich aber nach außen hin inquisitorischer als der Papst gebärdete. Nein, Luthers Sünden waren anderer Natur. Nehmen wir eines der heißesten Themen unter die Lupe: die Diskriminierung der Juden, den Antisemitismus.

Hochinteressant in unserem Zusammenhang ist, dass speziell der alte Luther, wie das die Lutherforschung nennt, sich am Schluss unfehlbarer als der Papst aufführte und zu grimmigen Hetzreden und wilden Ausbrüchen gegen die Juden hinreißen ließ.

Dabei kann man seine Ausbrüche gegen die Juden nicht nur mit seiner Sorge um das Seelenheil seiner Schäfchen begründen, wie das einige Verteidiger heute gerne tun. Zugegeben, wenn Luther ein paar Seitenhiebe wider die „Jüden" austeilte, war das manchmal relativ harmlos. Wenn er etwa in seiner Vorrede auf das Alte Testament mitteilt, dass „die Jüden irren" und dass sie die biblischen Gesetze nicht richtig verstehen. Oder wenn er behauptet, dass „Jüden" und Heiden alle Sünder seien.[6,7] All das würde man ihm gerne verzeihen, weil es sich verstehen lässt in seinem frommen Eifer. Leider fuhr der alte Luther in der Judenfrage zuletzt aber ganz andere Geschütze auf. Schon in seinen Schriften aus den dreißiger und vierziger Jahren überhäufte er die Juden mit Schimpf und Schande wegen ihrer „verstockten Blindheit". Spätestens die Abfassung von vier (!) Judenschriften wirft ein ganz anderes Licht auf sein wahres Verhältnis zu den Juden. Die Titel dieser Schriften lauten:

„Wider die Sabbather an einen guten Freund" (1538),
„Von den Juden und ihren Lügen" (1543),
„Vom Hamphoras und vom Geschlecht Christi" (1543),
„Von den letzten Worten Davids" (1543).

Hamphoras, exakter *Schem Ha Mphoras*, bezeichnet in der jüdischen Religion den unaussprechlich heiligen Namen Gottes.

In diesen Schriften warnte der wortgewandte Luther vor der „jüdischen Ansteckungsgefahr", zog gegen „rabbinische Lügen" zu Felde und hielt dem Juden die Verzerrung und Missdeutung der Heiligen Schrift vor. Tatsächlich verstieg sich Luther zu regelrechten Hasstiraden. Der Reformer im Originalton:

„Es stimmt aber alles mit dem Urteil Christi, daß sie (die Juden) gifftige, bittere, rachgierige, hemische Schlangen, meuchel mörder und Teufels Kinder sind, die heimlich stechen und schaden thun, weil sie es öffentlich nicht vermögen. Ein Christ (hat) nächst dem Teufel keinen gifftigen, bitteren feind, den einen Jüden."

„Die Juden sollen sich bekehren, wo aber nicht, so sollen wir sie auch bey uns nicht dulden noch leiden."[8]

Luther attackierte die „Türken, Heiden, Jüden und Ketzer" dermaßen, dass dem Leser der Protest im Halse stecken bleibt und er sich fragt, ob das wirklich der Luther ist, der seinerzeit so vehement das Ketzer-Unwesen der römisch-päpstlichen Kirche angegriffen und die Ehre des Gewissens verteidigt hatte. Juden, Türken und Päpstliche waren ihm nicht weniger als die „Sturmtruppen der Teufelsarmee".

Drei Tage vor seinem Tode schlug er nochmals auf die Juden ein:

„Die Juden sind unsere öffentlichen Feinde, hören nicht auf, unseren Herrn Christum zu lästern, heißen die Jungfrau Maria eine Hure, Christum ein Hurenkind und wenn sie uns konnten alle tödten, so theten sie es gerne. Und thuns auch offt."

Es ist zudem eine zweifelsfrei geschichtlich belegbare Tatsache (und wurde von allen Lagern eingestanden, sowohl von der katholischen als auch von der evangelischen Seite), dass Luther der Obrigkeit riet, Synagogen als „Lehrhaus der Lüge" zu verbrennen, die jüdischen Lehrbücher zu konfiszieren und die Juden zu vertreiben.

Geschichtswissenschaftler wissen ferner um Luthers Zorn gegen die jüdischen Geldverleiher und seine Abneigung gegen Zinsen. In seinem letzten Lebensjahr verfiel er in eine regelrechte antisemitische Raserei und beschuldigte die Juden, ein halsstarriges, ungläubiges, stolzes, verdorbenes, verabscheuungswürdiges Volk zu sein, dessen Schulen und Tempel durch Feuer von der Erde getilgt werden müssen:

„Erstlich, daß man ihre Synagoge mit Feuer Verbrenne, und werfe hie zu, wer da kann, Schwefel und Pech; wer auch das höllische Feur künnte zuwerfen, wäre auch gut … Und solchs soll man thun unserem Herrn und der Christenheit zu Ehren, damit Gott sehe, dass wir Christen seien … Zum anderen, daß man auch ihre Häuser desgleichen zerbreche und zerstöre … Zum anderen, daß man ihnen alle ihre Bücher nähme, Betbücher, Talmudisten, auch die ganze Bibel, und nicht ein Blatt ließe … Zum vierten, daß man ihren Rabbinen bei Leib und Leben verbiete, hinfurt zu lehren … Zum fünften, daß man den Jüden das Geleit und Trasse ganz und gar aufhebe … Zum sechsten, daß man ihnen den Wucher verbiete … und nehme ihnen alle Baarschaft und Kleinod an Silber und Gold, und lege es beiseit zu verwahren. Will das nicht helfen, so müssen wir sie, wie die tollen Hunde, ausjagen." [9]

Was bleibt?

Es ist eine Ironie der Geschichte, dass der größte Ketzer aller Zeiten zuletzt selbst zum fanatischen Ketzerverfolger wurde. Luther rief zu regelrechten Kreuzzügen gegen Andersgläubige auf – gegen Juden, aber auch gegen andere Sekten. 1525 setzte Luther sogar die Zensur ein, in Sachsen und Brandenburg, um die Sekten der Täufer und Zwinglianer zu unterdrücken.

Wenn der Antisemitismus Luthers auch nicht zu vergleichen ist mit dem rassisch begründeten Antisemitismus, so bildet er doch zumindest die Rechtfertigung und Ausgangsbasis für schwere und schwerste Ausschreitungen gegen die Juden im 16., 17., 18. und 19. Jahrhundert im protestantischen Europa.

Aber forschen wir weiter: Zu seinen weiteren Sünden zählt Luthers Haltung gegenüber den Bauern. Es steht fest, dass er den Fürsten das Schwert absegnete, mit dem sie die Bauernaufstände niederschlugen. Er befürwortete die Gewalt, wenn auch zugegebenermaßen nur in Einzelfällen und wenn er auch häufig den Frieden beschwor. Doch Luthers

Verhalten bei den Bauernaufständen war alles andere als human oder christlich. Auch hier versagte er völlig.

In seinem heiligen Zorn, wie er das wohl selbst gerechtfertigt hätte, schlug er nach allen Seiten auf seine zahlreichen Feinde ein, die gegen *sein* Verständnis von Wahrheit waren. Luther war also bloß ein fanatischer und fanatisierter Priester, der später genau den Untugenden Vorschub leistete, die er in seiner Frühzeit bekämpft hatte.

Und so bleibt ein letztes Fazit über Martin Luther zu ziehen, das Historiker einmal mehr darin bestätigt, dass die Geschichte mit großartigem Humor begabt ist. Wie hat man endgültig über diesen Erzketzer Luther zu urteilen?

ENDGÜLTIGES URTEIL

In Deutschland werden wahrscheinlich bis ans Ende aller Zeiten zumindest drei völlig unterschiedliche Urteile im Schwange sein:

Der *Protestant* wird stolz darauf verweisen, dass dieser unendlich gelehrte, mutige Luther dem Papst die Stirn bot und dafür sorgte, dass eine höhere Ethik Einzug hielt. Und so viel ist richtig: Das Papsttum räumte im Zuge der späteren sogenannten Gegenreformation der Ethik einen neuen Stellenwert ein. Der Protestant wird weiter auf Luthers sprachliche und kulturelle Leistungen abheben und den Umstand, dass Deutschland endlich von Italien unabhängiger wurde.

Der *Katholik* dagegen wird Luther als Ketzer bezeichnen und darauf verweisen, dass durch ihn das Christentum gespalten wurde und an Durchschlagskraft verlor. Er wird auf Luthers negative Charakterzüge abheben und kein gutes Haar an ihm lassen.

Der *Historiker* schließlich, der zur Neutralität verdammt ist und keiner Religion oder Weltanschauung Vorschub leisten darf, wird wieder zu einem ganz anderen Urteil gelangen. Er wird darauf hinweisen müssen, dass Luther regelrecht auf die Heilige Schrift fixiert war. Mit ihr verteidigte er fanatisch das herkömmliche Weltbild der Theologie, die glaubte, dass (zum Beispiel) die Sonne sich um die Erde dreht und nicht umgekehrt.

Weiter war Luther stockkonservativ und altmodisch, ja aufgrund seiner Buchstabengläubigkeit teilweise unmoderner als viele Theologen seiner Zeit.

Seine Ausbildung zum Mönch mit all dem Beten, Büßen, Fasten, mit den Kasteiungen, der aufgezwungen Demut und der Furcht vor der Hölle mag das Seine dazu beigetragen haben, seinen Charakter zu verderben. Besonders Paulus, mit seinen Höllenvisionen und dem Strafgericht, jagte ihm Angst und Schrecken ein. In gewissem Sinne traf ihn Paulus mitten ins Herz, da er (genau wie Luther selbst!) so zornig, so hasserfüllt und so wütend sein konnte. Stets verfolgten Luther Teufelsvisionen, er pflegte ein geradezu persönliches Verhältnis mit dem Satan.

Ja, Luther befreite die Menschen vom Papst, aber er fesselte sie dafür an die Bibel. Ausgerechnet die grausamsten Dogmen dieses Buches ließ er fortbestehen, womit ein intellektueller, ein humaner Rückschritt einherging. Ohne Frage verantwortete Luther den (religiös motivierten) Hass, der Deutschland (und andere Länder) jahrhundertelang verzehrte – zweifellos seine größte Sünde. 130.000 Bauern fanden noch zu Luthers Lebzeiten den Tod, was ihn aber nicht weiter berührte. Luther war mit Haut und Haaren Priester, vom Scheitel bis zur Sohle. Er konnte in keinen anderen Kategorien denken als in denen der Bibel, der Hölle und des Paradieses. Er hetzte das Volk auf, sorgte für Aufruhr und Unruhe und wurde stets angetrieben von seinem ewigen Zorn. Dieser verführte ihn zu jedem erdenklichen gotteslästerlichen Fluch und jeder Obszönität.

Ja, Luther sorgte dafür, dass die Christenheit etwas selbstständiger zu denken begann, indem er ihr die Autorität nahm, doch nur, um sich wenig später selbst als neue Autorität einzusetzen. Nicht Freiheit etablierte er, sondern die Illusion von Freiheit! Er ist zumindest teilweise mitverantwortlich für die späteren entsetzlichen Glaubenskriege – speziell für den barbarischen Dreißigjährigen Krieg, der ein Drittel (!) der gesamten Bevölkerung in Deutschland hinweggraffte! Wir werden darauf im nächsten Kapitel zu sprechen kommen. Aber auch an den Ausschreitungen in Frankreich sowie an den Hugenottenkriegen, den Glaubenskriegen in England, in Nordeuropa und in Osteuropa ist Luther nicht ganz unschuldig. Seine Sprache war zu militant, zu marktschreierisch und zu provokativ. Er peitschte seine Parolen ein, bis das Blut der Menschen in Wallung geriet und sie zu den Waffen griffen. Wie viele Priester vor ihm und nach ihm segnete er die mörderischen Glaubenskriege mit dem Hinweis auf Gott ab.

Es mag vielleicht richtig gewesen sein, den Papst zu entthronen oder jedenfalls auf die Sünden des Papsttums zu zeigen, doch Luther setzte nur einen anderen Papst an dessen Stelle: sich selbst.

Zuletzt gab es einen unfehlbaren Luther. Jeder Ketzer, ja überhaupt jeder, der ihm widersprach, einschließlich des im Allgemeinen humanen Erasmus von Rotterdam, wurde früher oder später zu seinem Erzfeind.

Seine ärgsten Fehler waren der Aufruf zu Waffengewalt, seine Intoleranz und seine furchtbare Rechthaberei.

Sein Zorn entzündete in anderen Zorn, er entfachte die Flammen, die schließlich ganz Europa in Brand steckten.

Die unendliche Ironie seines eigenen Lebens entging Luther dabei völlig: Er besaß zwar genug Intelligenz, um zu erkennen, dass viele moralisch heruntergekommene Päpste das Volk jahrhundertelang an der Nase herumgeführt und ausgebeutet hatten, aber zu wenig Intelligenz, um zu erkennen, dass die Jahrtausende alten Worte und Geschichten früherer Priester und Päpste ebenfalls in Frage gestellt werden mussten. Er belehrte das Volk auf einer Grundlage, die historisch-kritischer Geschichtswissenschaft nicht standhält und ganz sicher nicht als historische Wahrheit gelten kann.

Ist man aber einmal so weit, entzieht das Luthers Taten die Basis. Geht man davon aus, dass die Zehn Gebote, das Alte und das Neue Testament von fragwürdigen Überlieferungen und Erscheinungen inspiriert sind, bleibt von Luther nicht mehr viel übrig. Dann muss man auch über diesen Priester den Stab brechen, selbst wenn er in einigen seiner Talente sehr sympathisch und sein Mut beeindruckend ist. Aber sofern das Wort der Bibel Gültigkeit hat, dass man einen Menschen an seinen Früchten erkennen könne, dann muss man auf die Millionen von Toten verweisen, die die Glaubenskriege mit sich brachten. War dieser Blutzoll, der auch durch Luthers Donnerworte ausgelöst wurde, gerechtfertigt, nur damit hundert andere Erleuchtete später die Heilige Schrift nach Gutdünken wieder anders auslegen konnten? Sicherlich nicht!

Die Bibel, die wir heute anders beurteilen – argwöhnischer, kritischer und distanzierter –, war die Grundlage für Luthers ganzes Handeln. Doch wenn diese Grundlage eben nicht Gottes Wort war, muss man, so schwer es auch fällt, zu einem vernichtenden Urteil über Luther kommen. Dann war Luther nichts weiter als ein fanatisierter Mönch, der die Kutte ablegte, um eine neue Religion zu gründen, und bei diesem Versuch Millionen von Menschen mit sich in den Tod riss.

2. DER DREISSIGJÄHRIGE KRIEG

Deutschland stolperte, bedingt durch Luther und andere religiöse Schwarmgeister, in der Folge in eine seiner schwersten Zeiten. Nach Luthers Tod mussten viele Menschen die Lande wechseln, weil ihre Fürsten zwar den gleichen Gott wie sie selbst anbeteten, aber einen anderen Stellvertreter. Nach wie vor wurde fleißig hingerichtet und gemordet, wenn man dem „falschen" Glauben anhing. Der Norden war inzwischen mehr oder weniger protestantisch, der Süden katholisch.

Aber sogar im Lager der Protestanten gärte es und gab es ständig böses Blut: Die Calvinisten bekämpften jetzt auch noch die Lutheraner bis aufs Messer, Menschen wurden geschmäht, des Landes verwiesen und enthauptet.

Die theologische Tollwut griff mehr und mehr um sich. Die Katholiken versuchten verzweifelt, mit ihrer Speerspitze – den Jesuiten – deutsche Städte und Länder für sich zurückzugewinnen und in den Schoß der allein seligmachenden Kirche zurückzuführen. Die Gegenreformation fasste Fuß. Dabei ging dem Dreißigjährigen Krieg ein unbeschreiblicher Tintenkrieg voraus. Kein Schimpfwort war derb und schmutzig genug, um den Gegner zu verunglimpfen. Man bezeichnete sich wechselseitig als Schwein, Drecksau oder Mörder, die Frauen des Gegners wurden grundsätzlich als Huren tituliert. Unflätige Beschimpfungen flogen hin und her, man ersann die abenteuerlichsten Lügen, um dem Gegner eins auszuwischen: Die Geschichte von der Päpstin Johanna wurde erfunden – einer Hure auf dem Papstthron. Die Päpste tanzten angeblich nackt auf dem Kreuz herum, der Papst selbst wurde gern in Gestalt einer Sau dargestellt. Die Jesuiten beschuldigte man unter anderem der Homosexualität und des Ehebruchs. Die Katholiken, nicht faul, schlugen mit gleicher Waffe zurück. 1 800 Publikationen, allesamt übelste Schmähschriften, erschienen allein im Jahre 1618. Sage einer etwas gegen die Macht der Feder!

Viele (katholische und protestantische) Fürsten versuchten außerdem, mit Gewalt ihren Einflussbereich (und Besitz) zu vergrößern (und zu mehren). In einigen Städten untersagte man der jeweils anderen Konfession schlichtweg die Ausübung ihrer Religion.

Die Stimmung war – gelinde gesagt – aufgeheizt. Da es, unbemerkt von den meisten, gleichzeitig um Pfründen, Steuereinnahmen, Besitz und Land ging, wurde auf beiden Seiten auf Teufel komm raus gelästert. Zusätzlich wurde gemeuchelt und gemordet. Es bedurfte nur eines Funkens, um das Pulverfass in die Luft gehen zu lassen.

DER PRAGER FENSTERSTURZ

Dieser Funke sprang in Prag über. Hier standen sich die katholische und die protestantische Seite unversöhnlich gegenüber. Die katholische Seite wurde durch Kaiser Matthias und seinen Nachfolger Erzherzog Ferdinand sowie durch fünf Gouverneure repräsentiert, die die Sache des (katholischen) Kaisers zu vertreten hatten.

Der protestantischen Sache nahmen sich einige Grafen und zahlreiche Ständevertreter in Böhmen/Prag an. (Als Böhmen bezeichnete man die westlichen zwei Drittel der heutigen Tschechischen Republik.) Sie pochten auf die ihnen einst zugestandene Religionsfreiheit.

Der Streit zwischen diesen beiden Parteien spitzte sich zu, als es um den Bau und die Nutzung einer Kirche ging. Im Zuge dieser Auseinandersetzung warfen die (katholischen) Gouverneure ein paar Protestanten ins Gefängnis, woraufhin im Jahre 1618 zweihundert Vertreter der (protestantischen) Stände auf die Prager Burg marschierten, eine Gerichtsverhandlung improvisierten und die in der Hofkanzlei anwesenden beiden kaiserlichen Statthalter oder Gouverneure kurzerhand aus dem Fenster warfen – aus 17 Metern Höhe. Den Schreiber Philipp

Fabricius warfen sie gleich noch hinterher. Erstaunlicherweise überlebten alle drei. Sie trugen ja weite, schwere Mäntel und lange Gewänder und stürzten auch nicht im freien Fall zu Boden, sondern es bremsten Wandvorsprünge ihren Fall ab. Außerdem wehrten sie sich mit Händen und Füßen – einer klammerte sich noch am Sims fest, als er bereits außerhalb des Fensters hing.

Die Katholiken schrieben ihr Überleben dem Einfluss der Mutter Gottes zu. Möglicherweise bremste aber auch nur ein Misthaufen am Boden den freien Fall. Historiker streiten sich bis heute über die Existenz oder Nichtexistenz dieses Misthaufens.

Die Protestanten jedenfalls waren vollkommen verblüfft und jagten den Katholiken noch ein paar Schüsse hinterher, die ihr Ziel allerdings knapp verfehlten. Die Katholiken rappelten sich auf, nahmen die Beine unter den Arm und suchten rasch das Weite.

Später wurde der Schreiber Philipp Fabricius für seine Treue zum Kaiser geadelt. Man kann sich des Schmunzelns nicht erwehren, wenn man erfährt, dass er den Namenszusatz „von Hohenfall" erhielt.

Der Vorfall wurde natürlich sofort dem (katholischen) Kaiser hinterbracht. Ein Fenstersturz besaß eine juristische Bedeutung, sie kam dem Werfen eines Fehdehandschuhs gleich!

Der Dreißigjährige Krieg (1618–1648) hatte begonnen.

DER KRIEG

Man versteht diesen Krieg am besten, führt man sich zunächst die beiden Parteien mit ihren wechselnden Führungsgestalten vor Augen:

Auf der katholischen Seite standen der Kaiser – anfangs Matthias, dann Ferdinand II., schließlich Ferdinand III., kurz gesagt die Habsburger – mit einem riesigen Reich, das ja nicht nur Deutschland umfasste, sondern auch Spanien, die Niederlande, Österreich, weite Teile Italiens (unter anderem Gebiete um Mailand und das Königreich Neapel) und einiges mehr.

Vertreten wurde Kaiser Ferdinand II., der unter den verschiedenen Kaisern die wichtigste Rolle spielen sollte, durch zwei begnadete Feldherren: zunächst Tilly und später Wallenstein. Aber natürlich befanden sich auf seiner Seite auch andere katholische Fürsten, wie etwa Maximilian I. von Bayern, ja eine ganze katholische Liga (span. *liga* = Bund, Bündnis) vertrat seine Interessen.

Auf der anderen Seite befanden sich die Protestanten, die unter verschiedenen Vorzeichen eine protestantische Union (lat. *unire* = vereinigen, *unus* = eins) bildeten. An ihrer Spitze standen am Anfang die aufständischen Böhmen und protestantische deutsche Fürsten, später der Dänenkönig, noch später der legendäre Schwedenkönig Gustav Adolf sowie Frankreich.

Mit der Beschreibung dieser beiden Seiten erhält man sofort einen gewissen Überblick.

DER ERSTE AKT

Mit dem Prager Fenstersturz hatten die Böhmen dem Kaiser gewissermaßen den Fehdehandschuh vor die Füße geworfen. Sie wählten flugs einen ihnen genehmen Mann zum neuen König, ein (protestantisch-)böhmisches Heer drang in die Stammlande des (katholischen) Kaisers ein und stand im Jahre 1619 sogar vor Wien.

Der Kaiser, von Angst und Wut gepackt, versprach Maximilian von Bayern fette Beute, wenn er ihm das Problem vom Hals schaffte. Maximilian schickte ein riesiges Heer ins Feld, unter anderem mit dem legendären Feldherrn Tilly an der Spitze. Tilly focht verschiedene Scharmützel aus und schlug die aufständischen Protestanten schließlich im Jahre 1620 vor den Toren Prags.

Alles schien in Butter.

Den Böhmen wurde erneut der Katholizismus verordnet, und es wurden rasch die Jesuiten herbeigerufen, die das Volk entsprechend belehren sollten. Man ließ einen Großteil des böhmischen Adels hinrichten und einige Totenschädel auf einem Turm in Prag aufstellen, von wo sie das Volk zur Mahnung noch zehn Jahre lang angrinsten. Die protestantische Union löste sich auf, der (dem Kaiser nicht genehme, protestantisch-calvinistische) böhmische König wurde geächtet und musste fliehen. Das aufgeflackerte, rebellische Feuer schien gelöscht.

So weit der erste Akt.

DER ZWEITE AKT

Der Vorhang zum zweiten Akt hob sich schnell: Wir haben „vergessen" zu erwähnen, dass auch andere protestantische Heere in Deutschland eine Niederlage nach der anderen erlitten. Der mächtige Kardinal Richelieu, der die Regierungsgeschäfte im benachbarten Frankreich leitete, hatte verschiedene ausländische Mächte dazu „überredet", gegen Habsburg mobil zu machen. Aber die Katholiken waren vom Glück begünstigt. Als die meisten die Sache der Protestanten schon verloren gaben, griff der Dänenkönig Christian IV. ein. Er drängte die protestantischen Fürsten Norddeutschlands zu einem weiteren Bündnis und marschierte forsch gegen die Katholiken. Doch im Jahre 1626 sah er sich nicht nur Tilly, sondern auch dem gefürchteten (katholischen) Heerführer Wallenstein gegenüber, den der Kaiser zusätzlich zu Hilfe gerufen hatte. Tilly und Wallenstein schlugen den Dänenkönig und seine Mannen vernichtend – die Sache der Protestanten schien damit zum zweiten Mal verloren.

Jetzt ging der Krieg in gewissem Sinne erst richtig los: Wallenstein, vielleicht berauscht vom Kriegsglück, stieß nach Norddeutschland vor und bedrohte sogar Dänemark, das Kernland des Dänenkönigs.

Doch wer war Wallenstein, der später von so vielen Zungen besungen wurde? Im Grunde war Wallenstein nichts weiter als ein Emporkömmling und Söldnerführer, allerdings mit messerscharfem Verstand. Er hatte eine reiche Witwe geheiratet, die kurz darauf gestorben war und ihm ihr gesamtes Vermögen hinterlassen hatte. Er vervielfachte es, indem er dem Kaiser aufgrund der galoppierenden Inflation zu einem Spottpreis 68 Landgüter in Böhmen abkaufte, sie intelligent bewirtschaftete, neue landwirtschaftliche Methoden einführte und die Industrie und die Ausbildung förderte. Kurz gesagt führte er eine erstaunliche Blüte auf seinen Gütern herbei.

Als ihn der Kaiser um Hilfe bat, stellte Wallenstein, der mehr an Astrologie glaubte als an Christus, mit eisernem Willen eine hervorragend ausgebildete Armee auf, die er selbst finanzierte – was letztlich auf seinen unerhört intelligenten Umgang mit Geld zurückzuführen ist.

Wallenstein jedenfalls kam, sah und siegte und drang daraufhin in das Herzogtum Holstein ein, das damals dem Dänenkönig gehörte. Er bedrohte sogar das gesamte dänische Festland, wie wir bereits gehört haben. Christian IV., der Dänenkönig, sah seine Felle davonschwimmen, schloss 1629 rasch Frieden und schied aus dem Krieg aus. Mit dem dänischen König ehemals verbündete (protestantische) Fürsten wurden in der Folge gnadenlos abgesetzt und die Herrschaft über einige (norddeutsche) Länder wurde dem siegreichen Wallenstein übertragen.

Auf einmal war der Name Wallenstein in aller Munde.

Im Jahre 1627 wurde er sogar zum „Admiral des Ozeans und der Ostsee" erhoben. Vielleicht liebäugelte er insgeheim damit, eines Tages König von Böhmen zu werden, möglicherweise wollte er sogar noch höher steigen – aber die Quellen sprechen keine eindeutige Sprache.

Der (katholische) Kaiser neidete Wallenstein, seinem eigenen Söldnerführer, die Erfolge. Gleichzeitig griff der Größenwahn nach ihm. Im Rausch der Gefühle entschied er, alle Besitztümer, die seit 1555 von protestantischen Fürsten beschlagnahmt worden waren, müssten wieder zurückgegeben werden. Offenbar gelüstete es ihn danach, die Protestanten zu demütigen und die Gunst der Stunde zu nutzen.

Kein Fehler hätte schwerwiegender sein können!

Die Protestanten schrien auf. Das konnte, das durfte nicht sein! Noch einmal wurden alle, wirklich alle zur Verfügung stehenden protestantischen Kräfte mobilisiert.

Tilly und Wallenstein jedoch erstickten jeden Widerstand im Keim. Ganze Städte, fünf Bischofssitze und rund hundert Klöster gingen trotz der Proteste erneut in katholischen Besitz über. Mit Soldaten kann man schwer argumentieren. Zahlreiche Kirchengemeinden mussten zwangsweise die Religion wechseln – wer nicht mitspielte, musste auswandern oder wurde aufgeknüpft.

Obwohl sich Wallenstein für seinen Kaiser die Hände schmutzig gemacht hatte, ersuchte dieser ihn zurückzutreten. Denn die Kurfürsten Deutschlands, die Ferdinand II. brauchte, um die Nachfolge seines Sohnes sicherzustellen, hatten inzwischen heimlich gegen Wallenstein intrigiert, und ihm selbst war dieser Schlachtengott auch unheimlich geworden – mit seinem ungeheuren Appetit auf Land, Titel und Beute. Kurzerhand setzte der Habsburger Wallenstein ab, was Schockwellen durch die katholischen Heere sandte. Doch Wallenstein argumentierte nicht, sondern zog sich schmollend, aber still auf seine Güter zurück. Hier wartete er ab. Er brauchte nur nach Norden zu schauen, wo der Schwedenkönig gerade mobil machte. Seine Stunde würde kommen, sie würde kommen!

DER DRITTE AKT

Im dritten Akt des Dreißigjährigen Krieges trat der Schwedenkönig Gustav II. Adolf auf den Plan. Mit einer gut ausgebildeten Armee landete er im Jahre 1630 auf deutschem Boden und zwang Pommern, Mecklenburg, Brandenburg und Sachsen zu einem Bündnisvertrag. Plötzlich war wieder alles offen.

Auf Gustav Adolf ruhten alle protestantischen Hoffnungen. Der Schwedenkönig, von den Protestanten bereits zur Lichtgestalt verklärt, traf 1631 auf ein Heer von Tilly und schlug ihn. Daraufhin marschierte er mit seinen Soldaten in Richtung Süddeutschland.

Nun begannen die Katholiken zu zittern und zu beten, wie es vormals die Protestanten getan hatten. Abermals stellte sich Tilly dem schwedischen Schlachtengott entgegen, wurde verwundet und starb wenig später an den Folgen.

Die Schweden und ihre protestantischen Verbündeten jauchzten, schwangen ihre Schwerter und drangen weiter nach Süden vor. Nichts schien ihren Vormarsch aufhalten zu können. Schließlich erreichten sie sogar München und bedrohten Österreich, das Kernland des habsburgischen Kaisers.

Inzwischen hatte sich hinter den Kulissen auf katholischer Seite ein regelrechtes Drama abgespielt. Der gefürchtete, hochintelligente Wallenstein, den seine Soldaten anbeteten und der überall nur Siege gefeiert hatte, war wieder in aller Munde. Ohrenbläser hatten den Kaiser zwar

vor dem nimmersatten Wallenstein gewarnt, der offenbar die hochflie-
gendsten Pläne schmiedete, doch die Situation war brenzlig und brand-
gefährlich. Einfach alles stand auf dem Spiel. Dem Kaiser blieb nichts
anderes übrig, als Wallenstein erneut das Oberkommando zu übertragen. Dem schwedischen König musste unter allen Umständen Paroli
geboten werden!

Demütig bat der Kaiser Wallenstein darum, eine neue Armee auszuheben und sie dem siegreichen Schwedenkönig entgegenzuwerfen. Ihm
jubelten auf einmal alle zu, selbst viele Deutsche und die Franzosen
ohnehin. Der französische Kardinal Richelieu versorgte Gustav Adolf
mit 400.000 Talern jährlich, womit dieser ohne Probleme seine Kriegskosten bestreiten konnte. Ein deutscher Fürst nach dem anderen trat
der schwedischen Allianz bei. Wallenstein zauderte erst und diktierte
dann dem Kaiser gnadenlos seine Bedingungen. Kurz gesagt forderte
er wichtige Privilegien und Vollmachten. Zähneknirschend stimmte
der Kaiser zu. Und so machte Wallenstein, längst eine Legende, erneut
mobil.

Abermals marschierten die kaiserlich-katholischen Truppen gegen
die schwedisch-protestantischen Soldaten. Die zwei größten Heerführer ihrer Zeit standen sich endlich in der Nähe von Leipzig (1632) gegenüber. In dieser Schlacht ging es um alles und nichts. Die Truppen
krachten mit unvorstellbarer Wucht aufeinander – 40.000 Soldaten auf
Wallensteins, 25.000 auf Gustav Adolfs Seite.

Einen ganzen Tag lang kämpften die Soldaten beider Seiten verbissen, keine Armee wollte zurückweichen, niemand einen Fußbreit nach-
geben. Nach einem wilden Angriff der Schweden sah sich Wallenstein
gezwungen, Boden preiszugeben. Aber einer seiner Getreuen hielt die
Flucht der Wallensteiner auf – und so rückten seine Mannen schließlich wieder vor. Daraufhin geriet die Front der Schweden ins Wanken,
und Gustav Adolf stürzte sich selbst an der Spitze seiner Soldaten in die
Schlacht. Eine Kugel traf ihn im Arm, er beachtete sie nicht. Eine andere Kugel traf sein Pferd. Er stürzte. Eine weitere Kugel drang in seinen
Rücken. Einige kaiserliche Soldaten umringten ihn und fragten ihn,
wer er sei. Gustav Adolf antwortete: „Ich bin der König der Schweden
und besiegle die Religion und die Freiheit der deutschen Nation mit
meinem Blute!" Daraufhin bohrten die kaiserlichen Soldaten wieder

und wieder ihre Schwerter in seinen Leib, bis er starb. Als die Nachricht von Gustav Adolfs Tod das schwedische Heer erreichte, begannen seine Truppen zu rasen. Sie kämpften in ihrer Trauer wie noch nie und forderten von ihrem Feind die Leiche ihres Königs, die von Kugeln durchsiebt und von Schwertstichen durchbohrt war.

Die Schweden siegten in der Folge zwar auf dem Schlachtfeld, aber sie hatten ihren König und ihre Symbolfigur verloren, die Hoffnung der Protestanten. Am Ende dieses Tages jubelten die Besiegten und trauerten die Sieger (Durant).

Axel Oxenstierna, der schwedische Reichskanzler, und Bernhard von Sachsen-Weimar, ein deutscher Söldnerführer auf schwedischer Seite, kämpften in der Folge verbissen weiter gegen die Katholiken. Es gelang ihnen sogar, die Protestanten erneut unter einer Fahne zu vereinen. Fränkische, schwäbische und rheinische Protestanten schlossen sich der neuen schwedischen Führung an.

Wallenstein, der Generalissimus, war zum ersten Mal verunsichert. Trotz allem hatte er eine Niederlage erlitten. Er ignorierte mehrmals die Bitten des Kaisers, anderen katholischen Heeren zu Hilfe zu eilen, die an anderen Fronten in Bedrängnis geraten waren. Überdies plagte ihn furchtbar die Gicht. Da geschah es. Ein Gerücht, vielleicht gezielt gestreut, machte in seiner Armee hinter vorgehaltener Hand die Runde: Wallenstein wolle sich zum König von Böhmen aufschwingen. Man munkelte von einem Militärputsch des Generalissimus. Also forderte der Kaiser Wallenstein zum zweiten Mal auf, das Kommando über seine Armee niederzulegen.

Wallenstein konnte sich nicht mit dem Kaiser persönlich anlegen. Und so floh er ein paar Tage später mit tausend Mann nach Eger, einem Städtchen im Südwesten Deutschlands, heute in der Tschechischen Republik gelegen. Doch es waren bereits Häscher hinter ihm her, vom Kaiser selbst bezahlt. Sie rochen Blut. Sie spürten ihn auf, drangen in sein Gemach ein und durchbohrten ihn mit ihren Schwertern. Der gemeuchelte Wallenstein stürzte zu Boden und starb.

Die Mörder eilten nach Wien, wo sie von Kaiser Ferdinand mit Land, Titeln und Geld überreich belohnt wurden. Diese Ungeheuerlichkeit lähmte das katholische Lager. Offenbar hatte der Kaiser seinen eigenen Feldherrn hinterrücks ermorden lassen!

Wallenstein stellte für Ferdinand II. eine Gefahr dar, die er bannen musste. Wallenstein hatte zu sehr auf eigene Faust operiert. Was hatte er sich eigentlich unterstanden? Hatte er sich nicht zum König von Böhmen aufschwingen wollen? Der Kaiser, der Tag und Nacht in Gebeten zugebracht hatte, dankte Gott auf Knien für seine Hilfe.

Ein neuer kaiserlicher Feldherr im katholischen Lager trat gegen die Schweden und ihre Bundesgenossen an. Das Glück war ihm hold. Er schlug die Schweden (1634). Daraufhin verließen viele deutsche Protestanten das sinkende Schiff und brachen im Jahre 1635 aus dem Bündnis mit Schweden aus. Der katholische Kaiser Ferdinand II. war endlich klug genug, Frieden mit ihnen zu schließen, sodass am Ende nur noch die Schweden die protestantische Sache vertraten.

Wieder schienen die Katholiken und der Kaiser alles gewonnen zu haben. Da wendete sich abermals das Blatt. Völlig unerwartet trat eine gewaltige Macht auf den Plan und brachte eine ganz neue Dimension in diesen mörderischen Krieg.

Der vierte Akt

Der vierte Akt begann, als – ungesehen von vielen – die Franzosen massiv in das Geschehen eingriffen. Schon immer hatten sie hinter den Kulissen den Krieg am Kochen gehalten, aber im Jahre 1635 verbündeten sich die protestantischen Schweden mit den katholischen Franzosen, um gemeinsam gegen die Habsburger vorzugehen. Der französische Kardinal Richelieu übernahm die Führung.

Man entschloss sich zu einem Angriff auf das Reichsgebiet.

13 lange Jahre wogten die Schlachten hin und her – ohne dass eine Seite klar den Endsieg für sich hätte verbuchen können.

Deutschland blutete völlig aus, der Schaden war atemberaubend. Hungersnöte und Seuchen rafften die Bevölkerung hinweg. Die Soldaten beider Seiten beraubten die Bauern und zerstörten danach ihre Felder und Äcker, nur um dem Feind nichts in die Hände fallen zu lassen.

Auf deutschem Boden kämpften schließlich sechs Heere: eine deutsche, dänische, schwedische, böhmische, spanische und französische Armee. Deutsche kämpften nicht selten gegen Deutsche. Söldner und

Beutegeier saugten das Land aus. Es galt als rechtens, die Frauen des besiegten Feindes zu vergewaltigen und sein Eigentum zu beschlagnahmen. Kinder wurden entführt, um Lösegeld zu erpressen, und Häuser haufenweise angesteckt.

Deutschland war auf dem absoluten Tiefpunkt.

Ganze Landstriche wurden entvölkert. Hunderte von Dörfern standen nach einer Weile leer. Ortschaften wurden eingeäschert und niedergebrannt. Die Menschen aßen Hunde, Katzen und Ratten, um das nackte Überleben zu sichern. Selbst hingerichtete Verbrecher wurden vom Galgen geschnitten und verzehrt. Eine Frau gab zu, ihr Kind vor Hunger verschlungen zu haben. Die Straßen waren in erbärmlichem Zustand und wurden von Wegelagerern unsicher gemacht. Ganze Städte lagen in Trümmern. Kaufleute bettelten und Priester wechselten ihre Religion. Zahlreiche Krankheiten breiteten sich aus und verwandelten Deutschland in einen einzigen großen Ort des Elends. In Süddeutschland überlebte nur ein Drittel der Bevölkerung. Rund neun Millionen Menschen starben insgesamt während des Dreißigjährigen Krieges. Da endlich erklärte sich der (neue) Kaiser bereit einzulenken.

DER FÜNFTE AKT

Der Vorhang zum fünften Akt ging auf. Er brachte den langersehnten Frieden. Ferdinand II. war 1637 gestorben. Sein Nachfolger, Ferdinand III., war aus anderem Holz geschnitzt. Das Land war völlig ausgeblutet. Zu allem Überfluss siegten die Protestanten mit dem Kriegsgewinner Richelieu an der Spitze am Schluss noch in mehreren Schlachten – was die Aufnahme der Friedensgespräche beschleunigte und Ferdinand III. endgültig zum Einlenken zwang.

Schweden, Frankreich und Deutschland verhandelten im Jahre 1643 über einen möglichen Frieden. Man einigte sich darauf, der Schweiz und den Niederlanden die Unabhängigkeit zuzugestehen, die Nebenschauplätze in diesem barbarischen Krieg gewesen waren. Bayern erhielt die Oberpfalz mit der Kurwürde, die Niederpfalz wurde als achtes Kurfürstentum dem Sohn des vormals verjagten, jetzt verstorbenen (protestantischen) böhmischen Königs zurückgegeben. Brandenburg

verbuchte einen stattlichen Landgewinn, was den Aufstieg der Hohenzollern und Preußens vorbereiten half. Schweden erhielt ebenfalls verschiedene Städte und Bistümer und stieg zur Großmacht auf. Aber der
wirkliche Gewinner hieß Frankreich. Die Franzosen hatten die Macht
der Habsburger gebrochen, ihr Kriegsziel war erreicht. Metz, Verdun,
Tour, Breisach und das Elsass fielen an Frankreich. Deutschland war
politisch zerstückelt und religiös zerrissen und stellte auf Jahrhunderte
keine Gefahr mehr dar. Die Bourbonen etablierten sich als die neue
beherrschende Macht in Europa. Bald sollte Ludwig XIV., der Sonnenkönig, Europa mit seinem Glanz erhellen.

Der zweite Sieger war der Protestantismus – aufgrund der Unterstützung durch das katholische Frankreich.

Die Gegenreformation und damit der Katholizismus dagegen waren
zum Stillstand gekommen. Einer der ganz großen Verlierer war also das
Papsttum, das künftig keine bedeutsame politische Rolle mehr spielte.

NETTOERKENNTNISSE

1. Wer kann, wer will nach all diesem Gemetzel noch ein Wort
   darüber verlieren, ob religiöse Toleranz richtig ist oder falsch?
   Tatsächlich zerstörte religiöse Intoleranz Deutschland praktisch.
   In anderen Ländern sah es ähnlich aus. Der Schaden war unvorstellbar. Langsam begann sich die Erkenntnis durchzusetzen,
   dass klugerweise jeder nach seiner Fasson selig werden solle.
   Jedermann erkannte, dass man selbst Gefahr lief, massakriert
   und ums Leben gebracht zu werden, wenn man dem weltanschaulichen Gegner mit der Heugabel zu Leibe rückt oder ihm
   ein hübsches, rundes Loch in die Stirn schießt. In der Folge
   machten zahlreiche Denker und edle Seelen auf das Prinzip der
   religiösen Toleranz aufmerksam. Allgemeingültig formuliert
   kann man folgende Aussage wagen:
   **Wer religiöse Toleranz nicht zum höchsten und ersten Gebots
   eines Staates erhebt, legt konstruktive Kräfte lahm, verursacht
   Hass und Zwist und im Extremfall sogar Krieg.**

2. Der Dreißigjährige Krieg bewies, dass religiöse Glaubensbekenntnisse oft nur als Feigenblatt benutzt werden, um eine bestehende Machtstruktur zu zementieren oder einer neuen Macht aufs Pferd zu helfen.
Viele protestantische Fürsten und Lokalherrscher wechselten bedenkenlos die Seiten, wenn es darum ging, ihre eigenen Schäfchen ins Trockene zu bringen. Umgekehrt ließen mächtige Katholiken ihre katholischen „Brüder im Herrn" ohne mit der Wimper zu zucken im Regen stehen und verrieten sie, wenn sie dadurch Vorteile erlangen konnten. Richelieu, der einflussreiche französische Kardinal, von Haus aus „guter Katholik", finanzierte sogar die protestantische Bewegung! Mit anderen Worten: Religion wurde nur dazu benutzt, das Volk wie an einem Nasenring hinter sich herzuziehen.
Im Prinzip begann der Dreißigjährige Krieg als Krieg zwischen zwei christlichen Konfessionen – und endete als Krieg zwischen dem Haus Habsburg (Spanien, Österreich, Deutschland und so fort) und dem Haus der Bourbonen (Frankreich). Ein religiöser Krieg wurde pervertiert zu einem dynastischen Krieg, also zu einem Krieg zwischen zwei Königshäusern.
Daraus lernen wir:
Kriegstreiber und destruktive Persönlichkeiten verstecken sich gern hinter Religionen und benutzen diese schamlos, eiskalt und völlig gewissenlos, um ihren eigenen Machtbereich zu vergrößern.

3. Natürlich wurde auch im Falle des Dreißigjährigen Krieges immer und immer wieder die Schuldfrage gestellt. Doch diese Frage ist unseres Erachtens ebenso töricht wie gefährlich. Schiebt man nämlich einer Gruppierung die Schuld in die Schuhe, schürt man noch in der Gegenwart Hass gegenüber dieser Gruppierung! Man fördert die Intoleranz – während doch das Gebot der religiösen Toleranz das wichtigste Postulat und die bedeutsamste Erkenntnis ist, die man aus dem Dreißigjährigen Krieg ziehen kann.

Sehr viel intelligenter ist es, nach den konkreten Verursachern Ausschau zu halten. Indem man konkrete Drahtzieher herauskristallisiert, fördert man Verstehen und hilft, eine ähnliche Katastrophe zu vermeiden. Man hilft im Klartext, Kriege zu vermeiden.

Der Unterschied zwischen Schuld und Verursachung muss genauestens verstanden werden, wenn Geschichtsschreibung etwas taugen soll: Schuld ist eine Kategorie, die Hass fördert, Verursachung fördert Verstehen. Schuld verweist im Allgemeinen auf eine Gruppierung, Verursachung auf konkrete destruktive Einzelpersönlichkeiten. Schuld lässt nach hinten schauen, in die Vergangenheit, Verursachung nach vorn, in die Zukunft. Schuld ist eine Messlatte, die belastet, Verursachung ein Faktor, der befreit.

Wer also waren die Verursacher des Dreißigjährigen Krieges? Wer die Drahtzieher hinter den Kulissen? Wer zeichnete für diesen barbarischen Krieg wirklich verantwortlich? Jetzt beginnen wir langsam, Geschichte zu verstehen!

Die Frage nach dem „Wer" ist die spannendste und wichtigste Frage, sie ist die Frage aller Fragen. Der Leser, der diese Frage stellt, gehört zu dem obersten Zehntel des obersten Zwanzigstels der Intelligenz!

In der Reihenfolge ihrer Bedeutung gab es folgende „Verursacher":
- An erster Stelle stehen zweifellos *Luther* und *verschiedene Päpste*. Niemand sonst verriet und verkaufte die Religion so, wie die Päpste dieser Zeit! Wir haben auf einige Auswüchse des Papsttums in unserem Kapitel über Luther bereits ansatzweise aufmerksam gemacht. Theoretisch könnte man noch sehr viel mehr nachtragen, aber auch so wird deutlich: Das Papsttum war damals von einer unvorstellbaren Geld- und Raffgier befallen, es war von Machtgier besessen, durch sexuelle Ausschweifungen degeneriert und moralisch auf dem absoluten Tiefpunkt angelangt. Wenn eine religiös-spirituelle Institution so tief sinkt, beraubt sie sich jedoch automatisch ihrer Führerrolle. Kein Volk, das auch nur einen Funken Anstand, Ehre und Würde besitzt, wird die Führerrolle einer solchen Institution weiter anerkennen wollen. Luther hatte also hundertprozentig recht mit seiner Kritik.

Auf der anderen Seite war Luther selbst nichts anderes als ein militanter Rebell, auch wenn er nie persönlich zum Schwert griff. Aber seine Schriften waren gewissermaßen mit Blut durchtränkt, er predigte Hass, wo er hätte Liebe predigen sollen, er war ein Volksverhetzer und Marktschreier und überschlug sich in seiner Ausdrucksweise, wenn es darum ging, den Papisten in Rom eins auszuwischen. Er segnete den protestantischen Fürsten das Schwert ab, mit dem sie die Bauernaufstände blutig niederschlugen, und erstach mit seiner Feder sozusagen Hunderttausende Menschen. Sein unnennbarer Hass trug auch später noch böse Früchte. Luther ist also ein Hauptverursacher für den Dreißigjährigen Krieg.

Der Papst (oder genauer gesagt verschiedene verruchte, degenerierte Päpste) und Luther (im Verbund mit anderen „Protestanten") verantworten unseres Erachtens zu rund 60 Prozent den verheerenden Dreißigjährigen Krieg.

• An zweiter Stelle sind zwei Personen zu nennen, die auf den ersten Blick bis heute fast unsichtbar geblieben sind oder zumindest nicht konsequent genug ins Scheinwerferlicht gerückt wurden: der *Kaiser* und *Richelieu*.

Auf katholischer Seite waren in letzter Konsequenz nicht etwa die Feldherren Tilly oder Wallenstein für den Krieg verantwortlich. Sie waren lediglich ausführende Organe, selbst wenn sie später idealisiert dargestellt wurden – von Friedrich Schiller beispielsweise oder auch von bedeutenden Historikern wie Golo Mann. Sie geben zwar in puncto dramatischer Handlung etwas her, aber bei Licht betrachtet waren sie lediglich Handlanger. Der Strippenzieher hinter den Kulissen, der Entscheider, wie man heute sagen würde, war stets der Kaiser – Ferdinand II., der von 1619 bis 1637 herrschte. Doch wer war dieser Habsburger?

Wir haben bereits gehört, dass er Wallenstein kaltblütig ermorden ließ – seinen eigenen Heerführer, der ihm so treu gedient hatte. Schäbiger kann eine Herrscherseele kaum sein! Es entschuldigt den Kaiser nicht, dass er vielleicht Ohrenbläsern und Einflüsterern aufsaß. Denn seine Befehle wurden ausgeführt, er besaß die Macht. Im Grunde war dieser Kaiser eine armselige Kreatur. Wir wissen, dass er einer dieser erzfrommen Herrscher war, die Religion verbissen und wörtlich nehmen. Außerdem war er nicht allzu intelligent. Von vielen Historikern wurde er als „etwas beschränkt" bezeichnet – eine Eigenschaft, die oft mit bedingungslosem Glauben Hand in Hand geht. Nie war er konzessionsbereit. Stets vertrat er stur die katholische Sache. Dass Religion bedeutet, Menschen zu lieben, entging ihm völlig. Ein paar Millionen Tote galten ihm nichts. Millionen von Vertriebenen, Verhungerten, Verkrüppelten und Verletzten – was war das schon im Vergleich zur eigenen Seligkeit? Der Kaiser hörte täglich zwei Messen, ließ sich gern von übertriebenen Bußen, Märtyrern und Wundern berichten und war abergläubischer als Horoskop-Leser heute. Er konnte Tränen für Ketzer vergießen, die auf dem Scheiterhaufen verbrannten, aber zugleich auch mit einer unvorstellbaren Grausamkeit gegen sie vorgehen.

Ferdinand II. war ein Heuchler vor dem Herrn.

Ungleich interessanter als dieser falsche Kaiser, der die Schmutzarbeit immer nur von anderen erledigen ließ, war sein Gegenspieler Kardinal Richelieu, der seinem Herrn, Ludwig XIII., scheinbar so treu diente und stellvertretend für Frankreich stehen mag. Denn er hielt dort mit eisernem Griff die Zügel in der Hand. Wer war Richelieu?

Richelieu war zwar auf den ersten Blick ein Priester, aber bei näherer Betrachtung ein machtbesessener Politiker, der dem geistlichen Stand nur deshalb angehörte, weil es die Tradition so forderte: Einer aus der Familie musste den Bischofstitel tragen – das Einkommen hing davon ab. Richelieu nahm die Kutte nur, um die Bischofsmütze zu erlangen, wofür er sogar beim Papst vorstellig werden musste. Ohne Gewissensbisse belog er den Papst in Bezug auf sein Alter – man musste ein bestimmtes Alter haben, um Bischof zu werden – beichtete aber seine Lüge später dem Papst persönlich im Beichtstuhl und bat um Absolution.

Tatsächlich fiel der frischgebackene Bischof Richelieu die Karriereleiter in Frankreich förmlich hinauf: Er wurde erst Abgeordneter seines Bistums, dann Staatssekretär. Schließlich diente er der Königinmutter, die er mit dem König Ludwig XIII. versöhnte – die beiden waren sich spinnefeind. Dafür erhielt er als Dank den Kardinalshut. Als die Gegensätze zwischen der Königinmutter und dem König dann nicht mehr zu überbrücken waren, schlug Richelieu sich auf die Seite des Königs und ließ die Königinmutter fallen wie eine heiße Kartoffel. Schon nach kurzer Zeit avancierte er zum Lenker des französischen Staates. Der König, im Herzen ein Bauer, vergnügte sich lieber auf der Jagd.

Zunächst räumte Richelieu in Frankreich an allen Ecken und Enden auf, oder besser gesagt unterdrückte er jeden Stand: Er kämpfte
gegen die Protestanten, deren letzte Widerstandsnester er besiegte. Er
nahm die Bauern aus wie Weihnachtsgänse und ließ Bauernaufstände
mit brutaler Härte niederschlagen. Er beschnitt die Macht der Aristokratie, indem er eine neue Kaste, königliche Beamte, schuf, die ihm
allein ergeben waren, während er die Rechte der Adligen empfindlich
einschränkte.

Außenpolitisch war ihm besonders das Haus Habsburg ein Dorn
im Auge, das Frankreich gewissermaßen eingekreist hatte. Denn Ferdinand II. herrschte über Spanien, saß vor der Haustür in den Niederlanden und hatte sich an der deutschen Grenze breitgemacht. Richelieu
hasste diese Habsburger mit der ganzen Kraft seiner intriganten Seele.
Sein Ziel bestand darin, Frankreich groß zu machen. Er bezahlte alle
möglichen Männer, um seinem Erzfeind eins auszuwischen. Um sein
Ziel zu erreichen, unterhielt er in ganz Europa ein ausgedehntes Spiona-
genetz, Information war schon damals alles. Hinter vielen „Schicksalsschlägen" der Habsburger stand unbemerkt der Kardinal.

Sein Hass auf die Habsburger war so groß, dass er schließlich sogar
in den Dreißigjährigen Krieg eingriff – auf Seiten der Protestanten! Er,
der katholische Bischof und Kardinal, finanzierte lange Zeit heimlich
die protestantischen Mächte in Deutschland, nur um seinen Gegenspieler zu beschäftigen. Schon im „ersten Akt" hob Richelieu eine an-
tikatholische Union aus der Taufe – im Verbund mit England, den
deutschen Protestanten, den protestantischen Holländern, mit Venedig, Schweden, Dänemark und sogar dem Papst (!). Denn der sah es
auch nicht gerne, dass die Habsburger so mächtig waren. Der Papst
fürchtete um seinen Kirchenstaat und vergaß seine (katholische) Religion ebenfalls, als es um die nackte Macht ging.

Doch erst später wurde der hinterlistige Kardinal so richtig rege. Als
schon alles verloren schien, trat der gefürchtete Richelieu erstmals gut
sichtbar auf den Plan. Das Phänomen Gustav Adolf von Schweden ist
nicht denkbar, ohne Frankreichs Livres (Pfund) und seinen falschen
Kardinal! Er finanzierte den Krieg. Er zahlte jährlich eine Million Livres an Gustav Adolf. Als der Schwedenkönig starb, griff Richelieu sogar
aktiv in den Krieg ein. Er vergrößerte im Jahre 1638 die französische

Armee von 12.000 auf 150.000 Mann und hetzte seine eigenen Soldaten an die Front. Zeitweilig herrschte Frankreich über Trier, Koblenz,
Colmar, Mannheim und Basel. Französische Truppen nahmen außerdem Lothringen ein und erzwangen den Weg nach Mailand, das Zentrum der Habsburger in Norditalien. Richelieu warf mit Geld nur so
um sich, wenn es galt, die Habsburger zu schädigen. Zahlreiche deutsche Fürsten hingen an seinem Geldtropf. Er kaufte sogar ausländische
Soldaten und berühmte Heerführer ein, denen er manchmal eine ganze
Armee zur Verfügung stellte, die sie gegen die Habsburger zu führen
hatten. Niemand hasste die Habsburger, Spanien und Deutschland so
sehr wie diese gewissenlose Giftspritze! Der zähe, asketische Priester
war der fleischgewordene Machtpolitiker, dem keine Lüge oder Gewalt
zu groß war, um seine Ziele zu erreichen. Durch den Dreißigjährigen
Krieg, den er ständig am Kochen hielt, brachte er unvorstellbares Elend
über die Deutschen. Systematisch verhinderte er den Frieden, unbemerkt von vielen hielt er die Kriegsfackel ständig am Brennen. Bestechung gehörte zu seinem Tageswerk, Mord zu seinem Repertoire.

Wenn es um den Dreißigjährigen Krieg geht, ist Richelieu unseres Erachtens die von der heutigen Geschichtswissenschaft am meisten
vernachlässigte Figur. Denn noch immer geistert die Mär von seinem
„politischen Genie" durch die Geschichtsbücher.

Die beiden mächtigsten Gegenspieler ihrer Zeit – Kardinal Richelieu und der Habsburg-Kaiser Ferdinand II. – sind also zumindest zu
35 Prozent für den Dreißigjährigen Krieg verantwortlich zu machen.

Die Vokabeln „katholisch" oder „protestantisch" wurden eiskalt
dafür benutzt, Heere gegeneinander zu hetzen, wobei am Ende nur
Söldnerheere übrig blieben, die dem dienten, der am meisten zahlte.
Genauso galten Begriffe wie „deutsch" oder „französisch" im Grunde nicht viel: Auch sie wurden nur berechnend eingesetzt, um die Bevölkerungen gegeneinander aufzuwiegeln oder dem eigenen Volk zu
schmeicheln und ihm das Märchen von der eigenen Überlegenheit
in die Ohren zu setzen. Letztlich ging es dem Kaiser nur darum, das
Himmelreich zu gewinnen, während der ehrgeizige Kardinal mehr
daran interessiert war, den eigenen Machtbereich zu vergrößern – auf
Kosten des stärksten Konkurrenten, auf Kosten der Habsburger. Beide
waren hinter den Kulissen die Regisseure dieses elenden Schauspiels.

- Völlig nebensächlich dagegen sind Feldherren wie *Tilly* oder *Wallenstein*, wir haben es bereits angedeutet. Sie waren allenfalls Läufer in dem Schachspiel, das von Königen beherrscht wurde. Es handelt sich um eine klassische Fehlanalyse, weist man ihnen eine Hauptrolle in diesem Drama zu.

Tilly war es zwar eine Herzensangelegenheit, die Ketzer auszurotten, seine Sprache war martialisch und fanatisch. Aber schon Wallenstein war lediglich ein kalt berechnender Söldnerführer, der in seiner Jugend problemlos vom protestantischen zum katholischen Glauben übergetreten war, als es ihm diente.

Wallenstein, völlig zu Unrecht in den Götterhimmel der Helden erhoben, war ein jähzorniger Geselle und in seiner Jugend sogar gerichtskundig geworden, weil er in einem Anfall von Raserei einen Diener halbtot geprügelte hatte. Gelegentlich soff Wallenstein wie ein Loch. Er heiratete aus Berechnung, wie wir bereits gehört haben. Seine Anhänger priesen später Wallensteins Keuschheit – ebenfalls ein Märchen, denn posthum stellte es sich heraus, dass er an Syphilis litt. Ja, der beste Feldherr dieses Zeitalters war ein begabter Krämer, sofern es um seinen Vorteil ging, aber er erstickte fast vor Aufgeblasenheit an seinen zahlreichen Titeln. Wir sind geneigt, ihn vom Vorwurf der Verschwörung gegen den Kaiser freizusprechen, dem er unserer Ansicht nach treu diente, aber die Verwüstungen und Plünderungen, die er zu verantworten hat, weisen ihn nicht als edle Seele aus. Seine überragende Intelligenz machte ihn unbescheiden und seine Siege größenwahnsinnig. Er war kein Protestantenfresser wie Tilly, sondern ein kaltblütiger Kalkulator. Bei der wichtigsten Gleichung jedoch verrechnete er sich völlig, da er Ferdinands II. Intriganz nie wirklich durchschaute, der ihn ohne mit der Wimper zu zucken am Ende über die Klinge springen ließ. Das Schicksal sah einen gewaltsamen Tod für ihn vor – nicht ungewöhnlich für einen Soldaten in dieser barbarischen Zeit, die er selbst mit heraufbeschworen hatte.

Wallenstein zählt jedoch genau wie Tilly nicht zu den Hauptverantwortlichen des Dreißigjährigen Krieges, sie waren Marionetten am Gängelband des Kaisers.

Das Gleiche gilt für den *Dänenkönig* und Gustav Adolf, den *Schwedenkönig*. Gustav Adolf wollte in erster Linie seinen eigenen Machtbereich ausweiten; ihn zu einem Helden hochzustilisieren ist Unsinn und ein hübsches Märchen, das einige Protestanten erfanden. Die protestantische Sache interessierte ihn allenfalls am Rande. Er nahm genauso gewissenlos Gelder vom (katholischen) französischen Kardinal, wie er ehemals lächelnd protestantische Dänen hingeschlachtet hatte. Ein religiöser Überzeugungstäter war Gustav Adolf mit Sicherheit nicht! Gustav Adolf führte die Wehrpflicht ein und stellte die erste vom Staate bezahlte und ausgerüstete Volksarmee auf. Er träumte den Traum von der schwedischen Großmacht. Der „Löwe aus dem Norden" wurde jedoch lange als Held und Retter des deutschen Protestantismus gefeiert. Aber all das waren hübsche Public-Relations-Floskeln, die vielleicht romantische Gemüter beeindrucken konnten, der Wahrheit entsprachen sie aber nicht.

Auch der Dänenkönig sah lediglich seine Chance, seinen Einflussbereich zu erweitern. Christian IV. baute Dänemark gnadenlos zur Militärmacht aus, betrieb eine nationale Aufrüstung ohnegleichen und versuchte ebenfalls, wenn auch vergeblich, aus seinem Land eine Großmacht zu machen.

All diesen Gestalten (Wallenstein, Tilly, Christian, Gustav Adolf) können wir höchstens fünf Prozent zubilligen, wenn es darum geht, Verantwortlichkeiten zu definieren und die Verursacher des Dreißigjährigen Krieges zu benennen. Sie alle benutzten den Krieg nur, der ohnehin bereits tobte, um ihr eigenes Süppchen zu kochen.

Und so erkennen wir erneut, dass sowohl die Religion als auch die Vaterlandsliebe Kategorien sind, die schon immer schändlich missbraucht wurden, um Kriege zu rechtfertigen.

Das ist die vielleicht wichtigste Lehre aus dem Dreißigjährigen Krieg.

DIE SUCHE NACH DEM SCHULDIGEN

Kehren wir noch einmal zur Schuldfrage zurück, die tatsächlich über vierhundert Jahre lang gestellt wurde, ohne dass sie je allseitig zufriedenstellend beantwortet worden wäre.

Natürlich war es ein Leichtes, zunächst auf die jeweils andere Religion zu deuten. Die Katholiken machten die Protestanten für die unvorstellbaren Gräuel verantwortlich – und umgekehrt. Aber wie wir gesehen haben, waren es eben nicht die Katholiken oder die Protestanten, auch nicht die Franzosen oder die Schweden. Es waren auch nicht das Kaisertum oder die Monarchie für den unendlichen Schaden verantwortlich, das System oder die wirtschaftlichen Umstände.

Es waren *konkrete* Persönlichkeiten, eben Luther, einige Päpste, der Kaiser Ferdinand II. und Richelieu in erster Linie, die diesen Krieg zu verantworten hatten.

Je differenzierter und präziser man auf den oder die wirklichen Verursacher deutet, umso schärfer und intelligenter vermag man zu urteilen. Eine wenig intelligente Person wird immer Verallgemeinerungen den Vorzug geben, eine intelligente, konstruktive Person wird sich dagegen vor Verallgemeinerungen hüten!

Noch einmal, es ist zu wichtig: Verallgemeinert man, legt man den Grundstein für neue Zwistigkeiten, Händel und Kriege. Differenziert man, verhindert man künftige Kriege.

Wenn man also erkennt, dass es sehr präzise, konkrete, namentlich identifizierbare, destruktive Persönlichkeiten waren, die für den Dreißigjährigen Krieg verantwortlich zeichnen, wird man nicht das Kind mit dem Bade ausschütten und etwa dem Christentum, der Religion oder Frankreich die Schuld in die Schuhe schieben. Man wird vielmehr ein Raster entwickeln, also bestimmte Merkmale aufstellen, mit deren Hilfe man in Zukunft solche destruktiven Persönlichkeiten im politischen Raum im Vorfeld identifizieren kann. (Wir werden ein solches Raster an späterer Stelle in diesem Buch vorstellen.)

Aber die Menschen nach dem Dreißigjährigen Krieg waren zu solchen Differenzierungen nicht fähig. Zu groß war das Elend, das der Krieg über alle Parteien und Parteiungen gebracht hatte, selbst wenn sie gesiegt hatten. Grundsätzlich verlor die Religion damals gewaltig an Reputation. Auf einmal erkannte man, dass sich einige Heuchler ihrer nur schamlos bedient hatten, um ihre eigenen habgierigen Absichten durchzusetzen.

Deutschland hielt Ausschau nach anderen Orientierungspunkten, und eine neue Zeit brach an.

3. KUNST, KULTUR UND WISSEN-SCHAFT IM 16. UND 17. JAHRHUNDERT

Wenden wir uns nun von all dem Gemetzel und den Schlächtereien ab und einem erfreulicherem Thema zu: der Kunst, Kultur und Wissenschaft im 16. und 17. Jahrhundert.

Fortschritt wird definiert durch Künstler und Forscher, Wissenschaftler und Tüftler, Philosophen und Lehrer, die neue, konstruktive Ideen auf den Weg bringen, die Menschen lieben, echtes Wissen weitergeben und die Welt auf ein höheres Niveau zu bringen suchen.

Natürlich hatte der Dreißigjährige Krieg tiefe Gräben gerissen, aber es sprach für das deutsche Volk, dass es trotzdem künstlerisch und wissenschaftlich tätig blieb und bedeutende Beiträge zum Fortschritt der Menschheit leistete.

DIE KÖNIGIN ALLER KÜNSTE: DIE MUSIK

Besonders beliebt in Deutschland war die Musik. Es gab zahlreiche Volkslieder, geistliche Lieder und alle Arten von Tänzen, Balletten, Prozessionen und musikalisch untermalten Theateraufführungen. In Mainz, Nürnberg, Augsburg und anderen Städten wetteiferten Meistersinger darin, die ewigen Themen Frömmigkeit und Liebe in den schönsten Tönen zu preisen. Die Musikinstrumente waren zahlreich: Großer Beliebtheit erfreuten sich die Laute und die Viola, erstmalig wurden aber auch Tasteninstrumente in größerem Umfang eingesetzt. Das erste Tasteninstrument, das Clavichord (*clavi* = Taste), war bereits im 12. Jahrhundert erfunden worden; das Klavier und die Orgel sind nicht denkbar ohne diesen Vorläufer. Aber es gab auch Harfen, Flöten, Oboen, Hörner, Trompeten, Posaunen und Dudelsäcke, es wurde mit Trommeln, Glocken, Klappern und Kastagnetten, Pauken und Pfeifen musiziert.

In jeder Familie sang man, und oft wurden zudem unterschiedliche Instrumente gespielt. Denn abgesehen von Italien war kein Land so musikalisch wie Deutschland. Ständig wurde daran gearbeitet, die Musikinstrumente noch wohltönender klingen zu lassen, noch volumiger und reizvoller. Musik wurde raffiniert und hochkultiviert, es gab bereits Solisten, die weithin Berühmtheit erlangten. Einem Organisten (Conrad Paumann) wurde für sein wohlklingendes Spiel sogar der Adelstitel verliehen.

Im Jahre 1627 importierte man die italienische Oper nach Deutschland, die erste deutsche Oper wurde 1678 in Hamburg uraufgeführt. Hamburg blieb eine Zeit lang führend in Sachen Oper und Drama.

Die Orgel wurde immer beliebter. Deutsche Komponisten begannen, vereinzelt sogar italienischen Komponisten den Rang abzulaufen. Die Musiksiege des großen Johann Sebastian Bach zeichneten sich bereits am Horizont ab.

DRUCKER, VERLEGER UND FEDERFUCHSER

Auch das Buchwesen und die Schriftstellerei machten weitere Fortschritte. Die Städte Straßburg, Augsburg, Nürnberg, Wittenberg, Köln, Leipzig, Magdeburg und vor allem Frankfurt wurden im Buchhandel und im Verlagswesen endgültig führend. Überall gründete man öffentliche Bibliotheken und Privatbibliotheken.

Bestimmte literarische Gattungen waren besonders beliebt, so die Satire, Schmähverse überhaupt und mit ihnen die Poesie. Der Nürnberger Hans Sachs (1494–1576) machte von sich reden, weil er die alten deutschen Tugenden hochhielt und versuchte, sich dem einfachen Volk verständlich zu machen – in unkomplizierten Knittelversen. Das

Drama wurde langsam ebenfalls populär, da man auf der Bühne seine Botschaften propagandistisch gut darstellen konnte.

DIE BAUMEISTER

Darüber hinaus wurde eifrig gebaut, und zwar nicht nur, weil es die Spuren des mörderischen Krieges zu tilgen galt. Es entstanden zahlreiche Schlösser. Langsam hielt der Barock (portugiesisch *barroco* = wörtlich „schiefrund") Einzug, ein schmuckreicher, verschnörkelter, schwungvoller Kunststil.

Überall wurden herrliche Bauwerke geschaffen. Schlösser, die das Auge verführten, wuchsen in Dresden, Stuttgart und Heidelberg aus dem Boden, aber auch in Baden und Aschaffenburg. Nicht zu vergessen die Schlösser in Karlsruhe, Mannheim, Bayreuth, Würzburg und Wien, wo der deutsche Barock schließlich in seiner vollen Blüte stand. Der Dom zu Fulda, das Nymphenburger Schloss bei München und das Berliner Schloss entstanden. All diese achitektonischen Juwelen müssen wir im Sinn haben, wenn wir den Leistungen der Bauherren, Architekten, Bildhauer und Künstler in dieser Epoche auch nur halbwegs gerecht werden wollen.

Die neuen Handelsherren trugen ebenfalls zu der Bauvielfalt bei. Prunkvolle Rathäuser entstanden unter anderem in Lübeck, Paderborn, Bremen, Rothenburg, Augsburg und Nürnberg.

DIE KUNSTHANDWERKER

Es gab hervorragende Möbelhandwerker, Elfenbeinspezialisten, Kupferstecher, Miniaturisten, Bronzegießer, Gold- und Silberschmiede. Tatsächlich gerieten die Goldschmiede von Nürnberg, München und Wien zu den besten der Welt, deutsche Handwerker liebten es, mit Metallen zu experimentieren. Aber auch Glasmaler und Töpfer wetteiferten mit Holzschnitzern und Edelsteinschleifern, dass es eine Lust war.

⚓

DIE GILDE DER MALER

Und die Malerei brachte auch neue Genies hervor. Lukas Cranach (1472–1553) ist hier zu nennen, den man nach seinem Geburtsort Kronach in Franken benannte. Es handelte sich bei ihm um einen Künstler mit ausgezeichnetem Geschäftssinn. Er vergoldete seinen Pinsel, indem er zahlreiche Porträts anfertigte, aber auch alles andere malte, was Geld in die Kasse spülte: Akte, Karikaturen, hübsche Frauen, griechische mythologische Gestalten, christliche Figuren, Bäume und Tiere aller Art – der Kunde diktierte, und Cranach lieferte. Er malte unglaublich realistisch, ein Bild mit mehreren Hirschen dünkte einem Freund so lebensecht, dass seiner Meinung nach Hunde unmittelbar anfingen, vor Jagdlust zu bellen, sobald sie in den Raum eingelassen wurden, in dem das Bild hing.

Oder Hans Holbein der Jüngere (1497–1543). Er machte eine atemberaubende Karriere, indem er sich anfangs auf Wandmalereien und später dann auf die Porträtmalerei spezialisierte. Kaum ein Bürgermeister entkam seinem Pinsel. Seine Geldbörse befahl ihm schließlich, in London auf die Suche nach interessanten Auftraggebern zu gehen. Hier gelang ihm der Sprung in die höchsten Kreise, sodass er sogar zum offiziellen Hofmaler des englischen Königs ernannt wurde. Natürlich musste er auch andere Arbeiten ausführen und Räume dekorieren, Kleider entwerfen, Bucheinbände verzieren und königliche Schnallen und Knöpfe erfinden, aber das Porträt blieb sein eigentliches Metier. Auch er beobachtete das kleinste Detail und stellte es mit penibler Akkuratesse dar. Lichteffekte, Farben, Linien – einfach alles wurde in einer unvorstellbaren Genauigkeit wiedergegeben.

⚓

NEUE SCHWERPUNKTE IN DER AUSBILDUNG

Im Laufe der Zeit änderten sich zudem das Schulwesen und die Universitätslandschaft in Deutschland. Man konnte jetzt Hebräisch,

Griechisch, Latein, Deutsch, Jurisprudenz, Medizin, Geschichte und Literatur studieren, aber auch wie bisher Logik, Rhetorik, Moral und die Bibel. Einen besonderen Aufschwung nahm das Studium des Griechischen und des klassischen Lateins – mit der Folge, dass Deutschland im 19. Jahrhundert führend in der Erforschung des Altertums wurde.

BANKWESEN UND HANDEL, VERWALTUNG UND ADMINISTRATION

Das Bankwesen und der Handel traten ebenfalls in eine neue Phase ein: Inspiriert von den Italienern und den Engländern, begann man mit Geldanweisungen statt mit schwerem Metall und umständlichen Münzen zu operieren. Der Handel wurde international und die Welt schrumpfte zusammen.

Völlig neue Möglichkeiten taten sich auf, auch weil sich zumindest auf den Flüssen und Meeren die Transportmöglichkeiten verbesserten. Durch die Entdeckung der Neuen Welt verschoben sich allerdings zunächst die Schwerpunkte im Handel zu Ungunsten Deutschlands, denn Häfen etwa in Spanien, Portugal, England und den Niederlanden waren jetzt wichtiger als Häfen in Hamburg oder Bremen.

Vielfach ersetzten in der Verwaltung Juristen die Theologen, was die Administration verbesserte und ebenfalls eine neue Zeit ankündigte.

DAS ERWACHEN DER WISSENSCHAFTEN

Am bedeutsamsten allerdings war das Erwachen neuer Wissenschaften sowie die Verbesserung und Weiterentwicklung altehrwürdiger Wissenszweige.

Die Agrarwissenschaft erreichte neue Höhen, weil neue Pflanzen, Gewürze und Bäume in Deutschland Einzug hielten. Dünger wurde importiert, die Kartoffel etwa kam, aber auch die Brunnenkresse und der Pfefferbaum.

Die Biologie wurde entdeckt beziehungsweise wiederentdeckt. Erstmalig entstanden sorgfältige Pflanzenbeschreibungen. Große botanische Gärten wurden angelegt, zunächst weitgehend für pharmazeutische Zwecke. Aus Amerika kam die Chinarinde, Aloe wurde aus Indochina importiert und eine westindische Tinktur heilte angeblich die Syphilis.

Die Chirurgie wurde weiterentwickelt und lud dazu ein, umsichtiger Arme und Beine abzuschneiden. Die Zahl der Krankenhäuser nahm zu und innerhalb der Medizin wurde strenger ausgebildet. Neue Arzneimittel kamen fast jedes Jahr auf den Markt, das Jahr 1618 kannte bereits 1 900 Heilmittel.

Auch im Bergbau wurden neuen Technologien entwickelt, die Schmelzmethoden verbesserten sich und die Metallurgie erreichte neue Höhen.

Uhren gewannen an Zuverlässigkeit, das Spinnrad wurde verbessert und der Schiffsbau: Tiefere und schmälere Kiele erlaubten eine höhere Geschwindigkeit und verliehen gleichzeitig größere Stabilität, weiter gab man nun drei Masten und fünf bis sechs Segeln den Vorzug, was die Geschwindigkeit, aber auch die Manövrierfähigkeit verbesserte.

Immer feinere Mess- und Beobachtungsgeräte entstanden: genauere Waagen und Mikroskope, Teleskope und Thermometer. Das stellte der Mathematik genaueres Zahlenmaterial zur Verfügung, sodass Beobachtungen in exakte Gleichungen umgesetzt werden konnten.

DIE ENTDECKUNG DER UNENDLICHKEIT

Kolumbus (1451–1506) hatte die Menschheit über den Tellerrand blicken lassen, aber es waren Namen wie Kopernikus (1473–1543), Kepler (1571–1630) und Galilei (1564–1642), die den Gesichtskreis der Menschheit millionen- und milliardenfach erweiterten – indem sie Sterne und Planeten am Firmament genauer beschrieben.

Der Deutschpole Kopernikus hatte, wie wir bereits gehört haben, die Sonne in den Mittelpunkt des Sonnensystems gestellt und nicht die Erde. Und der Stuttgarter Johannes Kepler läutete den nächsten Schritt in Richtung Unendlichkeit ein. Seine Methode bestand darin, zunächst jahrelang nachzudenken, dann Hypothesen (Behauptungen) aufzustellen, sie schließlich mathematisch zu formulieren, in der Folge zu prüfen und nochmals zu prüfen, sie also mit anderen Beobachtungen zu vergleichen und endlich zu verwerfen oder als richtig anzuerkennen. Als er die Bahn des Mars ergründete, probierte er vier Jahre lang siebzig Hypothesen aus! Es gelang ihm herauszufinden, dass der Mars in einer Ellipse um die Sonne verläuft und nicht etwa in einem Kreis. Er schlussfolgerte, dass sich auch die anderen Planeten in elliptischen Bahnen um die Sonne bewegen. Weiter fand er Formeln für die genauen Umlaufzeiten der Planeten und katalogisierte 1 005 Sterne. In gewissem Sinne bereitete er bereits einige Entdeckungen von Galilei und Newton (1642–1727) vor – den beiden bedeutendsten Genies in Sachen Physik und Astronomie.

Wissenschaft ist das Weiterreichen der Fackel der Wahrheit von einer Generation an die nächste.

KUNST UND WISSENSCHAFT KONTRA POLITISCHE GESCHICHTE

Erneut sehen wir, dass Geschichte alles andere als eine Aufzählung von barbarischen Kriegen, übermütigen Siegen und vernichtenden Niederlagen ist, die allenfalls die Rahmenhandlung bilden für den wahren Fortschritt der Menschheit. Die Geschichte vieler königlicher Raufbolde ist im Grunde vollkommen nebensächlich. Aber sie bildet – poetisch gesprochen – das Flussbett, in dem die Wasser des Fortschritts fließen können – oder eben auch nicht. Deshalb ist es notwendig, ja geradezu eine Sache des Überlebens, sich auch mit dieser Art Historie zu beschäftigen.

Wenden wir uns deshalb wieder der politischen Geschichte zu, die nun einen ganz anderen Kurs nahm und vollständig neue Möglichkeiten eröffnen sollte, an die bislang niemand auch nur im Traum gedacht hatte.

4. DER UNAUFHALTSAME AUFSTIEG PREUSSENS

Der Dreißigjährige Krieg hinterließ in den deutschen Landen erneut ein enormes Machtvakuum. Denn die (deutsch-spanischen) Habsburger hatten im Prinzip den Krieg gegen die (französischen) Bourbonen verloren – und einen verlorenen Krieg verzeiht die Geschichte selten oder nie.

Ein politisches Machtvakuum tendiert dazu, gefüllt zu werden. Das ist ein regelrechtes historisches Naturgesetz. Denn das politische Vakuum ähnelt in vielen Bereichen erstaunlich dem physikalischen Vakuum. Neue Kräfte und Mächte drängten auf den Plan, die das übermächtige Haus Habsburg später weit in den Schatten stellen sollten. Aufgefüllt werden sollte dieses Machtvakuum von den Preußen, mit dem Fürstengeschlecht der Hohenzollern an der Spitze.

Bei den Preußen (oder Prußen, Prussen, Prutheni, Prusai) handelte es sich ursprünglich, im 13. Jahrhundert, um verschiedene Stämme, die im hohen Norden Deutschlands an der Ostsee siedelten. Die Herkunft des Wortes ist nie zur allseitigen Zufriedenheit geklärt worden, aber es besteht eine gewisse Wahrscheinlichkeit, dass die Vokabeln *pruta/ pruota* (= Verstand, Klugheit) oder *prusas* (= hochgewachsen) in dem Wort „Preußen" enthalten sind. Die Hohenzollern wiederum waren ursprünglich ein schwäbisches Adelsgeschlecht, benannt nach ihrer Stammburg Hohenzollern, einer auf dem gleichnamigen Berg Hohenzollern gelegenen Gipfelburg.

Aber bevor wir auf den sagenhaften und unaufhaltsamen Aufstieg der Preußen und der Hohenzollern zu sprechen kommen, sollten wir zunächst die Ausgangssituation näher beleuchten. Mindestens drei

Faktoren spielten eine Rolle, die man sich zunächst vor Augen halten muss, will man die weitere Geschichte verstehen.

FAKTOR 1: DAS HAUS HABSBURG

Das Haus Habsburg hatte eine unendliche Machterweiterung erfahren, wie wir bereits gehört haben. Aber es hielt diese Macht nicht mit beiden Händen fest, delegierte sie nicht geschickt und übte sie nicht zum Wohle der Völker aus.

Wie alle Dynastien litt das Haus Habsburg darunter, dass in seinen Reihen gute und schlechte Herrscher existierten, intelligente und weniger intelligente Kaiser. Einige Habsburger waren von den besten Absichten beseelt und achteten darauf, die ewigen Werte im politischen Raum – wie Freiheit, Frieden, Gleichheit vor dem Gesetz, Wohlstand und Toleranz – hochzuhalten, andere wollten lediglich ihren eigenen Machtbereich vergrößern. Sie dachten nicht an die Menschen, die sie regieren sollten, sondern nur an sich selbst oder allenfalls an die Linie des Hauses Habsburg, die es unter allen Umständen fortzuführen galt.

Erinnern wir uns: Der erste Habsburger auf dem Kaiserthron war ein intelligentes „Gräflein", sehr beliebt beim Volk, weil es den anderen macht- und besitzsüchtigen Fürsten gnadenlos auf die Finger klopfte und für Frieden und Gerechtigkeit sorgte.

Der Habsburger dagegen, der während des Dreißigjährigen Krieges weitgehend die Zügel in der Hand hielt, war ein verbissener, unintelligenter, frömmelnder Herrscher, der seine eigenen Leute verheizte und nicht nur den Krieg nicht verhinderte, sondern ihn sogar noch aktiv am Brennen hielt.

Der von allen Seiten verfluchte Dreißigjährige Krieg warf Deutschland in seiner Entwicklung zumindest ein bis zwei Jahrhunderte zurück. Man stelle sich in einer stillen Minute einmal vor, welch unendlichen Aufschwung dieses Deutschland hätte nehmen können, hätte in dieser Zeit ein intelligenter Herrscher an der Spitze gestanden!

Wie hätte er wohl entschieden?

Zunächst hätte er nicht für oder gegen die Protestanten Partei ergriffen, er hätte weder den verruchten Päpsten in Rom, noch den teilweise blutdürstigen Protestanten den Rücken gestärkt. Er hätte versucht, sich über beide Parteiungen zu stellen! Er hätte in allen Streitfragen das Zünglein an der Waage gespielt, sodass er in den wichtigsten Entscheidungen das letzte Wort gesprochen hätte. Er hätte sich aus den vertrackten Religionsfragen herausgehalten, sie in die zweite Reihe gestellt und seinen eigentlichen Job erledigt, nämlich Wohlstand herbeigeführt und sich um Gerechtigkeit gekümmert.

Deutschland wären vielleicht die unendlichen Gräuel erspart geblieben.

Vielleicht wäre dadurch der unaufhaltsame Aufstieg Preußens verhindert worden und mit ihm in der Folge ein zweifelhafter Bismarck, dessen Taten und Untaten mit einer gewissen Konsequenz in den Ersten Weltkrieg mündeten – und dieser in den Zweiten Weltkrieg – wer weiß? Doch dem Historiker ist es nicht erlaubt zu träumen.

Fest steht, jetzt bezahlte das Haus Habsburg für sein Versäumnis, den Dreißigjährigen Krieg nicht vermieden zu haben, für den in letzter Konsequenz, jedenfalls dem „Posten" nach, der Kaiser verantwortlich zeichnete.

Der Kaiserthron wurde nach wie vor von den Habsburgern besetzt, aber es gab mittlerweile zwei Zweige: Die österreichischen Habsburger herrschten über das Kaiserreich deutscher Nation, die spanischen Habsburger über Spanien und seine Kolonien.

Die Sünden der spanischen Habsburger aufzuzählen verbietet der Titel dieses Buches, das sich nur mit Deutschland befassen soll. Doch zu diesem Thema immerhin so viel: Auch die spanischen Habsburger begingen einen Fehler nach dem anderen: Sie beuteten die amerikanischen Kolonien schamlos aus, schafften Gold und nochmals Gold in großen Schiffsbäuchen in ihr Land, pressten überhöhte Steuern aus dem Volk, vernachlässigten in sträflicher Weise die Wirtschaft in Spanien, finanzierten aber Soldaten und einen üppigen Hof, was die Gelder auffraß. Sie gestatteten es priesterlichen und adligen Schmarotzern, die schlimmer als in jedem anderen Land Europas hausten, das Land auszusaugen und führten so den Niedergang Spaniens und ihrer eigenen Linie herbei. Sie versagten völlig.

Die österreichischen Habsburger dagegen versuchten zu retten, was zu retten war. Allerdings kümmerten sie sich immer weniger um das Reich und Deutschland mit seinen verschiedenen Fürstentümern, sondern suchten in dieser Zeit der Wirren nur verzweifelt ihre Hausmacht zu festigen. Sie herrschten unmittelbar über Österreich, Kärnten, Krain, Tirol und die Steiermark, zeitweise über Böhmen, Mähren, Schlesien und das westliche Ungarn. Es gelang den österreichischen Habsburgern ein paar Jahrhunderte lang, sich in diesen Landen zu etablieren, aber selbst in Österreich begingen sie zahlreiche politische Fehler, auf die wir noch zu sprechen kommen werden. Österreich hat heute keinen Kaiser mehr, und das Haus Habsburg ist inzwischen in der vollkommenen politischen Bedeutungslosigkeit versunken, während beispielsweise in England und Holland noch immer ein König oder eine Königin an der Spitze steht – mit nicht unerheblichem Einfluss. Die Queen in England rangiert unter den reichsten Menschen der Welt noch immer auf Platz zehn.

Was hätten die österreichischen Habsburger tun müssen?

Vielleicht war es unmöglich, so ein riesiges Reich wirklich zu regieren. In puncto Macht muss man Folgendes erkennen: Man kann nicht die ganze Welt verschlingen. Infolgedessen muss man Macht geschickt delegieren, Macht abgeben und Macht loslassen, ansonsten verkehrt sich das Spiel eines Tages ins Gegenteil – man wird von der Macht verschlungen. Die österreichischen Habsburger hätten in diesem „Deutschland" eine neue Macht – allerdings von ihren Gnaden – etablieren müssen. Sie hätten, zumindest der Form halber, eine neue nicht-habsburgische Macht aus der Taufe heben und sie dem sich formenden Deutschland vorsetzen müssen. Da sie das versäumten und der Geschichte ihren Lauf ließen, krähte nach einer Weile kein Hahn mehr nach ihnen. Sie waren ja nicht einmal mehr präsent. Deshalb verloren sie in der Folge jeden Einfluss.

Doch was passierte in diesem „Deutschland", in dem die Habsburger zumindest formal den Kaiser stellten? Wir haben es bereits gehört: Die Habsburger zogen sich immer weiter aus diesem seltsamen Gebilde, dem „Römischen Reich Deutscher Nation", zurück. Sie hinterließen ein klassisches Machtvakuum, das danach schrie, gefüllt zu werden.

FAKTOR 2: DIE DEUTSCHE NATION

Eine wirkliche „deutsche Nation" existierte, wie wir bereits angedeutet haben, trotz des Namens längst noch nicht. „Deutschland" war
in dieser Periode eine völlig zerrissene Nation. Die sieben Kurfürsten
konnten dem Kaiser die Stirn bieten und ihn zum Narren halten.
Wenn es um die Wahl seines Nachfolgers ging, vermochten sie den
Kaiser zu erpressen, ließen sich also gewöhnlich hoch bestechen. Zwar
konnten die Sprache, die Kultur und vielleicht sogar Teile der Wirtschaft auf einen gemeinsamen Nenner gebracht werden, aber ansonsten
gab es mehr Unterschiede als Gemeinsamkeiten. Es existierten völlig
unterschiedliche Verwaltungsbereiche und zahllose Währungen. Fast
jeder deutsche Fürst bestahl seine Untertanen durch die schleichende
Verschlechterung der Währung – ein elender Trick, dessen sich auch
unsere hochgelobten Demokratien noch immer bedienen. Die Bauern
waren nach wie vor weitgehend Leibeigene, außer in Sachsen und Bayern. Jeder Fürst suchte sein eigenes Territorium zu vergrößern und hier
und da einen Bissen abzubeißen – sei es durch Heirat oder Gewalt.
Von echter Regierungskunst verstand kaum ein deutscher Potentat etwas. Die Fürsten besaßen eigene Höfe und Heere und betrieben ihre
eigene Außenpolitik, sie schlossen sogar selbstständig Bündnisse mit
außerdeutschen Staaten ab. Es gab rund 200 weltliche Fürstentümer,
63 kirchliche (römisch-katholische) Potentaten, denen Erzbischöfe, Bischöfe oder Äbte vorstanden, und 55 freie Städte, die nur dem Kaiser
untertan waren, jedenfalls der Form nach.

Ein Bienenschwarm – ohne eine Königin!

Jeder kochte sein eigenes Süppchen, man arbeitete mit- und gegeneinander, wie es die Laune oder die Situation gerade erforderte, und
empfand sich trotzdem als ein einziges deutsches Volk. Kurz gesagt
herrschte eine vollständige Verwirrung, besonders nach dem verheerenden Dreißigjährigen Krieg.

Auch in dieser Beziehung herrschte also ein Machtvakuum, die
Kräfte konnten sich nicht in eine Richtung oder auf ein Ziel hin ausrichten.

ഛ

FAKTOR 3: DIE HANSE

Nun könnte man mit Begeisterung oder Verzweiflung – je nachdem in welcher Stimmung man sich befindet – auf die Hanse verweisen. Erinnern wir uns: Die Hanse schob all dieses königliche und adlige Lumpenpack einfach beiseite und führte eine regelrechte Blüte herbei, indem sie sich auf die Wirtschaft konzentrierte. Höchste Wirtschaftsintelligenz steckte in der Hanse.

Doch auf der Höhe seiner Macht beging dieser Verbund mehrere entscheidende Fehler. Zudem breiteten sich seit der Mitte des 14. Jahrhunderts Pestepidemien aus, die Bevölkerungszahl sank und die Nachfrage nach Waren wurde geringer. Die Wirtschaftsräume und Handelswege verlagerten sich zum Atlantik, es entstanden neue Wirtschaftsrouten. Und natürlich war Amerika entdeckt worden – ein neuer Kontinent! Die Musik spielte also mehr und mehr in Spanien, England, Portugal und Holland. Neue, begehrtere Waren kamen aus Übersee und eroberten die Märkte.

Zudem spaltete die Reformation Deutschland und damit viele Hansestädte in zwei Lager. Die bekämpften sich zum Teil erbittert. Viele Fürstentümer erstarkten wieder, weil sie das Kirchengut der „falschen" Konfession einfach einzogen. Dadurch wurden diese adligen Räuber mächtiger als manche Hansestädte, deren Bedeutung nun wieder schwand.

Das Machtpotenzial der großen Territorialstaaten (Frankreich, England und so fort) überholte in der Zwischenzeit die militärische Stärke der Hansestädte bei weitem.

Und es gab noch eine weitere übergeordnete Tatsache, die nicht genug betont werden kann und die von Historikern im Allgemeinen vernachlässigt wird: Die Hanse missbrauchte ihre Macht! Handelssperren (die vormals etwa gegen England, Frankreich, Polen oder Norwegen verhängt worden waren) wurden zum Schluss in geradezu erpresserischer Weise eingesetzt. Die Hanse-Flotte, die ursprünglich gegen Seeräuber und Kriminalität Schutz geboten hatte, wurde im 16. und 17. Jahrhundert dafür benutzt, die eigenen Interessen mit Gewalt durchzusetzen. Mit anderen Worten: Das hochintelligente Gebilde namens Hanse wandelte sich mit der Zeit zu einer macht- und geldgierigen Organisation. Sogar die eigenen Mitglieder wurden gewaltsam zur Räson gebracht, wenn sie aufmuckten. Fremde Kaufleute und Gruppen wurden bekämpft, und nicht immer mit fairen Mitteln.

Und so starb langsam, aber sicher diese geniale Idee.

Förderte man ehemals Kommunikation, so unterdrückte man sie nun gewaltsam. Zur gleichen Zeit tobten innerhalb der Hanse erbitterte Machtkämpfe, (Hanse-)Stadt kämpfte gegen (Hanse-)Stadt.

Der Niedergang der Hanse ist eine weitere Lektion in Sachen Ethik. Mangelnde Integrität läutete den Verfall der Hanse ein. Im Laufe der Zeit mutierte die Kaufmannsgilde sogar zu einer unterdrückerischen Organisation. Sie zwang Städte, mit Gewalt beizutreten, bekämpfte Mitbewerber mit erpresserischen Mitteln, ja setzte sogar Piraterie ein, um die Konkurrenz auszuschalten. Sie unterdrückte den Handwerkerstand, von dem sie doch ihre Waren bezog, und suchte mit nackter Gewalt zu herrschen. Nachdem die Hanse reich und mächtig geworden war, über eigene Heere verfügte und ein Staat im Staate war, beging sie den Fehler, diese Macht gegen Schwächere auszuspielen – nur um selbst noch reicher und noch mächtiger zu werden. Die führenden Mitglieder der Organisation benutzten ihren Einfluss also nicht dazu, zu helfen und generellen Wohlstand herbeizuführen, sondern zur Erweiterung ihres persönlichen, unermesslichen Reichtums.

Diese Fehler hatten vor der Hanse schon Kaiser und Könige, Grafen und Barone, Päpste und Bischöfe begangen. Wiederholen wir noch einmal: Es waren Abenteurer und mutige Männer, die den Handel zunächst von der Unterdrückung befreit und die Hanse aus der Taufe gehoben hatten. Aber ihre Nachfolger verletzten diese ursprünglichen Ideen. Unabhängigkeit oder Freiheit spielten keine Rolle mehr. Die Hanse verriet ihre eigenen Ideale! Und so leitete die Kaufmannsorganisation ihren eigenen Untergang ein.

Dadurch entstand ein drittes Machtvakuum.

Die mächtigsten Meinungsführer ihrer Zeit befanden sich im Zustand der Nichtexistenz (Habsburg), der Verwirrung (die Mehrzahl der deutschen Fürsten) oder des Verrates (die Hanse)! Und so wundert es nicht, dass Deutschland nach neuen Orientierungspunkten Ausschau hielt und eine neue Macht wie der Phönix aus der Asche auferstand.

DIE PREUSSEN KOMMEN

Das schwäbische Adelsgeschlecht der Hohenzollern, bereits im 11. Jahrhundert bezeugt, gewann spätestens im 15. Jahrhundert erheblich an Bedeutung – als ihnen vom König die Markgrafschaft Brandenburg für treue Dienste übertragen und sie zu Kurfürsten erhoben wurden. Grafschaft um Grafschaft wurde ihnen in der Folge zugeschustert, bis sie im Jahre 1618 sogar das Herzogtum Preußen erhielten.

Doch bedauerlicherweise bildeten die einzelnen Grafschaften und Besitztümer keine zusammenhängende Landmasse, und das gesamte Gebilde stand in wirtschaftlicher Hinsicht auf tönernen Füßen.

KURFÜRST FRIEDRICH WILHELM

All das änderte sich, als im Jahre 1640 der junge Kurfürst Friedrich Wilhelm, der gerade zwanzig Lenze zählte, die Zügel übernahm.

Friedrich Wilhelm hatte zuvor vier Jahre lang am holländischen Königshof die Kunst der hohen Politik gelernt. Er hatte die Nase in den Wind gehalten, die Tugend kultiviert und über den eigenen Tellerrand hinausgeschaut und gelernt, gelernt und nochmals gelernt.

Früh erkannte er, dass der einzige Reichtum eines Landes Menschen sind, vorzugsweise gut ausgebildete, fleißige Menschen. Land und Steine für sich genommen werfen keinen Ertrag ab, sie sind tot. Nur Menschen verwandeln Besitz in wahren Besitz, sie können Besitz bewirtschaften, Besitz mehren und aus nichts etwas zaubern. Menschen sind das einzig bedeutsame und wirkliche Kapital!

Friedrich Wilhelms erster Geniestreich bestand darin, emsige und gewitzte Menschen nach Preußen zu holen – zu Beginn nur Holländer, deren Mentalität, Fleiß und Intelligenz er kannte. Dabei achtete er darauf, dass beide Seiten bei dem Geschäft gewannen, und bot den holländischen Siedlern kostenlos Land sowie sechs Jahre Steuerfreiheit an. Sie sollten Musterbetriebe für Tierhaltung, Milchwirtschaft, Obstplantagen und Gemüsezucht errichten.

Ein paar Jahre später nahm die Landwirtschaft in dem sich formenden Preußen einen erstaunlichen Aufstieg, den andere Fürsten nur mit Unglauben und Neid verfolgen konnten.

Doch Kurfürst Friedrich Wilhelm kannte noch eine weitere Erfolgsformel in Sachen Regierungskunst: Toleranz, vor allem religiöse Toleranz, war ebenfalls von größter Bedeutung.

Im Prinzip machte er allen europäischen Königshäusern vor, wie sich diese im vergangenen Jahrhundert hätten verhalten müssen.

Dabei bezog er nicht mehr nur Holländer mit ein. Als Ludwig XIV., der berühmte französische Sonnenkönig, die Hugenotten (Hugenotten nannte man die französischen Protestanten) gewaltsam bekehren wollte – eine unvorstellbar törichte Regierungshandlung –, nahm sie der kluge Kurfürst Friedrich Wilhelm mit offenen Armen auf. Die Hugenotten brachten wertvolles Know-how mit, sie waren gescheit und gut ausgebildet, fleißig und ehrgeizig – absolut ideal für einen Staat.

Friedrich Wilhelm erließ das Edikt von Potsdam, das allen religiöse Freiheit garantierte und es jedem gestattete, nach seiner Fasson selig zu werden. Selbst blieb der Kurfürst Calvinist, aber er gestattete seinem Volk das Luthertum ebenso wie den Katholizismus oder den Judaismus.

Die Hugenotten jubelten, brachen ihre Zelte in Frankreich ab und wanderten aus. 20.000 Hugenotten zogen nach Berlin-Brandenburg-Preußen – ausgezeichnete Handwerker, pfiffige Unternehmer und technisch hochbegabte Leute, ein Schatz! Unternehmen schossen nun wie Pilze aus dem Boden.

Es verbesserten sich also nicht nur die Ackerbaumethoden, sondern es entwickelten sich eine blühende Seidenindustrie und viele andere Wirtschaftszweige. Der Entwaldung trat der kluge Fürst entgegen, indem er jedem Bauern befahl, vor seiner Hochzeit zwölf Bäume zu pflanzen.

Gleichzeitig kümmerte er sich um die Infrastruktur, wie man heute sagen würde, also um Straßen, Kanäle und die Energieversorgung. Kein blühendes Land auf der Welt existierte je, das keine exzellente Infrastruktur gehabt hätte. Das war die dritte Erfolgsformel in Sachen Staat!

Wiederholen wir die drei entscheidenden Punkte:

1. Fleißige, gut ausbildete Menschen, die nicht mit Steuern traktiert werden,

2. religiöse Toleranz und

3. eine exzellente Infrastruktur führen zu einer unendlichen Blüte.

Damit ließ der Kurfürst seine Ländereien erblühen, die später alle Preußen heißen sollten.

Es blieb sogar so viel Geld in der Kasse, dass sich Kurfürst Friedrich Wilhelm früh ein Heer leisten konnte, ohne es intelligenterweise je in einem Aggressionskrieg einzusetzen. Damit garantierte er seinen Bürgern Sicherheit, die erste Pflicht eines Staates. Um das Heer auszuheben, nahm er den Adel von der direkten Besteuerung aus, verlangte aber, dass er ihm seine Söhne zur Verfügung stellte. Er gab den Adelssöhnen glänzende Uniformen, beeindruckende Titel und ein paar goldene Knöpfe, hauchte ihnen Stolz, Ehrgeiz und Bedeutung ein und gewann auf diese Weise sogar die Aristokraten.

In einigen unvermeidbaren kriegerischen Auseinandersetzungen in dieser Zeit schlug er sich geschickt von einer Seite auf die andere und jonglierte wie ein Zirkusartist. Schließlich besiegte er die Schweden, als sie in Preußen einbrachen, und gewann 100.000 Quadratkilometer Boden hinzu.

Wie man einen Staat nach oben führt? Man lerne von dem Großen Kurfürsten Friedrich Wilhelm und kopiere seine drei Erfolgsformeln!

FRIEDRICH I. – DER PREUSSENKÖNIG

So klug der Große Kurfürst Friedrich Wilhelm gewesen war, so töricht war sein Sohn und Nachfolger Friedrich I.

Friedrich war nur von einem Ziel besessen: Er wollte König werden. Also warf er das Geld, das der preußische Staat nun scheffelte, mit beiden Händen zum Fenster hinaus, indem er die übrigen Kurfürsten bestach, um sich ihre Stimmen zu sichern. Den österreichischen Habsburgern steckte er allein 300.000 Taler in den Rachen, den spanischen

Habsburgern stellte er 10.000 Soldaten zur Verfügung sowie als Zugabe obenauf 100.000 Taler pro Jahr.

Wofür? Für einen Titel!

Im Jahre 1701 wurde Friedrichs törichter Traum wahr: Er krönte sich in einer seiner Schlosskapellen eigenhändig zum König und nannte sich fortan „König von Preußen". Am Wiener Hof löste das allerdings nur Heiterkeit aus. Dieser selbst ernannte kleine Krämer-König, glaubten die Habsburger, sei nicht wirklich ernst zu nehmen mit seinem zusammengekauften Königtum, das nur durch Bestechung zustande gekommen war.

Preußenkönig Friedrich I. verschwendete in der Folge Unsummen für seine aufwendige Hofhaltung. Er konnte Geld nicht festhalten wie sein Vater, er konnte es nur ausgeben. So sonnte er sich eine kleine Weile in seinem Glanz und bespiegelte sich selbst, wobei er vor Aufgeblasenheit fast platzte. Zum Glück für sein Land segnete er beizeiten das Zeitliche.

KÖNIG FRIEDRICH WILHELM I.: DIE GUTEN SEITEN

Ihm folgte sein Sohn, König Friedrich Wilhelm I., auf den Thron, der aus einem anderen Holz geschnitzt war.

Er lehnte den höfischen Prunk und das Protzgehabe seines Vaters ab und machte sich erneut daran, Preußen aufzurichten. Als Erstes verkaufte er die sündhaft teuren, edlen Pferde, aber auch unnütze, verschnörkelte Möbel und wertvolle, glitzernde Edelsteine und spülte dadurch Geld in die Kasse. Er entschied sich, das Leben eines einfachen Bürgers zu führen und bei sich selbst mit dem Sparen anzufangen. So zog er unter anderem Zeit seines Lebens bäuerliche Kost der französischen Gourmetküche vor.

Kein König der Geschichte verhielt sich je so sparsam wie König Friedrich Wilhelm I.! Er ließ genaue Haushaltspläne aufstellen, eine sogenannte Oberrechnungskammer musste mit spitzem Bleistift alle Einnahmen und Ausgaben des Staates penibel auflisten. Das deutsche Beamtentum nahm seinen Anfang.

Außerdem entließ er fast die Hälfte der Regierungsbeamten, also alle ineffizienten Verwalter, und jagte sie zum Teufel. Die übrig gebliebenen Beamten lernten als Erstes ebenfalls das Sparen, sie lernten zu knausern und die Taler zusammenzuhalten.

Schließlich wurden ganz neue Werte und Tugenden auf den Thron gehoben: Jetzt zählten nur noch Pflichtbewusstsein, Disziplin, Ordnung, Genauigkeit und Fleiß – Werte, denen man nur begeistert zustimmen kann und die noch heute als preußische Tugenden bezeichnet werden. Sie führten Preußen in ein neues Zeitalter und auf einen weiteren Gipfel.

Wiederholen wir:

Sparsamkeit, Pflichtbewusstsein, Disziplin, Ordnung, Genauigkeit und Fleiß bringen einen Staat nach oben!

Fleiß wurde so wichtig, dass der König sogar Landstreicher zur Zwangsarbeit verdonnerte.

Darüber hinaus wurde ein neues Ideal geboren – ein Erziehungsideal, das es in dieser Art nie zuvor gegeben hatte: König Friedrich Wilhelm I. führte die Schulpflicht ein (1717). Jede Gemeinde musste nun eine Schule unterhalten. Das Ergebnis konnte sich sehen lassen: In der Mitte des Jahrhunderts war Preußen allen anderen Ländern in Sachen Ausbildung weit überlegen.

Auch dieser Preußenkönig bekannte sich zur religiösen Toleranz: Als der Erzbischof von Salzburg 30.000 Protestanten zur Auswanderung zwang, nahm er sie auf, streckte ihnen sogar das Geld für die Reise vor, gab ihnen Boden, Werkzeuge und Saatgut und befreite sie von allen Steuern, bis ihr Land Gewinn abwarf. Auch aus anderen deutschen Ländern und selbst aus der Schweiz strömten Menschen in sein Land.

Preußen wäre am Gipfelpunkt der politischen Philosophie angelangt, hätte König Friedrich Wilhelm I. nicht gleichzeitig einen entscheidenden falschen Schwerpunkt gesetzt.

DIE SCHLECHTE SEITE DES KÖNIGS

König Friedrich Wilhelm I. war verliebt in das Soldatentum.

Von 7,5 Millionen Talern, die der Staat nun jedes Jahr einnahm, flossen fünf Millionen ins Heer, man muss es sich vorstellen! Dabei wurde auf einfach alles Steuern erhoben. Aber es waren nicht nur die enormen Ausgaben fürs Militär, über die man nur den Kopf schütteln kann, auch die Rekrutierungsmethoden waren inhuman. Junge Män̄-ner wurden in den Wehrdienst gepresst, nicht selten mit Gewalt. Bau-ern und Städter, Einheimische und Fremde wurden zwangsrekrutiert, speziell wenn sie über 1,80 Meter groß waren. Der König hatte nämlich eine Schwäche für „lange Kerls". Einmal überfielen seine Werber sogar eine Kirche und schleppten die größten und stärksten Männer davon. Schließlich zählte das preußische Heer 80.000 Mann – bei einer Ein-wohnerzahl von nur drei Millionen.

Der Drill im Heer war brutal, schon für kleinste Vergehen wurde man ausgepeitscht. Gern überwachte Friedrich Wilhelm die Ausbil-dung im Heer selbst. Der preußische König verwandelte seinen Staat in einen Soldatenstaat, in dem besonders die Tugend des Gehorsams eingefordert wurde.

Gehorsam ist jedoch ein zweischneidiges Schwert: Wenn Gehorsam über dem eigenen Gewissen steht, ist er schändlich. Gehorsam erzieht zum Untertanengeist, er erzieht dazu, auf selbstständiges Denken zu verzichten, und er schafft eine Art Roboter. Kein Kunstwerk und keine Erfindung erblickte je durch Gehorsam das Licht der Welt.

Einfach alles wurde nun in diesem neuen Preußen auf den Gehor-sam zugeschnitten. Kein Lebensbereich blieb ausgeklammert, alles musste hocheffizient und zugleich penibel genau erledigt werden – aber nur, um dem Heer Geld zur Verfügung stellen zu können. Das Heer war das Herz, die Quintessenz, der Inbegriff dieses neuen preußischen Staates.

Das Lachen in den Straßen verstummte und die Kunst wurde un-terdrückt. Die Künste waren in den Augen dieses Königs nur „Flau-sen". Als der Sohn des Königs, der spätere Friedrich II., französische Bücher las, heimlich Flöte spielte, dichtete und seine künstlerische Seite entwickeln wollte, setzte es Hiebe und Stockschläge seitens des Vaters. Friedrich Wilhelms original erhaltenen Erziehungsinstruktionen hin-sichtlich seines Sohnes lauteten folgendermaßen:

„Lehren Sie ihn gründlich Arithmetik, Mathematik, Artillerie und Ökonomie … besonders Geschichte … Mit den Jahren gehen Sie mehr und mehr … auf Befestigungen, Aufschlagen eines Kriegslagers und die übrigen Kriegswissenschaften ein, damit der Prinz von Jugend auf daran gewöhnt ist, als Offizier und General zu handeln … Prägen Sie meinem Sohn die echte Liebe zur Soldatenlaufbahn ein und machen Sie ihm klar, dass nichts auf der Welt einem Fürsten so viel Ruhm und Ehre verschaffen kann wie das Schwert, sodass er sich vor aller Welt verächtlich machen würde, wenn er es nicht liebte und nicht darin seinen einzigen Ruhm suchte." [10]

Persönlich lehrte der König den Prinzen, sich an Gefahr und anstrengende Ritte zu gewöhnen, an dürftiges Essen und wenig Schlaf. Er lehrte ihn, wie man Soldaten drillt und eine Kanone abschießt. Tatsächlich umgab er seinen Sohn sogar mit Spitzeln, die ihm jede Tätigkeit des Prinzen hinterbringen mussten. Die Erziehung war kurz gesagt unnennbar brutal, denn der König neigte überdies zu unkontrollierten Wutausbrüchen. Er ohrfeigte und schlug seinen Nachfolger und würgte ihn einmal sogar. Und auch seine übrige Umgebung, einschließlich der Dienerschaft, bekam regelmäßig den Stock zu spüren.

Als Friedrich aus diesem Grund mit 18 Jahren der väterlichen Knute entfliehen und mit einem Freund das Land verlassen wollte, wurde er kurz vor der Grenze gefasst und als Deserteur vor ein Kriegsgericht gestellt. Zwar wurde Friedrich begnadigt, doch sein Freund, der ihm bei der Flucht geholfen hatte, wurde enthauptet. Vom Fenster seiner Zelle aus musste Friedrich die Enthauptung seines Freundes mitansehen, als erzieherische Maßnahme.

Wie haben wir über den Preußenkönig Friedrich Wilhelm I. zu urteilen?

Er machte zwar vieles richtig, ordnete jedoch alles dem Staat unter. Ja, er führte die Wirtschaft zu vorher ungekannten Höhen, niemand darbte in diesem neuen Preußen. Aber dafür blieben die Freiheit und der Frohsinn auf der Strecke. Wer will schon in so einem Staat leben?

Er legte mit seiner Soldatenmanie den Grundstein dafür, dass sich der preußische Staat später in endlose Kriege verstrickte. Er verabsäumte es, konstruktive Ziele zu setzen, mit denen sich jeder identifizieren konnte, und war gewiss kein charismatischer Sinngeber. Er richtete das „Deutschtum" militaristisch neu aus, was die Deutschen in den Abgrund führte.

Sein politisches Erziehungsideal war ebenso genial und erfolgreich wie seine Ziele destruktiv und dumm.

Wir lernen:
Die intelligentesten Regierungsmethoden taugen nichts, wenn sie auf ein destruktives Ziel ausgerichtet werden.
Das Ziel? Soldaten und nochmals Soldaten zu schaffen.
Er schuf eine Kaste von Militärs, in der der Gehorsam alles war und das Gewissen nichts.

Dank seiner konstruktiven, richtigen Aktionen, die weitgehend von seinem Großvater abgekupfert waren, blieb er jahrhundertelang als schwarzes Schaf unentdeckt. Zu vieles war richtig und lobenswert in diesem neuen Staat. Dennoch war die Regierung des Preußenkönigs Friedrich Wilhelm I. kein Glücksfall für die deutsche Geschichte, wie die Zukunft beweisen sollte.

FRIEDRICH DER GROSSE

Jedermann atmete auf, als dieser König die Augen schloss und sein Sohn als Friedrich II. den Thron bestieg, der später als „der Große" bezeichnet werden sollte. Und damit sind wir bei einer der interessantesten, schillerndsten und umstrittensten Figuren der deutschen Geschichte! Berichten wir also so objektiv wie möglich:

Es war kinderleicht, diesen neuen Friedrich zu mögen! Er liebte den Esprit und die Künste, kleidete sich nach französischer Mode, war ein verkappter Philosoph, spielte gekonnt die Flöte, genoss alle Arten von Musik, komponierte, reimte und dichtete und unterhielt Zeit seines Lebens (mit kleinen Unterbrechungen) einen intelligenten Briefwechsel mit dem größten französischen Schriftsteller, mit Monsieur Voltaire, der sogar eine Zeit lang an seinem Hof weilte.

Voltaire – ein Freiheitskämpfer und Gerechtigkeitsfanatiker einer eigenen Güteklasse – war den Menschen ehrlich zugetan. Er spitzte stets seine Feder für das Recht und schrieb gegen den Aberglauben seiner Zeit an. Er ließ sich von keinem König den Mund verbieten, schrieb die köstlichsten Satiren und ist bis heute die unumstrittene Gallionsfigur der französischen Aufklärung.

Das Verdienst dieser sogenannten Aufklärung war es, den Verstand und die Vernunft über den dumpfen Glauben zu setzen. In Deutschland trugen später der Philosoph Immanuel Kant und der Dramatiker Friedrich Schiller die Fackel der Aufklärung weiter, aber zur Zeit des Preußenkönigs war in intellektueller Hinsicht Frankreich alles und Deutschland nichts. Man „französelte" an fast allen deutschen Fürstenhöfen, beneidete die Franzosen um ihre Sprache, ihre Kleidung, ihre Philosophen, ihre Dichter, ihre Denker, ihren Stil, ihre Schlösser, ihre Kunsthandwerker, ihre Maler und ihre Art, gekonnt und geistreich mit den schönsten Damen zu parlieren und zu plaudern. Die Deutschen erlagen der Eleganz der Franzosen und dem losen Mundwerk ihrer Schriftsteller. Und so geriet der junge Friedrich zunächst fast zu einem Schüler dieses Voltaire, der allenthalben revolutionäres Gedankengut verbreitete, sich über die alten Zöpfe lustig machte, den Aberglauben mit dem spitzen Degen der Ironie erstach und sich für Recht und Gerechtigkeit, die Würde des Menschen und seine Freiheit einsetzte, wie vielleicht kein Mensch vor oder nach ihm.

Im Banne dieses Monsieur Voltaire schrieb der junge Friedrich sogar einen „Anti-Machiavell" – ein Büchlein, in dem er die Ansichten des zynischen und destruktiven Machiavelli verdammte, der Herrscher zu Heuchelei und Hinterlist, zu Betrug und Krieg aufgerufen hatte (Niccolò Machiavelli = ital. politischer Schriftsteller, ein florentinischer Bürger, Geschichtsschreiber und Machtpolitiker, 1469–1527). Ja, dieser Friedrich war von den besten Vorsätzen beseelt. Der junge König bekannte sich zum Ideal eines Herrschers, der dem Frieden Vorschub leistet, der die Künste und die Wissenschaften fördert und der ehrlich seinem Volke dient.

Inspiriert zu all diesen guten Vorsätzen wurde Friedrich wie gesagt von Voltaire, mit dem er den vielleicht interessantesten Briefwechsel der Geschichte unterhielt. Es wurde nicht nur auf höchstem Niveau gegeistreichelt und gewitzelt, geschmäht und gelacht, sondern auch philosophiert, theologisiert und scharfsinnig über alle erdenklichen Probleme und Lösungen nachgedacht. Diese Briefe sind Perlen der Literatur und Zeugnis dafür, dass sich hier die beiden größten Geister der Epoche getroffen hatten. Denn schon bald stand der Schüler dem Lehrer in nichts nach. Ein Bonmot jagte das andere, beide brillierten und ließen ihren Geist funkeln.

Aber Friedrich versammelte auch andere Wissenschaftler, Gelehrte und Denker um sich herum, er liebte den intellektuellen Schlagabtausch. Und Friedrich II. unternahm während seiner Regierungszeit wirklich vieles, was uns Respekt abnötigt: Er schaffte die Folter ab und schuf ein neues, höheres Rechtswesen, nach dem der König nicht mehr in ein laufendes Verfahren eingreifen durfte. Er milderte Strafen ab, Todesurteile durften nun nicht ohne seine Zustimmung ausgesprochen werden. Eine gültige Rechts- und Prozessordnung entstand, der Begriff „Gerechtigkeit" wurde neu definiert.

Er achtete darauf, dass „jeder nach seiner Façon selig werden" konnte, gestattete also wie schon sein Urgroßvater Religionsfreiheit. „Alle Religionen müssen geduldet werden, und die Regierung muss darauf achten, dass sich keine Religion Übergriffe auf eine andere zuschulden kommen lässt, denn in diesem Lande soll ein jeder auf seine Art in den Himmel kommen."[11] – So Friedrich II. im Originalton. Friedrich beschützte Muslime, Juden und sogar Atheisten!

Er gewährte zumindest in einem gewissen Umfang die Pressefreiheit und belehrte seine Minister: „La presse est libre." – „Die Presse ist frei." Die Berliner Akademie der Wissenschaften ließ er wiederaufleben.

Besonders die Künste blühten und gediehen, die Musik vor allem, aber auch die Schriftstellerei. Der Autor Gotthold Ephraim Lessing, der größte Schriftsteller dieser Epoche, der für einen toleranten Umgang aller Menschen miteinander eintrat, konnte in Preußen ungehindert seine humanen Ideen verbreiten.

Alles hätte wie im Märchen sein können, wo der Gute zum Schluss immer gewinnt – wäre Friedrich II. schließlich nicht seinen eigenen Prinzipien untreu geworden.

FRIEDRICH, DER SOGENANNTE GROSSE

Theorie ist nett, doch wenn sie nicht mit Praxis unterfüttert wird, taugt sie nichts. Als der Habsburger Kaiser Karl VI. starb, gelangte seine Tochter Maria Theresia zwar auf den österreichischen Thron, aber es war unsicher, ob sie auch zur Kaiserin des Heiligen Römischen Reiches gekürt werden würde.

Diese Unsicherheit nutzte Friedrich II. eiskalt und in machiavellistischer Manier aus und besetzte im Jahre 1740 ohne Vorwarnung Schlesien. Österreich zögerte nicht und ließ sofort seine Truppen marschieren.

Als die Soldaten der beiden deutschen Länder aufeinandertrafen, zeigte es sich, dass die preußische Armee mittlerweile jeder anderen Armee in Europa weit überlegen war. Friedrich hatte alles auf diesen Krieg zukomponiert! 90 Prozent aller Staatseinkünfte waren in die Armee geflossen. Strengste Bestrafungen, striktester Gehorsam und die völlige Todesverachtung waren dem Militär eingedrillt worden. Preußische Soldaten konnten stur und ohne mit der Wimper zu zucken auf eine feindliche Linie losmarschieren, ohne zunächst auch nur einen einzigen Schuss abzufeuern – bis ihnen die Erlaubnis zum Schießen erteilt wurde, was sich dann verheerend auswirkte.

Friedrich siegte auf ganzer Linie. Da er außerdem noch geschickt verschiedene Bündnisse geschlossen hatte (mit Frankreich, Bayern und Spanien), musste Maria Theresia notgedrungen klein beigeben. Sie konnte nicht an allen Fronten gleichzeitig kämpfen.

Dem Friedensbrecher kam die Machtgier Frankreichs, Spaniens, Bayerns und Sachsens zugute, die sich einen Teil von dem Kuchen abschneiden wollten, der hier offenbar neu verteilt wurde.

Österreich/Maria Theresia schloss 1742 Frieden mit Preußen/Friedrich und trat fast ganz Schlesien ab. Damit endete der sogenannte Erste Schlesische Krieg.

Doch Friedrich hatte nicht mit der Willenskraft der österreichischen Habsburgerin gerechnet. Die Auseinandersetzung um Schlesien hatte gerade erst begonnen!

Hinter den Kulissen war Maria Theresia unermüdlich tätig. Sie raste. Wie konnte es dieser Emporkömmling wagen, den Habsburgern – mithin einer Weltmacht – in die Parade zu fahren und sie zu bestehlen? Wusste dieser Friedrich nicht, mit wem er sich da angelegt hatte? Sie sorgte nicht nur unmittelbar dafür, dass die österreichische Armee auf ein neues Niveau gehoben wurde, sondern entfaltete eine diplomatische Aktivität ohnegleichen.

Ohne all die diplomatischen und (darauffolgenden) militärischen Scharmützel im Detail nachzuvollziehen, sei nur so viel gesagt: Im Zweiten Schlesischen Krieg führte Friedrich einen Präventivschlag gegen Österreich, weil er fürchtete, das inzwischen mit England und Sachsen verbündete Österreich könne ihm seine Beute wieder streitig machen. In der Entscheidungsschlacht zwischen Österreichern/Sachsen und den Preußen siegte Friedrich erneut (1745). Das Ergebnis: Österreich verzichtete abermals auf Schlesien, und Friedrich II. seinerseits erkannte die Rechte Maria Theresias als habsburgische Erbin an und unterstützte die Wahl ihres Mannes Franz Stephan zum Kaiser des Reiches.

Jeder bewunderte diesen erfolgreichen Dieb, schalt ihn aber gleichzeitig auch einen Schurken.

Nun gab es gewissermaßen zwei deutsche Staaten: die katholischen Habsburger im Süden und die protestantischen Hohenzollern im Norden. Aber Maria Theresia kochte vor Zorn, sie hatte längst noch nicht aufgegeben. Ja, sie hatte ein paar Schlachten verloren, aber keinen Krieg! Wieder war die wirkliche Auseinandersetzung nur verschoben worden.

Im Siebenjährigen Krieg (1756–1763), auch Dritter Schlesischer Krieg genannt, kämpfte Preußen schließlich gegen Österreich, Frankreich, Russland, Sachsen und eine Vielzahl anderer deutscher Fürstentümer. An Friedrichs Seite standen lediglich Großbritannien – das allerdings nicht mit eigenen Soldaten eingriff, sondern nur Geld zur Verfügung stellte – sowie Hannover.

Was war geschehen? England und Preußen hatten ein Bündnis geschlossen – was zu einer Annäherung zwischen Frankreich, Österreich und Russland führte. Maria Theresia hatte eine unvorstellbare mächtige Koalition geschmiedet. Sie hatte zunächst die alten Gegensätze zwischen den Bourbonen und Habsburgern, zwischen Österreich und Frankreich, überwunden – ein bedeutender diplomatischer Sieg! Gleichzeitig hatte sie Russland auf ihre Seite gezogen und eine Vielzahl deutscher Fürsten. Eine ganze Reichsarmee kämpfte jetzt gegen Friedrich. Später gesellten sich auch noch die Schweden hinzu, selbst Kroaten und Kosaken kämpften schließlich gegen Preußen. Das erklärte Ziel all dieser zahlreichen Gegner bestand darin, Preußen völlig zu zerstückeln und von der Landkarte auszuradieren.

Und da England wie gesagt nicht mit eigenen Soldaten in den Krieg eingriff, stand Friedrich der Große gewissermaßen allein auf weiter Flur – er kämpfte sozusagen gegen die gesamte Welt!

Wir wollen es uns und dem Leser ersparen, all die Taktiken, Strategien und Winkelzüge dieses barbarischen Dritten Schlesischen Krieges genau nachzuvollziehen, denn es bringt nicht viel an Erkenntnis. Einmal wurden Friedrich drei Pferde unter dem Hintern weggeschossen, der König sprang auf ein viertes Pferd und kämpfte löwenmutig weiter. Ein anderes Mal verirrte sich eine Kugel in seine Brust – aber seine Tabaksdose fing die Kugel auf. Mehrfach blickte Friedrich der Große der vollständigen Niederlage ins Auge, doch immer wieder riss er das Ruder herum. Im letzten Augenblick gelang es Friedrich stets, seine Soldaten in die nächste Schlacht zu treiben – er war zweifellos der begabteste Feldherr dieses Zeitalters. Trotz der feindlichen Übermacht verzeichnete er einige erstaunliche Siege, aber am Ende war die Übermacht erdrückend. Der Untergang Preußens schien beschlossene Sache. Selbst England schlug vor, Österreich zumindest einen Teil Schlesiens zurückzugeben, und beschwor Friedrich einzulenken. Aber Friedrich blieb stur. Im Jahre 1761 gab er jedoch selbst zu, dass ihn nur ein Wunder retten könne. Denn er kämpfte inzwischen gegen ein rundes Dutzend Gegner.

Und das Wunder geschah.

In Russland starb unerwartet die Zarin Elisabeth. Ihr Sohn Peter III. war ein glühender Bewunderer Friedrichs. Zur Überraschung aller wechselte Peter III. die Fronten und schloss einen Bündnisvertrag mit dem Preußenkönig. Daraufhin beendeten die Schweden den Krieg. Überdies stellte Frankreich seine Hilfszahlungen an Österreich ein. Zu allem Überfluss wurden die Österreicher im Süden auch noch von den Türken angegriffen. Vier Wunder zur gleichen Zeit! Friedrich II. errang einige letzte Siege, wenngleich Preußen auch längst völlig ausgebrannt und zerstört am Boden lag. Sozusagen eine Minute vor zwölf gewann Friedrich gegen all diese Mächte einen unmöglich zu gewinnenden Krieg!

DAS ERGEBNIS DES DRITTEN SCHLESISCHEN KRIEGES

Das Resultat war vorgezeichnet: Friedrich behielt Schlesien, der *status quo ante bellum*, sprich der Zustand vor dem Krieg, wurde wiederhergestellt. Er räumte jedoch Sachsen und musste versprechen, die Kandidatur Josephs, Maria Theresias Sohn, als künftigen Kaiser zu unterstützen. Insgesamt wuchs die Macht der Hohenzollern. Die Fürsten in Deutschland orientierten sich nun immer mehr Richtung dieses neuen Preußens, dem man den Respekt nicht versagen konnte, während die Macht der Habsburger schrumpfte.

Das waren die weiteren Ergebnisse:

Frankreich verlor seine Kolonien einschließlich Kanada und Indien und machte einen weiteren Schritt in Richtung Bankrott.

Österreich verlor empfindlich an Einfluss, Menschen, Geld und Reputation, der Schaden war beträchtlich.

Schweden verlor 25.000 Mann und errang nichts als Schulden.

Russland hatte im letzten Augenblick eine erneute Kehrtwendung gemacht. Zar Peter war ermordet worden und Katharina die Große hatte den Zarenthron bestiegen. Sie war klug genug, in diesem Krieg Neutralität zu bewahren.

Russlands verlor dennoch Zehntausende von Menschen und Hunderttausende von Rubeln.

Der eigentliche Sieger hieß England, das nun endgültig die Meere beherrschte und dessen sagenhafter Aufstieg genau zu diesem Zeitpunkt begann.

Preußen und England gingen anscheinend als Sieger aus diesem Krieg hervor, anscheinend; denn wie sah es tatsächlich in Preußen aus?

DAS WIRKLICHE ERGEBNIS

Der Handel lag am Boden und war praktisch ruiniert. Zahlreiche Bauernhöfe waren erst ausgeraubt und dann abgefackelt worden, die Landwirtschaft fristete ein erbärmliches Dasein.

Insgesamt waren 13.000 Häuser in Preußen zerstört worden, einhundert Städte und Dörfer abgebrannt und unzählige Familien entwurzelt, über die es keine genauen Statistiken gibt.

180.000 preußische Soldaten waren nach Friedrichs eigener Schätzung im Krieg, im Lager, in der Gefangenschaft oder an Krankheiten gestorben. Auch die Zivilbevölkerung hatte elend gelitten, die Menschen waren gestorben wie die Fliegen. Preußens Bevölkerung, die zu Beginn des Dritten Schlesischen Krieges noch 4,5 Millionen betrug, zählte danach nur noch vier Millionen. Allein in Preußen gab es also eine halbe Million Tote!

Zusammen mit den Toten in den anderen Ländern ist die Zahl von rund einer Million Kriegstoten sicherlich nicht zu hoch, sondern wahrscheinlich eher zu niedrig gegriffen.

Eine Million!

Nicht inbegriffen die Hunderttausende von Verkrüppelten, Entwurzelten und Flüchtlingen.

Ferner litten die Bevölkerungen in verschiedenen deutschen Ländern während des Krieges ständig unter Zwangsrekrutierungen, Plünderungen und astronomisch hohen Kriegssteuern. Armut, Schrecken und Tod waren zu ihren ständigen Begleitern geworden, jetzt wurde der Pessimismus zur neuen Religion erhoben.

Und wie überstand der Drahtzieher Friedrich der Große selbst das Desaster?

Der Preußenkönig war geradezu über Nacht gealtert. Er litt jetzt ständig unter erbärmlichen Rückenschmerzen, Durchfall und Hämorrhoiden. Er hatte viele Zähne verloren, und sein Haar war auf einer Seite weiß. Seine Haut war von Falten durchfurcht und die Lider geschwollen. Friedrich war im Laufe der verschiedenen Schlachten bis auf die Knochen abgemagert; der Herr über Leben und Tod sah selbst aus wie der Tod.

DER WIEDERAUFBAU

Zugegeben, Friedrich versuchte erneut mit aller Gewalt, mit Polizeimethoden und barbarisch hohen Steuern, Preußen wieder aufzubauen. Wieder wurde penibel an allen Ecken und Enden gespart, der Geist des Vaters saß Friedrich dem Großen bis an sein Lebensende in den Knochen.

Positiv war, dass Friedrich nach dem Krieg Lebensmittel an Bedürftige verteilen und Saatgut umsonst ausgeben ließ. Er verteilte ausrangierte Militärpferde an die Bauern, befreite das verwüstete Schlesien für sechs Monate von allen Steuern, ließ hier 8 000 Häuser erbauen und lieh den schlesischen Landmännern Geld zu niedrigen Zinsen. Erneut schickte er seine Werber los, um neue Einwanderer zu gewinnen. Er gründete technische Schulen, schaffte die Binnenzölle ab und ließ weitere Straßen und Kanäle bauen.

Aber wieder besteuerte er alles und alle brutal, sogar Straßensänger mussten jetzt einen Obolus entrichten. Erst jetzt ließ er ein neues „unfehlbares" Steuersystem errichten. Ein berühmter Franzose (Mirabeau der Jüngere), der Preußen mehrfach besuchte, warf Friedrich vor, er verwandle das gesamte Land in einen Polizeistaat und seine Bürokratie ersticke jede Unternehmungslust. Und es ist wahr: Friedrich mischte sich in die privatesten Bereiche ein.

Erneut investierte er die Steuergelder ins Heer, er hatte nichts gelernt. Und wieder hatten seine geliebten Soldaten unter ihm zu leiden. Der Drill wurde noch drakonischer als vor den Schlesischen Kriegen. Nicht selten beschimpfte und beleidigte er seine Generäle persönlich, seine Soldaten ließ er oft Spießruten laufen, jeder zitterte vor ihm.

Mit der Zeit wurde Friedrich zunehmend kurzatmig, er verlor seine Schneidezähne und konnte nicht mehr Flöte spielen. Ihn suchten Gicht und Asthma heim. Philosophisch gab er sich schließlich völlig dem Zynismus hin und einer verknöcherten, verbiesterten, desillusionierten Altersweisheit, die bereits seinen Tod andeutete. Er hatte alle seine Ideale verraten. Zugegeben, vielleicht hatte er Preußen zu einem neuen Machtfaktor in Europa gemacht, doch um diesen Preis dem Teufel selbst seine Seele verkauft, denn er fand nie mehr zur Harmonie und inneren Ausgeglichenheit zurück.

Friedrich II. starb rund zwanzig Jahre nach dem Dritten Schlesischen Krieg, von der Wassersucht entstellt und von einer Lungenentzündung gequält, körperlich völlig verwahrlost, wie uns Historiker versichern, und ungeliebt von all seinen Untertanen.

DAS URTEIL

Urteilen wir auch in diesem Fall, was jetzt so schwer nicht mehr fällt, da alle Fakten auf dem Tisch liegen.

Wenn man einen Baum an seinen Früchten erkennen kann, so muss man festhalten, dass die meisten Früchte faul waren, die vom Baume Friedrichs des Großen fielen.

Sympathisch ist uns Friedrich II. nur insofern, als er anfänglich eine neue, höhere Gerechtigkeit einführte. Aber was nutzt diese Gerechtigkeit, wenn sie nur darauf hinausläuft, Soldaten für den Krieg tauglich zu machen? Pointierter gesagt: Was nutzt dem Bürger ein gutes Gerichtswesen, wenn er dafür sterben muss?

Auch seine angeblich freiheitliche Gesinnung kann nicht unkritisch mit Lob bedacht werden. Als seine Untertanen über seine zahlreichen Kriege zu murren begannen, führte Friedrich die Pressezensur wieder ein und verpasste seinen Kritikern einen Maulkorb. An seinen militärischen Maßnahmen und den überdimensional hohen Steuern durfte schließlich keine öffentliche Kritik mehr geübt werden. Ansonsten riskierte man Kopf und Kragen. Friedrich der Große erlaubte also keine freie Meinungsäußerung – heute ein etabliertes Menschenrecht.

Der große Schriftsteller Gotthold Ephraim Lessing, einer der bedeutendsten Freiheitskämpfer der Geschichte, der anfänglich in Preußen geduldet wurde, monierte später:

„Lassen Sie doch einmal einen in Berlin versuchen, über andere Dinge […] frei zu schreiben … lassen Sie einen in Berlin auftreten, der für die Rechte der Untertanen, der gegen Aussaugung und Despotismus seine Stimme erheben wollte …, und Sie werden bald die Erfahrung haben, welches Land bis auf den heutigen Tag das sklavischste Land Europas ist."[11]

Auch die Schulpflicht, die Preußen so hoch heraushob, war ein zweischneidiges Schwert. Denn der Unterricht besaß oft militärischen Charakter. Ausgediente alte Soldaten wurden gern zu Lehrern bestellt, die den Menschen vor allem Disziplin und Gehorsam beizubringen hatten und die neue Generation mit dem Rohrstock erzogen.

Unstrittig ist jedoch, dass Friedrich II. ein Friedensbrecher war und einen völlig unnötigen Krieg vom Zaun brach – als er Schlesien okkupierte, gegen geltendes Recht. Dass er später im Dritten Schlesischen Krieg zu einem militärischen Genie hochstilisiert wurde, macht diesen Umstand nicht wett, zumal man auch an dieser angeblichen militärischen Genialität durchaus berechtigte Zweifel anmelden kann. Seine Feinde waren zuletzt ja so zahlreich, dass nur ein kompletter Narr an so vielen Fronten und gegen so viele Mächte gleichzeitig kämpfen konnte. Seine hoch gepriesene Intelligenz ließ ihn völlig im Stich, als es darum ging, die Zukunft und die Zahl seiner Feinde hoch- und vorauszuberechnen. Er sah nur die sich bietende Gelegenheit und griff zu wie ein Strauchdieb. Die Folgen seines Diebstahls, die Zukunft, berechnete er nicht oder falsch.

Friedrich II. trat eine Lawine los, einen Krieg beinahe gesamteuropäischen Ausmaßes, für den er schuldig zu sprechen ist. Schlesien war ja nur der Zankapfel, in Wahrheit ging es um weit höhere Interessen: Frankreich kämpfte gegen England, zwischen diesen beiden Mächten wurde um die Weltherrschaft gestritten! Es ging darum, wer in den aufstrebenden Kolonien – vor allem in Amerika – künftig das Sagen haben würde und wer auf den Meeren!

Wie ein Dummkopf schlitterte Friedrich, der sich so viel auf seine Intelligenz einbildete, in diese Auseinandersetzung hinein – nicht ahnend, dass auf einer weit höheren Ebene die wichtigen strategischen Überlegungen angestellt wurden. Letztlich diente Friedrich unwillentlich und unwissentlich den Engländern, die den Krieg auf dem Kontinent freudig begrüßten. Half er doch, die Franzosen abzulenken, ihre größten Konkurrenten zur See und in Amerika, wodurch die Engländer ihren sagenhaften Aufstieg begründen konnten.

Friedrichs Beurteilung der geopolitischen Situation war unzureichend.

Töricht waren auch die sarkastischen und abfälligen Bemerkungen, die Friedrich über die drei mächtigsten Frauen dieser Epoche machte – über Maria Theresia, die russische Zarin Elisabeth und die Pompadour, die nicht nur die Bettgenossin, sondern auch die wichtigste Ratgeberin des französischen Königs war. Er nannte diese drei Frauen die „drei ersten Huren Europas", und die Pompadour überdies noch den „Vierten Unterrock des Königs". Seine Feinde hinterbrachten diese vorgeblich geistreichen Bemerkungen den Damen, was diese in höchste Wut versetzte und sie unvorstellbar hart zurückschlagen ließ. Vielleicht hätte Friedrich ohne seine spitze Zunge, auf die er so stolz war, bessere Bündnisse schließen können!

Doch das war vielleicht noch sein kleinster politische Fehler, sein größter war die Fehleinschätzung der Situation.

Der reine Zufall half ihm aus der Patsche, nämlich die Bewunderung eines geistig minderbemittelten, vielleicht geisteskranken Zaren, über den die Geschichte nebenbei bemerkt vernichtend geurteilt hat. Ohne die Göttin Zufall hätte Friedrich der Große einfach alles verloren. Preußen wäre zerstückelt und die einzelnen Bröckchen unter den Siegern aufgeteilt worden. Sie standen längst gierig wie Hyänen um den angeschlagenen preußischen Löwen herum und lauerten darauf, dass er sein Haupt zum Sterben niederlege.

Wie muss unser abschließendes Urteil lauten? War Friedrich II. ein militärisches Genie und ein Potentat mit überdurchschnittlicher Weitsicht?

Nein, nein und nochmals nein! Friedrich der sogenannte Große war ein Friedensbrecher und ein selbstgefälliger, besserwisserischer Egomane, der vielleicht hübsch auf der Flöte spielen konnte und einige geistreiche Briefe schrieb, aber das ist nichts im Verhältnis zu seinem Versagen! Er war bei aller Feldherrenkunst, die ihm nicht abgesprochen werden kann, ein politischer Dummkopf, weil er sich mit so vielen Mächten gleichzeitig anlegte.

Es mangelte ihm an Bescheidenheit und an Weitsicht. Er verheizte gewissenlos seine Untertanen, an deren Glück ihm nicht gelegen war. Nur sein eigener Ruhm kümmerte ihn. Er liebte die Menschen nicht wirklich. Immer wieder beschimpfte er das Volk als einen „Haufen" oder als „Pöbel", ja sogar als „wilde Thiere", wie er das schriftlich in der Schreibweise der damaligen Zeit ausdrückte. Allzu oft brachte er seine Verachtung gegenüber der Menschheit zum Ausdruck. Der große Voltaire persönlich bemängelte, dass Friedrich gerne andere Menschen demütigte (das Zeugnis ist schriftlich überliefert). [12] Selbst der abgeklärte, weise Johann Wolfgang von Goethe, der immer sehr ausgewogen urteilte und Esprit über alles schätzte, war überrascht über Friedrichs Unbeliebtheit, als er Berlin besuchte. Wir lernen:

Hohe Intellektualität und Brillanz sind kein Ersatz für echte Menschenliebe.

Und wie stand es um die Privatperson Friedrich?

Weibliche Reize interessierten ihn nicht. Von Frauen hielt er sich fern. Er zog ihnen Philosophen und schöne Jünglinge vor. Mit einem von ihnen zog er sich während einer bestimmten Phase seines Lebens nach dem Abendessen regelmäßig in seine Privatgemächer zurück. Er wurde der Homosexualität verdächtig, aber es blieb bei Mutmaßungen, die nie hieb- und stichfest bewiesen wurden, sieht man von dem Zeugnis des Monsieur Voltaire ab [12]. Im Allgemeinen liebte er Hunde, die oft in seinem Bett schlafen durften. Wenn sie starben, sorgte er für ein ordentliches Grab und ließ ihnen Gedenksteine errichten.

Von einigen drittklassigen Historikern und Stiefelleckern wurde Friedrich II. später zum Genie hochstilisiert, wodurch ein falsches Vorbild geschaffen wurde, das jahrhundertelang einen verderblichen Einfluss auf Deutschland hatte. Krieg, Vertragsbruch, Tod, Militarismus, überhöhte Steuern und der Polizeistaat wurden nämlich durch und in diesem Preußenkönig personifiziert und glorifiziert. Nicht ohne Grund wurde Friedrich der Große im Dritten Reich von Propagandaminister Joseph Goebbels, diesem Teufel in Menschengestalt, auf ein so hohes Podest gestellt und wie eine Lichtgestalt verehrt.

Und so sollten wir langsam anfangen, in Sachen Friedrich dem Großen umzudenken. Auf der Suche nach überragenden Gestalten reflektierte die deutsche Geschichtsschreibung zu oft seine guten Seiten, ohne seine Kriege nüchtern zu beurteilen und die Konsequenzen zu bedenken, die sie mit sich brachten.

Die Konsequenzen? Bismarck wurde möglich!

Vielleicht besteht die Tragik der deutschen Geschichte darin, dass Friedrich der Große den Dritten Schlesischen Krieg letztlich nicht verlor. Möglicherweise hätte dadurch ein Bismarck vermieden werden können sowie ein militaristisches Preußen-Deutschland, das später die Welt so erschüttern sollte.

Wenn also Frieden, Freiheit und Wohlstand die höchsten Werte sind, die wir im politischen Raum kennen – wie muss man dann über den Preußenkönig Friedrich II. urteilen?

Friedrich der Große war im 18. Jahrhundert der größte Unglücksfall für die deutsche Geschichte.

WEITERE LEHREN

Damit bleibt uns noch, einige letzte Erkenntnisse aus diesem zuge-
standenermaßen interessanten und bewegten Leben nachzutragen. Es
ist spannend, ja hochspannend, die politischen Lehren aus dieser Periode noch weiter zu abstrahieren. Unternimmt man das, entdeckt man
folgende brisante geschichtlichen Wahrheiten:

Steckt ein Staat fast seine gesamten Anstrengungen, Ersparnisse
und ökonomischen Gewinne in ein Heer, ist ein Krieg unvermeidlich, da er bereits visioniert und postuliert wird.

Die Existenz eines starken Heeres allein verführt bereits zum
Krieg. Denn Soldaten wollen sich auszeichnen und ihren Sinn erfüllen, und ihre Führer wollen das „Kapital" arbeiten lassen.

Der größte Schaden, den ein gewonnener Krieg anrichtet, ist der
Hass der Verlierer, die – sofern sie nicht ausgerottet und völlig vernichtet werden – nur auf die nächstbeste Gelegenheit warten, um zurückzuschlagen.

Kriege sind die schlimmste Geißel der Menschheit, speziell wenn
sie gewonnen werden. Sie schaffen falsche Ideale und falsche Helden,
an denen sich kommende Generationen orientieren.

Gängelt ein Staat seine Untertanen mit zu hohen Steuern, Spitzeln
und zahlreichen Kontrollen, entsteht eine Art Polizeistaat, in dem das
Individuum weder selbstbestimmt noch glücklich ist, selbst wenn der
Staat in einigen Gebieten erstaunliche Erfolge vorweisen kann.

Beenden wir damit das Kapitel über die ersten Hohenzollern und
den Aufstieg Preußens, von dem wir noch sehr viel mehr hören werden.
Wenden wir uns dem erfreulichsten Kapitel über Deutschland zu.

5. DAS GOLDENE ZEITALTER DEUTSCHLANDS

Nach Meinung vieler Geschichtswissenschaftler, beispielsweise des Historikers Heinrich Treitschke, hatte Deutschland vor und nach 1800 eine glänzende Zeit. Diese Beurteilung rührt daher, dass in dieser Zeit wirklich bedeutende Köpfe auf deutschem Boden lebten. Hier müssen wir auf Goethe und Schiller verweisen, die von England bis Italien bekannt waren. Hier müssen wir die berühmten Philosophen Kant, Fichte, Schelling und Hegel nennen, die von Russland bis Frankreich gelesen wurden. Und wir dürfen auf Bach, Haydn, Mozart und Beethoven stolz sein, die bis heute die musikalische Welt erobert halten.

Wie war eine solche Blüte möglich?

Eine Antwort ist sicherlich, dass damals zahlreiche deutsche Kleinstaaten existierten, durchaus vergleichbar mit dem Renaissance-Italien. Durch diese Vielfalt war eine gewisse politische Freiheit gegeben, nicht alles wurde diktatorisch zentralisiert entschieden. Kulturelle Eigenarten konnten gepflegt werden und der spezielle Charakter einer Region vermochte sich zu entfalten. Diese kleinen Fürstentümer besaßen einerseits vielleicht den Nachteil, in militärischer Hinsicht unbedeutend zu sein, aber auf der anderen Seite gab es offenbar auch bedeutende Vorteile – beispielsweise blühte das Mäzenatentum (Mäzen = Kunstfreund, Gönner, Förderer von Künstlern, nach dem Römer Maecenas benannt, der vor rund 2 000 Jahren zur Zeit des Kaisers Augustus zahlreiche Künstler förderte).

Die Fürsten suchten sich zum Teil darin zu übertreffen, die hellsten Köpfe auf den Professorenstühlen zu beschäftigen oder berühmte Künstler mit einer Rente auszustatten. Nichts wurde so hoch geschätzt wie die Schriftstellerei und die Musik, aber auch Baumeister und Kunsthandwerker hatten ein gutes Auskommen. Ferner war es von Vorteil, dass ein Künstler, wenn er sich in einem deutschen Lande nicht wohlfühlte, in ein anderes deutsches Land reisen und dort sein Glück versuchen konnte. Mehr als dreihundert eigene staatliche Gebilde existierten zu dieser Zeit auf deutschem Boden, zu denen auch Preußen und Österreich gehörten. Es gab über fünfzig freie Reichsstädte. Diese angeblich politische Zerrissenheit war also aller Wahrscheinlichkeit nach ein Segen für die Kunst.

Zahlreiche Bauten entstanden, an verschiedenen Orten und zu allen möglichen Zwecken, außerdem machte zusätzlich zum Barock auch das Rokoko von sich reden. Hier erlangte besonders Johann Balthasar Neumann (1687–1753) Berühmtheit. Er schuf beispielsweise in Würzburg, Trier, Bonn oder Köln traumhaft schöne Bauwerke, mit Spiegelsälen und einzigartigen Treppenhäusern.

In Karlsruhe, München und Berlin entstand ein architektonisches Meisterwerk nach dem anderen. In Bayern, Sachsen, Heidelberg, Hannover und Hamburg wurde gebaut, was das Zeug hielt. Vor allem Sachsen mit seiner Hauptstadt Dresden wurde berühmt, wo Kurfürst August der Starke (1670–1733) verschiedene prächtige Gebäude errichten ließ und mehr Bilder sammelte als Konkubinen und Kinder. Und das will etwas heißen! Denn er zeugte 354 Kinder, wenn wir einigen historiografischen Erbsenzählern glauben dürfen.

August der Starke verdient jedoch auch noch aus einem anderen Grund Erwähnung. Er engagierte einen gewissen Johann Friedrich Böttger (1682–1719), um Metall in Gold zu verwandeln – ein uralter Traum von Alchimisten, der offenbar nie ausgeträumt werden kann –, aber Böttger entdeckte versehentlich die Kunst, Porzellan herzustellen. Ein riesiger Industriezweig entstand, und ganz Deutschland befand sich quasi über Nacht im Porzellanfieber. Überallhin wurden nun schmucke Teller, Tassen und Gefäße, teilweise auf höchstem Niveau, exportiert. Selbst Bierkrüge gerieten zu kleinen Porzellankunstwerken. Das veranlasste die Deutschen, noch mehr zu saufen, als sie es ohnehin schon taten. Gleichzeitig erklommen Glashandwerker, Eisenbearbeiter, Goldschmiede und Kupferstecher neue Höhen.

Aber all das war nichts im Vergleich zu dem, was sich in der Musik tat.

DIE DEUTSCHE MUSIK

Abgesehen von der Oper brachte die deutsche Musik zweihundert Jahre lang in jeder Periode den jeweils größten Komponisten auf dem gesamten Erdball hervor. Von etwa 1690 bis 1890 war die deutsche Musik auf praktisch allen musikalischen Feldern ohne Unterbrechung führend! Kuhnau (1660–1722), Händel (1685–1759), Bach (1685–1750), Mozart (1756–1791), Beethoven (1770–1827) und Brahms (1833–1897) machten von sich reden. Niemand verfügte in dieser Zeit über eine solche Ansammlung von Musikgenies wie Deutschland.

Musik gehörte zum täglichen Leben der Deutschen. In jeder Familie wurde gesungen. Es gab kaum jemanden, der nicht ein oder sogar mehrere Instrumente spielte. Man sang zu Hause, in der Kirche, in der Schule und auf der Straße.

Alle Musikinstrumente wurden ständig verbessert, aber den größten Siegeszug trat die Orgel an, die allen anderen Instrumenten den Rang ablief. Die Oper wurde immer populärer, Konzerte eroberten die Herzen der barbarischen Deutschen und kultivierten sie. Jeder deutsche Hof verfügte nach einer Weile über ein Opernhaus, Sänger und Sängerinnen gerieten zu Stars, Kapellmeister und Komponisten zu den neuen Göttern, um die man sich teilweise balgte. Choräle und Kantaten wurden in überreicher Vielfalt erschaffen.

Es entstanden ganze Kirchenorchester, ja eigene musikalische Berufszweige wurden geboren, wie der des Organisten etwa. Um es kurz zu machen: Die Zeit war reif für einen Johann Sebastian Bach.

JOHANN SEBASTIAN BACH

Die Bachs waren ein Phänomen. Schon im 15. Jahrhundert wimmelte es in Thüringen von Bachs. In Johann Sebastian Bachs Familie hatte bereits der Ururgroßvater professionell musiziert. Ein Stammbaum von Hunderten (!) von Bachs, mit zahlreichen Zweigen und Nebenzweigen, mit vielen Komponisten und Instrumentalisten, war hier emporgewachsen – scheinbar mit dem einzigen Ziel, den größten Musiker aller Zeiten hervorzubringen: Johann Sebastian.

Das Genie war das jüngste von acht Kindern des Stadtpfeifers und Hoftrompeters Johann Ambrosius Bach. Schon früh wurde Johann Sebastian von seinem Vater in die Geheimnisse der Musik eingeweiht. Er lernte zudem Latein und trat zum protestantischen Glauben über.

Kaum erwachsen, verdiente er sein Geld als Organist, was ihn dazu verleitete, früh zu heiraten. Als er ein Angebot vom Hofe des Herzogs von Sachsen-Weimar erhielt, packte er seine Koffer und suchte sein Glück in Weimar, wo er besser bezahlt wurde – er bekam 156 Gulden im Jahr. Jetzt konnte er problemlos seine inzwischen große Kinderschar ernähren. Er gab einige aufsehenerregende Konzerte in Halle, Kassel und anderen Städten und beeindruckte sogar den König von Schweden und später Friedrich II. Das Genie Bach kündigte sich an. Trotzdem wurde er bei der Beförderung übergangen, als sein vorgesetzter Kapellmeister in Weimar starb. Das veranlasste ihn, nach neuen Ufern Ausschau zu halten. Als er schon kurz vor der Abreise stand, setzte ihn sein eigener Fürst gefangen, ließ ihn aber nach einigen Monaten doch widerwillig ziehen.

Bach fand ein neues Auskommen. Da starb seine Frau und er stürzte in tiefste Trauer. Ein neues Weib trocknete seine Tränen und gebar ihm weitere 13 Kinder – zu den sieben, die er bereits hatte.

Endlich erhielt er ein Angebot aus dem renommierten Leipzig. Hier wurde ihm neben seinen Pflichten als Musiklehrer und Komponist allerdings auferlegt, auch Latein zu lehren. Weiter galt es, die lutherische Lehre genau zu befolgen, den Stadtoberen gegenüber Ergebenheit zu zeigen und Leipzig nicht ohne die Erlaubnis des Bürgermeisters zu verlassen. In Leipzig komponierte Bach zahlreiche Werke, die ihm Unsterblichkeit verleihen sollten. Er schuf nie erreichte Orgelwerke, 143 Choräle, viele Klavierstücke, Stücke für die Geige und geistliche Werke, aber auch Hochzeitskantaten, eine Jagdkantate, eine Bauernkantate und sogar eine Kaffeekantate. Er setzte das Leiden Christi und

Teile der Evangelien in Töne um, und betete, indem er Musik schuf. Die Arbeit und die überlebenden zehn Kinder nahmen ihn völlig in Anspruch, denn natürlich unterwies er sie alle in der Musik.

Als sich in seinen letzten Lebensjahren seine Augen verschlechterten, begab er sich in die Hände eines berühmten Spezialisten, ließ sich operieren und erblindete. Im Jahre 1750 schien sein Augenlicht zur Überraschung aller jedoch wieder hergestellt zu sein. Die gesamte Familie und alle Freunde jubelten – als er kurz darauf an einem Herzschlag starb.

Bemerkenswerterweise geriet Bach nach seinem Tode völlig in Vergessenheit. Um 1800 erinnerte sich kaum jemand mehr an diesen Johann Sebastian Bach. Nur seine Söhne kannten sein Werk und präsentierten es eines Tages dem Musikdirektor der Universität Göttingen, der namenlos beeindruckt war und kommentierte:

„Dieser Mann [war] der größte musikalische Poet …, den es je gegeben hat und wahrscheinlich je geben wird, [er] war ein Deutscher. Sei stolz auf ihn, oh Vaterland!" [13]

Nun ging es Schlag auf Schlag. Überall wurde Bach wiederentdeckt. Goethe begann Bach zu verehren, genau wie andere große Geister, etwa viele Romantiker, der Komponist Mendelssohn Bartholdy, der Philosoph Hegel und später Brahms. Im Jahre 1837 forderte Robert Schumann, dass Johann Sebastian Bachs gesamtes Werk neu herausgeben werden müsse. 1850 erblickte die Bach-Gesellschaft das Licht der Welt. Überall suchte man jetzt fieberhaft nach Bach-Manuskripten. Brahms bezeichnete ihn ebenfalls als „den größten musikalischen Poeten, den es je gegeben hat".

Die Welt überschlug sich und kniete spät, aber nicht zu spät vor seinem musikalischen Genie nieder.

PAPA HAYDN

Zeitgleich mit Bach machte Christoph Willibald Gluck (1714–1787) von sich reden. Der Pfälzer wurde vor allem in Paris mit offenen Armen aufgenommen, wo sich zwischen ihm und dem italienischen Komponisten Niccolò Piccinni (1728–1800) ein regelrechter Musikkrieg entwickelte. Verschiedentlich duellierten sich ihre Anhänger sogar! Nichts ist offenbar so wichtig wie der eigene Geschmack, der nach Meinung des Besitzers stets der einzig richtige ist.

In Österreich wiederum wurde man auf Joseph Haydn (1732–1809) aufmerksam, einen ebenso fröhlichen und bescheidenen wie hochbegabten und genialen Mann, den alle wegen seiner Herzensgüte nur „Papa Haydn" nannten. Haydn lernte Singen und das Violinspiel, Rechnen, Schreiben, Latein und Religion. Doch da er aus untersten Kreisen stammte, ließ er notgedrungen nach der Schule in Privathäusern seine „süße Stimme" erklingen. Denn hier wurde man für Kunst verköstigt und bekam eine gute Mahlzeit. Als der Stimmbruch nahte, legte man ihm nahe, sich kastrieren zu lassen, doch seine Eltern lehnten das ab.

Als Haydn das Erwachsenenalter erreichte, sicherte er sein finanzielles Überleben zunächst, indem er Klavier unterrichtete und in einer Kirche Violine und in einer Kapelle Orgel spielte. Aber ihn reizte es unbändig zu komponieren. Also schlug er einem berühmten Lehrer vor, ihm als unbezahlter Diener zur Hand zu gehen und im Gegenzug dafür in der Kunst des Komponierens unterrichtet zu werden. Der Lehrer war einverstanden, und fortan putzte Haydn Mantel und Rock, Schuhe und Perücke, um in die Geheimnisse der musikalischen Kreativität eingeführt zu werden.

Durch diesen Coup bewegte sich Haydn plötzlich in einer anderen Gesellschaftsschicht. Man empfahl ihn weiter, adlige Herren wurden auf ihn aufmerksam. Er erkannte, dass vornehme Schüler nicht unbedingt talentierter, aber erheblich zahlungskräftiger sind. Schließlich wurde er durch seine neuen Verbindungen sogar auf den Posten eines Musikdirektors gehievt. Gleichzeitig entstanden die ersten Kompositionen.

Haydn verdiente sein erstes richtiges Geld, wurde übermütig und hielt um die Hand der Tochter eines Perückenmachers an, der zwei Töchter hatte. Doch die Angebetete wurde Nonne und deshalb überredete ihn der Vater, einfach seine andere Tochter zu heiraten.

Und das Glück war ihm weiterhin hold. Anton Esterházy, Fürst einer alten, noblen, sehr reichen ungarischen Adelsfamilie, engagierte ihn – für das stattliche Jahresgehalt von vierhundert Gulden. 14 Musiker und sieben Sänger standen nun zu seiner Verfügung, dazu ein Fürst, der ihn gut behandelte, ihn liebte und sogar noch etwas von Musik verstand. Papa Haydn komponierte begeistert Sonaten, Trios, Quartette, Konzerte, Lieder, Kantaten und rund dreißig Symphonien. Es floss nur so aus ihm heraus.

Überall wurden seine Stücke aufgeführt. Im Jahre 1766 genoss Haydn bereits Weltruhm, italienische, russische, spanische und österreichische Potentaten bewunderten, lobten und förderten ihn. Eine Weile lebte er in Wien, lernte dort Mozart kennen und lieben und wurde schließlich nach London eingeladen, wo er einen rauschenden Erfolg nach dem anderen feierte. Die englische Königin bot ihm persönlich einen Wohnsitz in Windsor an, wenn er nur länger bliebe, aber das Haus Esterházy verlangte nach ihm. Der treue Haydn vergaß nie, wem er seinen Aufstieg verdankte, und reiste zurück.

Weitere unsterbliche Kompositionen folgten: Er schrieb die Melodie zu „Gott erhalte Franz den Kaiser, unsern guten Kaiser Franz", eine Melodie, die später zur Nationalhymne der Deutschen geriet. Er komponierte ein gewaltiges Oratorium und die berühmten „Jahreszeiten".

Papa Haydn war nun hochberühmt, unglaublich beliebt, verdiente astronomische Summen, und viele Städte und Länder verehrten ihn, kurz: Er stand auf der Sonnenseite des Lebens. Höher konnte man nicht steigen. Aber Rheumatismus und andere Leiden vergällten Haydn das Leben.

Zudem fielen Napoleons Soldaten in Wien ein, als er sich gerade dort aufhielt. Immerhin schmetterte ihm ein siegreicher französischer Offizier, als er Haydn zu Hause aufsuchte, zur Begrüßung eine Arie aus seinem eigenen Repertoire entgegen – so bekannt war der Komponist mittlerweile – und erwies ihm allen Respekt! Haydn umarmte ihn.

Als der große Komponist im Alter von 77 Jahren starb, läuteten alle Glocken Europas zu seinem Gedächtnis, und überall hielt man zu seinen Ehren Gottesdienste ab.

MOZART, DAS WUNDERKIND

Scheinbar war ein solches Leben nicht mehr zu übertreffen, hätte es nicht Wolfgang Amadeus Mozart (1756–1791) gegeben. Mozart besaß das Glück, in eine hochmusikalische Familie hineingeboren zu sein, in der Melodien und Harmonien alles waren. Sein Vater Leopold war Hofkomponist des Erzbischofs von Salzburg, der nicht nur ein Lehrbuch für Violintechnik geschrieben, sondern sogar Konzerte, Messen und Symphonien komponiert hatte! Bevor der kleine Mozart richtig sprechen und laufen konnte, war er bereits ein Meister des Klaviers. Mit drei Jahren konnte er perfekt Akkorde anschlagen, mit vier Stücke aus dem Gedächtnis herunterspielen und mit fünf erfand er schon die ersten Melodien. Ohne dass man ihn dazu auffordern musste, blieb der Knabe stundenlang am Klavier sitzen und übte und experimentierte.

Der Vater nahm ihn und die Schwester, die nur ein paar Jahre älter und ebenfalls hochbegabt war, mit auf Tournee, um die beiden Wunderkinder der Welt vorzustellen. Vor allem der kleine Mozart entzückte und verwunderte die Fürsten und Aristokraten. In Wien spielte er vor Maria Theresia und dem Kaiser mit einem einzigen Finger Geige und fand nicht nur korrekt die richtigen Tasten des Klaviers, die mit einem Tuch abgedeckt worden waren, sondern überraschte auch durch seine Beherrschung des Instrumentes – und das mit sechs Jahren!

Der kleine Mozart war kurz gesagt eine Attraktion. Er spielte in Mainz, Frankfurt, Koblenz, Aachen, Brüssel und Paris – in der französischen Hauptstadt vor der königlichen Familie und vor der Pompadour, der ebenso schönen wie intelligenten und einflussreichen Mätresse des französischen Königs. In London, Den Haag und Amsterdam triumphierte und brillierte der Dreikäsehoch genauso wie in Dijon, Genf, Lausanne, Bern, Zürich, Ulm und Augsburg. Alle sprachen von einem musikalischen Weltwunder.

Aber Salzburg blieb sein Zuhause.

Als Jüngling ging Mozart erneut auf Reisen. Er spielte in Mailand, Florenz und Neapel und nahm Kompositionsunterricht in Italien, da sein Vater ihm nichts mehr beibringen konnte.

Wieder zurück in Salzburg brach eine weniger angenehme Zeit an. Der neue Erzbischof von Salzburg, auf dessen Gehaltsliste Leopold Mozart stand, sah es nicht gern, wenn der Vater reiste und in ganz Europa mit seinem Sohn Lorbeeren sammelte. Mozart war ein Name, den er als sein persönliches Eigentum betrachtete. Der Erzbischof verhinderte weitere Tourneen. Doch das verführte den jungen Mozart nur dazu, am laufenden Band die schönsten Sonaten, Serenaden und Symphonien, ja ganze Konzerte und Messen zu komponieren.

Schließlich aber ließ sich der alte Tyrann erweichen und zumindest den jungen Mozart ziehen. Wolfgang Amadeus spielte in Augsburg, Mannheim und wieder in Paris. Dort wurde ihm die Stellung eines

Hoforganisten angeboten – mit einem Salär von zweitausend Pfund –, doch Mozart schlug sie aus.

In Salzburg lockte der Erzbischof Vater und Sohn Mozart mit je fünfhundert Gulden Jahresgehalt. Mozart nahm zunächst an (1779), verließ die provinzielle Enge jedoch 1781 schon wieder, der Ruf der großen weiten Welt war zu verlockend. Er brannte darauf, Opern zu komponieren und die Italiener in ihrem eigenen Metier zu schlagen. Er verreiste aufs Neue, ließ die Kündigung des Erzbischofs ungerührt über sich ergehen und begann, die Welt mit seinen Opern und anderen Kompositionen zu verzaubern. Er schuf zahlreiche Sonaten, Trios, Quartette, Quintette, Konzerte, Tänze, Serenaden, Symphonien und 22 Opern – in einer überbordenden Fülle, mehr als jeder andere Komponist auf der Welt, abgesehen von Papa Haydn. Er komponierte, wo er ging und stand, lief manchmal tagelang mit Melodien und Harmonien im Kopf herum, bevor er sie niederschrieb – wie andere Leute Briefe. Er vermochte mehrere Instrumente und Melodien parallel nebeneinander vor seinem inneren Ohr zu hören, ohne auf Noten zu schauen, konnte die schwierigsten Stücke auswendig spielen und besaß ein phänomenales Gedächtnis für Musik. Für verschiedene Instrumente verfasste er Einzelstücke – für die Klarinette, das Fagott, das Horn, die Flöte, die Harfe und für das Klavier sowieso. Keine Zeit vor ihm oder nach ihm hat je ein solches musikalisches Genie gesehen.

Dabei war Wolfgang Amadeus Mozart stets leutselig, fröhlich, gut aufgelegt, heiter und ein lustiger Geselle – die Welt war voll von Komplimenten für ihn. Die Einkünfte verbesserten sich nun fortlaufend, aber er verstand es auch, Geld mit vollen Händen zum Fenster hinauszuwerfen – für bettelnde Freunde und aufwendige Kleidung, für vergnügliche Unternehmungen und für das eine oder andere Frauenzimmer.

Er komponierte nach wie vor mit einer luftigen Leichtigkeit, die uns Sterbliche neidisch werden lässt, und eilte von Erfolg zu Erfolg. Doch auf der anderen Seite plagten ihn zunehmend Geldsorgen. Seine Frau, ständig krank, absolvierte eine teure Kur nach der anderen, das lockere Künstlerleben – einige Klatschmäuler sprachen von einem unsittlichen Lebenswandel – kostete viel, und immer wieder verschenkte er Geld mit der Sorglosigkeit eines Fürsten. Und als ihn die finanziellen Nöte gerade besonders drückten, erkrankte er auch noch. Die Diagnose: eine eiternde

Nierenentzündung. Obwohl er gerade die schönste aller Opern komponierte – „Die Zauberflöte" – kam er nicht mehr recht auf die Beine.

Da erhielt er von einem anonymen Fremden, der seine Identität nicht preisgeben wollte, den Auftrag, ein Requiem, eine Totenmesse, zu komponieren. Seine finanzielle Lage verbesserte sich schlagartig: „Die Zauberflöte", die nach der Premiere einhundert Mal wiederholt worden war und bald die beliebteste Oper in Deutschland werden sollte, erlebte einen Triumph nach dem anderen. Dazu boten ihm ungarische Adlige eintausend Gulden pro Jahr für verschiedene Arbeiten. Ein Holländer offerierte noch größere Summen für bestimmte Exklusivrechte. Der Komponist erhielt Einladungen nach London und, und, und … da – auf der Höhe seines Erfolgs – spielte sein Körper nicht mehr mit.

Mozart im Originalton: „… Ich fühle aus meinem Zustand, dass die Stunde schlägt. Ich bin im Begriff mein Leben auszuhauchen. Mein Ende ist da, ehe ich mein Talent nützen konnte. Und doch war das Leben so schön."[14]

Eine teilweise Lähmung seines Körpers trat ein. Mozart wurde bettlägerig. Da seine „Zauberflöte" immer noch aufgeführt wurde, verfolgte er nun vom Bett aus im Geiste jeden Akt. Am letzten Tag bat er seine Freunde, ihm sein „Requiem" zu bringen – und sang mit ihnen zusammen die verschiedenen Stimmen der Totenmesse. Er prophezeite, dass er in dieser Nacht sterben werde. Dann verlor er das Bewusstsein und verschied kurz nach Mitternacht, im Jahre 1791. Er hatte das Requiem für sich selbst komponiert.

BEETHOVEN, DER REBELL

Auch Ludwig van Beethoven (1770–1827) stammte aus einer hochmusikalischen Familie. Sein Großvater hatte als Basssänger im Chor des Kurfürsten von Köln seine Brötchen verdient, sein Vater war dort Tenor. Beethoven spielte schon als Vierjähriger viele Stunden täglich Klavier oder Geige. Mit acht Jahren trat er erstmals öffentlich in einem Konzert auf. Mit 14 wurde er angestellt – von dem damals gerade gewählten neuen Kurfürsten von Köln, einem gutmütigen Mann, der besonders das Essen, das Trinken und die Musik liebte – genau in dieser Reihenfolge, denn er galt als fettester Mann Europas. Beethoven spielte in seinem Ensemble die Bratsche, machte sich aber schon mit 17 Jahren auf den Weg nach Wien. Dort wurde er von Mozart empfangen und erhielt vom Meister einige Stunden Unterricht. Wieder zurück in Bonn entdeckte er, dass sein Vater immer mehr dem Alkohol zusprach. Also musste der junge Beethoven mit 19 die Verantwortung für die gesamte Familie übernehmen und wurde gesetzliches Familienoberhaupt. Glücklicherweise war der beleibte Kurfürst auch großzügig. Beethoven verdiente jetzt sein Geld als Pianist und Organist im kurfürstlichen Orchester und bestimmte weitgehend über die Einkünfte des Vaters.

Ein neues Kapitel im Leben des Genies begann, als Beethoven im Jahre 1792 abermals Bonn verließ, um Wien zu erobern. Die Familie in Bonn war versorgt, der großzügige Kurfürst hatte das Gehalt auf seine bescheidene Anfrage hin sogar verdoppelt. In Wien nahm er Unterricht bei Papa Haydn und anderen Größen der Musikszene. Aber Beethoven war der geborene Rebell: Er hielt sich oft nicht an die inzwischen genau definierten musikalischen Formen, sondern suchte nach neuen Regeln. Trotz der starken Konkurrenz in Wien fasste er Fuß, einige adlige Gönner erkannten schnell sein überragendes Talent. Beethoven begann, mehr und mehr zu komponieren, und entwickelte dabei einen völlig eigenen Stil.

Obwohl von Natur aus voller Humor, lerneifrig, hilfsbereit und gutherzig, veränderte sich Beethovens Charakter scheinbar: Er wurde verbittert, hochfahrend, barsch, stolz, feindselig, melancholisch und überheblich. Kaum jemand konnte sich einen Reim darauf machen.

Dennoch produzierte er in einer fantastischen, überbordenden Fülle – anfangs noch im Stile Haydns und Mozarts, später experimentierte er mit Lautstärke und Tempo, mit Zartheit und Wucht. Er änderte verschiedene musikalische Formen ab und erfand gewissermaßen die Musik neu. Beethoven schuf ein Meisterwerk nach dem anderen, und sein Wohlstand wuchs genau wie sein Ruhm. Selbst das Kaiserhaus engagierte ihn als Klavierlehrer – er unterrichtete den jüngsten Sohn von Kaiser Franz.

Neben all dem suchte er nach einer guten Frau, aber vergebens. Einige adlige Damen liebte er immerhin brieflich und aus der Ferne.

Das hielt ihn aber nicht davon ab, ein gewaltiges Werk nach dem anderen zu schaffen. Er befreite die Musik gewissermaßen von den klassischen Regeln, die manchmal ein Genie einengen. Insgesamt

komponierte er neun Symphonien, eine mächtiger als die andere, sodass zuletzt ein jeder vor ihm niederkniete. Als ihm fürstliche Mäze-
ne praktisch jede gewünschte Summe für sein Werk boten – auf der
Höhe seines Ruhmes –, befiel ihn im Jahre 1827 ein heftiger Husten.
Eine Lungenentzündung wurde diagnostiziert, Wassersucht und Gelb-
sucht kamen hinzu. Er wurde mit den Sterbesakramenten versehen,
woraufhin er erleichtert ausrief: *Comedia finita est* – „Die Komödie hat
[endlich] ein Ende!" Im römischen Theater bezeichnete dieser Satz das
Ende des Dramas. Wenig später starb Beethoven. Zu seiner Beerdigung
erschienen dreißigtausend Menschen.

War Beethoven wirklich hochfahrend, stolz und feindselig?

Nun, er hatte folgendes Geheimnis:

Sein Gehör war mit der Zeit immer schwächer geworden, bis er
schließlich vollständig taub war. Das Musikgenie stürzte in ein bo-
denloses Tal schwarzer Emotionen. Beethoven fürchtete den Klatsch,
fürchtete, seine gesamte musikalische Zukunft sei passé, und wurde
zum Einsiedler wider Willen. Er schämte sich seiner Taubheit und versteckte sich hinter seinem angeblichen Stolz und einer gewissen Feind-
seligkeit. Er hinterließ ein Testament, in dem er die Nachwelt aufklärte;
das Testament lautete wie folgt:

„Oh ihr Menschen, die ihr mich für feindselig, störrisch oder mi-
santhropisch haltet oder erkläret, wie Unrecht tut ihr mir, ihr wisst
nicht die geheime Ursache von dem, was euch so scheinet. Mein Herz
und mein Sinn waren von Kindheit an für das zarte Gefühl des Wohl-
wollens, selbst große Handlungen zu verrichten, dazu war ich immer
aufgelegt. Aber bedenket nur, dass seit sechs Jahren ein heilloser Zustand mich befallen, durch unvernünftige Ärzte verschlimmert … ich
bin taub … Aber welche Demütigung, wenn jemand neben mir stund
von weitem eine Flöte hörte und ich nichts hörte … solche Ereignisse
brachten mich nahe an Verzweiflung …"[15]

Tatsächlich konnte Beethoven ab einem bestimmten Zeitpunkt sei-
ne eigene Musik nicht mehr hören. Er hörte gewissermaßen mit den
Augen und empfand die Melodien und Harmonien in einer Welt, die
Normalsterblichen nicht zugänglich ist.

Die Leichenöffnung ergab, dass Beethovens Leber geschrumpft und nicht mehr funktionsfähig war und dass seine Ohrarterien durch Fetttröpfchen verstopft und die Gehörnerven völlig verkümmert waren.

DIE HERREN SCHRIFTSTELLER

Verlassen wir den Bereich der Musik, die trotz einiger Tragödien eine Höhe erreichte, wie es sie nie vorher und vielleicht auch nie nachher in Deutschland gab – oder genauer gesagt in den Ländern deutscher Zunge.

Wie stand es um die Meister der Tinte, um die Federfuchser, die Herren Schriftsteller?

Auch hier trat Deutschland einen unvergleichlichen Höhenflug an, der den Betrachter noch heute staunen lässt.

Die Schriftstellerei hing natürlich ab von Verlagen und Verlagsstädten – nebenbei bemerkt lief Leipzig in dieser Hinsicht Frankfurt zeitweise den Rang ab. Es waren neue Universitäten entstanden, in Göttingen und Erlangen etwa. Neue Fächer wurden gelehrt, auch Deutsch war längst gesellschaftsfähig geworden. Die Schriftstellerei entwickelte sich zu einem eigenen Metier. Der erste deutsche Meister des Gänsekiels, der von seiner Feder wirklich leben konnte, war möglicherweise Gotthold Ephraim Lessing (1729–1781).

Einige Koryphäen auf literarischem Gebiet hatten schon vorher von sich reden gemacht, wie etwa Johann Christoph Gottsched (1700–1766), der – ganz deutsch – die Literatur mit ordnungsliebenden Richtlinien knebeln wollte, während Christian Fürchtegott Gellert (1715–1769) vor allem daran gelegen war, das einfache Volk mit seinen Schriften zu erreichen.

Aber erst Lessing gelang es, eine völlig neue Periode einzuleiten, die sich nur der Wahrheit, der Toleranz, der Freiheit, der Gerechtigkeit und der Unabhängigkeit verpflichtet fühlte. Betrachten wir also in aller Kürze das Leben dieses großen Schriftstellers deutscher Zunge.

GOTTHOLD EPHRAIM LESSING

Mit 17 erhielt Lessing, der in Kamenz geboren wurde, ein Stipendium, das ihn nach Leipzig führte. Mit 18 fing er an, seinen eigenen Verstand zu gebrauchen und sich gegen die Bevormundung durch die Kirche zu wehren. Mit 19 wurde sein erstes Theaterstück aufgeführt und mit 20 floh er nach Berlin, weil ihn das Leben in Leipzig anödete. In Berlin schrieb er die intelligentesten theoretischen Abhandlungen und Kritiken über das Theater, die vielleicht je geschrieben worden sind, und hielt sich mit Übersetzungen über Wasser. Er schrieb zudem Artikel für verschiedene Zeitschriften, versuchte, selbst ein Magazin aus der Taufe zu heben, und hörte im Prinzip nicht mehr auf, Dramen und Schauspiele zu schreiben. Nach einem erneuten Zwischenstopp in Leipzig – Berlin hatte kein Theater – ließ er sich in Hamburg nieder. Als engagierter Theaterliebhaber versuchte er, das deutsche Theater aus der französischen Abhängigkeit zu befreien, und riet allen Schriftstellern, sich stattdessen Aristoteles und Shakespeare zuzuwenden.

Ein Zwischenspiel war die Betreuung der herzoglichen Bibliothek in Wolfenbüttel, wo er das unveröffentlichte Manuskript eines Professors für orientalische Sprachen entdeckte (Reimarus, 1694–1768), der einige biblische „Wahrheiten" entzaubert hatte. Lessing, nicht faul, gab die wichtigsten Passagen sofort heraus. Ein empörter Pressesturm war die Folge. Einige Priester regten sich unverhältnismäßig auf, und Lessing schlug mit beißendem Witz zurück. Trotzdem wurde das Manuskript schließlich konfisziert, die Zensoren schritten ein und versuchten, Lessing Zügel und einen Maulkorb anzulegen.

Lessing machte auf dem Absatz kehrt und schrieb sein berühmtestes Theaterstück „Nathan der Weise". Hierin plädierte er für Toleranz gegenüber allen Religionen, auch gegenüber dem Islam und dem Judaismus, und forderte, man müsse Menschen (und ihre Religionen) an ihren Taten messen, nicht an ihren Worten, die wohlfeil zu haben seien.

Nachdem das Stück von Goethe und Schiller im Jahre 1801 korrigiert worden war, blieb es ein Jahrhundert lang auf deutschen Bühnen präsent!

Lessings Ketzereien und Kontroversen verschafften ihm jedoch zu Lebzeiten mehr Feinde als Freunde. Ungeachtet dessen blieb er seiner Gesinnung treu und wandte sich eines Tages sogar gegen seinen Geldgeber, gegen seinen eigenen Herzog, als dieser einen Juden ins Gefängnis warf. Lessing besuchte diesen Juden im Gefängnis, nahm ihn nach seiner Entlassung bei sich auf und pflegte ihn eigenhändig gesund.

Die deutsche Aufklärung ist undenkbar ohne Gotthold Ephraim Lessing, wir verdanken diesem mutigen Manne bis heute viel. Auch Goethe liebte und bewunderte diesen selbstständigen Geist – und damit sind wir bei dem größten deutschen Schriftsteller überhaupt.

DER DICHTERFÜRST: JOHANN WOLFGANG VON GOETHE

Zahllose Menschen haben Goethe (1749–1832) enthusiasmiert in den Himmel gelobt. Und so viel ist richtig: Er gab den Deutschen ein Stück Identität, hob die Sprache auf ein nie zuvor gesehenes Niveau und machte die Deutschen zum Volk der Dichter und Denker.

Goethe prägte zahlreiche geflügelte Worte und war dafür verantwortlich, dass deutsche Literatur im Ausland hoffähig wurde. Er förderte die größten Philosophen seiner Zeit, einigen verhalf er zu Professorenstühlen, sodass Deutschland in der Philosophie eine Weile führend wurde. Nebenbei war er „Geheimer Rat" in Weimar und hatte die Funktion eines Ministers inne. Goethe bereicherte die Philosophie, indem er über die ewigen Themen tiefer nachdachte als andere. Er übermittelt uns das Ideal des abgeklärten Weltweisen, der gleichwohl mit beiden Beinen im Leben steht. Nicht zuletzt schrieb Goethe den unvergessenen „Faust", der bis heute als das beste deutsche Theaterstück gilt.

Selbst Politiker erster Provenienz schulen sich bis heute am Stil des Dichterfürsten, an seiner klaren Sprache, an dem ebenmäßigen Fluss und den intelligenten, durchdachten, ausgewogenen Inhalten. Sie blicken neidisch oder mit Lerneifer auf den, der die Feder führen konnte wie kein zweiter Mensch deutscher Zunge. Vielleicht mit einer Ausnahme.

FRIEDRICH SCHILLER, DAS GENIE

Nulla dies sine linea – „Kein Tag ohne Zeile!"
So lautete Schillers schriftstellerisches Glaubensbekenntnis (1759–1805).

Die privatesten Kontakte waren dem Schreiben untergeordnet, selbst Feindschaften suchte er sich unter dem Aspekt des Schreibens aus. Es ist überliefert, dass er, so er bei guter Gesundheit war, 14 Stunden am Tag schrieb.

Schiller schrieb in einer berauschenden Fülle wie kein anderer je vor ihm. Er war einer der wenigen deutschen Autoren, der in dieser Zeit allein von seiner Feder leben konnte. Goethe, vergessen wir es nicht, hatte seinen Herzog, der ihm ein sattes Gehalt zahlte. Schiller musste sich alles mit dem Schreiben erkämpfen. Goethe musste nicht vom Schreiben leben, Schiller war darauf angewiesen. Zwar hätte er sehr leicht auch eine andere Karriere machen können, doch er zog es vor, zu schreiben und nichts als zu schreiben. Und so tauchte er seinen Gänsekiel immer und immer wieder in die Tinte. Sein ganzes Leben war auf das Schreiben ausgerichtet. Kompromisslos und bedingungslos wanderte Schiller auf sein selbst gesetztes Ziel zu, dem er alle anderen Begehrlichkeiten unterordnete. Sogar seine körperlichen Bedürfnisse hatten dahinter zurückzustehen. War er krank – griff er zum Federkiel und schrieb.

Und so schuf er ein geniales Theaterstück nach dem anderen. Unvergessen bis heute: „Die Räuber", die „Wallenstein"-Trilogie und „Wilhelm Tell". Mit diesen Theaterstücken verbesserte er ein Stückchen Deutschland und die Welt. Immer wieder hob er die Freiheit auf das Podest. Immer wieder besang er die Gerechtigkeit. Er schrieb sich die Finger wund, wie das alle großen Dichter vor ihm getan hatten und nach ihm tun werden. Er kämpfte für eine bessere Welt, und wenn wir die Geschichte genau studieren, dann müssen wir zugeben, dass es ihm zumindest teilweise gelang. Er hielt die alten ewigen Ideale hoch, inspirierte bis heute Millionen, ja Milliarden von Menschen und reichte die Fackel der Freiheit weiter an die nächste Generation.

DIE PHILOSOPHIE UND ANDERE WISSENSZWEIGE

Natürlich wäre es verwerflich, nicht auch die großen deutschen Philosophen in diesem Goldenen Zeitalter zumindest zu erwähnen.

Der große Immanuel Kant (1724–1804), ein Königsberger, kämpfte ebenfalls für eine höhere Ethik und den „Mut, den eigenen Verstand zu gebrauchen". Aber zugegeben, vielleicht verirrte er sich in zu vielen Kompliziertheiten. Ein Spötter urteilte, nur ein Junggeselle (Kant war unverheiratet) könne sich so umständlich und unverständlich ausdrücken. Auch Hegel (1770–1831) und Schleiermacher (1768–1834) müssen genannt werden, ohne die das intellektuelle Deutschland damals undenkbar war.

Wirklich bedeutend war der Denker Johann Gottlieb Fichte (1762–1814), der sich vom Philosophen zum politischen Pamphletisten wandelte und dazu aufrief, die Herrschaft des Adels nicht mehr länger hinzunehmen. Er redete der Denkfreiheit das Wort, ja der Freiheit überhaupt, und lehnte es ab, dass irgendein Mensch jemandes Eigentum sei.

Auch in allen möglichen anderen Disziplinen wurden beträchtliche Fortschritte erzielt: In der Mathematik, Physik, Chemie, Astronomie, Botanik, Zoologie, Anatomie und Medizin eröffneten sich neue Horizonte. Vernunft und Wissenschaft traten einen unvergleichlichen Siegeszug an und eroberten Europa und Amerika. Die Welt begann sich zu verändern und mit ihr Deutschland.

NETTOERKENNTNISSE

Beenden wir damit unseren kleinen Exkurs über das Goldene Zeitalter Deutschlands. Natürlich empfanden die Akteure selbst ihr eigenes Zeitalter nicht als golden, wir haben von verschiedenen Schwierigkeiten gehört, die selbst die größten Genies zu überwinden hatten.

Aber kein Zeitalter empfindet sich selbst als Goldenes Zeitalter, erst im Rückblick werden Zeiten und Umstände verklärt.

Fest steht: In Deutschland tummelten sich in dieser Phase, in dieser Zeit, eine Vielzahl der geistreichsten Köpfe, die es je auf der Welt gab. Vor allem in der Musik und in der Literatur nahm Deutschland einen Aufschwung wie nie zuvor. Der relative Friede, der durch die Zersplitterung herrschte, war dafür wie gesagt eine Voraussetzung. Zunehmend wurden Werte wie Freiheit und Gerechtigkeit auf den Königsthron gehoben, aber auch Toleranz und Bildung spielten eine Rolle. Allerdings war längst noch kein idealer Zustand erreicht. Schiller, wir haben es gehört, kämpfte für weitere Freiheiten, Lessings Hauptanliegen war die Toleranz. Es brodelte und kochte unter der Oberfläche, aber man wagte es, in die richtige Richtung zu deuten und konkrete Schritte zu unternehmen.

Ferner belebte die Konkurrenz das Geschäft. Aufgrund der zahlreichen deutschen Kleinstaaten befanden sich die einzelnen Fürsten, Herzöge und Grafen in einem kreativen Wettstreit miteinander. In Frankreich gab es nur Paris, alle kulturellen Kräfte bündelten sich in dieser einen Stadt. In Deutschland dagegen existierten zahlreiche Höfe, die Kunst und Wissenschaft förderten.

Aber lassen wir auch eine weitere wichtige Erkenntnis nicht unter den Tisch fallen. Die Lebensläufe der verschiedenen Genies, die wir hier nur ansatzweise nachgezeichnet haben, verraten außerdem Folgendes: Trotz allem befähigten nicht die zeitlichen Umstände die Menschen, zu hohen und höchsten Höhen aufzusteigen. Es war die Initiative von Individuen, von Einzelpersönlichkeiten, die das Schicksal sozusagen beim Schopf packten und der eigenen Umwelt und sogar der Geschichte selbst ihren Stempel aufdrückten.

Auch das lehrt Geschichte.

Bei all dem haben wir vergessen, die politischen Zeitläufe weiter zu beschreiben. Die politische Geschichte war nicht stehen geblieben. Einige Biografien, die wir hier vorgestellt haben, ragten längst in eine neue Periode hinein.

Diese Periode lässt sich nicht verstehen, wenn man nicht die Ereignisse in Frankreich, die sich inzwischen zugetragen hatten, zumindest ansatzweise nachvollzieht und wenn man nicht eine überragende Figur jener Periode genauer unter die Lupe nimmt: Napoleon Bonaparte.

240

6. DEUTSCHLAND UND NAPOLEON

Wir alle kennen die Geschichte rund um Napoleon.

Ein kleiner Korse, zum Militär ausgebildet, erringt für Frankreich einige unmögliche Siege, reißt die Macht an sich, schwindelt sich bis zum Kaiser empor, besiegt anfänglich alle seine Feinde, übernimmt sich schließlich strategisch, indem er gegen Spanien und Russland zieht, verliert wichtige Schlachten, wird verbannt und stirbt.

Bei Licht und ohne Scheuklappen betrachtet war Napoleon nichts anderes als ein Massenmörder, wenn ihn auch einige Franzosen bis heute verklären und sich noch immer von seiner Propaganda um den Finger wickeln lassen.

Konzentrieren wir uns im Folgenden auf sein Verhältnis zu Deutschland und erinnern uns: Die Preußen stiegen unter Friedrich II. zu einer bedeutenden Macht in Europa auf. Österreich und das „Heilige Römische Reich Deutscher Nation" dagegen verloren an Einfluss.

Neun Kurfürstentümer (anstatt sieben) wählten nun den Kaiser: Österreich und Preußen, daneben Bayern, Sachsen, Braunschweig-Lüneburg, Köln, Mainz, Hannover und Trier. Darüber hinaus gab es verschiedene „geistliche Herrschaften", regiert von Erzbischöfen und Bischöfen (wie etwa Würzburg oder Fulda), „weltliche Herrschaften", regiert von Fürsten (wie Württemberg zum Beispiel), und nicht eben wenige „freie Reichsstädte" (wie etwa Hamburg oder Frankfurt am Main).

Franz II. von Österreich war zwar 1792 zum Kaiser des „Reiches" gewählt worden, aber jeder kochte inzwischen sein eigenes Süppchen. Dieser lockere, aus verschiedenen deutschen Kleinstaaten bestehende Verband fiel immer mehr der Bedeutungslosigkeit anheim.

Als Napoleon auf den Plan trat und mit seinen Soldaten und Kanonen überall siegte, gerieten viele deutsche Fürsten ins Grübeln: Sollten sie sich von Napoleons Truppen einfach überrennen lassen oder für das alte „Römische Reich Deutscher Nation", also für den österreichischen Habsburger, Partei ergreifen – der offenbar eine Schlacht nach der anderen gegen Bonaparte verlor? Viele deutsche Fürsten entschieden sich für Napoleon, der wie eine Naturgewalt auf den Plan getreten war. Das schien das kleinere Risiko zu sein.

Schließlich gründeten 16 süd- und westdeutsche Länder unter Führung Napoleons im Jahre 1806 den sogenannten Rheinbund und erklärten ihren Austritt aus dem Reichsverband. (Später schlossen sich ihm weitere kleine deutsche Staaten an.) Österreich hatte das Nachsehen. Noch deutlicher: Rund drei Millionen Deutsche wechselten ihr Oberhaupt. Noch viel deutlicher: Ein Drittel des ehemaligen Deutschlands gelangte mit einem Schlag unter Frankreichs Herrschaft.

Zahlreiche Reichsbistümer, Reichsabteien und Reichsstädte verschwanden dank eines einzigen napoleonischen Federstrichs von der Landkarte des „Reiches". Der Rheinbund diente Bonaparte eine Weile als „Pufferstaat" zwischen Frankreich und dem restlichen Deutschland.

Franz II. erklärte daraufhin im Jahre 1806 offiziell das „Heilige Römische Reich" für aufgelöst, da es ohnehin nur noch eine Farce war. Er legte die (Reichs-)Kaiserkrone nieder und behielt nur die österreichische Kaiserkrone. „Rom" oder genauer gesagt das römische Erbe hörte endgültig auf zu existieren, einer jahrtausendealten Tradition war der Todesstoß versetzt worden.

Nun gab es also vier „deutsche" Mächte, wenn man so will:
1) Österreich,
2) Preußen,
3) immer noch einige wenige kleine deutsche Staaten und
4) den Rheinbund.

Später schlossen sich dem Rheinbund weitere zwanzig deutsche Staaten an, auch mittel- und norddeutsche Kleinstaaten. Im Jahre 1808 umfasste der Rheinbund vier Königreiche, fünf Großherzogtümer, 13 Herzogtümer, 17 Fürstentümer sowie die Städte Hamburg, Bremen und Lübeck.

Der Korse hatte die Karten völlig neu gemischt.

Napoleons deutsche Provinzen, eben die Rheinbund-Provinzen, wurden komplett umgemodelt: Der Adel und die Kirche wurden entmachtet, der kirchliche Zehnte ganz aufgehoben, die Freiheit des Gottesdienstes sichergestellt und die Gleichheit vor dem Gesetz eingeführt. Ein neues Gerichtswesen und bessere Gesetze erblickten das Licht der Welt.

Mit Speck fängt man Mäuse.

Aber diesen Vorteilen standen beträchtliche Nachteile gegenüber: Denn die Steuergelder flossen jetzt sehr einfach in die weiten Taschen des kleinen Korsen. Der Rheinbund musste Napoleon beträchtliche Abgaben zahlen und im Bedarfsfalle sogar Soldaten stellen. Napoleon scheute sich nicht, auch deutsche Soldaten in seinen Kriegen zu verheizen.

Ja, zugegeben, die Verwaltung verbesserte sich, die religiöse Freiheit und die bessere Rechtspflege waren Pluspunkte. Ihnen folgten Wirtschaftsreformen, die die Freiheit des Unternehmertums festschrieben und Maße und Gewichte vereinheitlichten. Aber die Nachteile waren gravierender.

Kein Wunder, dass es in diesem Deutschland unter der Decke brodelte. Aber Österreich war mehrfach besiegt worden, und in Preußen regierte Friedrich Wilhelm II. (Regent 1786–1797), ein eher vorsichtiger, duckmäuserischer König, der die gesamte Tragweite von Napoleons Machthunger und das Ausmaß seiner Bösartigkeit nicht erkannte und penetrant ignorierte. Aber auch ungeachtet des Phänomens Napoleon war Friedrich Wilhelm II. allenfalls ein drittklassiger König: Er setzte der religiösen Toleranz ein Ende, die Preußen einst groß gemacht hatte, etablierte erneut die Zensur, die viele Intellektuelle und große Geister aus Berlin vertrieb, achtete nicht mehr auf die Wirtschaft, deren Erträge sanken, und unternahm nichts gegen Korruption, Vettern- und Intrigenwirtschaft. Die Staatsfinanzen befanden sich schon bald in einem heillosen Zustand und der Bankrott drohte.

Und auch über seinen Nachfolger, Friedrich Wilhelm III. (Regent 1797–1840), konnte man keine Lobeshymnen singen. Er ließ Napoleon Hannover besetzen, obwohl es unter preußischem Schutz stand, und handelte zu spät und ineffizient, als es galt, dem französischen Ungeheuer Paroli zu bieten. Demzufolge musste er im Bund mit Russland gegen den Franzosen bittere Niederlagen einstecken. Tatsächlich trat er ein Gebiet nach dem anderen an Frankreich ab, und die katastrophale Niederlage bei Jena und Auerstedt (1806) besiegelte fast sein Schicksal. Friedrich Wilhelm III. floh, Napoleon kassierte in aller Gemütsruhe eine deutsch-preußische Besitzung nach der anderen ein. Restpreußen musste französische Besatzungstruppen dulden und wurde aufgefordert, die astronomische Kriegsentschädigung von 160 Millionen Francs zu zahlen. Insgesamt verlor Preußen 49 Prozent seines Gebietes, seine Bevölkerung verringerte sich von rund zehn Millionen Einwohnern auf fünf.

Es war nicht dieser glücklose preußische König, der schließlich die Wende brachte, sondern Männer wie Stein, Hardenberg und Humboldt, die fast ein politisches Wunder bewirkten. Kurz gesagt trieben sie Preußen zu neuer Höhe, mobilisierten alle Kräfte und führten ein fast bankrottes Land, das geradezu über Nacht wieder zu erstarken begann, erneut gegen Napoleon.

Wie auch immer, nicht zuletzt war dieses neue Preußen– anfangs mit Stein und später mit Hardenberg an der Spitze – dafür verantwortlich, dass der größte Unmensch dieses Jahrhunderts endlich in seine Schranken gewiesen wurde.

Worin bestanden Preußens politische Geheimnisse in dieser Zeit?

DIE DREI HELLSTEN KÖPFE DER ZEIT

DER REICHSFREIHERR VOM UND ZUM STEIN

Heinrich Friedrich Karl Reichsfreiherr vom und zum Stein (1757–1831) war ein preußischer Beamter, Staatsmann und Reformer allererster Güte. Die Steins besaßen einige kleinere Gebiete entlang der Lahn und des Rheins, aber ihre Besitzungen waren bescheiden. Stein studierte in Göttingen Jura, Geschichte und Wirtschaft an der fortschrittlichsten Universität, die Preußen damals besaß. 1780 trat er in den preußischen Staatsdienst ein, arbeitete zunächst im Bergbau, hatte aber auch mit dem Straßen- und Kanalbau zu tun. Er war also mit der Infrastruktur befasst – der Grundvoraussetzung für eine blühende Wirtschaft, wie wir bereits wissen. 1787 wurde er aufgrund seiner Erfolge in immer höhere Positionen befördert, die wir nicht alle nachzuvollziehen brauchen. Kurz zusammengefasst unternahm er Folgendes: Er ließ Teile von Flüssen schiffbar machen, entwarf neue, breitere Straßen und sorgte an allen Fronten für niedrigere Steuern. Er baute Hindernisse im Verkehr und im Gewerbe rigoros ab. Vorschriften, Zölle und wirtschaftliche Barrieren jeder Art räumte er konsequent aus. Dazu leitete er wichtige Agrarreformen ein, reformierte die Verwaltung und wurde im Jahre 1804 schließlich zum königlichen Finanz- und Wirtschaftsminister nach Berlin berufen. In dieser Funktion brachte er die regional unterschiedlichen Steuern auf ein einheitliches Niveau, erhöhte die Staatseinnahmen, schaffte erneut Binnenzölle ab und gründete ein Statistisches Bureau, das es erstmals erlaubte, Entscheidungen aufgrund exakter Zahlen zu treffen und nicht mehr nur aus dem hohlen Bauch heraus.

Stein erkannte den verheerenden Einfluss Napoleons – und rettete die Staatskasse, als der König im Jahre 1806 schmählich fliehen musste. Er war mutig genug und besaß genügend Charakterstärke, Friedrich Wilhelm III. für seine halbherzige Politik zu kritisieren, weshalb er vom

245

König entlassen wurde. Aber auf Napoleons Drängen, der schlecht informiert war und in Stein einen Verbündeten Frankreichs sah, wurde er 1807 wieder in Amt und Würden gesetzt und Staatsminister. Von diesem Zeitpunkt an wandelte sich Stein zu dem großen, dem ganz großen Reformer:

- Er schuf fünf Fachministerien (für Inneres, für Finanzen, für auswärtige Angelegenheiten, für die Justiz und für den Krieg). Plötzlich war Sachkompetenz gefragt!

- Er setzte durch, dass die Fachminister ein unmittelbares Vortragsrecht beim König erhielten – wodurch mit einem Mal intelligentere Entscheidungen getroffen wurden.

- Er erließ ein Edikt zur Befreiung der Bauern, die Leibeigenschaft wurde aufgehoben. Gleichzeitig gestattete er die Freiheit der Berufswahl.
  Das kam einer Revolution gleich!
  Bauern konnten plötzlich leben, wie sie wollten. Sie durften heiraten, wen sie wollten, und konnten beruflich tun, was sie wollten. Vorher hatten Bauern den Gutsherren ohne Lohn Dienste leisten müssen, jetzt konnten sie sich durch Landübereignungen freikaufen. Zudem durften sie anbauen, was sie wollten, und konnten ihr Land vererben. Ein „neuer Geist" fuhr in die Bauern, wie ein Chronist vermerkt. Vorher mit Dornensträuchern bedeckte Böden wurden zu Feldern mit Kartoffeln, Klee und Zuckerrüben. Die Nutzfläche stieg um 60 Prozent, die Produktion um 40 Prozent! Schon bald stieg auch die Geburtenrate drastisch und die Steuereinnahmen sprudelten nur so. Auch der Staat gewann. Millionen von Menschen atmeten auf, jahrhundertealte politische Unterdrückung wurde beiseitegefegt und machte einer neuen Freiheit Platz.

- Stein setzte sich dafür ein, dass sich die Städte endlich selbst verwalten durften. Den Bürgern in den Städten wurde erlaubt, einen Stadtrat zu wählen, der ihnen passte. Dadurch setzte er abermals wichtige Kräfte frei. Er delegierte Macht an kompetente Persönlichkeiten, die mit den lokalen Gegebenheiten gut vertraut waren, und brach erneut eine Lanze für die Freiheit. Der historischen Wahrheit halber muss man allerdings auch festhalten, dass damit gewisse Nachteile verbunden waren: Die Städte mussten jetzt ihre Ausgaben (Schul-, Armen- und Gesundheitsweisen usw.) selbst bezahlen. Trotzdem war die Selbstverwaltung unterm Strich ein Vorteil und ein wichtiger Schritt in Richtung Freiheit.

- Zahlreiche, oft gegeneinander intrigierende Sonderbehörden wurden aufgelöst. Die Verwaltung wurde vereinfacht, Kompliziertheiten beschnitten und das Beamtentum zurechtgestutzt.

Das Ergebnis war eine fantastische Blüte Preußens.

Nur einen einzigen Wermutstropfen gab es noch: diesen verflixten Bonaparte! Stein war ein erklärter Feind Napoleons.

Als Napoleons Schergen eines Tages einen Brief Steins abfingen, aus dem seine oppositionelle Haltung zu dem französischen Ungeheuer eindeutig hervorging, handelte der Korse kurz entschlossen: Er erklärte Stein zu einem Feind Frankreichs und befahl, seine Besitzungen zu beschlagnahmen und Stein zu erschießen.

Stein erkannte, dass es um Leben und Tod ging. Er flüchtete, zunächst nach Österreich, später nach Russland, wo Zar Alexander inzwischen zum mächtigsten Gegenspieler Napoleons emporgewachsen war. Hier leistete er dem russischen Zaren wichtige Dienste gegen den französischen Unterdrücker – und drängte schließlich sogar den zögernden Friedrich Wilhelm III. zum Widerstand gegen Napoleon.

Preußen – zu diesem Zeitpunkt offiziell mit Frankreich verbündet – wechselte die Seiten. Das war der Anfang vom Ende Napoleons.

KARL AUGUST FREIHERR VON HARDENBERG

Mindestens genauso wichtig wie Stein war Freiherr von Hardenberg (1750–1822), der, von Haus aus Jurist, 1804 Minister für auswärtige

Angelegenheiten und 1810 Staatskanzler in Preußen wurde. Wie Stein war er durch und durch ein Reformer und erklärter Gegner Napoleons. Konkret unternahm Hardenberg Folgendes:

- Er setzte die Stein'schen Reformen fort.

- Er hob den mittelalterlichen Zunftzwang auf und verkündete die Gewerbefreiheit, die er gesetzlich verankerte. Das war ein Durchbruch, den man gar nicht überschätzen kann! Die neue Freiheit betraf sowohl den Adel als auch die Bürger. Jeder durfte nun Rittergüter kaufen und verkaufen (bislang nur der Adel), Unternehmer werden (vorher nur Bürgerliche) oder ein Handwerk ausüben (zuvor den Zünften vorbehalten). Im Originalton las sich das so: „Jeder Edelmann ist, ohne allen Nachtheil seines Standes, befugt, bürgerliche Gewerbe zu treiben, und jeder Bürger oder Bauer ist berechtigt, aus dem Bauer- in den Bürger- und aus dem Bürger- in den Bauernstand zu treten." [16]
Ein freier Wettbewerb entspann sich, Fabriken wurden gegründet und die Wirtschaft erreichte aufgrund dieser Freiheiten völlig neue Höhen.
- Hardenberg arbeitete weiter an der Befreiung der Bauern, während er die Rechte des Adels zunehmend beschnitt, der sich zu viel angemaßt und zu wenig geleistet hatte.

- Er gestattete die Emanzipation der Juden, sorgte für ihre rechtliche Gleichstellung und schritt gegen konkrete Unterdrückungen ein: Frühere Sondersteuern wurden abgeschafft, Juden durften nun Land erwerben und frei den Beruf und den Wohnort wählen. Freiheit, wohin das Auge blickte!

- Schließlich organisierte Hardenberg die Verwaltung neu und

- rang dem König sogar das Versprechen ab, eine Verfassung zu erlassen, die alle politischen Kräfte mit einzubinden erlauben sollte. (Der König nickte zunächst unter dem Druck der Ereignisse, brach aber später sein Versprechen.)

Auch auf außenpolitischem Gebiet leistete Hardenberg Enormes. Er leitete beispielsweise auf preußischer Seite die Verhandlungen, als Preußen mit Russland ein Bündnis gegen Napoleon schloss.

WILHELM VON HUMBOLDT

Wilhelm von Humboldt (1767–1835), der Dritte im Bunde der hellsten Köpfe Preußens, reformierte schließlich das Schul- und Bildungswesen:

Die Berliner Universität wurde neu gegründet und die Einheit von Forschung und Lehre postuliert. Nun durften Professoren und Studenten nicht nur studieren und lernen, sondern auch miteinander forschen.

Jetzt konnte jeder die Vorzüge der Ausbildung genießen, unabhängig vom Stand. Die ständische Gliederung der Schulen verschwand auf dem Kehrrichthaufen der Geschichte. Erneut kehrte ein Stück Gleichheit und Freiheit ein! Nun durfte eine Hochschule nur noch besuchen, wer das Abitur bestanden hatte. Schulen, die bestimmten Anforderungen nicht genügten, verloren das Abiturrecht. Lehrer mussten staatliche Prüfungen bestehen, bevor sie an einem Gymnasium unterrichten durften. Und es wurde landesweit ein einheitlicher Lehrplan vorgegeben.

Mit einem Wort: Der Standard, das Niveau der Schulen befand sich in schwindelerregenden Höhen! Und jeder, der intellektuell genug mitbrachte und fleißig war, durfte lernen und Wissen aufsaugen.

Eine ungeheure Unterdrückung verschwand und machte einer echten Chancengleichheit und Freiheit Platz.

ERGEBNISSE

Durch all diese Maßnahmen potenzierte sich die Wirtschaftskraft. Es befand sich wieder Geld in der preußischen Staatskasse und das Heer konnte reformiert werden. Gerhard von Scharnhorst (1755–1813) und

A. W. N. Gneisenau (1760–1831) etwa schafften das Spießrutenlaufen ab, was zu einer „Freiheit des Rückens" führte, wie das die Zeitgenossen nannten. Auf die Soldaten wurde bei geringen Vergehen also nicht mehr derb eingeprügelt. Darüber hinaus wurde das Offizierskorps neu aufgestellt, 141 von 143 Generälen wurden entlassen. Auch Bürgerliche durften nun in die Armee eintreten, die Herrschaft des Adels wich der Herrschaft der Leistung.

In der drastischen Sprache der Zeit ausgedrückt: „Jeder, der gegen die Wand pissen kann", durfte nun auf den Feind losgehen, und sei es mit „Piken, Heugabeln und Sensen". Auch im Heer hielten also die Prinzipien Gleichheit und Freiheit Einzug.

Jetzt konnte man endlich effektiv gegen den verhassten Napoleon losschlagen.

Gleichzeitig wetzten viele Schriftsteller und Philosophen ihre Feder wie ein Messer, um den Franzosenkaiser niederzuschreiben und das Volk gegen ihn zu mobilisieren – mit der Folge, dass die nationale Begeisterung haushohe Wellen schlug.

Noch einmal: Es gab wenigstens drei überragende Geister in dieser Zeit, die Preußen-Deutschland aus tiefsten Tiefen emporhoben: Humboldt, Stein und Hardenberg.

Ihre Lehren, die bis heute Gültigkeit besitzen, lauten, als geschichtliche Axiome formuliert, wie folgt:

Der Aufschwung eines Staates beginnt mit der Reform der Schulen und Universitäten. Wenn sie allen zugänglich sind und höchstes Niveau haben, löst das eine intellektuelle und wirtschaftliche Explosion aus.

Wirtschaft nimmt einen enormen Aufschwung, wenn man die Infrastruktur (Flüsse, Kanäle, Straßen usw.) ausbaut, von Hindernissen befreit (Zölle, Abgaben usw.) und Wirtschafts-Kommunikation schneller macht und erleichtert.

Für die heutige Zeit müsste das nebenbei bemerkt bedeuten, die Telefongebühren sehr niedrig und Benzinpreise noch niedriger zu halten, die Straßen in einem hervorragenden Zustand zu haben, Flughäfen und Schienenverkehr auszubauen, die Schifffahrt zu fördern und das Internet nicht durch Regelungen zu behindern.

Alle gesetzlichen Regelungen, die die Wirtschaft behindern, führen zu einem Niedergang der Wirtschaft und damit des gesamten Landes. Je mehr Freiheiten es in der Wirtschaft gibt, umso schneller kann ein Land erblühen.

Eine kleine, politisch kompetente und wirtschaftsfreundliche Verwaltung führt zum Aufschwung, eine ausufernde, zu große und inkompetente (oder gar korrupte) Verwaltung mit vielen Gesetzen, Kompliziertheiten und Regelungen zum Niedergang.

Wichtige politische Entscheidungen müssen aufgrund exakter Statistiken getroffen werden. Entscheidungen zu treffen, ohne genaues Zahlenmaterial zur Verfügung zu haben, ist politischer Dilettantismus.

Werden Steuern gesenkt und niedrig gehalten, führt das zu einem Aufblühen des Staates, werden Steuern erhöht und sind Steuern zu hoch, treibt das ein Land auf Dauer in den Ruin.

Die Trefferquote der richtigen Entscheidungen im politischen Raum erhöht sich proportional zu der vorhandenen Sachkompetenz.
Mit anderen Worten: Kennen Politiker, mit denen ein Land nach „vorn" gebracht werden soll, weder Geschichte noch die grundlegendsten Wirtschaftsgesetze, ruinieren sie das Land unweigerlich.

Freiheit ist die wichtigste Voraussetzung, um einen Staat zur Blüte zu führen.
Freiheit setzt Kräfte frei, die ansonsten brachliegen und nicht genutzt werden.
Die Bauernbefreiung, die Aufhebung der Leibeigenschaft, die Gleichstellung der Juden, die Selbstverwaltung der Städte, die Gewerbefreiheit, die Berufsfreiheit, die Lernfreiheit – kurz, alle Aktionen, die

in Richtung Freiheit zielten – waren das wirkliche Geheimnis der Reformen von Humboldt, Stein und Hardenberg.

Der Umkehrsatz gilt ebenfalls:
Werden bestimmte Gruppierungen eines Staates von wirklicher Freiheit ausgeschlossen und haben keine Stimme in Bezug auf die politische Zukunft ihres Landes, verzichtet der Staat auf wertvolle Kräfte, was zum Niedergang des Staates führt.
Napoleon nutzte geschickt die in der Französischen Revolution formulierten Freiheiten, um das gesamte französische Volk zu mobilisieren. Das hatte in dem kleinen Korsen lange einen Sohn der Revolution (und der eigenen Ideale) gesehen (was allerdings nicht der Wahrheit entsprach). Nur deshalb gelang es Napoleon und seinen Soldaten, halb Europa zu besiegen, weil er neue Kräfte mit einband – nämlich das gesamte französische Volk!

Während in Österreich und Preußen der Adel alles galt und die restliche Bevölkerung wenig, konnte in Frankreich jeder nach ganz oben kommen. Das ließ Napoleon siegreich sein.

Als Preußen ähnlich zu operieren begann und neue Freiheiten einführte, konnte es Napoleon Paroli bieten.

Auch heutzutage bieten einige islamisch regierte Staaten genügend Anschauungsmaterial für dieses Axiom: Wenn Frauen als Menschen zweiter Klasse behandelt werden, legt man damit 50 Prozent des Staatspotentials lahm.

Keine kleine intellektuelle Ausbeute.

Hielte sich Deutschland heute diese Axiome oder geschichtlichen Gesetzmäßigkeiten vor Augen, könnte es erneut zu gewaltigen Höhen aufsteigen.

Wage einer zu behaupten, man könne aus der Geschichte nichts lernen!

7. DIE GESCHEITERTE REVOLUTION
ODER
DER KAMPF UM DIE DEMOKRATIE

Bevor wir die Geschichte Deutschlands fortschreiben, gestatten wir uns zunächst einige wichtige theoretische Anmerkungen.

Der vielleicht größte Fortschritt der politischen Geschichte der Menschheit besteht in der Formulierung der Menschenrechte; dazu gehören in erster Linie verschiedene Freiheiten.

Bahnbrecher dieser Freiheiten war einst England, das bereits im 13. Jahrhundert einen König in seine Schranken gewiesen hatte. Das berühmteste Schriftstück der englischen Geschichte ist die *Magna Charta*, die Große Verfassungsurkunde, in der zahlreiche Freiheiten verbrieft wurden – was letztlich zu einem ungeheuren Aufschwung Englands führte.

Die Magna Charta (= Große Verfassung) wurde nur möglich, weil unmittelbar zuvor ein ebenso intoleranter wie törichter Tyrann England regiert hatte: Johann (Regent 1199–1216), ein Bruder des mutigen Richard Löwenherz, der uns bereits im Rahmen der Kreuzzüge begegnet ist.

Dieser königliche Narr verstand es, sich wirklich jeden zum Feind zu machen:

die Kirche und den Papst – indem er kirchliche Würdenträger in den Gefängnissen verhungern ließ;

die Adligen – indem er ihre Rechte beschnitt und ihnen unmäßig hohe Steuern abpresste;

das Volk – indem er es unterdrückte, es ebenfalls bis an den Rand des Erträglichen besteuerte und es in ungerechten Kriegen verheizte;

die Juden – die er einkerkern ließ, um ihr Vermögen zu beschlagnahmen;

ja selbst seine eigene Frau – die er mit zahlreichen Mätressen betrog, mit denen er einen ganzen Stall illegitimer Kinder zeugte.

Wir lernen geradezu nebenbei:

Die Monarchie vernichtet sich immer selbst.

Als seine Absetzung drohte und er sich verzweifelt nach allen Seiten um Bündnispartner bemühte, sah er mit plötzlichem Schrecken, dass er allein auf weiter Flur stand. Wir wollen auf die detaillierte Darstellung all der nun folgenden Scharmützel und Kriege verzichten und nur festhalten, dass sich Johann letztlich seinen Feinden beugen musste, die er selbst geschaffen hatte. Die berühmte Magna Charta unterzeichnete er im Jahre 1216.

Einige Zugeständnisse aus diesem wichtigen Dokument lauten wie folgt:

„Johann, von Gottes Gnaden König von England, den Erzbischöfen, Bischöfen, Äbten, Fragen, Baronen und allen seinen Beamten und Getreuen Gruß. Wisset dass Wir durch diese Unsere Charta hier bestätigt haben, für Uns und Unsere Nachfolger auf ewig:

1. Dass die englische Kirche frei sein und ihre Rechte unverletzt und ihre Freiheiten unangetastet besitzen soll …

12. Schildgeld oder Hilfsgeld soll in Unserem Königreich nur erhoben werden durch gemeinsamen Beschluss Unseres Königreiches …

17. Gewöhnliche Zivilprozesse sollen Unserem Hofe nicht folgen, sondern an einem bestimmten Ort stattfinden.

39. Kein freier Mann soll verhaftet, gefangen gehalten, enteignet, geächtet, verbannt oder auf irgendeine Art zugrunde gerichtet werden, es sei denn aufgrund gesetzlichen Urteilsspruchs von seinesgleichen oder aufgrund des Landesrechts.

41. Alle Kaufleute sollen heil und sicher aus England ausreisen und nach England kommen, in England sich aufhalten und durch England ziehen, sowohl zu Lande als auch zu Wasser, um zu kaufen und zu verkaufen, ohne alle bösen Zölle …

60. ... die sämtlichen genannten Bräuche und Freiheiten sollen alle in Unserem Königreich beobachten, ..."[17]

Mit anderen Worten: Es wurden bereits das Prinzip Gerechtigkeit (oder ein Stückchen Gerechtigkeit) etabliert sowie das Prinzip Freiheit (oder ein Stückchen Freiheit). Die Rechte des Königs, willkürlich Gelder einzuziehen und Steuern zu erheben, wurden beschnitten.

Das Ergebnis war ein immenser Aufschwung in England.

EREIGNISSE IN DEN USA

Noch begeisternder waren die Grundsätze in US-Amerika, das sich 1776 vom Mutterland England löste und weit mehr Freiheiten und die Demokratie einforderte. Thomas Jefferson (1743–1826), der dritte Präsident der USA, brachte es auf den Punkt, als er sagte:

„Ich glaube, dass die Mehrheit der Menschen nicht mit einem Sattel auf ihrem Rücken geboren ist und die wenigen Auserwählten nicht mit Stiefeln und Sporen, bereit und berechtigt durch die Gnade Gottes, auf jenen zu reiten."[18]

Die amerikanische Verfassung, vielleicht die intelligenteste und fortschrittlichste Verfassung der Welt, definierte als die drei wichtigsten Ziele im politischen Raum *freedom, prosperity* und *peace*, also Freiheit, Wohlstand und Frieden, in dieser Reihenfolge.

Einige der neuen US-politischen Grundsätze waren folgende:

Gleichheit im Recht und vor dem Recht;

das Recht auf Freiheit und das Recht, sich seinen eigenen Weg zu wählen;

das Recht, Politiker abzusetzen, wenn sie nicht mehr die Menschen repräsentieren und die Rechte der Menschen einschränken;

die prinzipielle Gleichheit aller Religionen, vollständige Religionsfreiheit;

lokale Selbstverwaltung;

Gewaltenteilung;

freie Meinungsäußerung;

Freiheit der Presse;

Versammlungsfreiheit;

wirtschaftliche Freiheiten, freie Marktwirtschaft;
Verhinderung von Monopolen;
kein ausufernder Wohlfahrtsstaat;
Abbau und Verbot der Sklaverei.[19]

Die Sklaverei wurde Stück für Stück abgeschafft und die Herrschaft des Adels beschnitten. Grausame Bestrafungen wurden aufgehoben.

Das Ergebnis? Mit weniger als sechs Prozent der Weltbevölkerung produzierten die Amerikaner nach kurzer Zeit mehr als die Hälfte aller Waren auf dieser Erde! Wir lernen:

Nichts ist wichtiger für das Wohlergehen eines Volkes als eine intelligente Verfassung, die die verschiedenen Freiheiten unabänderlich festschreibt.

FRANKREICHS BEITRAG

Auch Frankreich leistete fantastische Vorarbeit für die Etablierung der verschiedenen Freiheiten. Ja, zugegeben, die Französische Revolution im Jahre 1789 war durch einige Schlächter (wie Danton, Marat und Robespierre) schändlich missbraucht worden. Und Napoleon Bonaparte hatte die (auf Revolutionen oft folgende) Konfusion geschickt, gewissenlos und brutal ausgenutzt, um sich selbst zum Kaiser der Franzosen zu krönen, und einen ganzen Kontinent in einen verheerenden Krieg gestürzt.

Aber die neuen, hehren Ideale gingen nicht unter, das Ergebnis der edelsten Denker Frankreichs, zu denen vor allem Voltaire zählte, schlug sich schließlich in einer einzigartigen Formulierung der Rechte des Volkes nieder.

Auch hier ein Auszug:

„Artikel 1: Die Menschen sind und bleiben von Geburt frei und gleich an Rechten …

Artikel 2: Das Ziel jeder politischen Vereinigung ist die Erhaltung der natürlichen und unveräußerlichen Menschenrechte. Die Rechte sind Freiheit, Eigentum, Sicherheit und Widerstand gegen Unterdrückung …

Artikel 4: Die Freiheit besteht darin, alles tun zu können, was einem anderen nicht schadet …

256

Artikel 6: Das Gesetz ist Ausdruck des allgemeinen Willens. Alle Bürger haben das Recht, zur Festlegung desselben persönlich oder durch ihre Repräsentanten mitzuwirken ... Da alle Bürger in seinen Augen gleich sind, sind sie gleicherweise zu allen Würden, Stellungen und Beamtungen zuzulassen aufgrund ihrer Fähigkeiten ...

Artikel 7: Kein Mensch kann angeklagt, in Haft genommen oder gefangen gehalten werden, außer in den durch das Gesetz bestimmten Fällen ...

Artikel 9: Jeder Mensch [soll] für unschuldig gehalten werden, bis er für schuldig erklärt ist ...

Artikel 10: Niemand soll wegen seiner Meinungen, auch nicht religiöser Art, behelligt werden, ...

Artikel 11: Die freie Mitteilung der Gedanken und Meinungen ist eines der kostbarsten Menschenrechte ...“ [20]

Mit anderen Worten, die Demokratie mit ihren Menschenrechten wurde nun allerorten diskutiert. Begeisterung erfasste die Menschen. Jeder Schriftsteller, Philosoph, Gelehrte und fortschrittliche Denker ließ sich von der Formulierung der Menschenrechte und den verschiedenen Freiheiten inspirieren. Ja, die jahrhundertealten Vorrechte des Königs und des Adels mussten endlich beschnitten und dem Volk bestimmte Rechte zurückgegeben werden!

WAS IN DEUTSCHLAND GESCHAH

Auch in Deutschland machte sich nach dem Sieg über das Ungeheuer Napoleon Hoffnung breit. Hatte nicht in erster Linie das Volk durch seine Anstrengungen dazu beigetragen, den Kriegstreiber Bonaparte zu schlagen?

Man blickte neidisch oder mit Lerneifer nach Frankreich, Amerika und England, wo bestimmte Freiheiten längst selbstverständlich waren. Aber in diesem Deutschland, in Preußen, in Österreich und in den verschiedenen deutschen Kleinstaaten, hinkte man jämmerlich hinterher.

Monarchen und Aristokraten hielten noch immer die Zügel fest in der Hand. Auf dem Wiener Kongress, der in den Jahren 1814 und 1815 stattfand und auf dem das nachnapoleonische Europa neu geordnet wurde, gab es keinen einzigen gewählten „Volksvertreter“. Über die Köpfe des deutschen Volkes hinweg wurde ein „Deutscher Bund“

geschaffen, in dem sich 35 deutsche Staaten und vier freie Städte unter österreichischem Vorsitz zusammenschlossen. Aber regiert wurde nach wie vor von Fürsten.

Die Enttäuschung war grenzenlos. Die Mehrheit der deutschen Bevölkerung steckte den Kopf in den Sand. Selbst in der Literatur begann die Romantik zu blühen. Viele deutsche Schriftsteller wandten sich enttäuscht von der Gegenwart ab und der Vergangenheit zu und suchten diese zu idealisieren. Clemens Brentano (1778–1842), Achim von Arnim (1781–1831), Heinrich Wackenroder (1773–1798), Ludwig Tieck (1773–1853), Joseph von Eichendorff (1788–1857), E. T. A. Hoffmann (1776–1822), Adalbert von Chamisso (1781–1838) und andere hochbegabte Griffel schrieben die ergreifendsten, schönsten Stücke, verzichteten aber darauf, in der politischen Arena die Sache der Menschenrechte einzufordern. Nur der mutige Schiller, Ernst Moritz Arndt (1769–1860), die Gebrüder Jakob Grimm (1785–1863) und Wilhelm Grimm (1786–1859) sowie einige wenige andere wagten es, ihre Stimme zu erheben.

Immerhin machte sich auch an einigen Universitäten ein gewisser Widerspruchsgeist bemerkbar. „Liberale", das heißt freiheitlich denkende Professoren und Studenten, schlossen sich in sogenannten Burschenschaften zusammen. Im Jahre 1817 feierten fünfhundert von ihnen auf der Wartburg den dreihundertsten Jahrestag der Reformation, die schon einmal Deutschland durcheinandergewirbelt hatte. Sie schwenkten schwarz-rot-goldene Fahnen und forderten lautstark ein einiges freies Deutschland. Unter Hurrageschrei verbrannten sie einige Bücher mit „reaktionärem" Inhalt, eine preußische Uniform und einen österreichischen Korporalstock.

Die deutschen Fürsten begannen zu zittern oder zu toben, je nach Gefühlslage. Als im Jahre 1819 ein Theologiestudent den Schriftsteller August von Kotzebue ermordete, der als Anhänger der Fürsten galt, handelten sie. Die Burschenschaften wurden verboten und aufrührerische Studenten zur Festungshaft verurteilt. Zahlreiche Professoren wurden entlassen und Universitäten unter Polizeibeobachtung gestellt. Und es wurde wieder die Zensur eingeführt: Vor der Drucklegung eines Buches, einer Streitschrift oder auch nur eines Flugblattes musste jetzt wieder die obrigkeitliche Erlaubnis eingeholt werden.

Besonders brutal schlug man in Österreich und Preußen zu.

Und abermals machte sich zunächst Apathie im deutschen Volk breit. Dichter, Denker, Musiker und Maler suchten erneut Zuflucht darin, eine schöne, heile Welt zu zeichnen, obwohl es unter der Oberfläche brodelte. Man lauschte versonnen Kompositionen von Franz Schubert (1797–1828), seinem „Heidenröslein" etwa, las Erzeugnisse des Dichters Eduard Mörike (1804–1875) – „Frühling lässt sein blaues Band wieder flattern ..." – oder betrachtete Bildwerke des Malers Caspar David Friedrich (1774–1840), der höchst gekonnt beschauliche Landschaftsbilder fertigte, an denen sich das Herz erfreuen konnte. Nur Carl Spitzweg (1808–1885) gelang ein gewisser Spagat – er malte und karikierte treffsicher das spießbürgerliche, sorglose Leben.

Als es jedoch im Jahre 1830 in Frankreich zu Straßenkämpfen kam, als deren Folge der König floh und die Regierung abgesetzt wurde, schwappte die Revolutionswelle auch nach Deutschland über. In mehreren deutschen Ländern kam es zu Aufständen. Einige Fürsten gestanden nun zähneknirschend und zitternd zugleich dem Volk Verfassungen und Landtage zu. Auf öffentlichen Festen und Veranstaltungen wurden auf einmal Rechte und Demokratie eingefordert.

Die Fackel der Freiheit begann wieder zu brennen.

Nachdem sich die Aufregung jedoch gelegt hatte, schlugen die Fürsten erbarmungslos zurück. Sie wussten: Es ging um alles oder nichts. Unter den fürstlichen Hintern war ein Feuerchen entzündet worden, das es so schnell wie möglich zu löschen galt. Die Presse wurde einer noch strengeren Zensur unterworfen, es regnete Verhaftungen und Verurteilungen. Sieben Göttinger Professoren wehrten sich verzweifelt, darunter die Gebrüder Grimm, aber sie wurden ihrer Posten enthoben und mussten außer Landes fliehen.

Der hannoverische König erklärte die gerade gewährte Verfassung wieder für ungültig.

Mit anderen Worten: Über vereinzelte Straßenkämpfe kam auch dieses Revolutiönchen nicht hinaus.

Gleichzeitig gab es in Wissenschaft und Technik gewaltige Fortschritte, die die öffentliche Aufmerksamkeit zwar ablenkten, sich aber dennoch in der politischen Arena bemerkbar machten. Die Dampfmaschine, die Eisenbahn und der Telegraf ermöglichten es, viel schneller und effizienter zu kommunizieren. Nachrichten verbreiteten sich rascher. Im Jahre 1835 ratterte die erste Eisenbahn durch Deutschland, von Nürnberg nach Fürth. Plötzlich fielen viele Grenzen in diesem Deutschland – allein aufgrund der neuen Technik. Denn der Handel erforderte es, immer mehr Schienen zu verlegen. Aber diese sogenannte industrielle Revolution besaß auch ihre Schattenseiten. Menschen wurden arbeitslos oder die Löhne zum Teil elend niedrig gehalten. Der Dichter Heinrich Heine (1797–1856) machte auf die Missstände ebenso aufmerksam wie Karl Marx (1818–1883), der 1848 sein „Kommunistisches Manifest" veröffentlichte, in dem er den Klassenkampf propagierte und die Revolution herbeireden wollte.

Als im gleichen Jahr in Frankreich erneut ein König zum Teufel gejagt und die Republik ausgerufen wurde, kam es auch in Deutschland wieder zu Straßenkämpfen und Demonstrationen.

Einige Fürsten packten ihre Siebensachen, gaben Fersengeld und flohen.

Der österreichische Kaiser versprach verdattert und angstvoll, die Zensur abzuschaffen und eine Verfassung zuzulassen.

In Preußen versammelten sich zahlreiche Menschen vor dem Berliner Schloss, um dem König ebenfalls gewisse Rechte und Freiheiten abzuringen. Aber die Schlosswache schoss in die aufgebrachte Menge, woraufhin ein entsetzlicher Tumult ausbrach. 254 Menschen wurden getötet. Der erschrockene preußische König versprach eilig freie Wahlen und eine Verfassung.

Andere Fürsten folgten ihm und wandelten sich von Wölfen zu Lämmern.

Verschiedene Revolutionäre hielten jedoch wenig von den Versprechungen der Fürsten. Ein badischer Abgeordneter etwa marschierte mit seinen Anhängern nach Konstanz, rief die Republik aus und forderte lautstark, dass sich nun jeder Deutsche bewaffnen müsse. Er wurde mitsamt seinen Anhänger zusammengeschossen.

Doch die Bewegung an sich war nicht mehr aufzuhalten. Besonnene Stimmen mahnten, die Revolution nicht wie in Frankreich zu einem Blutbad ausarten zu lassen. Am 18. Mai 1848 traten deshalb in der Frankfurter Paulskirche 586 Volksvertreter zu einer „Deutschen Nationalversammlung" zusammen. Die Gemüter waren erhitzt und erregt, plötzlich schien alles möglich. Es gab drei Strömungen: Die Abgeordneten, die vom Präsidenten aus gesehen zur Rechten saßen, nannte man Konservative; sie wünschten nur geringe Änderungen. In der Mitte saßen die Liberalen, die sich eine Verfassung mit vielen Freiheiten auf die Fahne geschrieben hatten und eine konstitutionelle Monarchie anstrebten, also eine Monarchie, die an eine Verfassung gebunden war (lat. *constitutio* = Verfassung). Zur Linken saßen die Sozialisten, die sich vor allem Hilfsmaßnahmen für die arbeitende Bevölkerung seitens der Regierung erhofften sowie eine höhere soziale Gerechtigkeit.

Mit anderen Worten: Unsere heutige Parteienlandschaft mit CDU/CSU (= Konservative), FDP (= Liberale) und SPD (= Sozialisten) wurde hier vorgeprägt. Auch die Bezeichnungen „rechts" und „links" haben hier ihren Ursprung, wenn man von der Französischen Revolution absieht, in der es bereits eine ähnliche Unterscheidung gegeben hatte.

Nach monatelangen Debatten entschied man sich schließlich für ein Staatsgebilde, an dessen Spitze der preußische König als deutscher Kaiser stehen sollte – mit dem Recht, die Reichsregierung zu ernennen. Doch das Recht zur Gesetzgebung und zur Kontrolle sollte bei dem vom Volk gewählten Reichstag liegen.

Nachdem diese Verfassung 1849 fertiggestellt war, marschierte man wohlgemut nach Berlin, um dem preußischen König das Werk vorzulegen und ihm die Kaiserkrone anzubieten. Aber Friedrich Wilhelm IV. betrachtete sich als „König von Gottes Gnaden" und lehnte die „Schweinekrone" ab, der nach seinen Worten der „Ludergeruch der Revolution" anhaftete.

Die Abgeordneten waren grenzenlos enttäuscht. Ein Teil zog sich nach Stuttgart zurück, um hier die Beratungen fortzusetzen. Dort wurden sie überraschenderweise von Soldaten traktiert. Daraufhin flackerten Aufstände in Sachsen, Westfalen und Baden auf. Aber die gut gedrillten Soldaten, denen Gehorsam als höchste Tugend eingebläut worden war, wandten sich gegen das eigene Volk und besiegten die Aufständischen. Kurz darauf schlug das alte Regime wirklich erbarmungslos zu. Die Rädelsführer wurden erschossen und rund eintausend Menschen zu hohen Zuchthausstrafen verurteilt. Viele deutsche Demokraten flohen ins Ausland.

Die Revolution war gescheitert.

ERKENNTNISSE

Welche Erkenntnisse kann man aus all diesen Vorgängen ableiten? Erfreulicherweise gibt es einen ganzen Sack voller Einsichten.

Könige und Fürsten können Freiheitsbestrebungen eine Weile mit militärischer Gewalt unterdrücken. Aber nichts ist törichter, denn der Freiheitsgedanke wird sich mit einer gewissen Verzögerung immer durchsetzen. Wahrscheinlich gibt es keine größere Kraft in der politischen Geschichte als der Wunsch nach Freiheit.

Greifen wir ein wenig vor: Im Jahre 1918 wurde der letzte der Hohenzollern und letzte Preußenkönig, Kaiser Wilhelm II., mit Schimpf und Schande von seinem Thron verjagt, beziehungsweise er ergriff die Flucht.

Über der militärischen Macht steht die Macht der Gedanken und des Geistes. Soldaten und Gewehre können Körper kontrollieren, aber niemals den Geist.

Lohnt es sich, weiter darüber nachzudenken, warum die Deutschen mit ihrer „Revolution" scheiterten – im Gegensatz zu den USA, zu England und zu Frankreich? Nein. Dazu nur so viel: Die „Revolution" war schlecht vorbereitet, nichts war koordiniert. Verschiedene demokratische Flügel bekämpften sich bis aufs Messer. Weder waren wichtige Meinungsführer im Vorfeld eingebunden, noch war ein genauer Zeitplan aufgestellt worden. Es fehlte an Geld, Kapital, physischer Macht und einem Plan. Den preußischen König hatte man völlig falsch eingeschätzt, was von einer beträchtlichen Realitätsferne der Revolutionäre zeugt. Welcher König, der über Geld und Soldaten verfügt, räumte je freiwillig seinen Stuhl ohne entsprechende Druckmittel? Zudem gab es kein Oberhaupt in den Reihen der Revolutionäre, an dem sich die verschiedenen freiheitlichen Kräfte und Vektoren hätten ausrichten können.

Sicher befand sich der preußische König in einem Zustand des Verrates gegenüber seinem Volk. Aber die Revolutionäre befanden sich in einem Zustand der Verwirrung, was noch tiefer anzusiedeln ist.

Belassen wir es bei diesen Erkenntnissen, die uns abermals eine Orientierung liefern, wie wir Geschichte zu bewerten haben.

In Deutschland selbst blieb alles beim Alten. Preußen und Österreich balgten sich nach wie vor um die Vorherrschaft in deutschen Landen, es gab wie gehabt zahlreiche kleine Fürstentümer und freie Städte. Die industrielle und wirtschaftliche Entwicklung machte bedeutende Fortschritte. Die Deutschen wurden eine Zeit lang abgelenkt von der modernen Zeit, die an ihre Tür klopfte. Außerdem machte eine neue Gestalt im deutsch-preußischen Raum von sich reden, eine Gestalt, wie man sie selten oder nie zuvor gesehen hatte und der alle nur staunend und ungläubig zuhören konnten:

Gemeint ist ein gewisser Otto von Bismarck.

8. UNTER DEM VERGRÖSSERUNGSGLAS: FÜRST OTTO VON BISMARCK

Kaum jemand in der deutschen Geschichte ist interessanter als Otto von Bismarck, und kaum eine Figur schwieriger zu bewerten.

Man besingt Bismarck bis heute als den „Gründer des Deutschen Reiches" und begegnet ihm allenthalben mit Ehrfurcht. Hunderte von Statuen errichtete man für ihn. Kurz nach seinem Tod entstand sogar ein regelrechter Bismarck-Kult. Bismarck schuf überdies den Sozialstaat. Er wurde geehrt und umjubelt wie kein Zweiter seiner Zeit, einschließlich des deutschen Kaisers selbst, der einmal die ironische Bemerkung fallen ließ: „Es ist nicht leicht, unter Bismarck Kaiser zu sein!"

BISMARCK, DIE BIOGRAFIE

Versuchen wir, dieses pralle Leben zu erhaschen, ehe es an uns vorüberrauscht und bevor wir eine Auswertung wagen. Versuchen wir, dem „größten aller Deutschen" in seiner Raffinesse auf die Schliche zu kommen.

Bismarck stammt aus einer alten aristokratischen Familie in Brandenburg. Im Jahre 1815 erblickt er das Licht der Welt. Er besucht ein Berliner Internat, danach ein Gymnasium, macht Abitur, studiert in Göttingen und Berlin Jura, 1835 legt er das Examen ab. Für den Beruf des Juristen interessiert er sich wenig. Mit 24 Jahren wird er Verwalter seiner eigenen Güter und heiratet Johanna Puttkamer. So weit, so gut, nichts Besonderes. Im Jahre 1849 wird er ins preußische Abgeordnetenhaus gewählt, das Jahr 1851 sieht ihn als Bundestagsgesandten in Frankfurt. 1861 gelangt Wilhelm I. auf den preußischen Königsthron. Er versetzt Bismarck nach St. Petersburg. Später dient Bismarck in Paris als Diplomat. So weit immer noch nichts Besonderes. Doch dann schlägt Bismarcks große Stunde.

Das Parlament steht wider den preußischen König auf. Die Demokraten verfügen nach einigen Wahlen über eine satte Dreiviertelmehrheit. Das Parlament will die Ausgaben kontrollieren, es verlangt nach realer Macht. Der König ist am Ende seines Lateins. In dieser Stunde höchster Gefahr beruft Wilhelm I. Bismarck zum Ministerpräsidenten. Er hat sich als erzkonservativer, königstreuer Eisenfresser einen gewissen Ruf erarbeitet und soll den Kampf gegen die aufmüpfigen Demokraten ausfechten.

Und Bismarck inszeniert das raffinierteste Kabinettstückchen, das die deutsche Politik je gesehen hat. Er hält zuerst ein paar gewaltige Reden gegen das Parlament. Dann lässt er – der Mann aus „Blut und Eisen", wie er schon bald genannt wird – die Demokraten und das Parlament einfach links liegen und schließt später sogar den Landtag. Gleichzeitig lenkt er mit unfehlbarem politischem Instinkt die Aufmerksamkeit auf ein anderes Thema: Er lenkt das Parlament und das Volk von den eigentlichen Problemen ab und bricht einen Krieg vom Zaun!

Plötzlich spricht niemand mehr von den Rechten des Parlaments oder der Demokratie. Jeder spricht nur von Schleswig und Holstein, um das sich die Dänen und die Deutschen seit Jahrhunderten schlagen. Bismarck gewinnt in geheimen Verhandlungen Österreich als Bündnispartner. Im Jahre 1864 marschieren die preußischen und österreichischen Truppen in Holstein ein. Preußen siegt mit seinem Verbündeten in einigen spektakulären Schlachten. Dänemark verzichtet schließlich auf alle Rechte in Schleswig und Holstein.

Die nationale Begeisterung in Preußen schlägt turmhohe Wellen: Bismarck ist der Held des Tages.

Von einem Augenblick auf den anderen ist der verhasste Bismarck ein gefeierter Mann. Seinem König kann er ins Ohr flüstern, dass er mit diesem Sieg automatisch in die Ahnengalerie der größten Hohenzollern aufgenommen werden wird. Der König dankt ihm diese Schmeichelei mit einem Grafentitel und einer Truhe voll Geld.

Aber Bismarck steht erst am Anfang, er hat nun Blut geleckt. Als Nächstes spielt er Österreich aus, das seine Rechte in Schleswig und Holstein nun einzuklagen gedenkt – man hat schließlich an der Seite Preußens mitgekämpft. Denn Bismarck spielt mit gezinkten Karten. 1866 schließt er mit Italien ein Kriegsbündnis und schlägt gegen die Österreicher los. Zuerst besiegt er quasi nebenbei bayerische, württembergische und badische Truppen und schließlich die Österreicher vernichtend bei Königgrätz (= im heutigen Tschechien gelegen).

Bismarck ist erneut der Held des Tages.

Die preußischen Blitzsiege zwingen Österreich, sich vollständig aus den anderen deutschen Ländern zurückzuziehen. Preußen beansprucht jetzt Schleswig-Holstein für sich allein, außerdem das Königreich Hannover, Frankfurt am Main, Kurhessen und Nassau. Preußen ist nun unbestritten die erste deutsche Großmacht, Österreich steht an zweiter Stelle!

Bismarck wird mit 400.000 Talern von seinem Kaiser belohnt (heute rund vier Millionen Euro) und zum General ehrenhalber befördert. Er triumphiert erneut und kann wieder von sich sagen: „Aber besiegt habe ich sie alle! Alle!"

Es wird eine Verfassung für den rasch gegründeten Norddeutschen Bund ausgearbeitet, die süddeutschen Staaten werden durch einen Zollverein (also wirtschaftliche Vorteile) geködert und außerdem mit einem geheimen Militärabkommen bei der Stange gehalten. Altehrwürdige Fürstentümer, ja Königshäuser, wie Hannover etwa, werden mit einem bloßen Federstrich ausradiert. Begabte Administratoren schaffen ein gemeinsames Recht, gemeinsame Verordnungen, Gewichte und Maße und vor allem eine gemeinsame Währung. Man befindet sich endlich auf dem Weg zu einem geeinten Deutschland!

Frankreich beäugt diese neue Großmacht in Europa argwöhnisch.

Da bietet sich Bismarck eine neue fabelhafte Chance: der spanische Thronfolgestreit. Worum handelt es sich dabei?

Spanien will einen Hohenzollern auf den spanischen Thron heben, der vakant geworden ist. Preußen jubelt (Wilhelm I. ist Hohenzoller), Frankreich jedoch ist empört; unmöglich kann man es dulden, dass

Frankreich von den Hohenzollern förmlich in die Zange genommen wird. Die wechselseitigen diplomatischen Spielchen eskalieren, schließlich fühlt sich Frankreich provoziert und erklärt den Krieg. Das kommt Bismarck gerade recht. Flugs marschiert er gegen den verhassten Erbfeind.

Das Ergebnis? Deutschland siegt und siegt und siegt. Kaiser Napoleon III. gerät in Gefangenschaft; in Paris wird die Regierung gestürzt und die Republik ausgerufen. Aber wichtiger: Die militärische Glanzleistung der Preußen/Deutschen und vor allem dieses Bismarcks, dieses Teufelskerls, ist plötzlich in aller Munde.

Deutschland ist siegestrunken. Als über Nacht das neue Frankreich weitere Truppen aus dem Boden stampft, siegt Bismarck/Preußen/Deutschland erneut. Frankreich muss letztlich sogar Elsass-Lothringen abtreten – mehr ist der Erbfeind nie gedemütigt worden. Frankreich muss außerdem fünf Milliarden Franc Kriegsentschädigung zahlen, eine unvorstellbare Summe. Deutschland befindet sich im Siegestaumel.

Bismarck nutzt die Gunst der Stunde und schlägt vor, König Wilhelm zum Kaiser zu erheben. Das Volk johlt und jubelt! Wilhelm stimmt gnädig zu. Mit allem Pomp und allen Feierlichkeiten wird er zum Kaiser gekrönt. Der neue deutsche Nationalstaat ist geboren.

Die Glocken läuten, die Menschen tanzen auf den Straßen. Die Deutschen betrinken sich zwei Wochen lang und feiern. Eine Reichsverfassung wird rasch ausgearbeitet, Eisenbahn, Marine, Finanzen, einfach alles wird nun neu geordnet. Bismarck wird vom Kaiser mit Millionen Talern überschüttet.

Keiner kann sich nunmehr mit Bismarck messen. Er hat sie alle, alle besiegt! Er hat Schleswig und Holstein heim ins Reich geholt, die Österreicher geschlagen und ihnen gezeigt, was eine Harke ist. Er hat das übermächtige Frankreich besiegt, gedemütigt und Gebietsabtretungen durchgesetzt. Sein Bankier Bleichenröder kauft jetzt für ihn heimlich und in großem Stil Aktien, und da Bismarck die hohe Politik kennt wie seine eigene Westentasche, können seine Insider-Informationen, wie man heute sagen würde, sofort in klingende Münze umgesetzt werden. Er steigt zu einem der größten Grundbesitzer auf, er ist der neue starke Mann.

In der Folge setzt Bismarck die geschickteste Bündnispolitik in Szene, die Europa je gesehen hat. Er jongliert zwischen Russland, England, Österreich und Frankreich geradezu nach Belieben, schließt Verträge, geheime Abkommen, „Rückversicherungsverträge", ein Dreikaiserabkommen (zwischen dem russischen, österreichischen und dem neuen deutschen Kaiser), schafft einen Zweierbund (mit Österreich-Ungarn) und einen Dreierbund (Italien kommt hinzu). Und inmitten all dieses geheimen Pokers steht immer Bismarck.

Er führt sogar die Rente ein, selbst die Arbeiter sind zufrieden.

Aber alles gründet auf dieses vielschichtige Beziehungsgeflecht zwischen dem Kanzler und dem Kaiser. Als Wilhelm I. 1888 stirbt, besteigt wenig später der Hohenzoller Wilhelm II. den Thron. Bismarck gerät mit ihm aneinander, der neue Kaiser sieht nicht ein, dass es Bismarck war, dem all die Siege zu verdanken sind. 1890 entlässt Wilhelm II. ihn. Rasch wird Bismarck noch in den Rang eines Feldmarschalls erhoben, er wird scheinbar geehrt, in Wahrheit aber weggelobt. Doch die öffentliche Meinung ist auf Bismarcks Seite. Dieser Mann ist zu groß! Hat er nicht so vieles für Deutschland erreicht? Hat er nicht Deutschland an sich aus der Taufe gehoben? Heerscharen von Bewunderern pilgern zu ihm, die Presse überschlägt sich mit Lob, sogar noch nach seinem Abgang. Und so kann Bismarck noch auf seinem Sterbebett, im Jahre 1898, flüstern: „Aber besiegt habe ich sie alle! Alle!"

DER GANZ ANDERE BISMARCK

So könnte man, oberflächlich betrachtet, das Leben dieses Mannes schildern. Und tatsächlich ist es so und nicht anders tausendfach beschrieben worden. Nach außen hin nahm sich dieses Leben so groß, so majestätisch und so gewaltig aus, dass man geneigt ist, sein Knie vor Ehrfurcht zu beugen, Hat Bismarck nicht die geheimen Träume aller Deutschen erfüllt? Hat er nicht erst Deutschland geschaffen und zurückgeführt in den Rang einer Weltmacht? Hat er nicht alle Widerstände beiseitegefegt, das Parlament, die anderen europäischen Großmächte, ja den Kaiser selbst?

Es kommt immer auf den Standpunkt an, von dem aus man eine geschichtliche Figur bewertet. Hält man Werte wie Frieden, Freiheit, Gleichheit vor dem Gesetz und Wohlstand für die höchsten politischen Ziele, dann schreibt sich die Geschichte dieses Bismarcks ganz anders.

BISMARCK, UNGESCHMINKT

Eine völlig andere Perspektive gewinnt man bereits, wenn man Bismarcks Biografie genauer untersucht. In diesem Fall erfährt man Folgendes:

Bismarck, der seine Mutter abgrundtief hasste, und sie, nach eigenem Zeugnis, „hinterging mit Falschheit und Erfolg" [21], tat sich in seinen Studienjahren besonders dadurch hervor, dass er soff wie ein Loch, spielte, faulenzte, unmäßige Schulden machte und ständig in Händel und Raufereien verstrickt war. Ferner ist sein Abscheu gegenüber Juden und Franzosen von Jugend an genau dokumentiert.

Der ausgezeichnete Biograf Krockow urteilte über ihn:„Bismarck konnte abgrundtief hassen; die Menschen, die ihm im Weg waren, hat er unerbittlich angegriffen, beiseitegeschoben und niedergetreten." [22]

In sexueller Hinsicht zeichnete er sich durch eine „brutale Sinnlichkeit" aus, wie er selbst einmal bekannte. Seine wirkliche Liebe gehörte riesigen Hunden, Doggen vorzugsweise, sowie alten Bäumen. Er hatte eine ausgeprägte Abneigung gegen Frauen, die selbstständig denken konnten oder sich gar anmaßten, eine eigene politische Meinung zu haben. Aber er hasste auch die Sozialdemokraten und die Katholiken wie die Pest.

Bismarck war also von frühester Jugend an von einem erstaunlichen Hass beseelt. Er liebte dagegen die großkotzige, aggressive Formulierung, den Krieg, das Militär, die Gewalt und die Macht, die er anbetete und vergötterte und die ihm das Nonplusultra aller politischen Intelligenz zu sein schien.

Kaum hatte er die Arena der großen Politik betreten, machte er sich durch seine polternden Reden einen schlechten Namen. Nur weil er sich geschickt und devot dem König andiente, ging er nicht sofort unter und konnte politisch überleben. Aber selbst der König notierte über den jungen Bismarck: „Nur zu gebrauchen, wo das Bajonett schrankenlos waltet."

All das sind keine Übertreibungen! Höchst sorgfältig haben Historiker all dies inzwischen recherchiert und dokumentiert. Historiker, nur nebenbei bemerkt, hasste Bismarck ebenfalls abgrundtief.

Bismarck aß unmäßig, trank zu viel und war ein latenter Alkoholiker. Der Schaden übermäßigen Alkoholgenusses auf das Gemüt und die Intelligenz ist heute unbestritten.

Einer seiner Sekretäre (in St. Petersburg, da er dort in diplomatischer Mission tätig war) urteilte über ihn: „Mein neuer Chef ist ein Mann, der keine Rücksichten kennt, ein Gewaltmensch, der nach Theatercoups hascht, der imponieren will, der alles kennt, ohne es gesehen zu haben, alles weiß, obwohl er sehr vieles nicht weiß." [23]

Als das Parlament übermächtig wurde und den König herausforderte, schlug indes Bismarcks große Stunde. Der König, der einen Eisenfresser brauchte, schickte ihn ins Rennen. Bismarck wusste mit unumstößlicher Gewissheit, dass er nur diese einzige Chance hatte: Er musste das Parlament ruhig stellen! Gelang es ihm nicht, würde er sang- und klanglos von der politischen Bühne verschwinden. Auf der einen Seite standen also Menschen, die für mehr Demokratie, Gerechtigkeit und Freiheit kämpften, und auf der anderen Seite stand ein Königtum „von Gottes Gnaden", das an alten Zöpfen festhielt und die zerbröckelnde Macht verzweifelt retten und das Rad der Geschichte zurückdrehen wollte.

Bismarck ging mit unglaublichem politischem Instinkt vor, wir haben es bereits gehört. Er erkannte glasklar, dass das Volk eine Achillesferse besaß: Es träumte von der nationalen Einheit, es träumte den Traum eines einzigen starken Volkes und es träumte seit Jahrhunderten den Großmachtstraum. Diesem Traum hing man sogar im liberalen und demokratischen Kreisen an. Mit untrüglichem Gespür setzte Bismarck genau auf diese unerfüllten Hoffnungen, brach einen Krieg vom Zaun – und gewann.

Die wichtigeren Ziele (Freiheit, mehr Chancengleichheit, Gerechtigkeit) wurden angesichts der alten Träume und der Herausforderungen des Krieges beiseitegewischt. Mit anderen Worten: Bismarck lenkte, wie jeder gute Zauberkünstler, die Aufmerksamkeit geschickt ab. Indem er anfangs gegen Schleswig und Holstein/Dänemark und später gegen Österreich und Frankreich mobil machte, setzte er neue Ziele. Die Stimmung im Land wandelte sich. Das Hurrageschrei übertönte jede Kritik, der demokratische Prozess wurde brutal zerstört, die Menschen wandten sich fasziniert, erschrocken, entsetzt und wohlig zugleich dem neuen Thema zu: dem Krieg und dem Sieg!

Durch diese gewonnenen Kriege gelang Bismarck das Unmögliche: Er machte eine alte, verstaubte Monarchie wieder salonfähig.

Die Kriege führte Bismarck mit absoluter Skrupellosigkeit. Er hetzte auch gegen Polen, das er auf seine politische Agenda gesetzt hatte. Wörtlich urteilte er:

„Haut doch die Polen, dass sie am Leben verzagen! … wir können, wenn wir bestehen wollen, nichts anderes tun, als sie ausrotten; der Wolf kann auch nichts dafür, dass er von Gott geschaffen ist …"[24]

Es gab keine Hasstirade, für die sich Bismarck zu schade gewesen wäre, keine bösartige, aufhetzerische Rede, die er nicht vom Stapel gelassen hätte. Er nutzte geschickt latente Strömungen und verborgene Sehnsüchte, alte, halb vergessene Germanenträume von Macht, Ehre und Ansehen, erinnerte gern an die Taten Friedrichs des Großen und trieb das Volk damit systematisch in den Krieg.

Zahlreiche außenpolitische Rechtsbrüche säumten seinen Weg:

- Er schob die Dänen beiseite und bezwang sie durch nackte Gewalt.

- Österreich (vor dem Krieg in Schleswig und Holstein) wurde zunächst nach allen Regeln der Kunst eingeseift. Dann wurde die Gemeinschaft aufgekündigt und das Land in den Hintern getreten. Und kurz darauf wurde das Brudervolk mit Krieg überzogen. Selbst Wilhelm I. zögerte anfänglich, Österreich anzugreifen. Bismarck musste „jeden Morgen den Uhrmacher spielen, der die abgelaufene Uhr wieder aufzieht", prahlte er später in seinen Memoiren, wenn er von seinem Verhältnis zum Kaiser sprach. Als Preußen schließlich gegen Österreich losschlug, das mit Ungarn seine Mühe und Last hatte, bildete Bismarck insgeheim mit ungarischen Revolutionären eine Allianz und versorgte sie mit Geld, um dort einen neuen Aufstand anzuzetteln, obwohl er doch angeblich grundsätzlich gegen Revolutionäre eingestellt war, die gegen die Monarchie mobil machten.

Deutsche Fürstentümer löschte Bismarck mit einem Federstrich aus. Er nutzte dazu jede erdenkliche List und Intrige. Am übelsten freilich spielte Bismarck Frankreich mit. Betrachten wir uns deshalb dieses Schurkenstück noch einmal etwas genauer.

DIE KRIEGSLÜGE ODER WAS NICHT ÜBER DEN DEUTSCH-FRANZÖSISCHEN KRIEG 1870/71 BEKANNT IST

Wie war es um den größten Coup dieses Reichskanzlers bestellt? Graben wir ein wenig tiefer und erinnern wir uns in aller Kürze:

Das Problem zwischen Frankreich und Preußen/Deutschland eskalierte, als in Spanien die Krone feilgeboten wurde. 1868 waren dort die Bourbonen (also die Franzosen) durch eine Revolution vertrieben worden. Die Spanier boten nun dem Gemahl einer portugiesischen Prinzessin die Krone an, nämlich Leopold von Hohenzollern-Sigmaringen. Einem Hohenzollern! Man muss sich hierzu Folgendes klar vor Augen halten: Wäre die spanische Krone an das Haus Hohenzollern gefallen, hätte das die Autorität Napoleons III. in Frankreich vollständig erschüttert, und Frankreich wäre von Spanien und Deutschland umklammert gewesen. Aber Bismarck setzte alles daran, Napoleon III. in genau diese ausweglose Lage zu bringen. Im Klartext: Die Franzosen konnten nicht zustimmen.

Genau wie es Bismarck vorausgesehen hatte, verlor Napoleon III. irgendwann die Nerven; er wollte die Kandidatur eines Hohenzollern in Spanien nicht hinnehmen. Die französische Regierung verkündete also, „dass sie ihrer Pflicht ohne Zaudern und ohne Schwäche" nachgehen werde, sollten die Preußen auf ihrem Kandidaten bestehen. Mit anderen Worten: Sie drohten mit Krieg.

Daraufhin gab der deutsche Kaiser klein bei und machte einen Rückzieher. Bismarck schäumte.

Wiederholen wir: Wilhelm I. wollte den Krieg gegen Frankreich *nicht!* Bismarck musste den König in der Folge regelrecht beschwatzen. Und wie? Er schmeichelte seinem König. Er beschrieb ihm in schillerndsten Farben, welche Ehre, welchen Ruhm er ernten würde. Er erinnerte an Kaiser Karl V., der einmal die halbe Welt beherrscht hatte. Er erinnerte daran, dass die Hohenzollern – im Gegensatz zur Dynastie der Habsburger – zu lange die zweite Geige in Europa und der Welt gespielt hatten. Bismarck erzählte dem König von handelspolitischen Vorteilen und immer wieder von der neuen Weltgeltung des Hauses Hohenzollern. Die Feinde Deutschlands würden nach diesem Krieg im Boden versinken und die Deutschen die unbedingte Führungsrolle der Monarchie anerkennen. Er verwies darauf, wie begeistert das deutsche Volk jubeln würde. Bismarck strich dem König so viel Honig um den Bart, bis dieser endlich nachgab.

Noch einmal, in aller Deutlichkeit: *Bismarck* wollte diesen Krieg! *Bismarck* war der Kriegstreiber!

Wie ging das Schurkenstück weiter?

Zuerst beschwichtigte Wilhelm Napoleon III. Doch dieser brauchte einen PR-Erfolg. Also ließ er Deutschland durch seinen Botschafter Benedetti in Bad Ems (in Rheinland-Pfalz gelegen) eine Garantie fordern: In Zukunft dürfe kein Mitglied des Hauses Hohenzollern die spanische Krone annehmen. Und nun wird es wirklich spannend: Wilhelm I. lehnte das ab, verweigerte eine nochmalige Unterredung und ließ Bismarck in der sogenannten Emser Depesche telegrafieren, er möge eine entsprechende Veröffentlichung „in geeigneter Form" vornehmen.

Und was tat der Reichskanzler? Bismarck kürzte die Emser Depesche seines Königs, verschärfte den Inhalt, entwarf eine beleidigende Antwort in Richtung Frankreich und spielte sie am gleichen Abend der Presse zu. Damit stellte er die Regierung Napoleons III. völlig bloß – wohl wissend, dass Frankreich nur eine einzige Antwort bleiben konnte: Krieg!

Wiederholen wir auch hier noch einmal: Die zu Weltruhm gelangte (und von Bismarck veränderte!) Emser Depesche demütigte die Franzosen vor aller Welt.

Deshalb erklärte Frankreich am 19. Juli 1870 den Krieg. In den Augen der Welt war Frankreich sogar noch der Aggressor, obwohl Bismarck die spanische Thronfolgefrage so hochgekocht hatte, obwohl er die Depesche verändert und der Öffentlichkeit zugänglich gemacht hatte. Und obwohl er, wie schon erwähnt, seinen König immer wieder beschwatzt hatte.

Wir haben dieses Beispiel so ausführlich beschrieben, um Bismarcks Charakter ein wenig zu illustrieren. Ihm war an einem Krieg gelegen, er kam ihm gerade recht. Bismarck überspielte den eigenen König regelrecht und trieb ihn Stück für Stück in die von ihm favorisierte Richtung. Wenn man so will, freute sich Bismarck auf den Krieg. Er provozierte ihn.

Geschickte Schreiberlinge berichten atemberaubend spannend vom Deutsch-Französischen Krieg und schwärmen davon, wie das französische Heer unter Bismarcks Führung (beziehungsweise der seines Heerführers Moltke) schließlich eingeschlossen wurde und am 2. September 1870 kapitulierte. Speziell militärisch interessierte Historiker erfreuen sich daran, genau nachzuzeichnen, wie Napoleon III., der damalige Kaiser der Franzosen, von Bismarck und seinen Getreuen gefangen gesetzt wurde.

Dennoch wollte Frankreich damals „keinen Zollbreit Landes abtreten". Frankreich beschloss die Fortführung des Krieges „bis aufs Messer". Seine neuen Führer organisierten in aller Eile eine Massenaushebung. Damit nahm ein nationaler Verteidigungskrieg Gestalt an und stellte das deutsche Heer zunächst vor eine schier unlösbare Aufgabe. Die zweite heiße Kriegsphase begann. Und wieder verweisen die gleichen begeisterten, deutschen Historiker auf Bismarcks Genie. Der Reichskanzler forderte eine baldige Beschießung der belagerten französischen Hauptstadt, um den Krieg rasch zu beenden. Frankreich wehrte sich mit allen Mitteln, aber seine Anstrengungen blieben vergeblich. Alle Versuche scheiterten, Paris zu befreien. Als am 27. Dezember die Beschießung begann, herrschte in der Stadt bereits Hungersnot. Am 28. Januar 1871 musste sich Paris ergeben. Der Waffenstillstand folgte auf dem Fuß. Am 10. Mai 1871 wurde Friede geschlossen; Deutschland hatte gesiegt.

Bis heute wird jedoch gerne vergessen, *wer* diesen Krieg provozierte.

Die damaligen Konsequenzen waren beträchtlich: Wie schon beschrieben, wurde das Deutsche Reich gegründet, das es in dieser Form vorher nicht gegeben hatte. Gemeinsam hatte man gesiegt, die Stimmung war himmelhoch jauchzend. Kurz nach dem Deutsch-Französischen Krieg wurde „Deutschland" mittels Staatsvertrag geschaffen. Der geniale Bismarck verhandelte. Mit Baden und Hessen war man schnell einig. Bayern und Württemberg waren etwas schwieriger zu gewinnen, sie erhielten spezielle Rechte im Militär-, Steuer-, Verkehrs- und Postwesen. Den querköpfigen Bayern musste man sogar noch ein geheimes Zugeständnis machen, das erst 1917 bekannt wurde: Bei künftigen Friedensschlüssen sollten bayerische Vertreter hinzugezogen werden müssen.

Auf jeden Fall wurde der ehemalige preußische König zum Kaiser dieses neuen Deutschen Reiches erhoben. Die Kaiserproklamation fand am 18. Januar 1871 in Versailles statt. Man schwärmte, dass damit endlich Deutschland geschaffen sei.

Aber wie war es in Wahrheit? In Wahrheit war auch in dieser Beziehung vorher „gemogelt" worden!

WAS ES MIT DER KAISERKRÖNUNG WIRKLICH AUF SICH HATTE

Die Kaiserkrönung, die auf den gewonnenen Krieg hin folgte, war eine pompöse Show und ein öffentliches Spektakel. Dabei wissen viele bis heute nicht, wie die Strippen hinter den Kulissen wirklich gezogen wurden; denn der Kaiser, Wilhelm selbst, wollte weder den Krieg gegen Frankreich noch die Kaiserwürde!

Also machte sich Bismarck, diese rabenschwarze Seele, ans Werk. Er bestach Ludwig II. von Bayern, Wilhelm offiziell die Kaiserwürde anzutragen. Der Preis: Hinter dem Rücken aller wurden Ludwig II. fünf Millionen Goldmark gezahlt. Der Bayernkönig, ewig in Geldnöten, ließ sich nicht zweimal bitten. Nichts anderes als eine Königsbestechung führte also zum deutschen Kaisertum. Die Kaiserkrönung an sich war eine Farce, eine Posse, eine große Posse, nicht unähnlich der Napoleon Bonapartes. Sie war eine Show, um namenlos zu beeindrucken, war Flitter, Glanz und Gloria. Nichts Übleres hätte Deutschland passieren können als dieses öffentlichkeitswirksame Ganovenstückchen, dieser Pomp. Ein Titel, sonst nichts, war das Ergebnis. Er führte aber dazu, dass Wilhelm auf einmal an seine eigene Größe glaubte. Die Kaiserkrönung, die nur durch Königsbestechung möglich wurde, schmeichelte Wilhelm I. derart, dass spätestens sein Nachfolger, Wilhelm II., jedes Augenmaß verlor.

DER KAMPF GEGEN DIE RELIGION
UND DAS ZENTRUM

Das alles liest sich bereits jetzt etwas anders als die oberflächliche Historiografie, die nur die Siege dieses Herrn Bismarck nachzeichnet, ohne die Hintergründe auszuleuchten.

Aber wie sah es innenpolitisch aus?

Gewannen die Deutschen nicht unwahrscheinlich durch diesen Bismarck?

Schauen wir auch hier noch einmal auf die Details.

Nach der Kaiserkrönung, diesem Kabinettstückchen eigener Güte, konnte Bismarck seinen Kampf im Innern umso bissiger, giftiger und effektiver fortführen. Der Glanz und Flitter überstrahlten alles. Ab 1872 hatte er das Zentrum (ein Vorläufer der CDU, wenn man so will) massiv im Visier, er verfolgte also selbst die konservativen Demokraten mit unerbittlichem Hass. Gleichzeitig hagelte es förmlich Gesetze gegen die katholische Kirche. Er unterdrückte die Religion wie nie jemand zuvor in Deutschland.

Die toleranten Worte des Alten Fritz, jeder möge nach seiner eigenen Fasson selig werden, die Preußen einen ungeahnten Aufschwung beschert hatten, eine der klügsten Regierungsrichtlinien, wurden achtlos beiseitegeschoben und hochmütig ignoriert. Bismarck bedrohte Geistliche und Priester, die ein Wort gegen ihn zu äußern wagten, er verbot sogar den Jesuitenorden. Konkret verabschiedete er das Brotkorbgesetz (das den Lebensunterhalt der Priester an politisches Wohlverhalten knüpfte) und ließ 1875 das Klostergesetz erscheinen, infolgedessen die meisten Klostergemeinschaften per Dekret aufgelöst wurden. Bischöfe und Geistliche wurden abgesetzt und Existenzen vernichtet, außerdem hagelte es Geld- und Gefängnisstrafen.

Das war Bismarck. Ein Unterdrücker der Freiheit, der Religion und der Glaubensansichten! Zeitweise waren alle preußischen Bistümer und rund ein Viertel aller Pfarrstellen nicht besetzt.

Aber verhielt er sich nicht immerhin nobel gegen die Arbeiter und die Sozialdemokratie?

DER KAMPF GEGEN DIE SOZIALDEMOKRATIE

Nein. Bismarck hasste auch die Sozialdemokraten. Bismarck war jemand, der zwanghaft Feinde brauchte und sich wie in seiner Jugend immer prügeln musste. Als zwei Attentate auf den Kaiser verübt wurden, funktionierte dieser Schurke Bismarck das Ganze einfach zu einer angeblichen Aktion der Linken um: Er schob die Attentate den Sozialdemokraten in die Schuhe! Er log. Und wusste, dass er log! 1878 verabschiedete der neugewählte Reichstag deshalb ein Gesetz gegen die „gemeingefährlichen Bestrebungen" der Sozialdemokraten. Systematisch schürte Bismarck in der Folge die Hysterie, Emotionen wurden hochgekocht und Ängste vor den „Sozialisten" geweckt. Versammlungen wurden von der Polizei aufgelöst und Bücher, Zeitungen und Geld der Sozialdemokraten beschlagnahmt. Verhaftungen und Ausweisungen waren eine Zeit lang an der Tagesordnung.

„Die rote Gefahr" wurde zum Schlagwort, „Sozialisten" verfolgte er mit besonderer Häme. Die Anzahl seiner bösartigen Bemerkungen auch nur zu wiederholen, würde Bände füllen.

Die Sozialdemokraten verhöhnte er folgendermaßen:

„Sie sind die Ratten im Lande und sollten vertilgt werden."

Und: „Die soziale Frage hätte einst durch Polizeimittel gelöst werden können, jetzt wird man die militärische anwenden müssen."

Er spielte die Arbeiterbewegungen völlig an die Wand, die Sozialisten nannte er „Reichsfeinde" und „vaterlandslose Gesellen", beschimpfte sie wie ein Rohrspatz und beschuldigte sie des Hochverrats, sobald sie eine andere Meinung vertraten als er.

Bismarck ließ sogar die Presse kontrollieren und führte die Zensur wieder ein, wenn es darum ging, seinen Kurs durchzusetzen. Auf der Strecke blieb die Freiheit.

DIE LEGENDE

Zu seiner Zeit, aber auch um 1890, 1900 und 1910, urteilte man ungemein positiv über Bismarck – trotz seiner offensichtlichen Schandtaten. Wie kam es dazu?

Die Antworten auf diese Frage eröffnen uns einen intimen Einblick in die Geschichtsschreibung selbst.

Zunächst einmal war Bismarck zu seiner Zeit quasi der Diktator der öffentlichen Meinung. *Er* verfügte über alle Kanäle der Kommunikation. *Er* herrschte weitgehend über die Presse, der er nach Belieben einen Maulkorb verpasste. „Feinde", wir haben es gehört, wurden unterdrückt, bekämpft, verfolgt und vertrieben. Und deshalb finden wir in den zeitgenössischen Quellen nicht einmal ein Zehntel der Wahrheit.

Leute, die aufmuckten, wie Priester oder Sozialdemokraten, wurden zensiert, gedemütigt und ins Gefängnis gesteckt. Mit anderen Worten: Die Opposition wurde mundtot gemacht. Übrig blieben die großtuerischen Prahlereien dieses Kanzlers. Die öffentliche Meinung war weitgehend manipuliert. Wie sollte man da „Wahrheit" erwarten können, wenn man die offiziellen Quellen konsultierte?

Am stärksten aber setzte die Legendenbildung ein, als Bismarck seines Postens enthoben wurde. Bismarck zog sich nicht etwa gemütlich ins Privatleben zurück, sondern schlug nun mit einer Bosheit und Gehässigkeit auf seine Nachfolger ein, die ohnegleichen in der Geschichte ist. Er verbündete sich geschickt mit der Presse, die für eine gute Schmährede immer zu haben ist, und schimpfte und wetterte gegen alles und jeden, sogar gegen ehemalige vertraute Mitarbeiter. Er baute ein „förmliches Propagandanetz" auf. Er beschäftigte eine Reihe von PR-Mitarbeitern (Moritz Busch, Heinrich von Poschinger, Horst Kohl) und „fütterte ... die Öffentlichkeit ununterbrochen mit politischen Stellungnahmen, historischen Rückblicken und vor allem mit einer Art Hofberichterstattung." [25]

Diese unermüdliche propagandistische Tätigkeit verfolgte den Zweck, im Gespräch zu bleiben, die eigene Politik hochzuloben, abweichende Meinungen beiseitezuwischen und Gegner zu verunglimpfen.

Was folgte, war ein Phänomen: Ein ständig anschwellender Strom von Bewunderern, Verehrern und Besuchern pilgerte zu dem „Alten aus dem Sachsenwald", wie ihn die beginnende Legende jetzt nannte, um demütig zu seinen Füßen zu sitzen und seinen Weisheiten zu lauschen. Der Kaiser (Wilhelm II.) erwog zeitweilig ernsthaft, ihn wegen Hochverrats ins Gefängnis zu stecken! Aber der große, grobe, böse alte Mann war nicht zum Schweigen zu bringen. Er wusste alles und er wusste grundsätzlich alles besser. Journalisten und nach einiger Zeit sogar renommierte Historiker ließen sich von diesem nicht enden wollenden Strom von Schmähungen, Eigenlob, politischen Ergüssen und reaktionären Absichten überwältigen. Sie ließen sich um den Finger wickeln, ohne die Taten aufzurechnen und in Augenschein zu nehmen.

Bismarck ließ sich eines Tages sogar von einem nationalliberalen Wahlkomitee als Kandidat aufstellen, gewann knapp, nahm aber sein Mandat nie wahr. Immerhin! Damit verriet er alle seine früheren Überzeugungen. Offenbar war das Parlament plötzlich doch noch zu etwas gut, nachdem ihm der Kaiser persönlich einen Fußtritt gegeben hatte und ihn jetzt einen „Rattenkönig der Intrige" nannte. Denn Bismarck hörte von Stund an nicht mehr auf zu lästern, zu poltern und zu schimpfen.

Er wetterte unflätig gegen den Kaiser, aber auch immer wieder gegen die Sozialdemokraten („raub- und mordsüchtige Feinde"), hemmungslos. Die Sozialdemokraten waren „die Ratten im Lande und sollten vertilgt werden", tobte er noch 1893. Aber auch das Zentrum blieb ihm immer „ein Reichsfeind" und ein „Zerstörer". Mit all diesen, an Bösartigkeit und Hass nicht zu übertreffenden Schmähreden feilte er weiter an seiner eigenen Legende, denn seine Taten wurden umgekehrt in den Himmel gelobt.

Gleichzeitig arbeitete Bismarck an seinen Lebenserinnerungen. Kaum war das größte Lästermaul Deutschlands tot, erschienen die ersten beiden Bände. Sie erlebten eine ungeheure Resonanz und gerieten zum größten Bucherfolg des Jahrhunderts. 300.000 Exemplare wurden allein in den ersten beiden Monaten verkauft, bis heute wurden sie millionenfach gelesen.

Natürlich sprühten sie von Bosheiten, falschen Darstellungen, Anklagen und Verunglimpfungen. Viele Nadelstiche waren geschickt verpackt, Bismarck erwies sich jetzt erst recht als Meister der Intrige und der Anspielung. Seine Lebenserinnerungen offenbarten mehr über seinen eigenen Charakter als über die angeblich große Politik. Der ausgezeichnete Biograf Gall urteilt, dass Bismarcks Erinnerungen „in keiner Weise geeignet (sind), den Zugang zu einem historisch gerechten Urteil zu eröffnen".[26]

ABER: Bismarck feilte damit an seiner Legende und an der Verdrehung der geschichtlichen Wahrheit – noch über seinen Tod hinaus. Journalisten, die er ebenfalls grundsätzlich hasste wie die Pest (wen hasste er nicht?) und für die er früher sogar einen eigenen „Reptilienfonds" hatte einrichten lassen, griffen begierig seine „großen Einsichten" auf und trugen sie weiter – genau wie einige Historiker das verdrehte Geschichtsbild über Bismarck weitergaben.

Letztlich darf man nicht vergessen, dass bis zum Jahre 1918 ein Kaiser auf dem Thron saß. Bismarcks reaktionäre Ansichten, auch wenn er immer wieder gegen Wilhelm II. wütete, kamen dem Zeitgeist gerade recht. Obwohl Wilhelm II. diesen Bismarck gründlich verachten gelernt hatte, diente er insgesamt gesehen doch ganz gut dazu, das royalistische Fantasiegebäude, die Monarchie, zu legitimieren. Bismarck war ihr begabtester Hofberichterstatter, trotz seiner Schmähungen, denn die Feinde der Monarchie beschimpfte er noch lauter.

Skrupellos bediente man sich also dieses Bismarcks, der inzwischen kultische Verehrung genoss und dem man überall Statuen errichtete, wie schon berichtet einige hundert.

Als das Kaisertum mit Wilhelm II. in den unseligen Ersten Weltkrieg stolperte und danach abdanken musste, war die Legende Bismarck längst festgeschrieben.

Selbst in der Weimarer Republik (1918–1933) gab es genug Monarchieverfechter, vor allem gab es genug Militaristen. Sie alle erblickten in diesem Bismarck ihren Urvater. Und so wagte es niemand, seine Statuen umzustürzen.

Das Tausendjährige Reich (1933–1945) läutete ebenfalls nicht Bismarcks (PR-)Tod ein. Zu augenfällig waren die Gemeinsamkeiten. Hier wie dort gab es großtuerisches, prahlerisches Gerede. Auch die Vokabeln ähnelten sich erstaunlich („Eisen und Blut"), und die politische Argumentation verlief teilweise verdächtig parallel. Gleiche Lügen, ähnliche Lügen, Großmannssucht und martialische Töne waren gleichermaßen in beiden Lagern zu hören. Bismarck wurde auch jetzt nicht von seinem Thron gestoßen.

Und nach 1945 hatte man in Deutschland anderes zu tun, als sich um ein genaueres Geschichtsbild zu kümmern. Langsam wandelte sich das Bismarck-Bild. Aber die Legende war bereits so festgezimmert, dass sie in sich selbst ein eigenes Momentum bildete. Niemand hinterfragte, frisch, neu, unverstellt und gnadenlos, welche Ergebnisse dieser Kriegshetzer und Militärfanatiker erreicht hatte. Die Geschichtsschreibung war längst auf ein Bild festgelegt. Und wie üblich schrieb man eifrig voneinander ab.

All das sind die Gründe, warum das Phänomen Bismarck bis heute nicht wirklich sauber aufgearbeitet wurde. Fragen wir uns also ein letztes Mal: Wer war dieser Bismarck wirklich?

NETTOERGEBNIS

Halten wir sehr nüchtern nur die Resultate fest: Bismarck hebelte jede innenpolitische Opposition aus, verfolgte Sozialdemokraten, Priester und konservative Demokraten und scherte sich keinen Deut um Werte wie Freiheit, Chancengleichheit, Toleranz oder Gerechtigkeit.

Unter einem anderen Kanzler hätten die Deutschen vielleicht systematisch Demokratie lernen können (wie in den USA, in Frankreich oder England). So aber hielt man den Untertanengeist in Preußen-Deutschland stramm aufrecht. Opposition wurde brutal unterdrückt. Das zarte Pflänzlein der Freiheit, das hier und da auch in Deutschland emporgewachsen war, wurde niedergetreten. Das warf Deutschland um mindestens ein Jahrhundert zurück.

Außenpolitisch gesehen brach Bismarck den Krieg mit Dänemark, Österreich und Frankreich vom Zaun. Frankreich allein hatte 139.000 Tote zu beklagen, Deutschland 49.000. Die gesamten Kriege kosteten ca. 200.000 bis 250.000 Menschen das Leben und verkrüppelten rund 500.000 Zeitgenossen.

Das ist Bismarcks wahre Bilanz. Frankreich wurde für fast ein Jahrhundert zum Erzfeind, England und Russland standen diesem Deutschland von Stund an mit äußerstem Misstrauen gegenüber. Sein ganzes angeblich so fein und intelligent gestricktes Geflecht von diplomatischen Beziehungen hielt nicht einmal ein Jahrzehnt. Sein gesamtes Werk zerfiel schon kurz nach seinem Tod. Und das verwundert nicht, war dieses Netz doch auf Lügen, Intrigen, Bündnisse und „Rückversicherungsverträge" gebaut, die nur eines bewiesen: Die Unzuverlässigkeit dieses neuen Deutschlands und die Intriganz seines Reichskanzlers Bismarck.

Bismarck scheiterte vollständig, innen- und außenpolitisch.

Sein Scheitern hätte nicht größer sein können, der vorgetäuschte Erfolg war nur kurzfristiger Natur. Sein Reich wurde hinweggespült von der Geschichte, sein politisches Erbe vergessen, seine geschickt gesponnenen Fäden zerrissen.

Immer wieder wurde später die Frage gestellt, ob Bismarck ein Wegbereiter des Ersten Weltkrieges war und demzufolge indirekt auch Adolf Hitler den Weg ebnete. Die Antwort muss eindeutig „Ja" lauten. Seine markigen Worte und sein Gerede von der Großmacht Deutschlands verleiteten später einen nicht übermäßig intelligenten Wilhelm II. dazu, in einen verhängnisvollen Rüstungswettlauf mit England einzutreten. Wilhelm wollte die größere, die bessere Flotte. England, das seit Jahrhunderten die Meere beherrschte, ließ das selbstverständlich nicht zu. Das Ergebnis: der Erste Weltkrieg.

Das neue Denken, das Bismarck geschürt hatte, trug seine ersten bösen Früchte. Und wenn er auch nicht direkt verantwortlich zu machen ist (Bismarck fürchtete England stets), so ist doch die Art seines Denkens, die Methode seiner politischen Argumentation, die grundsätzliche Einstellung und der neue Größenwahn Bismarck'scher Natur. Bismarck trägt eine Mitschuld.

Historia non facit saltus – „Geschichte macht keinen Sprung".

Auch zu Hitler sind Parallelen vorhanden. Natürlich liegen Welten zwischen beiden, Hitler war eine noch schwärzere Seele. Aber dieses martialische Getöse, das zum Teil erstaunlich ähnliche Vokabular, das Großkotzige, das Besserwisserische, der unendliche Hass gegen Juden, gegen Frankreich, gegen Andersdenkende, die Herabstufung der Frau zu einem Menschen zweiter Klasse, die Verehrung des Militaristischen, die bösartigen Lügen, Verzerrungen, Intrigen, die doppelbödige Diplomatie, der eiskalte Machiavellismus, die Methode, die öffentliche Lüge im politischen Tagesgeschäft zur Richtlinie zu erheben, die Vertragsbrüche – allein das sind erstaunliche Parallelen, die man nicht beiseiteschieben kann.

In einem gewissen Sinne, von vielen ungesehen, führte Bismarck geradlinig zum Ersten Weltkrieg, der in der Folge mit einer gewissen logischen, halblogischen Konsequenz in den Zweiten Weltkrieg mündete – den barbarischsten aller Kriege, mit sechzig Millionen Toten. Ohne einen Bismarck wäre Deutschland all dies vielleicht erspart geblieben, wenn die Kräfte der Freiheit hartnäckiger ihren Platz verteidigt hätten und wenn dem autoritären Regime und dem autoritären Denken frühzeitig das Wasser abgegraben worden wäre.

So aber blieb Deutschland lange, zu lange, diesem Untertanengeist verhaftet, der von Heinrich Mann so genau beschrieben wurde. Zu Hilfe kamen Bismarck die preußische Tradition und die Vergötterung Friedrichs des Großen. Bismarck fußt also seinerseits auf einer Legende, eben der preußischen Legende, aber das entschuldigt ihn nicht.

Wenn der in der Politik anzulegende Maßstab das größtmögliche Glück für die Mehrzahl der Bürger ist und Frieden, Freiheit, Chancengleichheit und juristische Gleichheit, Wohlstand und Toleranz wirklich etwas gelten, wenn man Krieg als das sieht, was er wirklich ist, nämlich die schlimmste Geißel der Menschheit, dann fällt ein endgültiges Urteil über Bismarck leicht.

Er war einer dieser Ewiggestrigen, die das Rad der Geschichte zurückdrehen wollten, zurück zur Monarchie, zu einer autoritären Struktur. Das gelang ihm nur, indem er den Krieg verklärte und mit dem Krieg ablenkte. Aber Kriege werden gemacht, geschürt, inszeniert. Außerdem werden Kriege mit allen möglichen Mäntelchen versehen, sie werden mit Ästhetik kaschiert, mit Militärmusik, Paraden, Uniformen, Hurrageschrei und Glockenläuten verkauft. Man muss das hässliche Gesicht verstecken, das Kriege in Wahrheit haben. Bismarck schob, wie das gewöhnlich geschieht, patriotische Ziele vor, schürte religiöse, rassistische und nationale Vorurteile, schürte Hass – systematisch. Nur so waren seine Kriege möglich.

Wieder und wieder gelangen wir zur gleichen Erkenntnis: Es ist immer die Einzelpersönlichkeit, die einen Krieg befürwortet, heraufbeschwört und in Szene setzt, natürlich unterstützt von ein paar Haudegen, Kriegstreibern, Militaristen und Großverdienern. Aber Bismarck war der Trommler, der Intrigant hinter der Kulisse, der Strippenzieher. Er versteckte sich hinter markigsten Formulierungen, um seinen Hass logisch erscheinen zu lassen. Doch Hass ist nie logisch! Bismarck war einer der herausragendsten Vertreter dieser ewigen Kriegstreiber und gehört damit zu der elendsten Mischpoke, die es auf dem politischen Parkett gibt. Die Anzahl der Toten und die innenpolitisch beispiellose Unterdrückung lassen eigentlich nur ein einziges Urteil über Bismarck zu. Wagt man sogar noch einen Blick nach vorn, in die weitere Geschichte Deutschlands, muss das Urteil über ihn endgültig vernichtend ausfallen.

Es ist an der Zeit, dass wir umdenken lernen.

Denn was kam nach Bismarck?

9. DER LETZTE DEUTSCHE KAISER

Es ist tröstlich zu wissen, dass auch Könige und Kaiser Dummköpfe sein können. Wir haben bereits gehört, dass der „eiserne Kanzler" Bismarck eines Tages von Wilhelm II., der von 1888 bis 1918 die Kaiserkrone auf dem Haupt hatte, persönlich entlassen wurde, weil der ehrgeizige Hohenzoller die politischen Zügel selbst in die Hand nehmen wollte. Deutschland geriet vom Regen in die Traufe. Plötzlich wurde dieses neu geschaffene Deutschland von jemandem regiert, der alles andere als reif, abgeklärt, welterfahren oder weise war.

Wenn Bismarck ein Schurke war, so war Wilhelm II. ein Tor.

Wer aber war dieser zweite Wilhelm?

Zu seiner Rechtfertigung mag man anführen, dass er von Geburt an einer linksseitigen Armlähmung litt und schon als Kind mit barbarischen Therapien traktiert wurde. Einmal wurde ihm ein Metallgerät umgeschnallt, um seine Haltung zu verbessern, ein anderes Mal bekam er Stromstöße. Nichts half. Er litt Zeit seines Lebens an Haltungsschäden und Schmerzen im linken Ohr.

Wilhelm durchlief zunächst eine militärische Ausbildung. Das Soldatentum mit all seinen Orden, Uniformen und Paraden beeindruckte ihn mächtig. Er blieb bis zum Ende verliebt in diese glitzernden Auszeichnungen auf der Brust und entwickelte ein Faible für soldatische Trachten. Er liebte die „schneidige" Haltung der Offiziere und sogar den preußisch-schnarrenden Befehlston und kopierte in seinen Ansprachen genau diesen großsprecherischen Redestil.

Sein Vorbild machte Schule. Selbst im Zivilleben waren Karrieren nur noch möglich, wenn man eine militärische Laufbahn absolviert hatte. Bewarb sich jemand um eine Anstellung, lautete die erste Frage im Wilhelminischen Deutschland: „Ham se jedient?" Wenn nicht, konnte man gleich wieder „abtreten". So der Historiker Manfred Mai.

Kurz und gut, der Kaiser, der Adel und das Militär waren alles – der Rest nichts.

Zu dieser Zeit existierten in Deutschland drei Klassen:

* An der Spitze standen der Kaiser und der Adel sowie die schwerreichen Großbürger, deren höchstes Glück es war, am Ende ebenfalls einen Adelstitel zu ergattern.

* Der zweite Stand bestand aus Kaufleuten, Fabrikanten, Bankiers, Ärzten, Juristen, Professoren und Gymnasiallehrern, kurz aus der „Intelligenz" und der „ökonomischen Intelligenz". Aber auch Handwerker zählten zu diesem zweiten Stand sowie Beamte und Angestellte, die keinesfalls zum dritten Stand gehören wollten; man war sich schließlich etwas schuldig.

* Im dritten Stand waren Arbeiter und Bauern angesiedelt.

Analog zu diesen drei Ständen gab es ein Dreiklassenwahlrecht, jeder Klasse war es erlaubt, ein Drittel der Abgeordneten zu wählen.

Da das Parlament aber regelmäßig vom Kanzler oder Kaiser ausgespielt werden konnte, hielt nach wie vor der preußische König Wilhelm II., der nun in Personalunion auch deutscher Kaiser war, die Fäden fest in der Hand.

Betrachten wir deshalb diesen Wilhelm noch etwas genauer! Welche Absichten hegte er? Welche Politik verfolgte er?

Wilhelm II. hatte zahlreiche politische Vorurteile und war zumindest ein verkappter Antisemit. Zugegeben, er war mit einigen Juden befreundet, die man zwiespältigen Gefühls als Kaiserjuden bezeichnete, also höchst einflussreiche Juden, aber das waren Ausnahmen. Generell hielt er die Presse und die Juden für eine „Pest".

Auch mit der Kunst und mit Künstlern konnte er sich nicht anfreunden. Er verbot die Aufführung von Gerhart Hauptmanns „Die

Weber", Maler wie Wassily Kandinsky, Franz Marc und Paul Klee waren unerwünscht.

Und auch den Sozialdemokraten und den konservativen Demokraten war er nicht grün. Sozialdemokraten, die das Schicksal des dritten Standes verbessern wollten, waren „Vaterlandsfeinde". Die übrigen Demokraten strafte er mit Verachtung. In dieser Hinsicht blies er also in dasselbe Horn wie Bismarck, auch wenn er niemanden verfolgen oder einkerkern ließ. Stets schlug er sich auf die Seite des Militärs, hier fühlte er sich zu Hause.

Kurz gesagt war Wilhelm II. ein „Säbelrassler", der gern den Mund zu voll nahm. In kaum einer seiner zahlreichen Reden verzichtete er darauf, „mit Volldampf voraus" Politik zu machen – einer seiner Lieblingswendungen. „Am deutschen Wesen soll die Welt genesen" forderte er und verlangte, auch Deutschland müsse „einen Platz an der Sonne" haben. Damit meinte er die Kolonien, die Deutschland (wie England oder Frankreich) angeblich ebenfalls zuständen. Er verzichtete selten darauf, auf die „scharfen deutschen Schwerter" aufmerksam zu machen, und verunsicherte damit jeden in Europa. „Seine Reden, Interviews und Telegramme waren Katastrophen der Diplomatie", urteilte der Historiker Golo Mann später. Er war der Hans Dampf in allen Gassen, der sich zweifellos für den Mittelpunkt der Welt hielt und wenig oder kein Einfühlungsvermögen besaß.

Selbst wenn man die Monarchie liebt, muss man Folgendes zugeben: Wilhelm II. war ein Gernegroß und trunken von seiner eigenen Bedeutung. Ständig palaverte er von der deutschen Größe. Alles musste immer schneller, besser, größer werden. Der wirtschaftliche Aufschwung in Deutschland gab ihm dabei zeitweise sogar recht. 89 Millionen Tonnen Kohle wurden 1890 gefördert und 277 Millionen im Jahre 1914. Der Zuwachs auf dem Gebiet des Stahlsektors war noch beeindruckender: 17,6 Millionen Tonnen verzeichnete man im Jahre 1914, mehr als die Produktion Englands, Frankreichs und Russlands zusammengenommen, wie uns der Historiker Paul Kennedy versichert. Neue Industrien schossen wie Pilze aus dem Boden – etwa die optische, die technische und die elektrotechnische. Sie schufen Meilensteine des Fortschritts.

Das Wirtschaftswachstum in dieser Zeit kann man nur als explosiv bezeichnen. Damit korrespondierte eine wachsende Bevölkerung, die ebenfalls explosionsartig anstieg. Schon 1890 gab es 49 Millionen Deutsche.

Was waren die Gründe für diesen sagenhaften Aufstieg?

Das deutsche Bildungswesen war einmalig auf der Welt. Auf tausend Einwohner kam nur ein Analphabet. Das Schulsystem war vorbildlich. Erst jetzt entfalteten Humboldts Reformen ihre volle Wirkung. Der daraus resultierende hohe Wissensstand kam allen zugute, speziell der Landwirtschaft und der Industrie. Hier griffen nun auch die neuen Freiheiten, für die Stein und Hardenberg gekämpft hatten.

Mit anderen Worten: Den Grundstein für den immensen Aufschwung hatten andere gelegt. Immerhin behinderte Wilhelm II. den Fortschritt nicht, denn er liebte die Technik. Das aber verführte ihn dazu, in beträchtlichem Maß in die Schifffahrt zu investieren – sein Lieblingskind. Hier überschnitten sich seine militärischen Ambitionen mit seiner Technikliebe, und genau das ist auch einer der Gründe für den verheerenden Ersten Weltkrieg. Die Engländer beobachteten nämlich mit Argwohn, dass dieses Deutschland auf einmal mit ihnen auf den Meeren konkurrierte. Höflich klopften sie an die deutsche Pforte und ließen nachfragen, ob man sich eventuell bei der Schiffsanzahl auf einen Kompromiss einigen könne. Doch zu ernsthaften Verhandlungen über eine Flottenbegrenzung war Wilhelm II. nicht bereit. Also begann England, ebenfalls aufzurüsten. Das Ergebnis war ein gewaltiger Rüstungswettlauf, der schließlich endete, wo er enden musste: in einem Krieg.

Wie müssen wir nun über diesen deutschen Kaiser urteilen, wenn wir alle fünf Sinne beisammen haben? Folgendermaßen:

• Es war richtig, die Wirtschaft und die Technik zu fördern.

• Es ist weiterhin erstaunlich, dass das Schulwesen ein so hohes Niveau erreichte.

• Elend war es, viele Schriftsteller, Maler und Sozialdemokraten und Demokraten überhaupt abzuqualifizieren, und

- es war ebenso kurzsichtig wie skandalös, Juden und die freie Presse zu beschimpfen.

- Wilhelm II. hielt wenig von Frankreich, weil es eine Demokratie war. Die Russen dagegen verachtete er als Slawen. Er war ein Rassist und ein selbstherrlicher Autokrat.

Kurz gesagt war Wilhelm II. ein eitler und inkompetenter Kaiser, der durch seine politische Kurzsichtigkeit und Großmannssucht mit und neben Bismarck für das größte Unglück Deutschlands im 19. Jahrhundert (und im beginnenden 20. Jahrhundert) gehalten werden kann.

Wir lernen:
Die Monarchie ist eine Regierungsform, die in 70 bis 80 Prozent aller Fälle versagt.
Das lehrt uns die Geschichte Deutschlands, Chinas, Frankreichs, Englands, Österreichs und Roms. Das Beweismaterial ist erdrückend.

Ferner lernen wir erneut:
Selbst wenn es in der Wirtschaft bergauf geht, muss man über die verantwortliche Regierung den Stab brechen, wenn alle Kräfte nur auf einen Krieg ausgerichtet werden und schließlich in einen Krieg münden.
Mit anderen Worten: Hohe Statistiken müssen einem überlebensfreundlichen Ziel dienen.

Man sollte großen, markigen Worten, militaristischem Palaver, der namenlos beeindruckenden Show und jeder Art von Größenwahn im politischen Raum immer mit höchstem Misstrauen begegnen.

Da alle diese Einsichten nicht bekannt waren, schlitterte Deutschland in den Ersten Weltkrieg, den bis dahin barbarischsten Krieg.
Die deutsche Geschichte trat in ihre furchtbarste Periode ein.

4. KAPITEL

DAS 20. JAHRHUNDERT

1. DER ERSTE WELTKRIEG

Niemals, wir wiederholen: Niemals vorher sah die Welt eine solche gigantische Materialschlacht wie während des Ersten Weltkrieges. Und niemals vorher starben so viele Menschen wie in diesem schrecklichen Krieg. Wir werden auf die konkreten Verantwortlichen für diesen Krieg im folgenden Kapitel genauer eingehen, aber konzentrieren wir uns vorher erst einmal auf die Fakten.

Als am 28. Juni 1914 der österreichische Thronfolger von einem Serben ermordet wurde, der damit die Unabhängigkeitsbestrebungen der verschiedenen Nationalitäten innerhalb Österreich-Ungarns in das öffentliche Bewusstsein heben wollte, flog das Pulverfass in die Luft. Deutschland versicherte Österreich-Ungarn sofort, man stünde, komme was da wolle, an der Seite des deutschen Bruderstaates, sollte es zu einem Krieg kommen. Also trat Österreich-Ungarn gegen Serbien in den Krieg ein. Serbien wiederum war durch einen Pakt mit Russland geschützt, das jetzt ebenfalls mobil machte. Russland seinerseits war Frankreich in einem Pakt verbunden – und Frankreich England. Eine Kettenreaktion setzte ein.

Mit anderen Worten: England, Frankreich, Russland und Serbien befanden sich plötzlich mit Österreich-Ungarn und Deutschland im Krieg. (Später traten zahlreiche weitere Nationen in den Krieg ein, aber so gestaltete sich der Beginn.)

Die Menschen in Deutschland jubelten, als sie in den Krieg zogen. Man nahm an, alles werde lediglich ein „Spaziergang". Blumen steckten in den Gewehrläufen, und hübsche Frauen warfen Kusshände, als

Eisenbahnwaggons mit deutschen Soldaten Richtung Front abfuhren. Auf den Waggons standen flotte Sprüche wie „Auf in den Kampf, mir juckt die Säbelspitze" oder „Nach Paris!" Hunderttausende meldeten sich freiwillig.

Der deutsche „Blitzkrieg", der zuerst Frankreich lahmlegen sollte, wurde jedoch vor Paris jäh gestoppt. Dank englischer und französischer Truppen wandelte sich der Krieg schon bald zu einem mörderischen Stellungskrieg: Die Heere krallten sich förmlich in ihren Stellungen in den Boden. Drahtverhaue und Schützengräben beschrieben die Situation auf beiden Seiten. Ein Durchbruch durch die Linien war praktisch unmöglich, gelang er einmal kurzzeitig, forderte das unvorstellbare Menschenopfer.

Doch nicht nur an der Westfront geriet der Krieg zu einem Stellungskrieg, sondern auch an der Ostfront, wo die Russen standen.

Zwei Jahre wurde auf beiden Seiten geschossen und gemetzelt, ohne dass sich die Fronten bedeutsam bewegten. Man warf seine gesamte Wirtschaftskraft in die Waagschale, legte kostspieligste Rüstungsprogramme auf und setzte alle Finanzreserven ein. Man zog auch Zivilisten in den Krieg hinein, denn sie mussten Waffen und Munition herstellen; selbst Frauen arbeiteten in Rüstungsbetrieben.

Schon nach relativ kurzer Zeit wurden in Deutschland die Lebensmittel knapp. Die Regierung gab Lebensmittelkarten an die deutsche Bevölkerung aus, das Essen wurde also rationiert.

Zusätzlich wurden weitere Länder in diesen unseligen Krieg hineingezogen: Die Türkei hatte sich schon im Jahre 1914 auf die Seite Deutschlands und Österreich-Ungarns geschlagen, sodass nun auch im Vorderen Orient gekämpft wurde, im heutigen Irak und Israel. 1915 trat Italien in den Krieg ein und unterstützte die Franzosen, Russen und Engländer. Außerdem wurde in den deutschen Kolonien in Afrika gekämpft, im Südatlantik und im Pazifik.

Im Jahre 1916 beschloss die deutsche Oberste Heeresleitung (OHL), mit Ludendorff und Hindenburg an der Spitze, an der Westfront die Wende zu erzwingen. Es kam zu einer verheerenden Materialschlacht bei Verdun (Frankreich), in deren Verlauf die unvorstellbare Zahl von 700.000 Menschen starb.

Trotzdem bewegte sich nichts.

Im Jahre 1917 schließlich hagelte es Kriegserklärungen aus aller Welt – an Deutschland und Österreich gerichtet. Zahlreiche Länder traten in den Krieg ein, so etwa Bolivien, Brasilien, China, Kuba, Griechenland, Japan, Liberia, Panama, Persien, Peru, Portugal, Rumänien, Uruguay und noch ein paar Staaten mehr, die Partei für die „Feinde" ergriffen.

Ein echter Weltkrieg entspann sich, in den drei Viertel der Erdbevölkerung verwickelt wurden.

Als sich sogar die USA einmischten, schien der Anfang vom Ende gekommen. Denn die Vereinigten Staaten waren in wirtschaftlicher und militärischer Hinsicht haushoch überlegen.

Doch auf deutscher Seite flackerte noch einmal Hoffnung auf: An der Ostfront, genauer gesagt in Russland, war es zu inneren Unruhen gekommen. Hunger und Unzufriedenheit hatten auch hier Einzug gehalten, die Menschen murrten wider den Zar. Die russische Wirtschaft war zusammengebrochen, es mangelte an Roh- und Brennstoffen und auf dem Land fehlte es an Pferden und Bauern. Arbeiter demonstrierten auf den Straßen. Mit einem Wort: Die Revolution stand vor der Tür.

Genervt und überfordert trat der Zar zurück.

In Deutschland rieb man sich die Hände.

Eine neue russische Regierung trat auf den Plan. Sie bestand im Jahre 1916 aus zwei Flügeln: der rechten gemäßigten, konservativen Provisorischen Regierung und dem linken Petrograder Sovet (russ. *sovet* = Rat, das Wort „Sowjets" wurde hieraus gebildet; *Petrograd* = heute Sankt Petersburg). In diesem Sankt Petersburger Rat waren die Bolschewiki nur eine Splittergruppe. Trotz ihrer minimalen Größe hatten sie sich selbst jedoch den Namen *Bolschewiki* (= Mehrheitler) gegeben.

In Deutschland war klar: Man musste das Eisen schmieden, solange es heiß war. Hinter den Kulissen und unbemerkt von allen kam es zu dem seltsamsten Bündnis, das man sich vorstellen kann: einem Bündnis zwischen dem deutschen Kaiserreich und einem russischen Revolutionär namens Lenin! Kurz gesagt unterstützte das deutsche Kaiserreich jetzt diesen Lenin, der im Exil in der Schweiz festsaß. In einer hochgeheimen Aktion erlaubte man Lenin, in einem deutschen Güterzug durch Deutschland über Finnland nach Russland einzureisen, nachdem man ihm die Hände gesalbt, also mit ordentlichen Bestechungsgeldern versehen hatte. Er sollte für weitere Unruhe hinter den Linien sorgen, der neuen russischen Regierung die Hölle heiß machen, Öl ins Feuer gießen und Aufstände entfachen. Deutschland half den Bolschewiki mit Munition und Waffen und insgesamt 26 Millionen Mark, nach heutigem Wert rund 80 Millionen Euro.

„Lenins Eintritt in Russland geglückt. Er arbeitet völlig nach Wunsch", drahtete im Jahre 1917 der Leiter des deutschen Nachrichtendienstes in Stockholm an den Generalstab nach Berlin. Lenin wurde jetzt in Russland aktiv, der Berufsrevolutionär sorgte geschickt für weitere Unruhen: Der rhetorisch hochbegabte, scharfzüngige Marxist propagierte unermüdlich seine Parolen und rührte die Trommel für die „kommunistische Weltrevolution". Deutschland unterstützte Lenin nach Kräften. Weitere Züge aus der Schweiz mit Hunderten von Revolutionären wurden heimlich nach Russland geschleust. Die zerstörerische Propaganda in Russland erreichte unvorstellbare Ausmaße.

Lenin und seine Helfershelfer forderten nun lautstark Frieden sowie eine Um- und Neuverteilung des Landes. Die Basis und der Einfluss der Bolschewiki vergrößerten sich, weitere deutsche Gelder halfen Lenin, Leute zu kaufen und Bestechungsgelder in die richtigen Taschen zu stecken.

Schließlich stürzte die konservative Provisorische Regierung. Lenin trat in dem geschickt herbeigeführten Tumult schnell an die Spitze der russischen Regierung. Damit begann eine schreckliche Zeit für das Land: die kommunistische Diktatur.

Aber in Deutschland jubelte man zu diesem Zeitpunkt: Der neue Sowjetstaat schloss 1917 Frieden mit Deutschland – einen Frieden, der Deutschland viele Gebiete überließ. Der Mann, der diesen Frieden auf russischer Seite diktierte, war Lenin, den man selbst bezahlt hatte.

Deutschland fühlte sich als Sieger.

DIE ROLLE DER USA

Auf der anderen Seite waren, wie bereits erwähnt, die USA in diesen massenmörderischen Krieg eingetreten. Berichten wir auch das etwas ausführlicher. Die Story ist hochbrisant. Denn kein Geringerer als der damalige Marineminister Winston Churchill hatte einen Coup besonderer Güte gelandet, um die Vereinigten Staaten von Amerika zum

Kriegseintritt zu bewegen – obwohl die USA eigentlich neutral waren und die Bevölkerung dort von einem Krieg nichts wissen wollte.

Wie gelang es Churchill, den US-Präsidenten und mit ihm das amerikanische Volk auf Englands Seite zu ziehen?

Das hatte mit der Lusitania zu tun – einem britischen Passagierschiff und Luxusdampfer, der im Zuge des Krieges von England als „bewaffneter Hilfskreuzer" in die britische Kriegsflotte aufgenommen worden war. Dieses Schiff musste kriegswichtiges Material, wie Waffen und Munition, von New York nach Liverpool bringen. Damit es von den deutschen U-Booten nicht angegriffen wurde, fälschte man die Papiere. Man fuhr unter „neutraler Flagge" und transportierte angeblich keinerlei Waffen, obwohl das nicht der Wahrheit entsprach. Offiziell fuhr man amerikanische Passagiere spazieren, VIPs, Urlaubsreisende und Weltenbummler.

Als die kaiserliche deutsche Botschaft von dem Schwindel Wind bekam, warnte sie Washington – vergebens. Die Lusitania überquerte im Jahre 1917 mit 1 258 Passagieren und 701 Besatzungsmitgliedern, 1 248 Kisten Granaten, 4 927 Kisten Gewehrpatronen und 2 000 Kisten Munition für Handfeuerwaffen den Atlantik. Das deutsche U-Boot U 20 entdeckte den Dampfer und gab Feuerbefehl. Die Lusitania wurde getroffen und sank nach 18 Minuten. 1 198 Menschen kamen ums Leben, darunter 94 Kinder und 287 Frauen. Unter den Opfern befanden sich auch rund 125 Amerikaner.

Das war eine der größten Schiffskatastrophen der Geschichte!

In England und den USA schrie man auf. Was unterstanden sich die Deutschen! Was dachten sie sich dabei, ein friedliches Schiff zu versenken, auf dem sich neutrale Amerikaner befanden?

Um es kurz zu machen: Die US-amerikanische Öffentlichkeit, die gewonnen werden musste, wenn man die Vereinigten Staaten in den Krieg treiben wollte, war verunsichert. Natürlich wurde das Ereignis in den Medien der USA und Englands nicht der Wahrheit gemäß dargestellt. Die Tatsache des Munitions- und Waffentransportes verschwieg man wohlweislich.

Der alte Fuchs Winston Churchill rieb sich die Hände. Ein erstklassiger PR-Coup war geglückt, die amerikanische Öffentlichkeit begann, auf seine Linie einzuschwenken. Der größte Verbündete, den man sich vorstellen konnte, dachte darüber nach, in den Krieg einzutreten.

Der amerikanische Präsident Woodrow Wilson besaß jetzt einen Hebel, mit dem er ansetzen konnte. Zweimal wurde Deutschland in scharfem Ton aufgefordert, die Versenkung der Lusitania als Verbrechen zu verurteilen. Das zweite Mal kam die Aufforderung einem Ultimatum gleich.

Winston Churchill jubelte in England.

Später gestand Churchill ein, dass er gezielt auf eine Verschärfung des U-Boot-Krieges hingearbeitet hatte, ohne jedoch in seinen Erinnerungen konkreter zu werden. Die Akten des *British Navel Intelligence Departments* (= der britische Geheimdienst der königlichen Marine) zu diesem Vorfall befinden sich noch heute (!) unter Verschluss und unterliegen der Geheimhaltung.

Deutschland dachte nicht daran, sich zu entschuldigen. Es ist bis heute nicht geklärt, ob sich nicht deutsche Spione auf der Lusitania befanden, die die Wahrheit nach Berlin weitergegeben hatten. In Deutschland ging man jedenfalls davon aus, dass der „Feind" Kinder und Frauen nur als Schutzschilde in diesem Krieg benutzte. Und so erklärte Kaiser Wilhelm II. den unbegrenzten U-Boot-Krieg.

Damit trat die stärkste Macht der Welt, die USA, auf Seiten der deutschen Gegner im Jahre 1917 in den Krieg ein.

Aber das waren der Probleme noch nicht genug.

Mit einem Mal kam es im deutschen Reichstag und damit hinter der deutschen Front zu Protesten gegen den Krieg. Mahnende Stimmen plädierten für Frieden. Aber das Gespann Hindenburg/Ludendorff, die führenden Generäle, scherten sich nicht um demokratische Stimmen oder die Vernunft. Sie setzten nun alles daran, auch im Westen eine Entscheidung zu erzwingen.

Zu Beginn des Jahres 1918 waren die Amerikaner nur mit bescheidenen Streitkräften auf Frankreichs Boden gelandet, doch die deutschen U-Boote konnten in der Folge den weiteren Transport der US-Soldaten nicht verhindern. Trotzdem entschloss sich Ludendorff, noch einmal alles auf eine Karte zu setzen.

Das Ziel war die endgültige „Niederwerfung Frankreichs". Eine blutige Schlacht, die alle bisherigen Schlachten in den Schatten stellte, wurde in Szene gesetzt – mit unvorstellbaren Verlusten auf beiden Seiten –, um die Linie der französisch-englischen Streitkräfte zu sprengen. Da geschah das Wunder: Deutsche Truppen erzwangen den Durchbruch.

Die OHL jubelte. Der Angriff wurde immer weiter ins Feindesland hineingetrieben, doch den Engländern und Franzosen gelang es, die Lücke wieder zu schließen. Erneut erstarrte der Kampf im Grabenkrieg. Ludendorff suchte verbissen einen zweiten und dritten Durchbruch zu erreichen. Wieder gelang er teilweise: Es wurden viele feindliche Waffen erbeutet und ein erheblicher Geländegewinn erzielt. Aber die Kraft des deutschen Heeres war inzwischen erschöpft. Starke französische und frische amerikanische Kräfte drängten die Deutschen zurück, plötzlich standen 1,8 Millionen Amerikaner auf Seiten der Feinde, während das deutsche Westheer inzwischen auf eine Million zusammengeschrumpft war.

Noch aber wollten Ludendorff und Hindenburg nicht aufgeben. Wieder verbiss man sich in einem Stellungskrieg, als die Gegenseite die Initiative ergriff. Die Amerikaner schlugen im Verbund mit den Engländern und Franzosen erbarmungslos zu. Das Ergebnis? Das deutsche Westheer wurde unaufhaltsam, Stück für Stück, zurückgedrängt.

Gleichzeitig erreichten die Oberste Heeresleitung schlechte Nachrichten von anderen Fronten. Als sich zusätzlich der Zerfall des österreichisch-ungarischen Kaiserreiches ankündigte, wusste man im deutschen Lager, dass der Krieg verloren war.

Um die Ehre der Armee zu retten, knobelte Ludendorff einen infamen Plan aus: Der Waffenstillstand sollte nicht von der OHL unterbreitet werden, sondern von den deutschen demokratischen Parteien, die man dafür im Gegenzug künftig an der Regierung beteiligen würde. Den deutschen Parteien (Liberalen, der SPD und dem Zentrum) sollte die Schuld für den verlorenen Krieg in die Schuhe geschoben werden.

Aber die „Feinde", also die USA, England und Frankreich, waren nicht mehr an einem Waffenstillstand interessiert, man forderte die Kapitulation. Ludendorff zog sich geschwind aus der Affäre, indem er seine Entlassung einreichte. In Deutschland, so wusste er, brodelte es an allen Ecken und Enden, in Österreich-Ungarn zeichnete sich der Sturz der Monarchie ab. Eine Revolte machte sich außerdem in Wilhelmshaven und Kiel breit, wo Soldaten den Gehorsam verweigerten und nach russischem Vorbild Arbeiter- und Soldatenräte forderten.

Der Krieg war verloren – an der Westfront genauso wie an anderen Fronten, die die Türken und Deutschen in verschiedenen Teilen der Welt gehalten hatten, und ebenfalls politisch und im Innern Deutschlands. Die Kanonen hörten auf zu donnern, der Erste Weltkrieg war beendet.

ERGEBNISSE

Und was können wir aus dem Ersten Weltkrieg lernen?

Wir werden auf die Kriegsschuldfrage, die von tausend Historikern immer wieder gestellt wurde und die vielleicht die interessanteste aller Fragen ist, schon im nächsten Kapitel genau zu sprechen kommen, aber an dieser Stelle halten wir schon einmal so viel fest:

Kein Krieg geschieht zufällig, niemand schlittert aus Versehen in einen Krieg. Kriege werden gemacht, herbeigeführt und gezielt vom Zaun gebrochen. Jeder Krieg wird dabei anfänglich schöngeredet und regelrecht „verkauft". Letztlich hat er immer ein hässliches Gesicht.

Heutzutage sind Kriege unvorstellbar brutal. Im Falle von Weltkriegen sind es nur noch barbarische Materialschlachten und die brutale Hinmordung von Millionen von Menschen. Alte Kriegstugenden wie Tapferkeit oder Ehre existieren längst nicht mehr. Mit anderen Worten: **Es gibt keinen guten, ehrenwerten Krieg.**

Geheimdienst- und PR-Aktionen bestimmen in modernen Kriegen zu einem beträchtlichen Ausmaß Sieg und Niederlage.

Ohne Public-Relations-Kenntnisse kann man heute geschichtlicher Wahrheit nicht mehr auf die Spur kommen.

Ohne Lenins Einschleusung – eine lupenreine Geheimdienst-Aktion – hätte es an der Ostfront keinen „Siegfrieden" gegeben, und ohne die Versenkung der Lusitania hätten die USA nicht in den Krieg eintreten können – eine höchst fragwürdige Aktion, die zu Propagandazwecken ausgenutzt wurde. Die Versenkung wurde vielleicht sogar absichtlich von England herbeigeführt, so behaupten zumindest Verschwörungstheoretiker.

Tatsächlich wurden im 20. Jahrhundert mehr „Schlachten" von Geheimdiensten (CIA, KGB und so fort) geschlagen und Kriege geführt, als unsere Schulweisheit sich träumen lässt.

Die Macht der Medien ist inzwischen manchmal viel stärker als alle Panzer, Schiffe, Waffen und Flugzeuge zusammengenommen.

Was müssen wir in Hinsicht auf die Unterstützung Lenins und der Bolschewisten kommentieren? Im Krieg gilt der einfache Satz: Im Krieg ist der Feind deines Feindes dein Freund.

Die Philosophien oder Ideologien Lenins und Wilhelms II. unterschieden sich fundamental und waren einander völlig entgegengesetzt. Der russische Zar war sogar ein Verwandter des deutschen Kaisers. Trotzdem unterstützte der letzte deutsche Kaiser den Berufsrevolutionär Lenin. Dabei ging es ihm natürlich nicht um eine gerechtere Gesellschaft, sondern um die Kontrolle über Russland.

Lumpenpack unterstützte Lumpenpack.

Die Entstehung der diktatorischen Sowjetunion, die später so viele Morde verantwortete, geht also direkt auf die Initiative des Wilhelminischen Deutschlands zurück. Die Verantwortlichkeit dafür wurde bis heute nicht einmal ansatzweise aufgearbeitet.

Umgekehrt wirft dieser Pakt auch auf Lenin und damit den gesamten Kommunismus ein schlechtes Licht. Lenin war sich nicht zu schade dafür, die Taschen weit aufzuhalten und sie sich von den „Imperialisten" bis an den Rand füllen zu lassen, als es um seinen eigenen Erfolg ging.

Bleibt noch Folgendes nachzutragen:

Als alles verloren war, floh Wilhelm II. in einem vornehmen Salonwagen ins Exil nach Holland und entzog sich rasch jeder Verantwortung, genau wie der ebenso brutale wie hinterlistige Ludendorff.

In Deutschland drohte die Demokratie.

Außerdem wurde auf einmal sehr, ja unüberhörbar laut die Kriegsschuldfrage gestellt.

Wer war wirklich verantwortlich für diesen bislang barbarischsten aller Kriege?

2. DIE URSACHEN DES ERSTEN WELTKRIEGES

Untersuchen wir diese umstrittene Periode der Geschichte, die von Historikern immer wieder völlig unterschiedlich bewertet worden ist. Es stellt eine immense intellektuelle Herausforderung dar, die *wirklichen* Ursachen des Ersten Weltkrieges zu benennen. Bereits die brillantesten Geschichtswissenschaftler und schärfsten Analytiker haben sich an dieser Aufgabe versucht und sich regelmäßig die Zähne ausgebissen. Trotzdem ist es ihnen unseres Erachtens nicht gelungen, die wahren Ursachen für diesen „Krieg, der alle Kriege beenden sollte", herauszufinden – eine zugegebenermaßen kühne Behauptung, die jedoch durch die Tatsache erhärtet wird, dass danach noch viel mehr Kriege tobten.

Zumindest in der Theorie ist immerhin so viel wahr: Findet man die wirklichen Ursachen für etwas heraus, ist man danach in der Lage, einer gleichen oder zumindest ähnlichen Situation erheblich leichter und besser Paroli zu bieten.

Fragen wir also erneut: *Wer* war für diesen Krieg verantwortlich?

Legen wir unser besonderes Augenmerk auf die Tatsachen, dass erstens Personen Geschichte machen und nicht Massen und dass zweitens destruktive Persönlichkeiten im politischen Raum exakt identifiziert werden können.

Trotzdem gebietet es die Fairness, zunächst die gängigen Theorien kurz zu beleuchten, sie führen uns immerhin auf eine Spur.

Im Schnelldurchgang stellt sich der Erste Weltkrieg, von den Franzosen *Grand Guerre* und von den Engländern und Amerikanern *Great War* genannt, folgendermaßen dar:

Das Deutsche Reich, Österreich-Ungarn (und später die Türkei und Bulgarien) kämpften gegen Frankreich, Großbritannien, Russland und Serbien (und später zudem gegen Bolivien, Brasilien, China, Kuba, Griechenland, Italien, Japan, Liberia, Panama, Persien, Peru, Portugal, Rumänien, Uruguay, die USA und noch ein paar Staaten mehr). Wir haben darüber bereits berichtet.

Am Ende des Ersten Weltkrieges befanden sich 25 Staaten und deren Kolonien mit insgesamt 1,35 Milliarden Menschen, also rund drei Viertel der ehemaligen Weltbevölkerung, im Kriegszustand.

Nie hatte der Planet zuvor einen solchen Materialeinsatz von Panzern, Flugzeugen und Massenvernichtungswaffen gesehen. Das Maschinengewehr spielte erstmals eine entscheidende Rolle, denn selbst ein eigentlich unterlegener Verteidiger konnte damit leicht eine Stellung halten. Das Ergebnis war, dass sich Soldaten zu Hunderttausenden gegenseitig an den Fronten abschlachteten. Es handelte sich um die größte Vernichtungsorgie, die die Welt bislang gesehen hatte.

Das Ergebnis in dürren Zahlen:

Deutschland bezahlte mit rund zwei Millionen getöteten Soldaten, Österreich-Ungarn mit rund einer Million und die Türkei mit etwa 300.000.

In Russland verloren circa zwei Millionen Soldaten das Leben, Frankreich und Großbritannien bezahlten mit je etwas über eine Million und Italien mit rund 0,6 Millionen. Die USA beklagten 100.000 getötete Soldaten.

Die Toten in der Zivilbevölkerung werden auf insgesamt eine halbe Million geschätzt.

Die Gesamtverluste weltweit beziffern Statistiker auf rund zehn Millionen Tote.

Zur Wiederholung: zehn Millionen Tote!

Die Sachschäden und späteren Reparationsleistungen aufzulisten (Barzahlungen, Leistungen in Form von Sachwerten, Abtretungen von Land, Kolonien und die Aufgabe von Einflusssphären) sind angesichts einer solchen Zahl denkbar unwichtig.

Wiederholen wir noch einmal: zehn Millionen Tote!
Wer war für diese Katastrophe verantwortlich?
Wer war wirklich verantwortlich?

Fragen wir in aller Naivität noch einmal: Wie fing eigentlich alles
an?

Österreich-Ungarn, der Vielvölkerstaat, an dessen Spitze der Habsburger Kaiser Franz Joseph stand, sah sich vor dem Krieg beträchtlichen Problemen ausgesetzt. Die verschiedenen Nationalitäten in seinem
Staat strebten nach mehr Eigenständigkeit oder sogar Unabhängigkeit
– besonders die Tschechen, die Kroaten, die Ungarn und die Serben.

Immerhin gab es auch Lichtblicke für Franz Joseph: Deutschland
mit seinem Kaiser Wilhelm II. an der Spitze hatte sich in einem Zwei-
bundvertrag gegenüber Franz Joseph verpflichtet, im Falle eines russischen Angriffs Österreich-Ungarn Waffenhilfe zu leisten.

Ausgelöst wurde der Erste Weltkrieg wie folgt:

Am 28. Juni 1914 wurden der österreichisch-ungarische Thronfolger, Erzherzog Franz Ferdinand, sowie seine Gemahlin in Sarajewo
(Sarajewo = heute in Bosnien/Herzegowina gelegene Stadt) ermordet.
Kaiser Franz Joseph fühlte sich zum Handeln gezwungen. Bald schon
zeigte sich nämlich, dass hinter dem Anschlag die Serben steckten. Man
rückversicherte sich erneut der Bündnistreue der Deutschen und entschloss sich, nicht nur der serbischen Bewegung auf österreichischem
Boden einen Riegel vorzuschieben, sondern gleichzeitig auch den Staat
Serbien unter österreichische Kontrolle zu bringen.

Die Österreicher stellten Serbien umgehend ein Ultimatum und forderten, auf die österreichfeindlichen Umtriebe zu verzichten; außerdem
zweifelte man die Souveränität Serbiens an.

Serbien seinerseits rückversicherte sich eilig, ob Russland ihm zur
Seite stehen würde. Die Russen nickten und versicherten sich ihrerseits,
dass die Franzosen mit ihnen gegen den gemeinsamen Feind (Deutschland und Österreich-Ungarn) kämpfen würden.

Überall wurde mobil gemacht: in Serbien, in Österreich, in Russland, in Frankreich, in Deutschland und sogar in England. (England
hatte Frankreich versprochen, im Kriegsfalle den Norden Frankreichs

zu schützen.) Trotzdem gab es zunächst noch einige Vermittlungsversuche:

- Die Franzosen versuchten, auf diplomatischem Parkett mäßigend auf die beiden Streithähne (Serbien und Österreich) einzuwirken.

- In London versuchte der englische Außenminister Grey zu vermitteln.

- Kaiser Wilhelm II. in Deutschland bemühte sich, auf den österreichischen Kaiser einzuwirken und das Fass nicht überlaufen zu lassen. Auch sein Kanzler Bethmann Hollweg versuchte, die Österreicher wieder aus dem Krieg herauszureißen.

Aber es war bereits zu spät. Die Österreicher ließen sich nicht beruhigen, und die Serben wussten Russland auf ihrer Seite.

Der Krieg begann.

DIE VERURSACHER DES KRIEGES

Wir wollen den Krieg nicht erneut in allen Einzelheiten nachvollziehen (wie die Kämpfe zu Lande und zur See, die Blockade, den U-Boot-Krieg, den Kriegseintritt der USA, den Sturz Bethmann Hollwegs, die päpstlichen Friedensvermittlungsversuche, den Zusammenbruch Russlands und die Ostfriedensverträge, den Zusammenbruch Deutschlands und Österreich-Ungarns sowie der Türkei), denn uns interessiert an dieser Stelle eine ganz andere Frage:

Wer war für diesen Krieg wirklich verantwortlich?

Folgende Antworten sind darauf von Historikern gegeben worden:

- Verantwortlich waren in erster Linie die Serben und die Österreicher; denn sie entfachten den Weltbrand. Hätte einer von beiden nachgegeben, wäre der Krieg vermieden worden.

- Hätte Russland sich jedoch nicht hinter Serbien gestellt, wäre der Weltkrieg ebenfalls nicht ausgebrochen, der Krieg wäre lokal begrenzt geblieben und hätte nicht viel Schaden angerichtet.

Aber der Zar fürchtete die Revolution im eigenen Land. Sein Außenminister Sasonow versuchte, den Krieg zu verhindern, aber die russischen Militärs rieten zum Krieg. Der Zar glaubte, zwischen einer Revolution im eigenen Land und dem Krieg gegen Deutschland/Österreich wählen zu müssen, und entschied sich für den Krieg.

- In Deutschland versuchte Bethmann Hollweg verzweifelt, die Österreicher zum Einlenken zu bewegen. Aber die Militärs, an ihrer Spitze Moltke, rieten dem deutschen Kaiser Wilhelm II., sich auf keine Vermittlungsversuche einzulassen. Die militärische Führung war Bethmann Hollweg in Deutschland nicht untergeordnet (wie das in anderen Ländern der Fall war). So gab der deutsche Kaiser schließlich Moltke nach. Hätte Wilhelm II. die Österreicher energischer zur Mäßigung gerufen oder sogar das Bündnis mit ihnen infrage gestellt, wäre der Weltkrieg ebenfalls vermieden worden. Aber das Gegenteil geschah: Russland wurde ein Ultimatum gestellt, die Mobilmachung gegen Deutschland und Österreich sofort rückgängig zu machen. Da keine Antwort auf das Ultimatum erfolgte, erklärte Deutschland Russland den Krieg.

- Und wie stand es um Frankreich? Frankreich hatte sich lange Zeit in einer gewissen Isolation befunden, der Bund mit Russland war für das Land enorm wichtig; man wollte die Russen nicht im Regen stehen lassen. Zudem wollten militaristische Kreise Rache nehmen für den verlorenen Krieg gegen Deutschland im Jahre 1870/1871. Elsass-Lothringen sollte wieder französisch werden. Die Franzosen ärgerten sich noch immer über den infamen Bismarck, es gelüstete sie nach Rache. Außerdem wollte man die Vormachtstellung Deutschlands auf dem Festland brechen, ganz davon abgesehen, dass man auch eine bestimmte Kolonialpolitik verfolgte. Immerhin: Hätte Frankreich den Russen zu verstehen gegeben, dass es Deutschland nicht angreifen würde, wäre der Erste Weltkrieg vielleicht noch zwei Minuten vor zwölf vermieden worden.

- England, das zugesagt hatte, die Nordküste Frankreichs zu sichern, stellte Bethmann Hollweg seinerseits ein Ultimatum: Deutschland sollte zusichern, die belgische Neutralität zu wahren. Aber Deutschland plante längst, über Belgien Frankreich anzugreifen. Hätte England zu verstehen gegeben, dass es sich nicht in den Krieg hineinziehen lassen würde, wäre der Weltkrieg möglicherweise ebenfalls verhindert worden. Aber den englischen Militaristen war die Aufrüstung Deutschlands ein Dorn im Auge, speziell der Schiffsbau in Deutschland wurde argwöhnisch beobachtet. Die maritime Überlegenheit Englands schien durch Deutschland gefährdet zu sein. Von vielen Historikern wurde dieser Umstand sogar als Hauptgrund für den Ersten Weltkrieg genannt. Die Briten fürchteten jedenfalls um ihre Vorherrschaft zur See. Als Deutschland aufzurüsten begann und Schiffe baute, die Großbritanniens Weltstellung gefährdeten, prallten Deutschlands und Englands Interessen aufeinander. Deutschland wollte in den Kreis der Weltmächte aufrücken, die Briten umgekehrt dachten nicht daran, sich die Seehegemonie streitig machen zu lassen.

Was also die Kriegsschuldfrage angeht, so urteilen die meisten Historiker heute so:

„Man braucht keinem historischen Fatalismus zu huldigen, um zu sehen, wie sehr die Zeit auf den Krieg hindrängte und wie gering die Spanne der Entscheidungsfreiheit für [die] beteiligten Staatsmänner war. Lag es am Ungeschick der Beteiligten? Keiner der Verantwortlichen war ein Staatsmann von großem Format ..."[1]

Andere urteilten noch deutlicher: Niemand habe wirklich den Krieg gewollt, alle Staatsmänner seien gewissermaßen in ihn hineingestolpert. Keiner habe den Ersten Weltkrieg gewünscht, aber es sei nicht hart genug daran gearbeitet worden, ihn zu verhindern, er habe geradezu aus Versehen stattgefunden ...

Am Schluss einigten sich die Historiker wieder einmal darauf, dass „die Zeit" für diesen Krieg reif gewesen sei. Die Luft habe geknistert,

Europa hätte einem Pulverfass geglichen, das so oder so früher oder später in die Luft geflogen wäre.

DIE WAHREN VERURSACHER DES KRIEGES

Wir können einer solchen Analyse nicht zustimmen, wir halten sie im Gegenteil für eine Bankrotterklärung des Intellekts.

Stellen wir also erneut penetrant die Frage: *Wer* war für diesen Krieg verantwortlich?

Wir haben bereits auf einige Schurken verwiesen, wenn auch längst noch nicht auf alle. Selbst eine relativ oberflächliche Betrachtung lehrt, dass es militärische Kreise waren, in Österreich-Ungarn, Serbien, Deutschland, Russland, England und Frankreich, die den Krieg herbeiredeten. Denn das Militär liebt den Krieg. Viele Politiker dagegen versuchten verzweifelt bis zum Schluss, den Krieg zu verhindern.

Natürlich standen in der letzten Verantwortung die Staatenlenker (der deutsche und der österreichische Kaiser, der Zar und so fort), aber man muss verstehen, dass das Militär sozusagen von Hause aus dazu neigt, Krieg zu führen. Durch einen Krieg wird das Militär wichtig, es wird bedeutsam. Der Krieg ist sein eigentliches Lebenselixier. Man kann die Karriereleiter hinauffallen und kann sich auszeichnen, im Frieden dagegen kann man als Soldat keinen Blumentopf gewinnen.

Die Erkenntnis, auf den simpelsten Nenner gebracht, lautet also: **Militärs wünschen den Krieg. In allen Nationen.**

Wenn man den Frieden sichern will, sollte man folgende Richtlinien etablieren:

Der oberste Militär darf nie in gleichberechtigter (oder sogar übergeordneter Stellung) neben (oder über) dem ranghöchsten Politiker stehen.

Das Militär kennt immer nur eine „Lösung": den Krieg. Das Militär ist nicht dafür ausgebildet, in anderen Kategorien als dem Krieg zu denken. Der Politiker dagegen kennt die Macht der Rede und weiß zu überzeugen. Er verfügt über diplomatische Finessen und hat gelernt, Konflikte auf andere Art und Weise zu lösen.

Außerdem sichert folgende Richtlinie das Überleben eines Staates: **Ein Mann mit einer intensiven militärischen Ausbildung und einer langen militärischen Vergangenheit darf nicht zum Staatenlenker aufsteigen.**
Aufgrund seiner Vergangenheit wird ein solcher Mann militärischen Optionen zu oft den Vorzug geben. Das ist für ihn sehr bequem, hier kennt er sich aus, in diesen Kategorien hat er zu denken gelernt.
Schließlich könnte man mit dieser letzten Richtlinie mehr als einmal den Frieden sichern:
Militärs müssen vollständig aus den Spitzenzirkeln der Politik verbannt werden, denn sie werden normalerweise jede Gelegenheit wahrnehmen, um einen Krieg herbeizureden.

Allein die Existenz eines starken Heeres verführt zum Krieg. Und so viel ist richtig: Die Geschichte ist voll von Beispielen, in denen die schiere Existenz eines Heeres Kriege herbeiführte. Soldaten drängt es zur Aktion, und ihre Führer wollen sich auszeichnen. Nichts ist fataler für einen echten Soldaten als der Frieden.

Betrachten wir mit diesem Hintergrundwissen bewaffnet nun wieder genauer die Kriegsschuldfrage, betrachten wir sie sozusagen fanatisch genau – unter dem Vergrößerungsglas.
Wir haben gesehen, dass die obersten Militärs in mindestens sechs Staaten für diesen Krieg verantwortlich waren, inklusive ihrer übergeordneten Staatenlenker.
Nehmen wir in diesem Zusammenhang nur Deutschland unter die Lupe.
Wer ist hier verantwortlich zu machen?
• In erster Linie Moltke! Doch wer war diese Figur?

Helmuth Johannes Ludwig von Moltke, genannt Moltke der Jüngere (1848–1916), Chef des Großen Generalstabs, war nicht nur im

Heer denkbar unbeliebt, sondern auch noch inkompetent bis an den Rand des Erträglichen. Bei seiner Ernennung zum obersten Militär soll der ironische Satz die Runde gemacht haben: „Dat is ene janz dolle Idee von S. M. [Seine Majestät, d.h. Wilhelm II.]." Sprich: Über seine eigentlichen militärischen Qualitäten urteilten (die eigenen) Militärgenossen vernichtend. Weiter war er kränklich, ein Schwärmer und fiel beim Manöver oft vom Pferd.

Das alles hätte man ihm noch verziehen. Was tat er konkret? Er (Moltke) signalisierte Österreich-Ungarn, Deutschland werde seine Bündnispflicht buchstabengetreu erfüllen, ganz unabhängig davon, was der österreichische Kaiser mit Serbien anstelle.

Er war der Kriegstreiber in Deutschland.

Als die Russen überlegten, in den Krieg einzutreten, benutzte er eine brutale militärische Sprache, um die Russen noch weiter zu reizen.

Auch hier ist er der Kriegstreiberei schuldig zu sprechen.

Nur am Rande bemerkt: Der großsprecherische Moltke brach nach Kriegsausbruch zusammen, sodass er ersetzt werden musste.

Wie auch immer man also über die Qualitäten dieses H. J. L. von Moltke urteilen mag, fest steht, wir verfügen mit ihm in Bezug auf den Kriegsausbruch über ein ganz klares „Wer", soweit Deutschland dafür verantwortlich zu machen ist.

• Das zweite uns bekannte „Wer" ist Kaiser Wilhelm II. selbst.

Wir haben zwar seine Biografie bereits ansatzweise nachgezeichnet, aber erlauben wir uns noch diesen Nachtrag:

Wilhelm, der Erste aller Deutschen, war mit einem verkrüppelten Arm geboren worden und wurde als Kind mit Stromstößen und Streckmaschinen traktiert, um diese Behinderung zu beheben, wie wir bereits gehört haben. Zweifelhafte Ärzte und psychiatrische Folterwerkzeuge standen also Pate an seiner Wiege. Außerdem litt er unter einer Hodenerkrankung.

Kaum erwachsen, träumte Wilhelm II. den Traum von der unbesiegbaren Weltmacht Deutschland. Alle Biografen sind sich einig, dass er eitel war, selbstgefällig, wenig intelligent und arrogant. Er entwickelte sich zu einem Autokraten und Militaristen, dem die Uniform, der Putz und der Prunk alles waren.

Spätere Forschung etablierte ohne Wenn und Aber, dass er außerdem ein Menschenverächter war! Er ließ Erfinder kommen und anfragen, ob man mit Giftgas ganze Städte ausrotten könne.

Auch er erlebte am Anfang des Krieges einen Nervenzusammenbruch.

Er war es, der den uneingeschränkten U-Boot-Krieg befahl. Das rief die Amerikaner auf den Plan, die letztlich den Ersten Weltkrieg entschieden.

Als wichtigster Entscheider trug er die letzte Verantwortung in Deutschland.

- Selbstredend gibt es noch weitere konkrete Persönlichkeiten, die den Krieg in Deutschland mit Hurrageschrei begrüßten.

Einige Wirtschaftslumpen, die den Profit höher schätzten als Menschenleben, sind in diesem Zusammenhang zu nennen. Ein paar Großindustrielle erhofften sich Wettbewerbsvorteile und neue Pfründe, unter Umständen ließen sich neue Kolonien ausbeuten. Desgleichen begrüßten Teile der Finanzindustrie den Krieg freudig. Überall gab es kleinere „Wers". Der schäbige Kriegsgewinnler ist immer mit von der Partie, wenn man Kriege unter dem Vergrößerungsglas betrachtet.

Auch das wurde später einfach weggeredet und zwar so:

„Die Bevölkerung in Deutschland im 19. Jahrhundert wuchs von 24,8 Millionen [im Jahre 1816] auf 66,9 Millionen [im Jahre 1913]. Die Wirtschaft musste notwendigerweise expandieren, was wiederum eine größere Einflusssphäre erforderte und also Krieg."[2]

Solche Argumentationen sind schon ungeheuerlich, wurden sie doch nach 1950 laut! Unser Kommentar: Es gibt zahlreiche Beispiele von Bevölkerungswachstum in der Geschichte, ohne dass der Krieg notwendig wurde.

Es ist also ein Fehler, „die Briten" oder „die Deutschen", „die Finanzindustrie" oder „die Industrie" für den Ersten Weltkrieg verantwortlich zu machen. Aber es gibt sehr wohl konkrete Personen, die den Menschen den Krieg schmackhaft zu machen suchten. Alles andere ist

Augenwischerei und der erbärmliche Versuch, Verantwortung abzuschieben.

Einzelpersonen bemühten sich in unserem Fall darum, dem Krieg in der PR-Arena zum Durchbruch zu verhelfen. Das deutsche Volk wurde in der Folge mittels infamer, skrupelloser Propaganda-Techniken auf den Ersten Weltkrieg eingestimmt. Der PR-Coup glückte – und der Weltbrand wurde entfacht.

Nun sei aber auf ein weiteres „Wer" nicht verzichtet, denn das ist hochspannend.

Erinnern wir uns noch einmal: Der Erste Weltkrieg begann damit, dass ein Serbe den österreichisch-ungarischen Thronfolger und seine Gemahlin ermordete.

Wer war dieser Mann?

Anfangs ging man davon aus, er sei ein bosnischer Serbe und einfacher Student namens Gavrilo Princip. Aber offenbar gab es Hintermänner. Erst nach dem Krieg kam heraus, dass die Geheimorganisation die „Schwarze Hand", in deren Auftrag der Attentäter gehandelt hatte, der eigentliche Drahtzieher war. Die Geheimorganisation wurde von dem serbischen Oberst Dragutin Dimitrijević, genannt Apis, geleitet.

Gemäß einer Publikation aus dem Jahre 1952 war der Attentäter selbst ein Freimaurer. Die Freimaurerei hatte indes mehr als einmal die Hand im Spiel, wenn es um hohe und höchste Politik und die Anstiftung von Kriegen oder Revolutionen ging, wie Freimaurer in ihren eigenen Schriften zugeben. Aber es gab auch Freimaurer-Vereinigungen, denen der Krieg nicht gelegen kam.

Bei der „Schwarzen Hand" handelte es sich jedoch um eine geheimdienstähnliche, serbische Offiziersvereinigung mit verschwörerischem Charakter, die die Idee eines großserbischen Staates favorisierte. Morde gehörten zu ihrem Repertoire. Ein Mitglied musste alle Befehle bedingungslos und widerspruchslos befolgen. Oberst Dragutin Dimitrijević, dem man später zur Last legte, mit anderen Mitgliedern der „Schwarzen Hand" auch die Ermordung des serbischen Thronfolgers ins Auge gefasst zu haben, wurde 1917 in einem Schauprozess zum Tode verurteilt und erschossen.

Wiederholen wir also noch einmal:

311

Immer wenn man ganze Gruppierungen („Deutschland", „Serbien", „Russland", „Österreich-Ungarn", „die Finanzindustrie", „das Kapital", „die Religionen" usw.) für etwas verantwortlich macht, liegt man falsch.

Es sind immer nur Einzelpersonen, die für Kriegstreiberei, Kriegshetzerei und den Krieg verantwortlich zeichnen. Diese schwarzen Seelen finden sich in allen möglichen Lagern, auch wenn wir ihnen in bestimmten Gruppierungen besonders häufig begegnen: Im Lager der Militärs halten sie sich besonders gerne auf, und auch Geheimdienste spielten (und spielen) eine elende Rolle, wenn es um den Krieg ging (und geht).

Aber sogar hier muss man differenzieren: Nichts enthebt uns der Pflicht, stets die konkreten Einzelpersönlichkeiten unter die Lupe zu nehmen und die genauen Individuen ausfindig zu machen, die für etwas verantwortlich sind.

Tut man dies, so lesen sich die Verantwortlichen für den Ersten Weltkrieg in der Reihenfolge der Wichtigkeit folgendermaßen:

1. Dragutin Dimitrijević, genannt Apis, serbischer Offizier und Leiter der „Schwarzen Hand";
2. Gavrilo Princip, serbischer Student;
3. Franz Joseph, Kaiser von Österreich-Ungarn;
4. der Staatslenker Serbiens;
5. der oberste Militär Österreich-Ungarns;
6. der oberste Militär Serbiens;
7. **Kaiser Wilhelm II. von Deutschland;**
8. **Helmuth Johannes Ludwig von Moltke, Chef des großen Generalstabs, Deutschland;**
9. der russische Zar;
10. der oberste russische Militär;
11. Frankreichs Staatenlenker;
12. Frankreichs oberster Militär;
13. Englands Staatenlenker;
14. Englands oberster Militär.

Nur wenn man auf diese Weise vorgeht, wird Verantwortung in der Geschichte wiederhergestellt, und nur wenn man auf diese Weise Geschichte betrachtet, ist Geschichte wertvoll und kein bloßer akademischer Zeitvertreib. Und schließlich: Nur wenn man auf diese Weise vorgeht, kann man künftige Kriege verhindern.

POSTULAT

Wir brauchen eine völlig neue Geschichtsschreibung. Wir dürfen Geschichte nicht mehr als etwas betrachten, das mit uns nicht das Geringste zu tun hat und das man in der Schule paukt und büffelt.

Wie tief kann man sinken, was Verantwortung angeht!

Die größte Katastrophe dieser Zeit, mit zehn Millionen Toten, hat mit jedem Einzelnen von uns zu tun! Wenn wir eine solche Katastrophe nicht genauestens analysieren und die Gründe exakt herausfiltern, wie es dazu kommen konnte, riskieren wir, dass wir morgen vielleicht schon wieder im gleichen Schlamassel stecken.

Das aber bedeutet, dass wir nicht nur zu einer völlig neuen Analyse gelangen müssen, die Verantwortlichkeiten genau definiert, sondern auch zu neuen Richtlinien, die ähnliche Verbrechen in Zukunft verhindern. Denn der Erste Weltkrieg ist nichts anderes als ein Großverbrechen an der gesamten Menschheit.

Wiederholen wir also noch einmal unsere gewonnen Einsichten, sie sind überlebenswichtig:

Der oberste Militär eines Landes darf nie in gleichberechtigter (oder sogar übergeordneter Stellung) neben (oder über) dem ranghöchsten Politiker stehen.

Ein Mann mit einer intensiven militärischen Ausbildung und einer langen militärischen Vergangenheit darf nicht zum Staatenlenker aufsteigen.

Militärs müssen vollständig aus den Spitzenzirkeln der Politik verbannt werden, denn sie werden normalerweise jede Gelegenheit wahrnehmen, um einen Krieg herbeizureden.

Weiter gilt der Satz:

In Demokratien sind Kriege seltener als in Monarchien (oder gar Diktaturen).
Statistische Untersuchungen haben das zweifelsfrei bewiesen.

Hätte man diese vier Erkenntnisse in die Verfassungen aller demokratischen Staaten aufgenommen, wäre aller Wahrscheinlichkeit nach der Zweite Weltkrieg vermieden worden. Man stelle es sich vor, es begeistert regelrecht:

Hätte man Lehren und neue politische Grundsätze aus der Katastrophe des Ersten Weltkrieges abgeleitet, hätte unsere Geschichte einen anderen, positiveren, besseren, glücklicheren Verlauf genommen.

Nichts ist wichtiger und machtvoller als das Studium der Geschichte, wenn sie richtig gelesen und eine intellektuell-politische Konsequenz daraus gezogen wird.

Was geschah stattdessen in Deutschland?

3. DIE WEIMARER REPUBLIK

Nachdem Deutschland den Ersten Weltkrieg verloren hatte, war die Verwirrung vollkommen. Der Kaiser hatte sich wenig heroisch aus dem Staub gemacht und nach Holland abgesetzt, wir haben bereits darüber berichtet. General Ludendorff hatte seine Entlassung eingereicht. Die politische und die militärische Führung waren also von der Bildfläche verschwunden.

Erneut entstand ein Machtvakuum.

Dieses Vakuum suchten die verschiedensten politische Parteien und Strömungen auszufüllen. Kommunisten, ehemalige Offiziere der Armee, deutschtümelnde Zeitgenossen und Demokraten (SPD, Zentrum, Liberale) kämpften darum, den führungslosen Staat zu regieren, die Scherben aufzulesen und Deutschland in einer neuen Zeit ankommen zu lassen.

Schließlich rief der Sozialdemokrat Philipp Scheidemann am Ende des Jahres 1918 die Republik aus – was bedeutete, dass das alte autoritäre Kaiserreich offiziell zu Grabe getragen wurde und die Demokratie Einzug hielt. Die Wahl zu einer verfassungsgebenden Nationalversammlung, bei der die neuen Rechte des Volkes festgeschrieben werden sollten, fand im Januar 1919 statt. Jeder wartete voller Spannung auf das Ergebnis.

Das Resultat? Die gemäßigten Kräfte siegten: Die SPD, das Zentrum und die Liberalen erhielten 76 Prozent aller Stimmen. Damit war dem Sozialismus-Kommunismus eine klare Absage erteilt worden.

Trotz wilder Turbulenzen – die führenden Köpfe der kommunistischen Partei Rosa Luxemburg und Karl Liebknecht wurden von

Offizieren der alten Kaiser-Armee ermordet – trat die neue National-versammlung in Weimar zusammen, um eine Verfassung aus der Taufe zu heben. Weimar war ausgewählt worden, weil hier die berühmtesten Schriftsteller Deutschlands, Goethe und Schiller, gelebt und gewirkt hatten und die Stadt gewissermaßen Vernunft, Intelligenz, Mäßigung und Freiheit verkörperte.

Die sogenannte Weimarer Republik erblickte das Licht der Welt.

Das allgemeine, gleiche und geheime Wahlrecht wurde festgeschrieben, für Männer und Frauen, ferner stand nun ein sogenannter Reichspräsident dem Staate vor, der besonders in Krisenzeiten weitreichende Befugnisse besaß. Ein Reichskanzler erledigte die Regierungsgeschäfte, mithilfe seiner Minister. Darüber hinaus gab es jetzt unabhängige Gerichte, Gleichheit vor dem Gesetz, viele Freiheiten und kurz gesagt die erste wirkliche Demokratie auf deutschem Boden.

Aber die Weimarer Republik mit ihrer fabelhaften Verfassung hatte eine schwere Bürde zu tragen: Die Vergangenheit war längst noch nicht tot, und obwohl sich die freiheitlichen Kräfte momentan durchgesetzt hatten, bedeutete das nicht automatisch, dass die demokratischen Werte auch in den Köpfen fest etabliert und verankert waren. Tatsächlich schlitterte Deutschland in die unstabilste Periode seiner Geschichte, denn man hatte einen entscheidenden Fehler begangen: Man hatte auch den Kräften, die gegen diese neuen Freiheiten waren, Freiheit eingeräumt.

DER VERSAILLER VERTRAG

Das erste Problem, das sich der neuen Weimarer Republik stellte, war der sogenannte Versailler Vertrag.

Der Versailler Vertrag – nach dem Ort Versailles bei Paris benannt, wo die Siegermächte tagten und sich um Kriegsentschädigungen und die Bestrafung Deutschlands stritten – war in erster Linie das Werk Präsident Wilsons (USA), Clémenceaus (Frankreichs Staatschef) und Lloyd Georges (Englands Premierminister), obwohl 32 Staaten bei der Pariser Friedenskonferenz anwesend waren. Die USA zogen sich in der Folge mehr und mehr aus Europa zurück. England wiederum war nur mehr daran interessiert, ein gewisses Gleichgewicht auf dem Kontinent herzustellen. Übrig blieb Clémenceau, der plötzlich der starke Mann und federführend wurde.

Frankreich aber hatte durch den Ersten Weltkrieg entsetzlich gelitten; entsprechend groß waren die Rachegefühle. Frankreich stellte jetzt schier unerfüllbare Forderungen.

Deutschland sollte rund ein Zehntel seiner Bevölkerung einbüßen, ein Siebtel seines Gebietes, ein Drittel der Steinkohle- und drei Viertel der Erzförderung. Die gesamte Handelsflotte sollte ausgeliefert werden und Deutschland seiner überseeischen Besitzungen verlustig gehen. Weiter sollte es diesem Nachkriegsdeutschland nur noch erlaubt sein, 100.000 Mann unter Waffen zu haben, es wurde also verlangt, stark abzurüsten. Und: Deutschland sollte mit seinen Verbündeten die vollständige Kriegsschuld auf sich nehmen, also die Verantwortung für den Ausbruch des Ersten Weltkrieges allein schultern (Kriegsschuldartikel 231).

In Deutschland stand die neue Politikerkaste Kopf. Das konnte, das durfte nicht wahr sein! Empörung und Wut machten sich breit. Man bestand auf Nachverhandlungen, aber die Siegermächte waren nicht dazu bereit und drohten mit der Fortsetzung des Krieges. Der neue Reichskanzler Scheidemann weigerte sich schlicht, den Versailler Vertrag zu unterschreiben, und trat zurück. Reichspräsident Ebert suchte zu vermitteln, scheiterte aber ebenfalls. Schließlich mussten die Deutschen klein beigeben, der Vertrag wurde zähneknirschend unterzeichnet.

Sofort begann in Deutschland die Hetze gegen die Demokraten. Demagogen rissen das Maul weit auf und sprachen von einem „Schandfrieden" und der „Schmach von Versailles". Man nannte die neuen Politiker „Vaterlandsverräter" und behauptete, das deutsche Militär sei im Felde stets unbesiegt geblieben und nur ein Dolchstoß von hinten, geführt von den Demokraten, die nicht stramm an der Seite des Kaisers und des Militärs ausgeharrt hätten, habe den Sieg verhindert. Die „Dolchstoßlegende" entstand, Ludendorffs infame Politik trug seine ersten bösen Früchte.

Die Stimmung im neuen demokratischen Deutschland war – gelinde gesagt – aufgeheizt.

UMSTURZVERSUCHE

In dieser Zeit mangelte es nicht an verräterischen Umtrieben und sogar an mehreren gewaltsamen Umsturzversuchen. Aufgrund der Massenpropaganda gegen den Versailler Vertrag stürzten die demokratischen Parteien bei der Reichtagswahl im Jahre 1920 von 76 Prozent auf magere 43 Prozent ab. Damit waren sie auf die Unterstützung von „rechts" oder „links" angewiesen, also entweder auf nationalistische Krakeeler oder durchtriebene Kommunisten. Sie hatten die Wahl zwischen dem Teufel und dem Beelzebub!

Tatsächlich wechselten die Regierungen während der Weimarer Republik nun ständig. Das führte zu einer gefährlichen Destabilisierung. Keine Regierung konnte sich länger als neun Monate an der Macht halten.

Ein Aufstand und Putschversuch folgte auf den anderen, Attentate wurden verübt und heimlich oder auf offener Straße gemordet. 376 politische Morde sah diese Zeit, 354 von rechtsradikalen, 22 von linksradikalen Tätern.

Im Jahre 1920 versuchte ein ehemaliger Marineoffizier namens Hermann Ehrhardt (1881–1971) sogar einen Staatsstreich. Der konservative Politiker Wolfgang Kapp (1858–1922) sollte neuer Regierungschef werden. Ehrhardt marschierte mit seinen Mannen in Berlin ein, doch die Regierung wich nach Stuttgart aus. Von hier aus organisierte sie den Widerstand. Gewerkschaften und Beamten schlugen sich glücklicherweise auf die Seite der rechtmäßigen Regierung. Der Putsch brach zusammen, Kapp wurde ins Gefängnis gesteckt und starb in Untersuchungshaft.

Aber die Hetze hörte nicht auf. Gegen den Außenminister Walther Rathenau (1867–1922), der jüdischer Abstammung war, machte man so mobil:

„Schlagt tot den Walther Rathenau, die gottverdammte Judensau!"

Rathenau wurde 1922 im offenen Fond seines Wagens durch eine Handgranate und mehrere Schüsse aus einer Maschinenpistole getötet – von Rechtsextremisten. Der Tod löste ein mittleres Erdbeben in der jungen Republik aus, das Abgeordnetenhaus tobte und glich zeitweilig einem Tollhaus.

Aber gegen Attacken von rechts wurde erstaunlich wenig unternommen.

Das zeigte sich erneut, als im Jahre 1923 ein Mann namens Adolf Hitler im Verbund mit Ludendorff und ein paar Tausend Anhängern von München aus die Republik aus den Angeln heben wollte. Auch der Hitler-Putsch misslang, Hitler kam mit einer kleinen Gefängnisstrafe davon.

Vielleicht noch destabilisierender wirkte sich die wirtschaftliche Entwicklung in diesem auf die Schnelle demokratisierten Deutschland aus, das verzweifelt versuchte, republikanisch denken zu lernen. Betrachten wir hier deshalb Ursachen und Wirkungen einmal etwas genauer.

INFLATION UND HYPERINFLATION

Eine der größten Hürden für die Weimarer Republik lag in der ständigen Entwertung des Geldes.

Der wirkliche und gern verschwiegene Grund für die Hyperinflation während der Weimarer Republik war der Umstand, dass das Kaiserreich während des Ersten Weltkrieges unvorstellbare Schulden angehäuft hatte. Der Krieg, der Deutschland insgesamt rund 160 Milliarden Mark kostete, war durch sogenannte Kriegsanleihen finanziert worden, nicht durch Steuern – was der solide Weg gewesen wäre. Noch deutlicher gesagt: Das Deutsche Reich hoffte, nach dem Kriege die Schuldenlast ganz oder zum Teil auf Frankreich und die anderen Gegner abwälzen zu können. Die Kriegskosten sollte der „Feind" tragen. Der „Feind" wiederum stellte ähnliche Überlegungen an, nur mit umgekehrten Vorzeichen. Auf gut Deutsch: Jeder der am Krieg beteiligten Mächte spekulierte auf einen Sieg. Der Verlierer sollte schlussendlich die Zeche bezahlen. Als Deutschland verlor, schob man ihm den Schwarzen Peter zu.

Deutschland musste nicht nur für seine eigenen Kriegskosten aufkommen, sondern ihm wurden auch noch die Kosten der anderen Nationen aufgebürdet. Reparationsnutzer sollten vor allem Frankreich, Belgien und England sein, die wiederum bei den USA in der Kreide standen. Natürlich gelang es Deutschland nicht, die unweltliche Summe von 269 Milliarden Goldmark aufzubringen, die von den Siegerländern gefordert wurden; Zahlungsverzögerungen waren die Folge.

Dies schürte auf der anderen Seite den Hass – vor allem in Frankreich. So kam es zu dem sogenannten Ruhrkampf: Franzosen besetzten im Jahre 1923 nach der zeitweiligen Einstellung der (deutschen) Reparationszahlungen das Ruhrgebiet, um sich „produktive Pfänder" (wie etwa Kohle) zu sichern. Das löste auf Seiten der Deutschen eine nationale Empörung aus. Die deutsche Reichsregierung erklärte den passiven Widerstand, es wurde dafür gesorgt, dass Deutsche keine „produktiven Pfänder" an die Franzosen lieferten. Die Regierung verordnete im Gegenteil sogar einen unbefristeten Generalstreik. Aber schon 1923 zeichnete sich ab, dass dieser passive Widerstand zum Scheitern verurteilt war; denn der Streik musste ja auch finanziert werden. Die Lösung: Man ließ in Deutschland einfach die Gelddruckerpressen schneller laufen.

Das Ergebnis: Inflation.

Genau genommen waren die Jahre 1914 bis 1924 ein ganzes Inflationsjahrzehnt. Letztlich führte die Inflation in eine katastrophenartige Hyperinflation, die den völligen Kollaps der deutschen Währung zur Folge hatte.

Aber bleiben wir der Chronologie treu: Mit dem Ruhrkampf standen wie gesagt die Banknotenpressen nicht mehr still, denn der passive Widerstand musste finanziert werden. Gleichzeitig geriet die Wirtschaft ins Stocken, Geld wurde an allen Ecken und Enden gebraucht: Die Besatzungsarmee musste von Deutschland finanziert werden, und die Kriegsheimkehrer stellten einen weiteren Kostenfaktor dar. Sie mussten unterstützt werden.

Gleichzeitig sank die industrielle Produktion, aufgrund der Abtretung wichtiger Gebiete. Parallel dazu stieg die Zahl der Arbeitslosen. Die ständig zunehmende Inflation und die schließliche Hyperinflation verunsicherten Unternehmen und Menschen immer mehr. Das Geld verlor in einem unvorstellbaren Ausmaß an Wert – erst von Woche zu Woche, dann von Tag zu Tag. Bemühen wir einige konkrete Zahlen, um diese Hyperinflation zu illustrieren. Eine Tageszeitung kostete ursprünglich 40 Pfennig, am Schluss jedoch 100.000.000.000 Mark!

DIE KOSTEN EINER TAGESZEITUNG	
1. Januar 1922	0,40 Mark
1. Januar 1923	30 Mark
1. April 1923	200 Mark
1. Juli 1923	700 Mark
1. September 1923	150.000 Mark
1. Oktober 1923	10.000.000 Mark
22. November 1923	100.000.000.000 Mark

Wichtiger als eine Tageszeitung waren natürlich die Lebensmittelpreise.

Damit verlor die deutsche Währung ihre Funktion als Recheneinheit. Industrielle, Großhändler, Kleinhändler und auch der sogenannte einfache Mann von der Straße – alle gingen zunehmend dazu über, ihr Geld in ausländischen Währungen zu sichern, vorzugsweise in Dollar, aber auch in britischen Pfund, holländischen Gulden oder Schweizer Franken. Die Papiermark hatte ausgedient.

Der Komödie letzter Akt fand statt, als die Preise für praktisch alle Gebrauchsgüter hoffnungslos verrückt spielten. Auch hierzu einige konkrete Zahlen aus dem Jahre 1923:

DIE KOSTEN IM JAHRE 1923 (in Mark)			
Stichtag	1 kg Roggenbrot	1 kg Rindfleisch	1 Zentner Briketts
3. 1.	163	1.800	1.865
6. 8.	8.421	440.000	227.000
3. 9.	273.684	4.000.000	3.314.000
1.10.	9.474.000	80.000.000	82.430.000
5.11.	78 Mrd.	240 Mrd.	198 Mrd.
19.11.	233 Mrd.	ca. 5 Bio.	1 Bio. 372 Mrd.

Quelle: Blaich

Die deutsche (Papier-)Mark wurde zuletzt in rasender Geschwindigkeit entwertet. Wollte man mit der Berliner Straßenbahn fahren, so kostete das am 28. Juli 1923 noch 5 Mark. Am 30. November zahlte man für einen Fahrschein jedoch 150 Milliarden Mark. Den Leuten selbst war nicht danach zumute, über diese Tragikomödie zu schmunzeln. Es fand eine gigantische Geldvernichtung statt. Der Spuk fand erst ein Ende, als eine neue Währung eingeführt wurde.

Belassen wir es bei diesen wenigen Informationen und bringen wir das Problem noch einmal auf den Punkt:
Der Erste Weltkrieg verursachte letztlich die Inflation und all das Elend!
Die deutsche Reichsführung hatte, wie schon erwähnt, darauf spekuliert, dass ihre Gelder nach dem gewonnenen Krieg in ihre Kassen zurückzufließen würden. Da der Krieg jedoch verloren worden war, ging die Rechnung nicht auf. Wenn man also für die Inflation und die Hyperinflation einen einzigen Beelzebub ausmachen will, so waren es die gewissenlosen Kriegstreiber, die den Krieg im Jahre 1914 vom Zaun brachen. Die *wirkliche* Zeche des Krieges wurde indes erst viel später bezahlt – von der Generation *nach* dem Krieg.

Es waren in erster Linie die Militaristen, die für diesen Zusammenbruch der deutschen Wirtschaft verantwortlich gemacht werden müssen. Dennoch hätte man nach dem Krieg durch eine intelligentere Politik die Probleme in den Griff bekommen können. Die Verantwortlichen machten jedoch unvorstellbare Fehler. Als fatal erwies sich die Besetzung des Rheinlands durch die Franzosen. Dies schuf neue, gewaltige Kosten, ganz davon abgesehen, dass die Produktion sank. Es war außerdem destruktiv, den Hass des Volkes auf die Reparationszahlungen zu lenken. Nicht nur die Nazis erhielten dadurch Argumentationsfutter. Die Reparationen waren wie gesagt auch *nicht* der Grund für das Elend. In Wahrheit hatten die Militaristen und ewigen Kommissköppe ihre Sünden nicht aufgearbeitet! Die Reparationsforderungen waren nur eine *Folge* des verlorenen Krieges. Die wirklich Schuldigen waren die, die den Ersten Weltkrieg angezettelt hatten. Während der Weimarer Republik wurden allerdings die Reparationszahlungen (der „Schuldenknechtsdienst") als der Hauptgrund für die schlechten Verhältnisse ins Feld geführt. Eine lupenreine Fehlanalyse! Aber die Inflation und die Hyperinflation waren in letzter Konsequenz kriegsbedingt. Die deutsche Währung 1922/1923 wurde zerstört im Schlepptau des Ersten Weltkrieges. Jede andere Analyse ist inkorrekt.

DIE WENDE

Kehren wir zur Geschichte der Weimarer Republik zurück, die zwar gerade erst ihren Anfang genommen hatte, aber trotzdem bereits in diese unvorstellbaren Turbulenzen gestürzt war.

Die Wende gelang im Jahre 1924. Die Wirtschaft erholte sich, langsam kehrte zumindest eine gewisse Ruhe ein. Die überragende Figur, die zahlreiche Verbesserungen herbeiführte, war Gustav Stresemann (1878–1929).

• Das Geldproblem konnte natürlich nur durch die Einführung einer neuen stabilen Währung gelöst werden. Deshalb erblickte die Rentenmark das Licht der Welt, deren Gegenwert durch industriellen und landwirtschaftlichen Grundbesitz gestützt wurde. Eine Rentenmark entsprach nun einem Gegenwert von tausend Milliarden Papiermark! Immerhin war damit das ärgste Problem Ende 1923 aus der Welt geschafft.

• Gleichzeitig wurde die Reparationsfrage erneut auf den Prüfstand gestellt. Ein neuer Reparationsplan, benannt nach dem Amerikaner und zeitweiligen US-Vizepräsidenten Charles Gates Dawes (1865–1951), wurde aus dem Hut gezaubert, der sehr viel bessere Bedingungen für Deutschland enthielt.

• Deutschland wurde ein Kredit gewährt, mit dessen Hilfe die Industrie modernisiert und die Produktionsmethoden verbessert werden konnten.

Da Frankreichs Gier auf wenig Gegenliebe bei den Engländern und Amerikanern stieß, befanden sich die Franzosen nun in einer gewissen Isolation – was die Verhandlungsbedingungen für Deutschland verbesserte.

Und es sollte noch besser kommen: In Frankreich kam 1924 Premierminister Édouard Herriot (1872–1957) an die Macht, der die deutsche Klassik und damit die Deutschen überhaupt liebte:

Die Franzosen räumten das Ruhrgebiet.

Ferner schloss der kluge Stresemann Verträge ab, die darauf abzielten, dem Sicherheitsbedürfnis vieler Länder, wie Frankreich oder Belgien, gerecht zu werden. Mit den Russen wurde sogar ein regelrechter Freundschaftsvertrag ratifiziert.

Im Jahre 1926 nahm man Deutschland in den Völkerbund auf, der mit der Absicht gegründet worden war, ähnlich verheerende Kriege in Zukunft zu verhindern.

Als der Franzose Aristide Briand (1862–1932), ein weitsichtiger und durch und durch konstruktiver Politiker, sogar noch Außenminister (und zeitweiliger Regierungschef) in Frankreich wurde, schlug die Hoffnung höchste Wellen.

Es wurde der Verzicht auf die Abrüstungskontrolle in Deutschland erklärt, und gemeinsam unterzeichneten Frankreich, die USA, Deutschland und 15 Nationen eine „Rechtloserklärung des Krieges".

Nun (1928) wurde zwischen gerechten und ungerechten Kriegen unterschieden. Ein entscheidender Fortschritt war erzielt, die Bestie Krieg zu zähmen, die ja der wahre Verursacher aller Leiden ist, herbeigeführt allerdings von konkreten Personen. Im Jahre 1929 schließlich wurden die Reparationszahlungen Deutschlands erneut auf den Prüfstand gestellt. Abermals handelte Stresemann verbesserte Bedingungen für Deutschland aus.

Briand und Stresemann, zweifellos die beiden überragenden konstruktiven Persönlichkeiten im politischen Raum dieser Zeit, begannen sogar erstmals, einen „Plan für die Vereinigung Europas" zu entwerfen, der, in letzter Konsequenz, natürlich alle künftigen europäischen Kriege verhindert hätte!

Einfach alles bewegte sich in die richtige Richtung, Deutschland verfügte nun über eine Demokratie, wichtige Freiheiten waren garantiert, es gewann den Respekt der anderen Nationen zurück und erholte sich wirtschaftlich ..., als das Land unversehens von zwei gigantischen Schicksalsschlägen heimgesucht wurde:

1. Stresemann starb und
2. die Weltwirtschaftskrise zeigte ihr hässliches Gesicht.

DAS WIRTSCHAFTLICHE SZENARIO 1929 BIS 1933

Geschichte kann spannend sein wie ein Krimi, wenn man sie richtig liest und daraus zu lernen versteht. Betrachten wir in diesem Sinne die zweite Währungskrise in deutschen Landen in dieser Zeit. Aufs Neue können wir höchst wichtige Einsichten gewinnen.

Wie wir gesehen haben, hatte die Geldentwertung 1923 katastrophale Ausmaße angenommen, die Währungsgroteske ging aber durch die Einführung der Rentenmark vorüber.

Obwohl sich die Erfolge Stresemanns sehen lassen konnten, war die Weimarer Republik in wirtschaftlicher Hinsicht jedoch noch keineswegs stabil. Der kleinste Lufthauch konnte die junge Demokratie umpusten.

Und es kam ein Wirbelsturm – in Gestalt der sogenannten Weltwirtschaftskrise im Jahre 1929!

Die Aktien in den USA stürzten damals ins Bodenlose. Die Folge war ein Aktiensturz auch in anderen Ländern – unter anderem in Deutschland. Die Katastrophe schwappte über den großen Teich bis nach Europa. Eine unvorstellbare Kettenreaktion folgte: Die Verschuldung der Unternehmen stieg. Zwangsversteigerungen feierten Hochkonjunktur. Die Landwirtschaft geriet in Not. Landwirtschaftliche Nutzflächen mussten enteignet werden. 1930 wechselten 130.404 ha den Besitzer, 1931 rund 178.000 ha und 1932 rund 154.000 ha – Zahlen, die man sich vor Augen halten muss.

Parallel dazu gingen die Reallöhne zurück, das heißt Lohn- und Gehaltskürzungen wurden „normal". Kurzarbeit entstand. Und fast überall zog der Hunger ein. Vielerorts ernährte man sich nur noch von Brot und Kartoffeln. Margarine und Malzkaffee waren bereits Luxusgüter. Auch an Bekleidung wurde gespart. Am schlimmsten war die Massenarbeitslosigkeit. Ende Juli 1932 gab es rund 1,8 Millionen offiziell gemeldete Arbeitslose, was jedoch nur einem Drittel der tatsächlichen Zahl entsprach. Das heißt, rund 5,4 Millionen Menschen hatten weder Arbeit noch Brot. Rechnet man zu den Arbeitslosen noch die Familienangehörigen hinzu, sieht man sehr schnell, dass im Herbst 1932 36 Prozent des deutschen Volkes, also 23,3 Millionen Menschen, nur durch öffentliche Mittel ihr Leben fristeten. Natürlich versuchte man, Abhilfe zu schaffen: Es gab Volksküchen und Wärmehallen, laufende Mietzuschüsse und Minderbeihilfen sowie die kommunale Sozialfürsorge.

Der Historiker Hagen Schulze kommentiert:

„Die Wirtschaftskrise erfasste alle europäischen Staaten, aber in Deutschland wirkte sie besonders verheerend. In einem Ausmaß, das weit über das der Vorkriegszeit hinausging, wurden nach allen Seiten hin Wünsche befriedigt, die von den organisierten Interessen an den Staat herangetragen wurden. Sichtbar wurde das am sprunghaften Anstieg der öffentlichen Ausgaben, vor allem im Sozialbereich. Während 1929 die Steuerlastquote das Doppelte des Prozentsatzes von 1913 betrug, nämlich 18 Prozent anstatt 9 Prozent am Vorabend des Ersten Weltkrieges, stiegen die Sozialausgaben von Reich, Ländern und Gemeinden im selben Zeitraum von 337 Millionen Mark im Jahr auf 4 Milliarden 751 Millionen Mark an: Das war nicht weniger als das Dreizehnfache. So verschaffte sich der ungeliebte Staat der Weimarer Republik die Loyalität der gesellschaftlichen Interessengruppen durch Stützungs- und Hilfszusagen, die im Krisenfall allesamt eingelöst werden mussten." [3]

Ein Horrorszenario!

Wie konnte es zu dieser Krise kommen?

Nennen wir zumindest vier Gründe:

1. Eine offensichtliche Ursache für die Krise war, dass das internationale Währungssystem ins Wanken geraten war. Betrachten wir die Hintergründe genauer.

    Es war nicht der später sprichwörtliche „Schwarze Freitag", der die Krise auslöste. Die Krise begann am Donnerstag, dem 24. Oktober 1929. An diesem Tag stürzten die Aktienkurse an der

New Yorker Börse. In den Vorjahren war durch eine hektische Spekulationsorgie die Börse angeheizt und überreizt worden, verursacht auch durch gewissenlose Großbanker. Am Freitag, dem 25. Oktober 1929, scheiterte der Versuch endgültig, die Lawine der Angst aufzuhalten. Diese Vorgänge an der New Yorker Börse gelten seither als der Beginn der Wirtschaftskrise 1929, die meist als die Weltwirtschaftskrise bezeichnet wird, was aber ebenfalls falsch ist, denn die Krise erfasste nicht die gesamte Welt. Die Sowjetunion beispielsweise blieb verschont.

Aber noch einmal: Vorher hatten regelrechte Spekulationsorgien in New York stattgefunden. Geld war von allem und jedem auf Pump gekauft und an der Börse investiert worden. Geld ließ sich offenbar sehr leicht verdienen – glaubte man. Die Kurse waren daraufhin in schwindelerregende Höhen geschossen … und in der Folge zusammengebrochen. Viele Spekulanten, zu denen auch der einfache Mann von der Straße gehörte, erfasste Panik. Die *bad news* verbreiteten sich über den ganzen Kontinent und erreichten schließlich auch Europa.

Verantwortungslose Top-Bankiers, Geldhaie, Spekulanten und Aktienbroker hatten also die Menschen motiviert, das schnelle Geld zu machen. Wenn man so will, trägt dieser Typus Mensch einen Gutteil der Mitverantwortung für die damalige sogenannte Weltwirtschaftskrise.

2. Was war die Folge? Probleme in ganz Europa, also auch in Deutschland! Das System geriet ins Wanken, als Österreichs größte Geschäftsbank am 11. Mai 1931 eingestehen musste, immense Verluste eingefahren zu haben. Andere Banken folgten. Nun setzte ein Ansturm der Sparer und Gläubiger auf ihre Guthaben und Kredite ein. Ausländische Gläubiger begannen, ihr Geld aus Österreich und Deutschland abzuziehen. Bei den Großbanken entstand ein Ansturm auf Kapital, wodurch sie immer illiquider wurden. Zwei Berliner Großbanken und die Dresdner Bank standen plötzlich am Abgrund. Die Danat-Bank und die Landesbank der Rheinprovinz wurden zahlungsunfähig. Der Historiker Peukert beschreibt das Szenario wie folgt:

„Zunächst kollabierte im Mai 1931 die österreichische Kreditanstalt. Dem folgte der Bankrott der deutschen Danat-Bank im
Juli, während der Zusammenbruch der Bank von England im
September 1931 nur durch die Ablösung des Pfundes von der
Goldbindung vermieden werden konnte. In einer Kettenreaktion
war also das Weltfinanzsystem zusammengebrochen, schotteten
sich die betroffenen Länder noch mehr vom zerrütteten Welt-
markt ab, sah sich das deutsche Finanzsystem schwer getroffen
und bereitete sich im Reich wie weltweit ein neuer katastrophaler
Abschwung der Produktion vor."[4]
Die Banken versuchten zwar verzweifelt, die Sparer davon zu
überzeugen, dass sie die Situation im Griff hätten, aber es gelang
ihnen natürlich nicht. Zu tief saß den Menschen die Hyperinflation von 1923 noch in den Knochen. Panikartig verlangten alle
ihr Geld zurück.

3. In der Folge gerieten besonders die Unternehmen in Bedrängnis, die stark von Krediten abhingen. Der Warenhauskonzern
Karstadt und der Versicherungskonzern Nordstern etwa kollabierten. Der Nordwollekonzern brach zusammen, die Norddeutsche Wollkämmerei in Bremen sowie andere Unternehmen
mehr. Eine Kettenreaktion wurde ausgelöst.

4. Nun zog die Reichsbank die Schraube an. Die Folge: Die Zins-
sätze in Deutschland stiegen im internationalen Vergleich rasant
an, Kapital wurde teurer. Die hohen Zinsen animierten anfangs
ausländische Anleger, Geld in Deutschland zu investieren, um
in den Genuss einer schönen Rendite zu kommen. Als es jedoch
weiter kriselte, zogen diese Anleger ihr Geld wieder ab. Auf diese
Weise wurde Kapital noch knapper.

UNINTELLIGENTE LÖSUNGSVERSUCHE

Um den Abstrom des Geldes ins Ausland zu bremsen, hob die
Reichsregierung den freien Devisenverkehr am 1. August 1931 auf. Das

trug jedoch nur zu weiteren Irritationen auf den internationalen Geldmärkten bei, genau wie in Deutschland selbst.

Greifen wir der politischen Entwicklung ein wenig vor und berichten wir, wie man an der Spitze des Staates agierte.

Die Reichsregierung unter Kanzler Brüning verordnete einen rigorosen Sparkurs. Man nahm törichterweise keine Rücksicht auf die Konjunkturlage. Sparen und den Gürtel enger schnallen waren die einzigen Lösungen, die die Politiker in dieser Situation anboten. Im Zuge dessen wurden Löhne, Gehälter und Ruhegelder der Staatsbediensteten gesenkt und gekürzt. Die Leistungen der Arbeitslosenversicherung, der Fürsorge, der sozialen Rentenversicherung und der Kriegsopferfürsorge wurden herabgesetzt. Umgekehrt erhöhte man bestimmte Steuern, wie etwa die Tabaksteuer. Das Ergebnis: In der Folge kam fast die ganze Tabakverarbeitung zum Erliegen. Um die Einkommen der Landwirtschaft zu verbessern, wurden zudem die Lebensmittelpreise erhöht. Schließlich erhöhte man sogar die Einfuhrzölle. Das Resultat? Da die Einfuhr von Getreide und Futtermitteln mit gewaltigen Zöllen belastet war, gab es weniger zu beißen.

Wie unintelligent können die Beschlüsse einiger Politiker sein? Sehr unintelligent!

DER ANFANG VOM ENDE

An der Spitze der sterbenden Weimarer Republik bekämpften sich bis zuletzt die verschiedensten Parteien und Personen.

Der konvervativ-demokratische Kanzler Heinrich von Brüning (1885–1970) wurde durch Franz von Papen (1879–1969) gestürzt, gegen den Kurt von Schleicher (1882–1934) intrigierte, ein der SPD nahestehender Militär.

Höchst wichtig war mit einem Mal das Amt des Reichspräsidenten, der in chaotischen Zeiten, per Verfassung garantiert, besondere Vollmachten besaß. Reichspräsident Hindenburg gedachte, seine Karten auszuspielen. Hindenburg kippte zunächst den „Hungerkanzler" Brüning, wie man ihn nannte, und gab dem ehemaligen Kavallerieoffizier

Franz von Papen die Zügel in die Hand, einem Aristokraten und Monarchisten im Herzen. Aber der findige und wendige Franz von Papen wurde wenig später selbst ausgebootet, und zwar von General Schleicher. Am 3. Dezember 1932 ließ Hindenburg von Papen fallen wie eine heiße Kartoffel, weil er glaubte, General Schleicher besitze in dieser brenzligen Situation das bessere Format.

Franz von Papen, der so kaltblütig ausgespielt worden war, schäumte. Rachsüchtig schloss er sich hinter Hindenburgs und Schleichers Rücken mit Hitler kurz.

„Am 4. Januar 1933 kam es ... zu einer Unterredung, als deren Ergebnis Papen den Reichspräsidenten die Bereitschaft Hitlers wissen ließ, sich an der Bildung einer Koalitionsregierung zu beteiligen. Hitler war aufgrund der alarmierenden Entwicklung seiner Partei zu einer biegsameren und entgegenkommenderen Taktik bereit. In den Januarwochen fungierte Papen in Berlin als Mittelsmann zwischen Hindenburg und Hitler ... Schließlich war Schleichers Stellung nicht mehr zu halten. Hindenburg versagte ihm die Vollmachten. Am 28. Januar 1933 trat Schleicher zurück. Am 30. Januar ernannte Hindenburg Hitler zum Kanzler."[5]

Hitler befand sich an der Macht.

Die erbittertste Schlacht, die je in Deutschland um die Freiheit geschlagen worden war, war verloren.

4. WIE ADOLF HITLER UND DIE GRÖSSTE KATASTROPHE DES 20. JAHRHUNDERTS HÄTTEN VERMIEDEN WERDEN KÖNNEN

Gönnen wir uns eine Atempause und stellen uns die vielleicht wichtigste aller historischen Fragen: Wie hätte Adolf Hitler vermieden werden können?

Historiker sind sich heutzutage im Allgemeinen einig, dass die größte Katastrophe des 20. Jahrhunderts der Zweite Weltkrieg war, der immerhin mit rund sechzig Millionen Toten zu Buche schlägt. Es gibt einen einzigen Mann, der dafür in letzter Konsequenz verantwortlich ist: Adolf Hitler.

Aber Hitler wütete auch im Innern Deutschlands unbeschreiblich, wir werden auf die Untaten im nächsten Kapitel zu sprechen kommen.

Doch wie konnte diese Ungestalt überhaupt an die Macht kommen?

Buchstäblich Tausende, ja Zehntausende von Büchern erschienen später, von denen sich fast alle implizit, einige explizit mit der spannenden Frage auseinandersetzten, wie diese unsägliche Figur, wie Adolf Hitler, wie der „Führer" und die Machtergreifung im Jahre 1933 hätten vermieden werden können. Einige Autoren versuchten, die Geschichte sozusagen zurückzudrehen; sie blickten voller Entsetzen, Angst und Unverständnis auf diese Zeit zwischen 1933 und 1945 und stellten wie ein Kind die Frage aller Fragen: Wie konnte das passieren?

Sie suchten nach Verantwortlichen.

Die Antworten fielen unterschiedlich aus, waren jedoch nie befriedigend und erschöpfend. Der vielleicht beste Hitler-Biograf Joachim Fest suchte die schwarze Seele Adolf Hitlers bis in die tiefsten Tiefen auszuloten, er suchte die Antwort in der Person des „Führers" selbst. Andere Autoren begaben sich ebenfalls auf die Suche und listeten weitere Gründe auf, aber sie gewichteten sie nie!

Es wurden nie Regeln oder Richtlinien aufgestellt, die sicherstellen, dass wir nie wieder in eine gleiche oder ähnliche Situation kommen. Was noch immer fehlt, sind sozusagen in Stein und Eisen gehauene Erkenntnisse, die festhalten, wie auch künftige „Adolf Hitlers" rechtzeitig entdeckt und vermieden werden können.

Machen wir uns an die Arbeit.

WAS EIGENTLICH GESCHAH

Wir müssen die Geschichte notgedrungen noch einmal aufrollen und uns teilweise wiederholen, doch bemühen wir uns jetzt wie gesagt um konkrete Richtlinien, die wir bislang absichtlich hintangestellt haben. Fassen wir vorderhand noch einmal in gebotener Kürze zusammen, was damals passierte.

Damals überschlugen sich die Zeitläufe förmlich, die Ereignisse lösten einander in ungeheurer Geschwindigkeit ab. Passiert war Folgendes: Deutschland (und Österreich und so weiter) hatte den Ersten Weltkrieg (1914–1918) verloren. Die Verlierer wurden von den Siegermächten beschuldigt, den Krieg vom Zaun gebrochen zu haben, ihnen wurde der Schwarze Peter zugeschoben, wir haben bereits davon gehört. Der deutsche Kaiser Wilhelm war geflohen, ja geradezu desertiert. Damit war die alte politische Ordnung zusammengebrochen. Das Land befand sich in vollständiger Konfusion, die Umstände waren chaotisch. Die Finanzen waren zerrüttet, die Wirtschaft lag am Boden.

Das durch die Flucht des deutschen Kaisers entstandene Machtvakuum wurde von neuen Meinungsführern gefüllt:

1. den (marxistisch-sozialistisch orientierten) Arbeiterführern,

2. den (royalistisch gepolten, militärliebenden) Offizieren,

3. den (nationalistisch gesinnten) Politikern und Krawallmachern und
4. den (demokratischen denkenden) Politikern.

Drei destruktive Elemente contra ein positives Element!

Deutschland stand, was die eigene politische Philosophie anging, zwischen allen Fronten: Würde es eine Beute radikaler Demagogen werden oder der Demokratie zuneigen, wie sie in England, Frankreich und den USA praktiziert wurde?

Gleichzeitig war der Druck von außen ungeheuer: Die Siegermächte wollten Deutschland militärisch und wirtschaftlich für alle Zeiten in den Staub treten. Wie sollte es weitergehen? Konnte man Deutschland wieder stabilisieren und aus dem Tief herausführen?

Zunächst setzten sich die konstruktiven Kräfte durch: Am 19. Januar 1919 fand die erste demokratische Wahl auf deutschem Boden statt. Die gemäßigten Sozialisten (die Vorläufer der heutigen SPD), das Zentrum (ein Vorläufer der CDU) und liberale Kräfte gewannen, vereinigten sich und traten die Regierung an. Macht wurde neu definiert. Es gab ein Parlament oder eine Volksvertretung, das die Nation vertrat. Auch die Interessen der einzelnen deutschen Länder (Bayern, Hessen, Sachsen usw.) blieben gewahrt, sie waren in einem „Staatenhaus" vertreten, einem Vorläufer des heutigen Bundesrates.

Als sich das deutsche Österreich jedoch dem neuen Deutschland anschließen wollte – die alte österreichisch-ungarische Monarchie war zerbrochen –, stellten sich die Siegermächte (die dominiert wurden von den USA, England und Frankreich) gegen diesen Schritt. Diese Ablehnung, Österreich mit Deutschland zu vereinigen, rief in der Bevölkerung Zorn und Protest hervor.

Es gilt der Satz:

Wenn das Selbstbestimmungsrecht eines Volkes ignoriert wird, schafft das politischen Sprengstoff.

Überall keimten Unruhen auf: in Berlin, Thüringen, Sachsen und Bayern etwa, auch weil die kommunistische Gefahr noch nicht gebannt war. Die sich formierende Reichswehr, angeführt von monarchistisch gesinnten Offizieren, schlug sich nur widerwillig auf die Seite des neuen deutschen Staates und seiner demokratisch gewählten Vertreter.

All diese innenpolitischen Schwierigkeiten wurden jedoch von der Enttäuschung und dem Hass überschattet, der in Deutschland durch die Pariser Friedenskonferenz und den sich anschließenden Versailler Vertrag im Jahre 1919 aufkam.

Kurz gesagt beschieden die Siegermächte dies: Ehemalige Gebiete Deutschlands wurden an Polen, die Tschechoslowakei, Frankreich, Jugoslawien und an Dänemark abgetreten. Andere Gebiete wurden unter das Protektorat der Siegermächte gestellt. Insgesamt verlor Deutschland ein Siebtel seines ehemaligen Gebietes und ein Zehntel seiner Bevölkerung. Vielfach wurde das Selbstbestimmungsrecht erneut verletzt.

Zudem wurde Deutschland in wirtschaftlicher Hinsicht kastriert: Fast die gesamte deutsche Handelsflotte musste ausgeliefert werden. Die überseeischen Besitzungen Deutschlands gingen verloren. Und deutsche Kapitalanlagen im Ausland wurden konfisziert.

Darüber hinaus mussten Reparationszahlungen in schwindelerregender Höhe geleistet werden, zu denen Barzahlungen gehörten (deren Höhe immer wieder revidiert wurde), „Zahlungen" in Form von Sachgütern wie Kohle, Farbstoffen und pharmazeutischen Produkten sowie von Vieh, Kunstwerken, Eisenbahnmaterial, Lastkraftwagen oder Kabel. Es gab Besatzungskosten, Kosten für die Siegerkommissionen, Kosten für die industrielle Abrüstung, Kosten für die neuen Grenzregulierungen, Verwaltungskosten und andere Kosten mehr, die alle dem neuen deutschen Reich aufgebürdet wurden.

Weiter wurde Deutschland entwaffnet: Die Wehrpflicht und der Generalstab wurden abgeschafft, das Heer und die Marine auf ein Minimum an Soldaten reduziert. Die Munitionierung wurde beschränkt. Bestimmte Waffen (Panzer, Luft- und U-Boot-Waffen) wurden gänzlich untersagt, Befestigungen geschliffen. Und es wurde der Großteil der deutschen Hochseeflotte versenkt.

Nie war Deutschland so gedemütigt worden, nie zuvor hatte man seinen Stolz so verletzt.

Im Artikel 231 des Versailler Vertrags wurde Deutschland und seinen Verbündeten überdies die gesamte Schuld für den Ersten Weltkrieg aufgebürdet, wir haben es bereits berichtet.

Empörung flackerte an allen Orten auf. Der Versailler Friedensvertrag schuf in Deutschland einen unaussprechlichen Hass auf die Siegermächte. Das Axiom gilt:

Wenn ein Volk in einem „Frieden" zu sehr gedemütigt und sein Stolz verletzt wird, wird es eines Tages zurückschlagen wollen.

Der Versailler Friedensvertrag wurde denn auch von allen Parteien in Deutschland gleichermaßen abgelehnt, aber es gab keine Alternative. Zähneknirschend setzten die deutschen Vertreter schließlich ihre Unterschrift unter den Vertrag.

Dann wandte man sich erneut den drängenden innenpolitischen Problemen zu. Die traditionsreiche Stadt Weimar, in der die Freiheitsidee durch Friedrich Schiller so überzeugend ausgedrückt worden war, diente als Tagungsort der neuen Nationalversammlung. Außerdem war Weimar in militärischer Hinsicht leicht zu verteidigen. Eine Reichsverfassung erblickte das Licht der Welt, wobei dem Reichspräsidenten besondere Macht zugestanden wurde. Die Weimarer Republik entstand, wir haben auch darüber bereits darüber berichtet.

Aber wie war die Stimmung im Innern?

Hoffnungslosigkeit, Niedergeschlagenheit, Trauer, Hass, Zorn, Wut und Protest machten sich breit. Vielerorts sträubte man sich einzugestehen, dass man den Ersten Weltkrieg tatsächlich verloren hatte. Zwei hochrangige Militärs, Ludendorff und Hindenburg, ließen sich sogar dazu hinreißen, in aller Öffentlichkeit zu behaupten, die deutsche Armee sei „von hinten erdolcht" worden. Mit anderen Worten: Deutsche Militärs behaupteten, die deutsche Armee sei nicht im Felde besiegt worden, sondern hätte nur infolge Verrats aufgegeben – was natürlich hanebüchener Unsinn war. Aber es entstand die sogenannte Dolchstoßlegende, die im Nachhinein die Ehre Deutschlands retten sollte. Offenbar war es am Ende des Krieges nicht mit rechten Dingen zugegangen. War die deutsche Armee nicht unbesiegbar?

Die öffentliche Meinung schlug um, die radikalen Parteien erhielten Zulauf.

Da die Reparationsforderungen barbarisch waren, mussten die Steuern erhöht werden. Gleichzeitig begann die Inflation ihr hässliches Gesicht zu zeigen.

Für all das wurden in dieser neuen Weimarer Republik die demokratischen Politiker verantwortlich gemacht.

Gleichzeitig waren die Straßen nicht sicher. Die Führung der Reichswehr ging wohl gegen kommunistische Umtriebe vor, weigerte sich aber, auch gegen rechte Gruppierungen einzuschreiten.

Bei den Reichtagswahlen am 6. Juni 1920 gewannen die Extremisten auf beiden Seiten Sitze, während der Vorsprung der gemäßigten Parteien zusammenschmolz. Ständig hielt man im Reichstag verzweifelt nach Koalitionspartnern Ausschau, aber die Mehrheiten wechselten in den folgenden Jahren ständig. Es wurde zu oft gewählt, die Karten wurden immer neu gemischt, Ruhe und Stabilität konnten nicht einkehren.

Die Regierung war aufgrund der sich ständig verändernden Mehrheiten mehr als einmal handlungsunfähig. Während der gesamten Weimarer Republik (1918–1932) sah Deutschland 14 verschiedene Kanzler!

Der Lehrsatz gilt:

Wenn die Leitung eines Staates in zu kurzen Abständen kontinuierlich wechselt, kann keine Stabilität eintreten und Chaos ist die Folge.

Folgesatz: Radikale Kräfte werden alles tun, um das Chaos zu schüren, denn darin besteht ihre einzige Chance, die Macht zu ergreifen.

Folgesatz: Wenn echte Demokraten in einer chaotischen Situation nicht zusammenstehen, riskieren sie die Demokratie.

Folgesatz: Es ist ein Fehler, politisch-radikalen Kräften Freiheiten zuzugestehen, denn sie werden eben diese Freiheiten nur dazu missbrauchen, die Demokratie (und damit die Freiheit selbst) auszuhebeln.

Erneut wurde nun die Reparationsfrage aufgegriffen. Die Gesamtforderungen beliefen sich anfänglich auf die ungeheuere Summe von 132 Millionen Goldmark. Die Franzosen beanspruchten 52 Prozent dieser Summe, die Engländer 22 Prozent, die Italiener 10 Prozent, die Belgier 8 Prozent. Als Deutschland sich zu wehren versuchte, besetzte man als Sanktionsmaßnahme unter anderem Duisburg und Düsseldorf, der Ruhrkampf kündigte sich an, wir haben auch darüber bereits informiert.

Unsummen flossen von Deutschland nach Frankreich.

Obwohl die Weimarer Republik erste bescheidene außenpolitische Erfolge verbuchen konnte, flackerte das Licht der Hoffnung nur kurz auf. Es wurde ausgelöscht von einigen spektakulären Morden (an den gemäßigten Politikern Rathenau und Erzberger). In Bayern ließ man sogar zu, dass militärähnliche, nicht vom Staat finanzierte Verbände frei schalten und walten konnten, wie beispielsweise Banden der Nationalsozialistischen Deutschen Arbeiterpartei. Der Antisemitismus griff immer weiter um sich, man suchte einen Sündenbock für die Misere. Auch die Angriffe von links ebbten nicht ab. Das Chaos nahm schließlich bedrohliche Ausmaße an.

Erweitern wir unseren letzten Folgesatz und kreieren wir ein wichtiges Axiom, eine weitere historische Gesetzmäßigkeit:

Wenn demokratiefeindlichen Gruppierungen die Vorteile der Demokratie gewährt werden, riskiert man die Demokratie.

Der sogenannte Ruhrkampf warf ein neues Problem auf. Obwohl im Jahre 1922 1,478 Milliarden Goldmark an Reparationsleistungen geflossen waren, wies die französische Regierung darauf hin, dass Deutschland mit 24 Millionen Goldmark im Rückstand war. (Es waren nicht genug Holz für Telegraphenstangen und nicht genug Kohle geliefert worden.) Das diente Frankreich als Vorwand, das Ruhrgebiet zu besetzen, um sich schadlos zu halten. Ganz Deutschland schrie empört auf. Die Reparationszahlungen wurden eingestellt, die Bevölkerung im Ruhrgebiet leistete passiven Widerstand und legte die Arbeit nieder. Das Reich finanzierte nun die arbeitslos gewordenen Arbeiter im Ruhrgebiet, wodurch die Mark ins Bodenlose sank. Der Wert des Dollars war im Januar 1923 1 800 Mark wert, im Dezember 1923 4,2 Billionen!

Millionen von kleinen Sparern verloren ihr Geld, die Inflation galoppierte davon und einige widerliche Spekulanten füllten sich den Geldbeutel. Aber man gab nicht auf, im Gegenteil! Um die Franzosen in die Knie zu zwingen, ging man in Deutschland zu aktiven Sabotagemaßnahmen über. Schiffe wurden versenkt und Schienen gesprengt, damit Kohle nicht nach Frankreich transportiert werden konnte. Die französische Besatzung schlug mit Terrormaßnahmen gegen die deutsche Bevölkerung zurück, richtete Menschen hin und verhängte hohe Zuchthausstrafen. In einigen Gebieten finanzierten die Franzosen sogar heimlich Aufstände, um eben diese Gebiete vom deutschen Reich abzulösen; im Rheinland und in der Pfalz wurde geputscht.

Das Resultat? Wir haben es bereits gehört: Deutschland hatte den Krieg verloren und war am Ende seiner Kräfte. Der Ruhrkampf musste abgebrochen werden.

Gleichzeitig wurden die Währungsprobleme immer dringlicher. Die Rentenmark wurde geboren. Eine Rentenmark konnte schließlich für tausend Milliarden Papiermark eingetauscht werden. Erst jetzt wandte sich die deutsche Regierung an die Briten und die Amerikaner mit der Bitte, der Gier der Franzosen Einhalt zu gebieten. Man wollte keinen weiteren Gebietsverlust riskieren.

Und während all dieser Maßnahmen agitierten die Ultralinken in Sachsen, Thüringen und Hamburg und die Ultrarechten in Bayern nahezu ungehindert und unbeschwert weiter.

Ein Mann namens Adolf Hitler machte in Bayern von sich reden. Seine Nationalsozialistische Deutsche Arbeiterpartei (NSDAP) bediente sich sogar einer eigenen Sturmabteilung (SA), einer militärähnlichen Organisation, um das Land richtig aufzumischen. Hitler predigte den Hass gegen die Juden, verlangte den Anschluss Österreichs, den Wiedererwerb deutscher Kolonien rund um den Globus und eine Gewinnbeteiligung der Arbeiter an den Großbetrieben. Vor allem aber machte er gegen die „Zinsknechtschaft" des Versailler Vertrags mobil. Gleichzeitig kochte er die Dolchstoßlegende regelmäßig auf und wetterte gegen die Weimarer Republik, was das Zeug hielt. Als er im Jahre 1923 die Macht an sich zu reißen versuchte, wurde der Putsch zwar niedergeschlagen und Hitler landete im Gefängnis, aber der Vorgang zeigte einmal mehr, wie labil das neue Staatsgebilde war.

Auf der anderen Seite suchte Gustav Stresemann, abwechselnd Reichskanzler und Außenminister, zu retten, was zu retten war. Er schloss Frieden mit den Russen, wirkte auf eine Entspannung des deutsch-französischen Verhältnisses hin, intensivierte den Dialog mit den Engländern, Italienern und Belgiern, erhielt Kredite von den Amerikanern, griff die Frage der Reparationen wieder auf und schaffte bessere Bedingungen. Außerdem setzte er eine stufenweise Räumung der besetzten Gebiete durch und die Aufnahme Deutschlands in den Völkerbund. Aber selbst ein deutsch-russischer Freundschaftsvertrag und der Verzicht auf die Kontrolle der deutschen Abrüstung durch die Siegermächte konnten nicht über die instabilen innenpolitischen Verhältnisse hinwegtäuschen. Steuern wurden erhöht, radikal Personal in der Verwaltung abgebaut und die Arbeitszeiten verlängert. Die Inflation nahm wieder an Fahrt auf und schürte den Hass, die Wut und den Zorn auf diese Weimarer Republik. Denn viele Bürgerliche versanken im Proletariertum und in der Armut.

Wir lernen:

Das Wichtigste, was Bürger von einem Staat erwarten, sind wirtschaftliche Erfolge, an denen alle teilhaben können.

Um sich greifende Armut wird in den Augen der Regierten als Nicht-erfolg gewertet, sich mehrender Wohlstand dagegen als Erfolg.
Bleibt der wirtschaftliche Erfolg aus, wird eine Regierung abgewählt.
So verwundert es nicht, dass die Radikalisierung zunahm. Kommunisten und Nazis erhielten weiter Zulauf. Von Nachteil war auch die Wahl Paul von Hindenburgs zum Reichspräsidenten. Denn er war ein lupen-reiner Militarist, der als „Ersatzkaiser" zwar die Reichswehr auf die eigene Person einschwören konnte, selbst aber nicht hinter der Weimarer Republik stand und eine echte demokratische Gesinnung missen ließ. Er spielte später eine erbärmliche Rolle bei Hitlers Machtergreifung, wir haben bereits davon gehört.

Es gibt zu viele Beispiele in der Geschichte dafür, dass Militärs in hohen und höchsten politischen Ämtern versagen, als dass man sie ignorieren könnte; Hindenburg ist nur ein Beispiel von Hunderten. Es gilt also folgendes Aktionspostulat:

Militaristen und Militärs dürfen nie mit der Staatsführung betraut werden und nie hohe politische Ämter ausüben, denn sie werden immer in Kategorien denken, die demokratischen Kategorien teilweise oder vollständig entgegengesetzt sind.
Wir können diese Erkenntnis nicht genug betonen.

Auch punktuelle Verbesserungen (wie Steuersenkungen, die Einführung der Arbeitslosenversicherung sowie zeitweilige Erfolge der gemäßigten Parteien bei den Wahlen) konnten nicht darüber hinwegtäuschen, dass die Weimarer Republik, das erste demokratische Experiment auf deutschem Boden, noch immer auf tönernen Füßen stand.

Davon abgesehen machten die Ultrarechten mobil. Einer ihrer Vertreter, Alfred Hugenberg, ein Großindustrieller und nationalistisch gesinnter Parteiführer, kaufte eine Zeitung nach der anderen auf und machte sich im Nachrichtenwesen breit. Er suchte die Verbindung zu Hitler und den Nationalsozialisten und half mit, den Kampf auf die Straße zu tragen. Hitler mit Genossen entwickelten eigene Agitationstechniken (Umzüge, Schlägereien, Verwüstungen, Mord und Hetzreden), mit dem einzigen Ziel, die Weimarer Republik weiter zu diskreditieren. Die Arbeitslosenzahlen schnellten nach ein paar Jahren verzweifelter Politik dramatisch nach oben (1928 – 1,86 Millionen, 1929 – 2,85 Millionen, 1930 – 3,22 Millionen,

1931 – 4,89 Millionen, 1932 – 6,04 Millionen, 1933 – 6,01 Millionen Arbeitslose). Das vervielfachte das Elend und brachte die Demokratie weiter in Verruf.

Als sich überdies noch die Weltwirtschaftskrise ankündigte, erreichte die Not ihren Höhepunkt.

In der politischen Arena brach Panik aus. Die Ereignisse lösten einander in ungeheurer Geschwindigkeit ab, das Polit-Karussell drehte sich immer schneller.

Nazis, aber auch Kommunisten agitierten immer ungehemmter auf den Straßen und machten gegen alles mobil, was die Weimarer Republik verkörperte – die Reparationszahlungen, wirtschaftliche Schwierigkeiten, die Schutzzollpolitik des Auslandes, die den deutschen Export vor Probleme stellte, den Mangel an Liquidität und Finanzen und einiges mehr. Alles, was nicht oder nur zögernd funktionierte, wurde marktschreierisch der demokratischen Regierung angelastet. Gleichzeitig schalteten sich die gemäßigten Parteien selbst aus, da ihre äußersten Flügel notwendige Kompromisse verhinderten.

Eine Minderheitsregierung unter dem Zentrumspolitiker Heinrich Brüning kam schließlich ans Ruder. Brüning verordnete dem angeschlagenen Staat eine rigorose Sparpolitik und erhöhte gleichzeitig die Steuern – eine tödliche Mischung. Zum Schluss konnte er nur noch mithilfe von Notverordnungen und der Duldung durch den Reichspräsidenten Hindenburg regieren. Wir haben auf Brünings Fehler bereits aufmerksam gemacht.

Da sich die SPD nicht mit dem Zentrum (sprich Brüning) einigen konnte und sich die Ultrarechten (die Nazis und andere nationalistische Parteien) und die Ultralinken (die Kommunisten) nur im Boykott gefielen und jede konstruktive Mitarbeit verweigerten, war die Hölle los. Der Versuch, ein rechtslastiges Bündnis zu schmieden, scheiterte zunächst ebenso wie der Versuch, Zentrum und SPD miteinander auszusöhnen.

Die Nazis nutzten das Chaos und weiteten ihre Propagandatätigkeit aus – genau wie die Kommunisten. Regelmäßig fanden Straßenschlachten statt, die Luft roch nach Revolution. In den eilig angesetzten Neuwahlen im Jahre 1930 gewannen die Nazis erstmals 107 Sitze im Reichstag, während die Anzahl der Sitze der gemäßigten Parteien schrumpfte.

Außerdem brach jetzt die Weltwirtschaftskrise, die in den USA ausgelöst worden war und die wir bereits besprochen haben, über Deutschland herein. Das englische Pfund wurde abgewertet, die Österreichische Kreditanstalt brach zusammen und viele Firmen machten dicht. Eine Bank nach der anderen schloss in Deutschland ihre Schalter. Die Arbeitslosigkeit erreichte ihren Gipfel. Löhne und Gehälter wurden gekürzt. Die letzte Anstrengung Brünings, zumindest eine Zollunion mit Österreich zustande zu bringen, scheiterte. Das war erneut Wasser auf die Mühlen der Nazis. Zwar wurde Hindenburg wieder zum Reichspräsidenten (gegen Hitler) gewählt, aber er ließ Brüning aus heiterem Himmel fallen wie eine heiße Kartoffel.

Als Nachfolger wurde 1932 Franz von Papen eingesetzt, ein Kavallerieoffizier und heimlicher Monarchist, der ein paar Aristokraten um sich scharte und sie auf die Ministersessel hievte. Papen und Hindenburg hofften, Hitler in eine Rechtsregierung einspannen und den „Wilddieb zum Förster" machen zu können. Neuwahlen am 31. Juli 1932 brachten jedoch einen rauschenden Sieg für die Nazis (230 Sitze statt 107). Hitler lehnte ab, er wollte alles oder nichts. Gleichzeitig überzog er Deutschland mit einem unvorstellbaren politischen Terror. Überfälle und Mordanschläge waren jetzt an der Regel. Hitler wendete sich gegen Papen, der schließlich nicht mehr ein noch aus wusste. Zu allem Überfluss wurde der Nazi Göring zum Präsidenten des neuen Reichstags gekürt. Er stellte umgehend den Antrag, Papens Notverordnungen zu kippen. Der Anschlag gelang.

Eilig wurden schon wieder Neuwahlen anberaumt. Sie bestätigten jedoch nur den Vorsprung der Nationalsozialisten, die nur wenige Sitze verloren. Es schien nicht mehr möglich, ohne die Nazis zu regieren.

Alle blickten nun auf Hindenburg, den Fels in der Brandung, den Ersatzkaiser, das letzte Bollwerk, der als Einziger noch über die notwendigen Machtbefugnisse verfügte, um Hitler zu verhindern. Hindenburg ließ Papen und den mächtigen Reichswehrminister Kurt von Schleicher antanzen, um sich mit ihnen zu beraten. Beide hatten unterschiedliche Vorstellungen, wie man der Krise Herr werden könne, beide trauten sich wechselseitig nicht über den Weg. Hindenburg entschied sich für Papen. Als jedoch abermals Unruhen aufflackerten und der Bürgerkrieg fast vor der Tür stand, ließ Hindenburg Papen über die Klinge springen und kürte eiligst Schleicher zum Kanzler.

Die Arbeitslosigkeit stieg erneut, außenpolitische Erfolge, von anderen, früheren Kanzlern eingeleitet, wurden nicht mehr wahrgenommen.

Inzwischen nahm der von Schleicher ausgeschaltete Papen heimlich Kontakt zu Hitler auf. Papen hinterbrachte Hindenburg auf einem silbernen Tablett die scheinbare Lösung des Problems: Hitler, so erklärte er, habe sich einverstanden erklärt, in einer Rechtsregierung Verantwortung zu übernehmen. Nun könne man die Nazis zähmen, indem man ihnen Regierungsverantwortung aufbürde.

Derweil wurde Oskar von Hindenburg, der Sohn des Reichspräsidenten, eifrig von Hitler beschwatzt. Hitler versicherte, er strebe als Kanzler nicht die Alleinherrschaft an. Die Katze versicherte der Maus, sie werde sie nicht fressen! Oskar von Hindenburg seinerseits beschwatzte darauf seinen Vater Paul von Hindenburg. Schleicher trat zurück.

Am 30. Januar 1933 ernannte der Reichspräsident Paul von Hindenburg Adolf Hitler zum Reichskanzler.

ERSTE AUSWERTUNGEN

Unsere erste Ausbeute ist nicht gering: Im Gegensatz zur „normalen Geschichtsschreibung" konnten wir immerhin sechs Richtlinien etablieren, deren Anwendung Hitlers Machtergreifung ohne Frage verhindert hätten.

Generell sollte man nach jeder politischen Krise genaue Richtlinien aufstellen, die in Zukunft gleiche oder ähnliche Situationen verhindern.

Mit anderen Worten: Historiker, Politikwissenschaftler und Politiker sind gefragt! Geht man auf diese Weise vor, verfügt man über ein immenses politisches Know-how! Man kreiert eine neue Wissenschaft, eine echte Politologie, die in der Praxis angewendet werden kann.

Dennoch stellt diese Art von Geschichtsschreibung nur einen Teil der Antwort dar. Was fehlt? Es gilt noch, präzise aufzuzeigen, *wer* die tatsächlich Verantwortlichen für den Fall der Weimarer Republik waren. Wir werden sogleich darauf zu sprechen kommen, aber zunächst noch einmal einen Schritt zurück.

Übliche Historiografie begnügt sich damit, die Gründe für Hitlers Machtergreifung einfach aufzulisten; das liest sich dann folgendermaßen:

Die Gründe für die Machtergreifung durch die Nazis:
- der Nicht-Anschluss Deutsch-Österreichs an Deutschland;

- das Versailler Friedensdiktat mit seinen überzogenen Forderungen und die einseitige Beantwortung der Kriegsschuldfrage;

- die Dolchstoßlegende;

- die Existenz der extremistischen Parteien, vor allem der Kommunisten und der Nazis;

- das Unvermögen von SPD und „CDU", sich zu einigen;

- das Misstrauen der Militärs gegen die Weimarer Republik;

- weltanschauliche Krisen, die Krisen der Kirchen;

- die allgemeine Faschismus-Bewegung;

- die Inflation und unstabile Währungen;

- wirtschaftliche Misserfolge;

- die Vernichtung des Geldvermögens der kleinen Leute;

- die Arbeitslosigkeit;

- die Weltwirtschaftskrise;

- die geringe Demokratie-Erfahrung der Deutschen;

- zu viele Kanzler in zu kurzer Zeit;

- die Unsicherheit auf den Straßen, Unruhe, Chaos;

- die Sparpolitik und die Erhöhung der Steuern.

Erkennen Sie, was passiert? Dadurch, dass Aussagen nicht gewichtet werden und keine konkreten Verantwortlichkeiten definiert werden, ist zum Schluss niemand verantwortlich. Geschichte sinkt herab zu weinerlichen Kommentaren, die nun so lauten:
„Die Zeit war dafür reif!" oder
„Die Zeitumstände liefen auf Hitler zu."
Die Folge? Man legt die Hände in den Schoß!
Das aber bedeutet: Die Schüler an unseren Schulen und die Studenten in unseren Universitäten können keine künftigen „Adolf Hitlers" verhindern.
Wenn man jedoch eine „axiomatische Geschichtswissenschaft", wie man das nennen könnte, betreibt und Axiome, Richtlinien, Prinzipien oder Regeln aufstellt, ließe sich dieser Unverantwortlichkeit entgegenwirken. Man könnte wache, aufmerksame Menschen heranziehen, die schon bei den ersten negativen Anzeichen aufschreien und sich intelligent wehren könnten. Mit anderen Worten: Man könnte die Gegenwart verändern und die Zukunft positiv beeinflussen.
Machen wir die Probe aufs Exempel.

DIE FRAGE NACH DEN WIRKLICH VERANTWORTLICHEN

Will man eine „axiomatische Geschichtswissenschaft" begründen und betreiben, muss man bedingungslos die Frage nach den Verantwortlichen stellen.
Man muss wissen, dass die wahren Verantwortlichen manchmal gut sichtbar sind, manchmal aber auch gut verborgen im Hintergrund die Strippen ziehen, nicht anders als bei vielen tagespolitischen Ereignissen heute.

Experimentieren wir also und fragen nach den *wirklich* Verantwortlichen für die Machtergreifung durch die Nazis!

I. DER HAUPTVERANTWORTLICHE

Der Drahtzieher Nr. 1 war natürlich Adolf Hitler selbst.

Wenn man künftige „Adolf Hitlers" verhindern will, muss man die Techniken kennen, derer er sich bediente, und die typischen Charakteristiken geradezu auswendig kennen, durch die sich solche Figuren auszeichnen. Es nutzt nichts, darauf hinzuweisen, dass Hitler der Sohn eines österreichischen Zollbeamten und ein gescheiterter Maler war, beinahe Schicklgruber geheißen hätte und ein Zuhälter-Schnurrbärtchen trug. Beschimpfungen führen nicht weiter.

Aber kennt man die 14 Charakteristiken der destruktiven Persönlichkeit im politischen Raum, kann man solche Figuren im Vorfeld sehr schnell entlarven und ihnen die Maske vom Gesicht reißen.

Wir werden in einem Folgekapitel diese 14 Charakteristiken vorstellen. Hier halten wir fest, dass natürlich in erster Linie Hitler für den Niedergang der Weimarer Republik verantwortlich zu machen ist.

Er versetzte ihr den Dolchstoß.

II. DIE NAZI-VERBRECHERBANDE

An zweiter Stelle trägt der innere Zirkel von Hitlers Gefolgsleuten die Verantwortung für die Machtergreifung durch die Nazis.

Ohne Anspruch auf Vollständigkeit zu erheben, seien hier nur Goebbels, Göring, Hess, Röhm, Himmler und Frick genannt, aber natürlich gab es eine ganze Clique von Nazi-Gangstern, die zum inneren Kreis dieser verbrecherischeren Bande zählten.

Wenn Hitler zu 30 Prozent verantwortlich zu machen ist, so waren seine unmittelbaren Schergen und Helfershelfer sicherlich zu wenigstens 20 Prozent verantwortlich. Sie arbeiteten aktiv am Untergang der Republik mit.

III. PAUL VON HINDENBURG

Wenn man die Geschichte der Weimarer Republik wieder und wieder liest, muss man auch notgedrungen dem Generalfeldmarschall und Reichspräsidenten Paul von Hindenburg eine gehörige Portion „Schuld" in die Schuhe schieben. Er war die letzte Bastion der Freiheit und der letzte Verantwortliche, der Hitler hätte verhindern können. Zugegeben, auch Papen und Schleicher intrigierten und auch sie trifft Schuld. Aber Hindenburg war der „Ersatzkaiser" und hätte den Ereignissen durchaus eine andere Wendung geben können.

Auf unserer Suche nach Verantwortlichen halten wir Hindenburg wenigstens zu 10 Prozent für verantwortlich.

Graben wir also etwas tiefer.

Der quadratschädelige Paul von Hindenburg war durch und durch ein Militär. Er nahm bereits 1870/71 am Deutsch-Französischen Krieg teil und hielt bei dem aufgebahrten Leichnam Kaisers Wilhelm I. die Totenwache. Unaufhaltsam fiel er die militärische Karriereleiter hinauf. Als er 1914 bei Tannenberg (im heutigen Polen gelegen) gegen die Russen siegte, wurde er zur Legende hochstilisiert.

Aber er war mit von der Partie, als die fatale Dolchstoßlegende verbreitet wurde, die den Nazis so gute Dienste leistete, er verteidigte nie wirklich die Demokratie und er servierte Brüning eiskalt ab, den letzten anständigen Kanzler.

Außerdem war Hindenburg wahrscheinlich erpressbar. Holen wir ein wenig aus, es ist so spannend wie ein Krimi:

Hindenburg hatte vom Reich Gelder erhalten, um sein Gut in Ostpommern zu sanieren. Historiker vermuten, dass er bei der Zuteilung dieser öffentlichen Gelder ungerechtfertigt begünstigt wurde. Am 19. Januar 1933 hielt ein Abgeordneter des Zentrums jedenfalls folgende Rede, die möglicherweise auf Hindenburg zielte:

„… wenn die vom Reich gegebenen Gelder [für Güter wie jenes, das Hindenburg besaß] nicht zur Abdeckung von Schulden, sondern zum Ankauf von Luxusautos und Rennpferden und zu Reisen an die Riviera verwendet werden, dann muss das Reich die Rückzahlung der Gelder [auch von Hindenburg] verlangen …"[6] Historiker schließen nicht aus, dass Hitler mehr über diesen Vorgang wusste und sein Wissen im letzten Augenblick, als es um alles oder nichts ging, als Druckmittel einsetzte. Hätte sich der Skandal um die Zuteilung öffentlicher Gelder ausgeweitet, wäre das Hindenburgs Ende gewesen. Zumindest hätte es seine Stellung erheblich geschwächt und sein Image zerstört. Hitler erpresste Hindenburg also möglicherweise im letzten Augenblick!

Die neutrale Enzyklopädie Wikipedia urteilt so:

„Auch wenn es keine expliziten Beweise für eine Beeinflussbarkeit Hindenburgs bei der Entscheidung für Hitler am 30. Januar 1933 gibt, so sprechen doch die Indizien für diese These … Sicher ist anzunehmen, dass Hitler in seinen Verhandlungen … durch [mögliche] Enthüllungen ein probates Druckmittel hatte, und dieses auch ausnutzte … Insgesamt stellt die Geschichte [dieses Vorgangs] eine interessante Studie zum Verfall von Ethik und Moral … dar."

Sicher ist jedoch folgender Umstand: Als Hitler an der Macht war, bekam Hindenburg weiteres Land übereignet, zudem noch steuerfrei. Das Reich, jetzt von den Nazis regiert, übernahm alle Kosten für den weiteren Ausbau und die Sanierungen von Hindenburgs Gütern!

Dieser zweite Umstand, der unstrittig ist und von niemandem in Abrede gestellt wird, beweist viel, wenn nicht alles.

Hindenburg war ein korrupter Militär, der Deutschland für ein paar lumpige Erdschollen verkaufte.

IV. ANDERE DEUTSCHE KRÄFTE

Urteilen wir gnädig und sprechen Hindenburg (und seinen Kreaturen Papen und Schleicher) wie gesagt nur 10 Prozent Schuld an dem Desaster zu. Das ist ohnehin mehr als genug und mehr, als eine anständige Person verkraften könnte.

Aber wir müssen so fair sein, auch andere Personen und Persönlichkeiten zu erwähnen. Neben den Nazis gab es weitere Kräfte, die eifrig daran mitarbeiteten, dass die Weimarer Republik nicht von der Stelle kam: Hierzu gehören beispielsweise der nationalistisch gesinnte Zeitungsmagnat und Großindustrielle Hugenberg, aber auch der Reichsbankpräsident Hjalmar Schacht sowie weitere Führungspersönlichkeiten aus Industrie, Banken- und Finanzwelt. Hier liegen wenigstens weitere 10 Prozent Verantwortung.

V. AUSLÄNDISCHE KRÄFTE

Man darf auch die destruktiven Kräfte aus dem Ausland nicht verges-sen. Frankreich, erinnern wir uns, arbeitete so hart wie kein anderes Land daran, brutale Reparationsleistungen zu erzwingen. Aber es war nicht ge-nerell Frankreich, es waren konkrete Einzelpersönlichkeiten. Einen beson-ders schlechten Namen machten sich beispielsweise Georges Clémenceau und Raimond Poincaré, beides französische Ministerpräsidenten, die den Hals nie voll genug bekommen konnten, wenn es um deutsche Reparati-onsleistungen ging.

Die Weltwirtschaftskrise, die in den USA ihren Ausgang nahm, ist ein letzter Allgemeinplatz, dem wir den Todesstoß versetzen wollen. Denn auch diese Krise war hausgemacht, auch hierfür gab es konkrete Verant-wortliche, wie für jede Krise.

Offiziell liest sich das Szenarium so: Der industrielle Aufschwung (durch die Massenproduktion von Autos, Kühlschränken, Fotoapparaten usw. bedingt) rief ein Spekulationsfieber hervor. Um Aktien zu kaufen nahmen alle möglichen Leute in den USA Kredite auf, teilweise zu hor-renden Zinssätzen, auch der sogenannte kleine Mann. Jedermann wollte durch Aktien schnell reich werden. Als die *New York Stock Exchange*, die Börse in New York, erste Anzeichen eines Abschwungs zeigte, stießen die professionellen Spekulanten ihre Papiere rasch ab. Der kleine Mann jedoch saß jetzt auf Papieren, die weit weniger wert waren als zuvor, und musste ungeheuer hohe Zinsen zahlen. Panik breitete sich aus. Die Schockwellen des „Schwarzen Donnerstags" (damit wird der 25. Oktober 1929 bezeich-net, als die Aktien im rasanten Sturzflug sanken, wir haben bereits darüber berichtet), erfassten den gesamten Erdball.

Wer war verantwortlich? Großbankiers und Broker, die unerfahrene Anleger zum Kauf von Aktien verführt hatten. Banker verdienten un-anständig hohe Zinsen und machten das Spiel mit, obwohl sie es durch-schauten. Verantwortlich war kurz gesagt eine Mischpoke von geldgeilen Finanzhaien, die allesamt konkrete Namen hatten. Sie hießen unter ande-rem J. P. Morgan, Richard Whitney, Thomas W. Lamont, Otto K. Hahn, Albert H. Wiggin und Charles Mitchell – ausnahmslos international ope-rierende Top-Bankiers!

Auch der US-amerikanische Präsident Herbert C. Hoover war mitverantwortlich, wenn auch vielleicht nur zu 1 Prozent. Als das Kind in den Brunnen gefallen war, legte er nämlich die Hände in den Schoß und sprach mit der Miene eines frommen Predigers von den Selbstheilungskräften des Marktes. Mit anderen Worten: Er unternahm nichts.

Auch hier gab es also konkrete Verursacher und konkrete Verantwortliche. Die einen waren für die Taten verantwortlich, Hoover für die Unterlassung. Weisen wir auch den destruktiven ausländischen Kräften 10 Prozent Verantwortung zu.

VORLÄUFIGES FAZIT

Fassen wir unsere Ergebnisse zunächst in einem kurzen vorläufigen Fazit zusammen, um die Übersicht nicht zu verlieren. Die Machtergreifung durch Hitler wurde möglich durch:

1. Adolf Hitler selbst (30 Prozent),

2. die Nazibanditen, wie beispielsweise Goebbels, Göring, Himmler, Hess, Röhm oder Flick (20 Prozent),

3. Paul von Hindenburg, Reichspräsident, im Verbund mit Papen und Schleicher (10 Prozent),

4. andere deutsche Kräfte, wie den Zeitungsmagnaten und Großindustriellen Hugenberg, Reichsbankpräsident Hjalmar Schacht sowie weitere Industrielle, Finanziers und Bankier (10 Prozent) und

5. andere ausländische Kräfte, wie Georges Clémenceau und Raimond Poincaré, beides französische Ministerpräsidenten, verantwortungslose US- Bankiers sowie Herbert C. Hoover, US-Präsident (10 Prozent).

Natürlich sind die Prozentzahlen nur als Annäherungen an die Wahrheit zu verstehen. In diesem Zusammenhang kommt es uns lediglich auf das Prinzip an. Das Prinzip besteht darin, von wolkigen, luftigen, unver bindlichen, verantwortungslosen Analysen Abstand zu nehmen und auf konkrete Persönlichkeiten zu verweisen, die die Situation ursächlich herbeiführten.

Wenn sich diese Denkart durchsetzte und wir Abstand nehmen könnten von falschen Geschichtstheorien, die in den Behauptungen gipfeln, „die Zeit sei dafür reif gewesen" oder „Massen machen Geschichte", wären wir ein großes Stück weiter.

Wir könnten in einem anderen Ausmaß Zukunft gestalten, wir könnten Fehlentwicklungen frühzeitiger entgegensteuern, wir könnten unendliches Leid vermeiden und unser Schicksal wieder selbstverantwortlich in die Hand nehmen. Wir könnten wahrscheinlich eine neue Blüte herbeiführen und – wenn Sie die pathetische Formulierung erlauben – vielleicht sogar ein Goldenes Zeitalter, wie es die Welt bislang noch nicht gesehen hat.

Aber noch befinden wir uns nicht am Ende unserer Analyse. Der aufmerksame Leser wird festgestellt haben, dass 20 Prozent Verantwortlichkeit noch nicht definiert wurden.

Außerdem wird er die 14 Charakteristiken kennenlernen wollen, die die destruktive Persönlichkeit im politischen Raum auszeichnet.

Um diese beiden letzten Punkte zu klären, müssen wir jedoch zunächst die Taten der Nazis unter die Lupe nehmen. Was tat Hitler konkret, nachdem er die Macht an sich gerissen hatte?

5. DIE DIKTATUR DER NAZIS

Keine andere Zeit war für Deutschland und die Welt so verheerend wie die, als die Nazis in Deutschland die Macht innehatten. Und kein Griffel kann die Gräuel beschreiben, die diese Bande von Polit-Verbrechern beging.

Versuchen wir es trotzdem.

Als Erstes etablierte Hitler die absolute Macht im Staat. Da seine NSDAP, die Nationalsozialistische Deutsche Arbeiterpartei, bei der letzten halbwegs freien Wahl nicht mehr genug Stimmen erhalten hatte, erließ er das sogenannte Ermächtigungsgesetz. Es „ermächtigte" ihn, auch von der Verfassung abweichende Gesetze durchzusetzen – womit immerhin der Schein der Rechtmäßigkeit gewahrt blieb. Indem er die demokratischen Parteien einseifte und mit Versprechungen köderte und gleichzeitig die kommunistischen Mandate einfach strich und unter den Tisch fallen ließ, erhielt er die erforderliche Zwei-Drittel-Mehrheit für dieses Gesetz.

Als Nächstes brachte er in allen deutschen Ländern die Polizei unter die Kontrolle der Nazis. Jetzt wurde diese Gewalt in die Hände von SA-Führern gelegt. Eine Art „politische Polizei" bildete die SS Heinrich Himmlers. Dadurch waren die Länder praktisch ihrer Eigenständigkeit beraubt. Als Hitler überdies das „Gesetz zur Gleichschaltung der Länder" im Reichstag durchpaukte und anstelle der einzelnen Ministerpräsidenten „Reichsstatthalter" einsetzte – natürlich alle aus dem nationalsozialistischen Stall – war der Coup perfekt.

Nun existierte nur noch ein zentralistisches Staatsgebilde, alle Kräfte liefen auf einen einzigen Punkt zu: auf Adolf Hitler, den „Führer".

Um den Eindruck zu erwecken, dieses neue Staatsgebilde knüpfe an eine ruhmreiche Vergangenheit an und sei legitim, nannte Hitler dieses neue Deutschland das Dritte Reich.

Das Erste Reich war angeblich das Heilige Römische Reich Deutscher Nation, das Zweite Reich das Deutsche Kaiserreich mit Preußen an der Spitze, das Hitler-Reich war nun das Dritte Reich.

Im nächsten Schritt wurde ein Einparteienstaat aus der Taufe gehoben, der allein dem „Führer" verpflichtet war. Dem Verbot der KPD folgte ein Verbot der SPD. Die übrigen Parteien lösten sich von selbst auf. Angst und Entsetzen machten sich im politischen Raum breit, denn die Nazis fackelten nicht lange, wenn es die Opposition auszuschalten galt: Ein kleiner Mord galt ihnen nicht viel. SPD-Politiker und Gewerkschaftler wurden in „Schutzhaft" genommen, was im Klartext bedeutete, dass sie in Konzentrationslagern auf Nimmerwiedersehen verschwanden.

Einzig Ernst Röhm, der Chef der SA, stand nun noch „neben" Hitler, jedenfalls hielt er beträchtliche Macht in seinen Händen. Hitler ließ Röhm, ihm ergebene SA-Unterführer und andere politisch missliebige Gestalten einfach beiseite schaffen. Dabei war nur Röhm homosexuell, was den „Führer" vorher nicht sonderlich gestört hatte.

Die Großlüge, die Denunzierung und die Verleumdung gehörten zum Standard-Repertoire destruktiver Persönlichkeiten im politischen Raum; desgleichen der Mord.

Am 2. August 1934 starb Hindenburg, das letzte Symbol der alten Republik. Hitler übernahm sofort das Amt des Reichspräsidenten.

Als „Führer und Reichskanzler" ließ Hitler daraufhin die Reichswehr auf seine Person vereidigen. Die gesamte militärische Macht lag nun in Adolf Hitlers Händen.

Fassen wir kurz zusammen: Hitler schaltete nacheinander aus:

• den Reichstag, durch das „Ermächtigungsgesetz",

• die Polizei,

• die Länderregierungen mit ihren verschiedenen Machtbefugnissen,

- alle Parteien außer der NSDAP,

- Röhm, einen alten Weggefährten, und

- die mögliche Gefahr vonseiten der Reichswehr, indem er das Amt des Reichspräsidenten übernahm.

Noch einfacher: Macht etablierte sich (und etabliert sich bis heute!) durch Politiker in Spitzenpositionen, Parteien, die Polizei, die Geheimpolizei und durch das Militär. Nun befand sich diese geballte Macht in den Händen eines einzigen Großverbrechers, wie ihn die Welt zuvor noch nie gesehen hatte.

DER FÜHRERSTAAT ODER WIE MAN EINEN STAAT VÖLLIG UNTER SEINE KNUTE ZWINGT

Deutschland wurde nun völlig umgemodelt. Die politischen, polizeilichen, geheimdienstlichen und militärischen Voraussetzungen waren geschaffen, jetzt konnte es richtig losgehen:

- Die Jugend wurde umerzogen, indem sie in die Hitlerjugend gedrängt wurde, wo man sie entsprechend indoktrinierte.

- Studenten fanden sich wieder im NS Deutscher Studentenbund (NS = nationalsozialistisch).

- Gewerkschaften unterstellten sich Hitler freiwillig in der Deutschen Arbeitsfront – falls nicht, wurden sie aufgelöst.

- Frauen wurden in der NS-Frauenschaft organisiert.

- Die Presse wurde „gleichgeschaltet" und einer nationalsozialistischen Kontrolle unterstellt.

- Künstler, Schriftsteller und Gelehrte, die aufmuckten, wurden aus dem Land geekelt, also zur Auswanderung gezwungen, oder verschwanden in Konzentrationslagern auf Nimmerwiedersehen. Die Jasager organisierte man in der Reichskulturkammer.

- Wissenschaftler wurden entlassen, wenn sie nicht mit den Nazis konform gingen. Nur wenige Wissenschaftler bekleckerten sich in puncto Widerstand mit Ruhm. Im Allgemeinen trat man jetzt in den NS Deutscher Dozentenbund ein.

- Die Bauern wurden in einer monopolistischen Organisation zusammengefasst.

- Es gab sogar einen Nationalsozialistischen Kraftfahrerkorps.

- Die Städte wurden ihrer freien Selbstverwaltung beraubt, wichtige Posten nur noch von einer Partei vergeben, der NSDAP.

- Die Kirchen suchten sich zunächst zu arrangieren und biederten sich an, nur einige wenige Priester leisteten Widerstand; im Allgemeinen vereinnahmte oder entmachtete man die beiden großen christlichen Konfessionen.

- Die Banken und die Wirtschaft wurden unter die Knute der Nazis gezwungen, aber viele Wirtschaftsführer und Großfinanziers suchten auch liebesdienerisch, geschmeidig und biegsam von allein die Kooperation mit den Nazis, wie etwa die Deutsche Bank, worüber Hans Magnus Enzensberger (nach 1945) so ausführlich berichtete.

Da der Nationalsozialismus anfänglich einige Erfolge in der Bekämpfung der Arbeitslosigkeit aufzuweisen hatte – durch den Bau von Autobahnen, die Steigerung der Produktion in der Landwirtschaft, die Verwertung von Rohstoffen wie Kohle und Eisen und anderes mehr –, blendete das zu Beginn viele. Die Wahrheit war: Im Laufe der Nazi-Herrschaft wurde die Wirtschaft rigoros für den Krieg fit gemacht.

Der nationalsozialistische Staat hatte nun alle Lebensbereiche, alle Berufe und alle Menschen in seiner Hand, die auch nur etwas Einfluss besaßen. Natürlich gab es Widerstand: Vor allem Schriftsteller schrieben sich die Finger wund, aber auch politisch motivierte Gesinnungstäter und Geistliche muckten auf. Es gab studentische Widerstandsgruppen, wie die „Weiße Rose" und die Geschwister Sophie und Hans Scholl, es gab einige Professoren und Studenten, und es gab den Oberst Graf von Stauffenberg, der im Jahre 1944 ein Attentat auf Hitler verübte. Aber alle Widerständler scheiterten.

Insgesamt verurteilten die Nazis während ihrer Herrschaft rund 13.000 Menschen wegen ihrer Opposition gegen das NS-Regime zum Tode.

Im Grunde genommen wurde das gesamte deutsche Volk in dieser Zeit nicht nur physisch kontrolliert, sondern auch mental – das Radio spielte dabei eine besondere Rolle. Das Schreckgespenst der totalen Kontrolle und der vollständigen Diktatur, wie sie nur im Zeitalter der Medien möglich ist, wurde Wirklichkeit. Dazu gehörte auch die ständige, fast hypnotische Wiederholung einer völlig verrückten Rassenidee und einer gefärbten und falschen deutschen Geschichte. Das beweist erneut, wie wichtig es ist, die wahre Geschichte seines Volkes zu kennen.

Auf einen kurzen Nenner gebracht, versuchten die Nationalsozialisten den Deutschen weiszumachen, die Deutschen seien etwas überragend Besonderes – die Juden dagegen eine minderwertige und bösartige Rasse. Die Deutschen seien „arischer" Abstammung, die Juden eine Art Pest.

Die Nazis behaupteten frech, die „Arier" seien ursprünglich in Deutschland oder Skandinavien beheimatet gewesen. Sie sprachen von der blondhaarigen, blauäugigen „Herrenrasse", die körperlich und geistig angeblich anderen Rassen weit überlegen sei.

Doch wer waren diese Arier in Wirklichkeit? Arier waren prähistorische Nomaden, also herumwandernde Gesellen, die im 3. Jahrtausend v. Chr. vom Norden her in den indischen Raum und in den heutigen Iran eingefallen waren und die Urbevölkerung dort besiegt hatten. Sie waren nämlich in militärtechnischer Hinsicht überlegen, weil sie bereits über Pferde und Streitwagen verfügten.

Die Nazis logen also, dass sich die Balken bogen, als sie behaupteten, die Arier seien ursprünglich in Deutschland oder Skandinavien beheimatet gewesen.

Und die Nazis hatten sich auch keine Gedanken über die Herkunft des Wortes „Arier" gemacht.

Arya in Sanskrit bedeutet zwar „edel", aber genügend Wissenschaftler führen den Ursprung auch auf die Sanskritwurzel *ri-ar* zurück, was so viel wie „pflügen" heißt. Im Lateinischen bedeutet *aratrum* „Pflug". Nach dieser Theorie bezeichnet das Wort *Arya* oder *Arier* nicht einen „Edelmann", sondern einen „Bauer".

Geschichte ist manchmal mit seltsamem Humor begabt.

Der Kampf gegen die Juden begann damit, dass jüdische Geschäfte boykottiert wurden und verschiedene widerliche Hetzkampagnen gegen sie in Szene gesetzt wurden.

Im Jahre 1935 folgte das Reichsbürgergesetz, das den Juden die deutsche Staatsbürgerschaft aberkannte. Schließlich verbot das „Gesetz zum Schutze des deutschen Blutes und der deutschen Ehre" die Ehe zwischen „reinrassigen" Deutschen und Juden.

1938 wurden in Deutschland alle jüdischen Synagogen in Brand gesetzt und jüdische Friedhöfe verwüstet. SA- und SS-Leute zerstörten jüdische Geschäfte und Häuser und randalierten allenthalben. Einige Juden wurden ermordet, rund 30.000 von der Geheimen Staatspolizei (Gestapo) verhaftet und in Konzentrationslager (KZs) gesteckt.

Wie schon zuvor folgte eine Auswanderungswelle der Juden.

Und die Schikanen gingen weiter. Die verbliebenen Juden wurden vor den Augen der Öffentlichkeit bestohlen, misshandelt und herabgewürdigt. Ab dem Jahre 1941 mussten sie auf der linken Brustseite einen gelben Judenstern tragen. Schließlich wurde das jüdische Volk systematisch vernichtet.

Da die Nazis ihre Kriege zunächst gewannen, wüteten sie in Österreich, in Polen, in der Tschechoslowakei, Dänemark, Norwegen, Holland, Belgien, Luxemburg und Frankreich, ferner in Rumänien, Italien, Ungarn und Russland. Überall wurden Juden erpresst, beraubt, deportiert und umgebracht.

Anfangs wurden sie in Gettos (hebräisch *ghet* = Absonderung) zusammengepfercht, später in KZs transportiert, wo sie erschossen oder vergast wurden. In diesen Todeslagern wurden rund sechs Millionen Juden auf barbarische Weise getötet – der größte Völkermord der Geschichte. Allein im KZ Auschwitz (Polen) wurden zeitweise fünf- bis sechstausend Menschen pro Tag vergast und verbrannt, eine Orgie des Mordens. Zunächst arbeitete man mit Autoabgasen, später mit Zyklon B, einem Gas, das die Firma I. G. Farben herstellte.

Ein ganz anderes Thema, aber ebenfalls Ausfluss dieses elitären Rassengedankens, war das sogenannte Euthanasie-Programm. *Euthanasie* heißt wörtlich so viel wie Sterbehilfe, ist aber in diesem Zusammenhang eine irreführende Bezeichnung. Bei den Euthanasie-Programmen der Nazis handelte es sich um Massentötungen. Tarnorganisationen wie die „Reichsarbeitsgemeinschaft Heil- und Pflegeanstalten" suchten mithilfe von Fragebögen nach bestimmten „Krankheitsmerkmalen", aber auch nach der Arbeitsleistung und der Rasse. Andere Tarnorganisationen, wie die „Gemeinnützige Krankentransportgesellschaft GmbH" (kurz Gekrat genannt), schleusten die erfassten „Kranken" oder „Minderwertigen" in die Tötungsanstalten. Die Zahl der Opfer: rund 150.000. Auf diese Weise entledigte man sich der Häftlinge, der Arbeitsunfähigen, der politisch und rassisch Missliebigen, der Landstreicher, der TBC-Kranken, der körperlich oder geistig Geschädigten, der Homosexuellen und der „Zigeuner", kurz allen „lebensunwerten Lebens". Gerechtfertigt wurden diese teuflischen Aktionen mit dem Begriff Rassenhygiene.

Selbst die Kinder-Euthanasie wurde organisiert, manchmal die inhumansten Experimente an Kindern.

All das geschah unter der Diktatur der Nazis.

Noch heute stockt dem Berichterstatter der Atem, wenn er versucht, die nackten, ungeschminkten Fakten zusammenzutragen. Aber wir werden schon im übernächsten Kapitel Ross und Reiter nennen, sprich präzise Namen.

Nichts in der Geschichte geschieht zufällig, und für jede Aktion gibt es genaue Verantwortlichkeiten.

Richten wir nun den Blick auf die Außenpolitik Adolf Hitlers, der in seinem Größenwahn einen fürchterlichen Weltbrand entfachte.

6. DER ZWEITE WELTKRIEG

Wenn man annimmt, die Mordlust der Nazis hätte sich in den KZs hinreichend austoben können, irrt man. Der Zweite Weltkrieg, den Hitler vom Zaun brach, forderte weitaus mehr Tote. Die Kriegsschuldfrage stellt sich hier im Gegensatz zum Ersten Weltkrieg nicht, sie ist hinreichend geklärt.

Hitlers scheinbarer Grund für diesen Krieg: „Die Eroberung neuen Lebensraums im Osten und dessen rücksichtslose Germanisierung". Sein wirklicher Grund: Geisteskrankheit und Größenwahn.

Der „größte Feldherr aller Zeiten", wie er gern genannt wurde, ironisch „Gröfaz" abgekürzt, ging anfangs relativ raffiniert vor: Er wiegte die anderen Mächte zunächst in Sicherheit, beteuerte immer wieder seinen Friedenswillen und spielte den Wolf im Schafspelz. Da sich 91 Prozent der saarländischen Bevölkerung dafür entschieden, zu Deutschland zu gehören, konnte es ihm niemand verdenken, dass das Saarland wieder „Anschluss" fand. Auch dass Österreich „heim ins Reich" geholt wurde, konnte man noch plausibel verkaufen, denn die Österreicher waren ja ebenfalls deutschstämmig. Und selbst der Überfall auf die Tschechoslowakei ließ sich mit Mühe und Not rhetorisch hinbiegen: Immerhin lebten hier 3,5 Millionen Deutsche.

Außerdem war Hitler geschickt genug, die Engländer zu einer Politik des *Appeasement* zur verführen, also zu einer Friedens- oder Beschwichtigungspolitik, indem er ihnen einige billige Zugeständnisse machte und immer wieder betonte, sein Hunger auf Land und Leute sei nun endgültig gestillt.

Gleichzeitig rüstete Hitler auf wie nie zuvor. Die allgemeine Wehrpflicht wurde eingeführt, ein Pakt mit Japan geschlossen (das sich Teile Chinas unter den Nagel reißen wollte) und ein Bund mit dem italienischen Diktator Mussolini. Und zur Überraschung aller schloss Hitler sogar mit Stalin einen Nichtsangriffspakt. Zwei rabenschwarze Seelen trafen sich hier, die anvisierte Beute Polen war zu fett, als dass man sie sich entgehen lassen konnte. Heimlich beschloss man, sie untereinander aufzuteilen.

Am 1. September 1939 überfiel Hitler schließlich Polen – und entfesselte damit den Zweiten Weltkrieg.

Bei diesem Überfall vollführte er ein Lehrstück in Schwarzer Propaganda, das man sich in Ruhe zu Gemüte führen muss, versorgt es uns doch mit wichtigem historischem Know-how.

DER POLEN-COUP

Wiederholen wir: Hitler brach den Krieg gegen Polen vom Zaun – auch auf die Gefahr hin, sich in Frankreich, England und anderen Ländern höchst unbeliebt zu machen. Dennoch wagte es selbst ein Hitler nicht, vor der Weltöffentlichkeit (und im eigenen Lande!) zuzugeben, dass er den Krieg inszeniert hatte. Es wären eine PR-Todsünde und ein nicht wieder gutzumachender Fauxpas gewesen, hätte er sich selbst als Aggressor bezeichnet.

Also wurde folgender Coup in Szene gesetzt: Einige fragwürdige polnisch sprechende Helfershelfer und Spitzbuben wurden in (illegal beschaffte) polnische Uniformen gesteckt und täuschten in der Folge einen polnischen Angriff vor – und zwar einen Überfall auf den deutschen Sender Gleiwitz. Das lieferte Hitler den Vorwand, am 1. September 1939 „zurückzuschießen"; denn scheinbar hatten ja die Polen angefangen.

Tatsächlich war das bereits der zweite Versuch, ein ähnliches Täuschungsmanöver war vorher schon einmal unternommen worden – und missglückt.

Mit dem Überfall Hitlers auf Polen, das in der Folge im Handstreich eingenommen wurde, begann der Zweite Weltkrieg.

Analysiert man diese Methode, so lassen sich vier Dinge erkennen:

1. Um dem Gegner fiktive Verbrechen unterschieben zu können, werden dubiose Gestalten angeheuert, manchmal Kriminelle. Meistens werden sie bestochen oder erpresst.

2. Der „Feind" (in Wahrheit die angeheuerten Kriminellen) begeht ein Verbrechen.

3. Die Öffentlichkeit wird unter Ach- und Wehgeschrei auf diese Verbrechen aufmerksam gemacht.

4. Durch die (angeblichen) Verbrechen des Gegners können nun die eigenen Verbrechen gerechtfertigt werden.

Mit anderen Worten: Falsch sind:

• die Reihenfolge der Geschehnisse (der Angriff durch die Polen erfolgte nicht zuerst) und

• die Identität der handelnden Personen (es handelte sich nicht um Polen, sondern um gekaufte Kriminelle, die polnisch sprachen). Weiter findet

• eine Umkehrung von Aktion und Re-Aktion statt, von Verbrechen und Strafe.

Trotz dieser billigen Schwarzen Propaganda wusste Hitler sehr wohl, dass die Westmächte nun nicht länger stillhalten würden. Also versuchte er, ihnen zuvorzukommen. Im Frühjahr 1940 besetzten deutsche Truppen Dänemark und Norwegen. Dann griff Hitler die Niederlande, Belgien und Frankreich an. Seine Blitzkriegstrategie war abermals erfolgreich: Noch im selben Jahr zog Hitler als Sieger in Paris ein.

Warum aber, so könnte man fragen, reagierte Frankreich nicht früher?

DAS TÄUSCHUNGSMANÖVER

Noch heute rätseln Historiker, warum die Westmächte, sprich England und Frankreich, diesem Größenwahnsinnigen nicht rechtzeitig die Zügel anlegten und nicht unmittelbar Stärke und Entschlossenheit demonstrierten. Warum schauten sie dem Treiben Hitlers so lange zu und schlugen nicht sofort zurück? Ganze Generationen von Geschichtswissenschaftlern bemühten sich, dieses Rätsel zu lösen. Dabei ist die Antwort sehr simpel. Sie lautet: Hitler hinderte die Westmächte daran mithilfe Schwarzer-Propaganda-Techniken in Kombination mit Geheimdienst-Methoden.

Noch einmal: Frankreich wagte nicht, Hitler 1939 Einhalt zu gebieten, als er Polen überfiel. Der Grund: Der deutsche Geheimdienst hatte den Franzosen falsche Informationen über die angebliche Stärke der deutschen Wehrmacht zugespielt. Die Franzosen glaubten an eine schier unendliche militärische Übermacht Hitlers an der westlichen Grenze.

Betrachten wir diesen PR-Coup etwas genauer. Die Akteure in diesem Theaterstück waren:

Paul Stehlin, Hauptmann des französischen Nachrichtendienstes und späterer französischer Luftwaffengeneral,

Göring, Schöpfer der deutschen Luftwaffe,

Bodenschatz, deutscher Chefadjutant Görings, und

Udet, ein deutscher General.

Die PR-Posse spielte sich wie folgt ab: Stehlin, ein Hauptmann des französischen Nachrichtendienstes, wurde eines Tages von Görings Schwester zu einem „zwanglosen" und „offenen" Gespräch im Rahmen eines Abendessens eingeladen. Göring gesellte sich später „locker" dazu – und erlaubte dem Franzosen nach mehreren Zusammentreffen ganz jovial und in „echt deutscher Offenheit", sich die Fliegerhorste anzuschauen, also die deutschen Fabriken zu besichtigen und die Flugübungen persönlich in Augenschein zu nehmen. Einem französischen Nachrichtenoffizier!

Das ließ sich Stehlin nicht zweimal sagen. Er machte sich umgehend sachkundig, wobei seine Fragen von den beiden (eingeweihten) Generälen Bodenschatz und Udet beantwortet wurden, die in der Folge völlig übertriebene und überzogene Auskünfte über die militärische Stärke Deutschlands erteilten. Das Ergebnis: Stehlin berichtete vollkommen falsche, übertriebene Fakten nach Frankreich. Er hatte nicht bemerkt, dass er systematisch hinters Licht geführt worden war!

Parallel dazu demonstrierte Hitler nach außen hin militärische Stärke – ganz offen, vor den Augen der Welt. Was wollte er damit erreichen? Bestimmt nicht, dem Feind brisante Informationen zu liefern. Sein Ziel war es zu imponieren, einzuschüchtern und Beweise der eigenen militärischen Stärke zu geben.

So glaubte Frankreich schließlich, es mit einem weit überlegenen Gegner zu tun zu haben – und zitterte vor Deutschland. Die Franzosen ließen sich bluffen!

Nach Hitlers Blitzsieg über Frankreich im Jahre 1940 fiel den Deutschen auf dem Bahnhof in La Charité (an der Loire) ein Eisenbahnzug mit zahlreichen Akten, Unterlagen und Dossiers des französischen Hauptquartiers in die Hände. Nun konnte nachvollzogen werden, wie die Franzosen vor 1940 über die Deutschen gedacht hatten und wie ihre Lagebeurteilung gewesen war. Es stellte sich heraus, dass die den Franzosen absichtlich zugespielten Informationen gewirkt hatten. Die Zahl der deutschen Divisionen war völlig überschätzt worden, Frankreich hatte beispielsweise mit dem Einsatz von 7 000 Flugzeugen gerechnet.

Die Propaganda-Techniken nehmen sich in der Analyse wie folgt aus: Es werden gezielt Desinformationen gestreut, idealerweise in Richtung des feindlichen Geheimdienstes, indem man Freundschaft und Offenheit heuchelt. Weiter beeindruckt man durch Imponiergehabe, etwa durch Truppenaufmärsche und Waffendemonstrationen, vor den Augen der Weltöffentlichkeit.

Im letzten Falle handelte es sich um regelrechte Showparaden und um ein riesiges PR-Spektakel, wie man ihm auch heute immer wieder begegnet. Wenn demonstrativ mit Truppen und Waffen geprotzt wird, ist das pure Propaganda, die etwas von ihrer Macht verliert, wenn man sie einmal durchschaut hat.

Mit Frankreichs Einnahme erreichte Hitlers Renommee seinen Höhepunkt. In Deutschland wurde er als „größter Feldherr aller Zeiten" gefeiert, ja er schien der neue Messias zu sein. Die Niederlage des Ersten Weltkrieges war gerächt, der „Schandvertrag von Versailles" konnte zerrissen werden. Der „Führer" hatte offenbar immer Recht. „Führer befiehl, wir folgen!", hieß ab sofort der Leitspruch der Deutschen.

Wahrscheinlich wurde Hitler von diesem Zeitpunkt an das Opfer seiner eigenen Propaganda, denn beim nächsten Schritt verschätzte er sich völlig.

DIE ROLLE ENGLANDS UND DER SOWJETUNION

Nach seinem erfolgreichen Überfall auf Frankreich versuchte Hitler rasch, sich mit dem englischen Premierminister Winston Churchill zu arrangieren. Er bot ihm Frieden an, aber Churchill schob seine dicke Zigarre lässig von der rechten in die linke Mundecke und sagte: „No!"

Im Taumel seiner Siege befahl Hitler daraufhin, England anzugreifen. Die deutsche Luftwaffe sollte als Erstes Flugplätze, Flugzeugfabriken, Häfen und wichtige Verkehrsknotenpunkte auf der britischen Insel vernichten. Dazu war es nötig, im Vorfeld die englische Luftwaffe auszuschalten. In der Folge tobte ein erbitterter Luftkrieg. Aber die englischen Flugzeuge erwiesen sich als den deutschen überlegen – der Großangriff scheiterte.

Hitler bekam einen Wutanfall. Das erste Mal zeigte ihm eine Nation die Zähne. In maßloser Selbstüberschätzung beschloss Hitler nun, die Sowjetunion anzugreifen, obwohl der Nichtangriffspakt mit Stalin noch immer Bestand hatte. Dieses Projekt taufte er „Unternehmen Barbarossa". Im Jahre 1941 marschierten mehr als drei Millionen deutsche Soldaten über die Grenze nach Russland. Alles deutete erneut auf einen schnellen, überraschenden Sieg hin. Stalin fiel zunächst aus allen Wolken. Kiew wurde erobert und Leningrad eingeschlossen – ja die Deutschen standen sogar vor den Toren Moskaus. Da riss sich Stalin zusammen und mobilisierte alle Kräfte. Immer wieder stampfte er quasi aus dem Nichts russische Armeen aus dem Boden. Und zusätzlich kam ihm der entsetzliche russische Winter zu Hilfe.

Hitlers Angriff verlief vorläufig im Sande.

ANDERE KRIEGSSCHAUPLÄTZE

Längst hatte sich der europäische Krieg zu einem Weltkrieg ausgeweitet. Hitler versuchte zwischenzeitlich, England auch an anderen Stellen empfindlich zu treffen, denn die Briten befanden sich mit ihren Flottenstützpunkten scheinbar überall. Mussolini/Italien griff aus heiterem Himmel Griechenland an, italienische Soldaten standen mittlerweile sogar auf nordafrikanischem Boden. Die Engländer trieben die Italiener jedoch zurück, sodass Mussolini Hitler um Hilfe bat. Hitler schickte ihm im Jahre 1941 einen genialen Strategen: General Rommel stellte ein Afrikakorps auf und lehrte die Engländer zunächst das Fürchten, ohne jedoch eine endgültige Entscheidung in der Region herbeiführen zu können. Die Engländer waren auch in Persien, im Irak oder Syrien präsent, wo ihnen Hitler ebenfalls seine Truppen entgegenwarf.

Aber die alles entscheidende Front lag in Russland. Russland hatte inzwischen einen Pakt mit England abgeschlossen und wurde mit englischen Waffen beliefert. England seinerseits wusste die USA auf seiner Seite.

Das Schicksal der Welt stand auf Messers Schneide.

STALINGRAD

Adolf Hitler setzte noch einmal alles auf eine Karte. Im Sommer 1942 befahl er, Stalingrad einzunehmen, das durch seinen Namen eine besonders symbolträchtige Bedeutung besaß. Hitler gedachte, Stalin persönlich im innersten Kern zu treffen, wenn er die Stadt einnahm, die seinen Namen trug. Tatsächlich gelang es einer deutschen Armee, bis nach Stalingrad vorzudringen und sogar in der zäh und erbittert verteidigten Stadt Fuß zu fassen. Ende Oktober waren zwei Drittel Stalingrads in deutscher Hand. Da brach erneut der russische Winter herein. Und wieder hing alles in der Schwebe.

DER KRIEGSEINTRITT DER USA UND JAPANS

Der europäische Krieg geriet auch deshalb zu einem Weltkrieg, weil Japan durch seine Expansionsgelüste im Fernen Osten die USA auf den Plan gerufen hatte. Japan versuchte, sich weite Teile Chinas (und andere Staaten) unter den Nagel zu reißen, was auf wenig Gegenliebe seitens der Vereinigten Staaten stieß. Als die USA die Japaner zurückpfeifen wollten, antworteten diese mit einem Bombenangriff auf die US-Pazifikflotte in Pearl Harbor (Pearl Harbor ist ein Hafen und Stützpunkt der US-Marine und der US-Luftwaffe auf Hawaii).

Die Stimmung in den USA schlug daraufhin radikal um: Die amerikanische Bevölkerung, die sich bislang weitgehend aus dem europäischen Krieg herausgehalten hatte, signalisierte ihre Bereitschaft, in diesen Krieg einzutreten. Hitler, der es bislang vermieden hatte, gegen die übermächtige USA mobil zu machen, erklärte daraufhin – gemeinsam mit Italien – den Vereinigten Staaten frech und in erneuter Selbstüberschätzung den Krieg. Die Japaner jubelten – und gewannen zunächst wider Erwarten einige wichtige, Aufsehen erregende Schlachten.

Der Krieg tobte nun an allen Fronten – zu Lande, zu Wasser und in der Luft.

NOCH EINMAL: STALINGRAD

Die Wende kam in Stalingrad. Hier kapitulierte die deutsche Armee schließlich im Jahre 1942 im Angesicht der sowjetischen Übermacht, die scheinbar unendliche Ressourcen an Menschen und Material in den Krieg werfen konnte.

Hitler begann zum ersten Mal an sich selbst zu zweifeln und ließ häufiger seinen Leibarzt zu sich rufen; seine aufgesetzte Selbstsicherheit fing an zu bröckeln. Die schlechten Nachrichten fielen nun wie Bomben über ihn nieder:

- Die Japaner erlitten entscheidende Niederlagen.

- In Afrika zwangen die Engländer unter General Montgomery die Deutschen und die Italiener zum Rückzug.

- Deutsche Städte wurden von englischen Flugzeugen bombardiert – der Krieg wurde ins eigene Land hineingetragen, was die Bevölkerung in Angst und Schrecken versetzte.

- Die Amerikaner waren überall auf dem Vormarsch beziehungsweise versuchten, auf dem europäischen Kontinent Fuß zu fassen.

- Im U-Boot-Krieg und im Luftkrieg zeigte sich eine deutliche Wende zu Deutschlands Ungunsten ab.
  Hitler reagierte wie ein Geisteskranker: Er entließ in rascher Folge verschiedene deutsche Heerführer und maßte sich selbst die Rolle des quasi unbesiegbaren, hyperintelligenten Feldherrn an. Aber nur ein Wahnsinniger konnte praktisch gegen die ganze Welt Krieg führen.

Wie zu erwarten häuften sich in der Folge die schlechten Nachrichten:

- Nun (1943) flogen auch Amerikaner Großangriffe gegen viele deutsche Städte.

- Rommel musste immer weiter aus Afrika zurückweichen.

- In Stalingrad kapitulierte die eingeschlossene deutsche Armee.

- Die Briten und Amerikaner landeten auf Sizilien und begannen, gegen Deutschland zu Lande vorzurücken.

- Italien lief zum „Feind" über, das faschistische Regime unter Mussolini brach zusammen.
- Die Amerikaner und Engländer landeten in Frankreich und marschierten von dort aus gegen Deutschland.

- Die Russen setzten zum Angriff gegen Finnland an.

Mit anderen Worten: Die Schlinge um Deutschland zog sich immer weiter zu. Doch noch immer schrien Hitler und sein teuflischer Propagandaminister Dr. Joseph Goebbels ihre Parolen in die Mikrofone und hetzten die Deutschen zum äußersten Widerstand auf. Sechzehnjährige wurden eingezogen und die Hitlerjugend, halbe Kinder, mobilisiert, um die Heimat zu verteidigen. Aber vom Westen her rückten unnachgiebig die Engländer, die Franzosen und die Amerikaner vor, im Osten die Russen.

In Deutschland wurden jetzt Brücken von Deutschen gesprengt, um den Vormarsch der feindlichen Armeen aufzuhalten, überall sollte dem Gegner nur „verbrannte Erde" bleiben. Aber der Vorstoß, bis in das Herz Deutschlands, war nicht aufzuhalten.

An allen Fronten fielen ehemalige Verbündete von Deutschland ab.

Ein letztes Mal versuchte Hitler verzweifelt, den Vorstoß der Feinde abzublocken, im Westen wie im Osten. Aber die bloße Anzahl der Angreifer war zu hoch. Dresden und andere Städte verwandelten sich in ein Flammenmeer, Wien und die süddeutschen Länder fielen in Feindeshand. Um Berlin, wo sich Hitler verschanzt hielt, schlossen die Russen einen engen Ring.

Hitler, schon halb im Wahn befangen, befahl dennoch weiterzukämpfen.

Haus um Haus, Straße um Straße wurden in Berlin heiß umkämpft. Hitler verkroch sich immer tiefer in seinem Bunker. Endlich, eine Minute vor zwölf, gestand auch er sich ein, dass der Krieg nicht mehr zu gewinnen war.

Irritiert fragte sich der größte Feldherr aller Zeiten nach dem Grund für die Niederlage. Schließlich fand er ihn: Schuld war das deutsche Volk, das in rassischer Hinsicht offenbar doch unterlegen war und die Niederlage verdient hatte!

Während in Berlin um seinen Bunker herum die Bomben einschlugen und die Maschinengewehre ratterten, ließ Hitler sich trauen. Danach ernannte er Großadmiral Dönitz zu seinem Nachfolger als Reichspräsident und Propagandaminister Goebbels zu seinem Nachfolger als Reichskanzler. Anschließend tötete er sich selbst. Aber auch Goebbels zog sich rasch aus der Affäre und nahm sich das Leben.

Das Dritte Reich war wie ein grausiger Spuk vorüber.

Als im Auftrag von Dönitz versucht wurde, eine geschäftsführende Regierung zu etablieren, wurde diese sofort abgesetzt. Die Siegermächte hatten einen vollständigen militärischen Sieg über Deutschland errungen und erzwangen nun die bedingungslose Kapitulation. Die USA, Russland, England und Frankreich übernahmen in Deutschland die Regierungsgewalt.

ERKENNTNISSE

Fragen wir uns: Können wir konkrete Einsichten aus dieser dunkelsten Zeit Deutschlands gewinnen?

Wir können sehr viel daraus lernen!

Fast alle Unmenschlichkeiten der Hitlerbande wurden mit einem hübschen Mäntelchen bedeckt, die Nazis hatten die Lüge im politischen Raum gewissermaßen zu einer eigenen Kunstform erhoben.

Die Methoden der Schwarzen Propaganda waren praktisch neu erfunden worden, also die Techniken, über wirkliche oder eingebildete Gegner Kübel von Schmutz auszugießen und die Menschen in großem und größtem Stil zu belügen. Das bedeutet:

Nur durch die intime Kenntnis der Techniken der Schwarzen Propaganda und der Lüge im öffentlichen Raum lassen sich Geschichte und Politik heute überhaupt noch verstehen.

Wir müssen alle Methoden studieren, wie man in der öffentlichen Arena lügt!

Außerdem beweist uns das Dritte Reich, dass wir uns mit den Grundzügen des Spitzeltums, der Spionage und der Nachrichtendienste vertraut machen müssen. Geheimdienste – vollständig idealisiert in

James-Bond-Filmen dargestellt – waren im Dritten Reich das schmutzigste Geschäfte, das man sich vorstellen kann.

Tatsächlich sind die Methoden der Nachrichtendienste bis heute höchst zweifelhaft, selbst in demokratischen Staaten.

Das Repertoire der Nachrichten- und Geheimdienste muss aufgearbeitet und verstanden werden, wenn man der geschichtlichen Wahrheit auf den Grund kommen will.

Aber die mit Abstand bedeutsamste Lehre daraus ist, zwischen konstruktiven und destruktiven Figuren im politischen Raum unterscheiden zu lernen.

Will man künftig einen Unmenschen wie Hitler verhindern, muss man aus dem Effeff die Merkmale kennen, die eine destruktive Persönlichkeit in der politischen Arena charakterisiert.

Damit aber sind wir bei dem wichtigsten Kapitel dieses Buches.

7. DIE KONSTRUKTIVE UND DIE DESTRUKTIVE PERSÖNLICHKEIT IM POLITISCHEN RAUM

Gestatten wir uns noch eine Vorbemerkung: Wenn man einige Tausend Seiten Geschichte studiert, fällt immer wieder auf, dass Geschichte stets von konkreten Persönlichkeiten gemacht wird – und eben nicht von Massen.

In der Folge ergibt sich eine hochinteressante Frage, die an Brisanz kaum zu übertreffen ist. Sie lautet:

Wie kann man eine destruktive Persönlichkeit im politischen Raum identifizieren, BEVOR sie an die Macht gelangt?

Anders formuliert:

Kann man Kriterien und Charakteristiken erarbeiten, die uns helfen, destruktive Persönlichkeiten schon im Vorfeld zu entlarven, um zu verhindern, dass sie nach der Macht greifen?

Wenn eine destruktive Persönlichkeit nämlich einmal an der Macht ist, wird sie die Konkurrenz einfach ausschalten, sie wird verleumden, mundtot machen und morden. Sprich: Ab einem gewissen Zeitpunkt kann man sich ihrer nur noch sehr schwer entledigen.

Hätte man jedoch ein Raster, das man zugrunde legen könnte und mit dessen Hilfe sich die destruktive Persönlichkeit im politischen Raum identifizieren ließe, wäre man einen beträchtlichen Schritt weiter.

Gibt es ein solches Raster?

Wir glauben ja!

≈⚓≈

DIE DESTRUKTIVE PERSÖNLICHKEIT IM POLITISCHEN RAUM

Es gibt ein Identifikationsmuster, das sich nahezu bei allen destruktiven Persönlichkeiten, die im politischen Raum tätig waren oder tätig sind, unaufhörlich wiederholt. Und das sind 14 Charakteristiken.

Ob es sich um Hitler oder Stalin handelt (ohne Frage die Prototypen destruktiver Persönlichkeiten), um Mao Tse-tung (dessen Sünden und millionenfache Morde erst später bekannt wurden) oder Saddam Hussein, um einen bestialischen russischen Zaren oder einen Völkerschlächter wie Napoleon Bonaparte – das Muster ist interessanterweise immer dasselbe.

Immer wieder begegnet man denselben 14 Charakteristiken.

Destruktive Persönlichkeiten im politischen Raum – und das ist bemerkenswert – können sich unter dem Deckmantel der Demokratie verstecken, sie können sich Aristokraten nennen oder Monarchen, das ist ohne Belang.

Aber wenn man viele Tausende von Jahren Geschichte in Augenschein nimmt und Hunderte Kulturen durchforstet, stößt man immer wieder auf die gleichen Züge, durch die sich die destruktive Persönlichkeit im politischen Raum demaskiert.

Es handelt es sich um folgende Kriterien:

CHARAKTERISTIK NR. 1

Die destruktive Persönlichkeit im politischen Raum liebt den Krieg, das Töten und den Mord.

Sie ist geradezu vernarrt darin, politische Probleme zu „lösen", indem sie Menschen umbringen und beiseiteschaffen lässt. Sie besitzt keinerlei Gewissen und betrachtet den Mord als eine legitime Angelegenheit, über die man nicht weiter nachdenken muss. Ein Menschenleben gilt dieser Person nichts. Sie befürwortet die Todesstrafe, lässt aber ebenso gern Gegner heimlich umbringen.

Waffengewalt eignet sich besonders gut dazu, die eigenen Ansprüche durchzusetzen. Deshalb liebt die destruktive Persönlichkeit im politischen

Raum den Krieg, sie liebt das Soldatentum, sie liebt das Heer, die Marine und die Luftwaffe.

Sie tritt nur allzu gern in Militäruniform auf.

Sie verschwendet unvorstellbare Summen, um das Militär auszurüsten und mit noch moderneren und noch tödlicheren Waffen zu versehen. Sie bringt alle erdenklichen logischen und unlogischen Argumente vor, weshalb es vorteilhaft und wichtig ist, das Heer zu vergrößern und die Ausgaben dafür ständig zu erhöhen.

CHARAKTERISTIK NR. 2

Die destruktive Persönlichkeit im politischen Raum ist vernarrt in Geheimdienste.

Die destruktive Persönlichkeit im politischen Raum wird ständig mehr und höhere Ausgaben für Geheimdienste fordern, sie wird neue, weitere Geheimdienste einrichten, sie wird das Personal der alten Geheimdienste aufstocken und kurz gesagt alles tun, um die Geheimdienstaktivitäten auszuweiten.

Sie begrüßt und verteidigt alle verbrecherischen Aktivitäten der Geheimdienste. Dazu gehören unter anderem Folter, Attentate, Putschversuche und Destabilisierungen (in anderen feindlichen Ländern), illegales Aushorchen und Ausspionieren fremder Völker und der eigenen Landsleute, das Ausstreuen von Falsch- und Desinformationen, Drogenexperimente, Freiheitsberaubung, ungesetzliche Gefangennahmen, unmenschliche Verhörmethoden und so weiter.

CHARAKTERISTIK NR. 3

Die destruktive Persönlichkeit im politischen Raum liebt es, in großem Stil zu zerstören.

Dazu zählen nicht nur Menschen, die man töten kann, sondern auch materielle Gegenstände, Häuser, Landstriche und feste Objekte. Wenn etwas in gigantomanischem Ausmaß in Fetzen fliegt, versetzt das diese Persönlichkeit in Hochstimmung.

CHARAKTERISTIK NR. 4

Die destruktive Persönlichkeit im politischen Raum herrscht durch Angst.

Die destruktive Persönlichkeit im politischen Raum wird Ängste schüren und Angstthemen erfinden, um als „starker Mann" auftreten zu können und noch mehr Macht zugeschanzt zu bekommen. Eine reale Bedrohung wird sie aufbauschen und ins Unendliche steigern, sodass sie selbst eine Existenzberechtigung besitzt und wichtig wird. Ihre politischen Reden strotzen vor Angstthemen.

CHARAKTERISTIK NR. 5

Die destruktive Persönlichkeit im politischen Raum wird hart daran arbeiten, einen Hassgegner aufzubauen.

Wenn sich kein Hassgegner anbietet, wird ihn die destruktive Persönlichkeit im politischen Raum erfinden. Zu ihrem politischen „Know-how" gehört das Wissen, dass man ein Volk leichter manipulieren kann, wenn der Hass auf einen (wirklichen oder eingebildeten) „Feind" gelenkt wird. Sie wird diesen Hass systematisch schüren und den „Feind" für alles Ungemach verantwortlich machen, das existiert.

CHARAKTERISTIK NR. 6

Die destruktive Persönlichkeit im politischen Raum ist ein Meister Schwarzer Propaganda und verhetzender rhetorischer Techniken.

Die destruktive Persönlichkeit im politischen Raum ist gewöhnlich rhetorisch hochbegabt und kennt alle Tricks und Finessen der Lüge. Sie liebt es, das Volk zu manipulieren, durch Reden aufzupeitschen und an der Nase herumzuführen. Sie kennt alle Facetten der Verleumdung und weiß, wie man einen wirklichen oder eingebildeten Gegner publizistisch fertig macht.

Sie malt absichtlich in Schwarz-Weiß-Zeichnungen, simplifiziert und differenziert nicht. Sie mahnt nicht zur Bedachtsamkeit, sondern kocht negative Emotionen hoch. Sie wird dem eigenen Volk oder dem unmittelbaren Publikum hemmungslos und in übertriebener Weise schmeicheln und seine niederen Instinkte wecken, um die eigenen zerstörerischen Ziele durchzusetzen.

CHARAKTERISTIK NR. 7

Die destruktive Persönlichkeit im politischen Raum benutzt Ästhetik, um einem Volk falsche, zerstörerische Ziele schmackhaft zu machen.

Die destruktive Persönlichkeit im politischen Raum wird das Volk mit ästhetischen Mitteln (zum Beispiel mit Marschmusik, Monumental-Architektur, verhetzender Schriftstellerei, Rhetorik und mehr) einseifen und blind zu machen versuchen, um ihre zerstörerischen Ziele gut verdaulich zu machen, zu verkaufen und als erstrebenswert anzupreisen.

CHARAKTERISTIK NR. 8

Die destruktive Persönlichkeit im politischen Raum hält nichts von der Würde und der Gleichberechtigung von Frauen und nichts von Menschenrechten.

Die destruktive Persönlichkeit im politischen Raum unterdrückt die eigene Frau oder die eigenen Frauen. Eine gute Ehe wird allenfalls vorgegaukelt, in Wahrheit betrachtet diese Person Frauen als unterentwickelte Wesen. Sie wird nie eine Frau gleichberechtigt neben sich Platz nehmen lassen.

CHARAKTERISTIK NR. 9

Die destruktive Persönlichkeit im politischen Raum strotzt vor Eigenwichtigkeit.

Die destruktive Persönlichkeit im politischen Raum liebt den Pomp, die Show und die Großkotzigkeit und will stets einen unnennbaren Eindruck hinterlassen. Sie ist großmäulig. Sie kennt keinerlei Bescheidenheit oder philosophische Abgeklärtheit. Die Welt existiert nur, um ihr zu Füßen zu liegen und sie maßlos zu bewundern. Sie dient nie anderen, sondern nur einem wahnhaften Konzept eigener Größe.

CHARAKTERISTIK NR. 10

Die destruktive Persönlichkeit im politischen Raum bekämpft heimlich oder offen jede andere Person, die ihr den ersten Platz streitig zu machen sucht, selbst wenn sich diese in der eigenen Partei oder im eigenen Lager befindet.

Die destruktive Persönlichkeit im politischen Raum kennt keinerlei Loyalität. Macht ist ihr Lebenselixier, ist Sinn und Zweck ihres Daseins. Sie opfert dieser Macht wie einem Götzen und besitzt gleichzeitig keinerlei Würde, Anstand oder edle Gesinnung, obwohl sie genau das vorgibt. Gegner auf dem Weg zur Macht werden beiseitegefegt, verleumdet, schachmatt gesetzt und gemordet. „Freunde" werden allenfalls zeitweilig benutzt, aber nur, solange sie nützlich sind.

CHARAKTERISTIK NR. 11

Die destruktive Persönlichkeit im politischen Raum wird sich immer über Recht und Gesetz stellen und alles versuchen, um das Gesetz auszuhebeln.

Die destruktive Persönlichkeit im politischen Raum erkennt nie die Rechte anderer an, selbst wenn sie es vorgibt zu tun. Sie wird stets versuchen, sich zum höchsten Richter zu erheben, damit ihre eigenen Untaten nicht geahndet werden können.

CHARAKTERISTIK NR. 12

Die destruktive Persönlichkeit im politischen Raum wird immer heimlich oder offen versuchen, die Freiheit einzuschränken beziehungsweise verschiedene Freiheiten zu beschneiden.

Das gilt sogar für demokratische Volksführer, die die gegebene Freiheit nur benutzen, um die der anderen einzuschränken.

CHARAKTERISTIK NR. 13

Divide et impera – **„Teile und herrsche!" ist das Operationsprinzip der destruktiven Persönlichkeit im politischen Raum.**
Die destruktive Persönlichkeit im politischen Raum wird immer zu intriganten, perfiden und brutalen Methoden greifen, um Macht zu erringen, Macht zu erhalten und Macht zu zementieren. Sie wird wirkliche oder eingebildete Gegner und „Freunde" völlig gewissenlos und kaltblütig gegeneinander ausspielen.

CHARAKTERISTIK NR. 14

Die destruktive Persönlichkeit im politischen Raum wird alles tun, um sich zu tarnen und das Volk über ihre wahren verbrecherischen Absichten im Unklaren zu lassen.
Die destruktive Persönlichkeit im politischen Raum wird hierfür ein ganzes Repertoire an Methoden entwickeln, um über ihre wahren zerstörerischen Ziele hinwegzutäuschen. Sie wird „gute Taten" öffentlich zur Schau stellen, um Beobachter in die Irre zu führen.
Aber an ihren Ergebnissen und ihren Taten kann man sie erkennen. Unter ihr wird die Wirtschaft über kurz oder lang lahmen (selbst wenn sie anfänglich einen Aufschwung nimmt), und Ungerechtigkeiten und Willkür werden Einzug halten. Das Ergebnis ihrer Regierung ist immer und ausnahmslos eine Katastrophe größeren Ausmaßes.

Füllen wir nun das Ganze mit Fleisch und führen aus der Weltgeschichte einige wenige Beispiele für destruktive Persönlichkeiten im politischen Raum auf. Unter anderem folgende Personen fallen unseres Erachtens in diese Kategorie:
Cäsar (100–44 v. Chr.), Papst Gregor VII. (ca. 1020–1085), Papst Urban II. (ca. 1035–1099), Tamerlan oder Timur Lenk (1336–1405), Kardi-

nal Richelieu (1585–1642*)*, Marat (1743–1793), Robespierre (1758–1794), Napoleon (1769–1821*)*, Lenin (1870–1924), Stalin (1878–1953*)* und Mao Tse-tung (1893–1976).

In Deutschland halten wir diese Persönlichkeiten im politischen Raum für destruktiv: Karl der Große (747–814), Luther (1483–1546), Ferdinand II. (1578–1637), mit Abstrichen Friedrich der Große (1712–1786), Bismarck (1815–1898), Wilhelm II. (1859–1941) und Adolf Hitler (1889–1945).

Natürlich gab es weitaus mehr destruktive Persönlichkeiten, aber es bleibe anderen Forschern überlassen, den Kanon zu erweitern.

Die Bedeutung dieser 14 Charakteristiken kann unseres Erachtens kaum überschätzt werden. Ihre Kenntnis befähigt uns, schon im Vorfeld destruktive Persönlichkeiten im politischen Raum ausfindig zu machen und zu erkennen, obwohl sie alles tun werden, um sich zu tarnen.

Aber wenn sieben, acht oder mehr dieser Charakteristiken auf eine Person zutreffen, die in der politischen Arena tätig ist, so handelt es sich um eine Zeitbombe auf zwei Beinen. Einer solchen Person auch nur die geringste Macht einzuräumen ist ein fataler Fehler, der mit Menschenleben bezahlt werden muss und für den es Blutzoll zu entrichten gilt.

Im Prinzip besteht die gesamte Geschichte aus Perioden, in denen entweder konstruktive oder destruktive Persönlichkeiten im politischen Raum die Zügel in der Hand hielten, wenn es zugegebenermaßen auch viele Gestalten mit Grauschattierungen gab; aber selbst diese waren stets überwiegend konstruktiv oder überwiegend destruktiv.

Destruktive Persönlichkeiten rissen das Volk in den Abgrund, konstruktive Persönlichkeiten sorgten für Frieden, Wohlstand, Überfluss, Gerechtigkeit, Gleichheit vor dem Gesetz und Freiheit.

Wir werden am Grund von Kriegen immer und ausnahmslos destruktive Persönlichkeiten am Werk entdecken. Damit hat Geschichtsschreibung noch ein weites Feld zu bestellen, denn bislang wurde allzu viel schöngeredet und hinweggeredet.

Tatsächlich ist es nicht auszuschließen, dass wir eine ganz neue Geschichtsschreibung brauchen! Sie könnte Folgendes bewirken: Sie könnte unsere Sinne und unseren Intellekt schärfen und uns erkennen lassen, *wie* sich destruktive Persönlichkeiten im politischen Raum tarnen. Sie könnte wichtige Informationen zur Verfügung stellen, destruktive Persönlichkei-

ten in der Gegenwart und schon im Vorfeld im politischen Raum aufzu-
spüren.

 ℮

NOCH EINMAL: ADOLF HITLER

Widmen wir uns noch einmal ganz genau Adolf Hitler. Er war selbstredend der Prototyp der destruktiven Persönlichkeit im politischen Raum.
Wir finden alle 14 Charakteristiken bestätigt:

Niemand liebte den Krieg mehr als Adolf Hitler, er hielt Mord für eine
legitime politische Waffe. Seine Geheimdienste waren gefürchtet, er kreier-
te ein Spitzelsystem ohnegleichen, sogar Kinder denunzierten ihre eigenen
Eltern, wenn sie Kritik am Nationalsozialismus zu äußern wagten!

Hitler zerstörte mehr Leben und mehr Sacheigentum als jeder andere
Diktator, der je gelebt hat, vielleicht von Mao Tse-tung abgesehen.

Er regierte durch Angst und baute die Juden zum Sündenbock und
Hassgegner auf.

Wenn er seine wütenden Reden vom Stapel ließ, befleißigte er sich
ausschließlich der Schwarz-Weiß-Malerei. Er lehnte es grundsätzlich ab
zu differenzieren und verallgemeinerte absichtlich und in bösartiger Weise. Nie wurde in größerem Ausmaß verleumdet, und nie kamen mehr
Schwarze-Propaganda-Methoden zum Einsatz. Er schuf sogar eine eigene
Sprache, um seine Verleumdungen in die Welt hinauszuschleudern. Durch
seine Monumentalbauten, die Flaggen, Wimpel, Märsche und Uniformen,
sprich durch eine pervertierte und berechnend eingesetzte Ästhetik, suchte
er den Deutschen Sand in die Augen zu streuen.

Frauen waren lediglich Gebärmaschinen für weitere Soldaten. Er selbst
versteckte seine erotischen Beziehungen vor den Augen der Welt, seine letzte „Liebe" bezahlte mit dem Tod.

Er strotzte vor Eigenwichtigkeit, er erhöhte sich selbst maßlos und ließ
nie zu, dass ein Zweiter gleichberechtigt neben ihm stand. Zitieren wir
noch einmal:

**Die destruktive Persönlichkeit im politischen Raum bekämpft heim-
lich oder offen jede andere Person, die ihr den ersten Platz streitig zu ma-**

chen sucht, selbst wenn sich diese in der eigenen Partei oder im eigenen Lager befindet.

Röhm, ein alter Kamerad und Weggefährte, wurde eines Tages kaltblütig abserviert und heimtückisch ermordet.

Geschickt entzweite er auch andere Kampfgenossen, er liebte es, wenn die zweite Nazi-Garnitur untereinander uneins war und um seine Gunst buhlte.

Hitler trat lange vor der Machtergreifung das Gesetz mit Füßen, denn er landete im Gefängnis. Später brach er das Gesetz erneut regelmäßig, ja, er schaffte es ab. Er hebelte das Gesetz aus, stellte sich über Gesetz und Gerechtigkeit und machte sich selbst zum höchsten Richter. Er stilisierte sich selbst zum unfehlbaren „Führer".

Keiner beschnitt die Freiheiten mehr als Hitler.

Der anfängliche wirtschaftliche Aufschwung mündete in den entsetzlichsten Krieg aller Zeiten, der keinen Stein auf dem anderen ließ.

Darüber hinaus muss man um folgenden wichtigen Umstand wissen.

DIE VERHEERENDE ROLLE DER PSYCHIATRIE

Es ist schon richtig: Nur wenige Zeitgenossen bekleckerten sich mit Ruhm, als es darum ging, Adolf Hitler das Wasser abzugraben. Exzellente Autoren machten auf das Versagen des Papstes und vieler Priester aufmerksam (Deschner) sowie auf die dubiose Rolle der Juristen und gewissenloser Bankiers (Enzensberger). Aber fast immer wurde der verheerende Einfluss der Psychiatrie unter den Teppich gekehrt.

Das ist wirklich ein Stück geheim gehaltene Geschichte Deutschlands, denn immer wieder wurde die interessante Frage gestellt, *woher* Hitler seine Ideen hatte. Kurz gesagt schöpfte er seine menschenverachtende Polit-Philosophie aus drei Quellen.

1. Die erste Quelle ist die militärische Tradition, in der Deutschland stand. Zu Unrecht wurden zum Beispiel noch immer die Preußensiege und der alte Kriegstreiber Bismarck besungen und hochgelobt.

2. Die zweite Quelle sind „Denker" wie beispielsweise Malthus, Darwin, Nietzsche, Gobineau und Chamberlain, die menschenverachtende Anschauungen verbreitet hatten. Hitler kannte die oben zitierten Denker zwar allenfalls flüchtig, aber andere Schmierfinken und Demagogen griffen deren Thesen eifrig und eilfertig auf und verbreiteten sie weiter. Konkret können auf der Suche nach Menschen, die Juden hassten und Arier hochlobten, Lapouge, Grant, Gumplowicz, Ammon, Liebenfels, Lueger und Schönerer ausgemacht werden. Deren Schriften las Hitler, deren Reden lauschte er andächtig!

3. Kommen wir zur dritten Quelle, die den Zug der Nazis ins Rollen brachte. Hier sind wir einem echten Geheimnis auf der Spur; denn es entspricht der Wahrheit und nichts als der Wahrheit, dass der Nationalsozialismus mit seinem Rassenwahn nicht denkbar ist ohne die Psychiatrie, die ebenfalls zu Hitlers tödlichem Gedankengebäude beitrug – intellektuell und in der furchtbarsten Praxis.

Alfred Ploetz etwa schuf gemeinsam mit dem Psychiater Gustav Aschaffenburg die Grundlagen der verheerenden „deutschen Rassenhygiene", die im Kern besagt, dass Arier alles und andere Völker nichts sind.

Der Psychiater Aschaffenburg trat speziell für die Ausmerzung der „Minderwertigen" ein, zu denen unter anderem „Volksschädlinge", Kranke, „Unfertige", Behinderte, Greise, TBC-Patienten, Landstreicher und Alkoholiker gehörten.

Der Psychiater Ernst Rüdin rechtfertigte wissenschaftlich die Zwangssterilisation, derer sich die Nazis so gern bedienten.

Der Psychiater Alfred Hoche forderte die Legalisierung der sogenannten Euthanasie, die man wohl besser Mord nennt. Die Nazis jubelten, als sie erfuhren, dass ein Arzt und Wissenschaftler ihre tödlichen Ideen legitimierte!

Der Psychiater Werner Heyde war psychiatrischer Leiter aller KZs.

Die Psychiater Max de Crinis, Carl Schneider, Hermann Paul Nitsche und Hermann Pfannmüller – alles hochrangige, führende Seelenklempner im Dritten Reich – waren in herausragender Position an der Euthanasie in

Konzentrationslagern (KZs) beteiligt, die ausnahmslos in der Kanzlei des Führers vorbereitet wurde.

Auch Psychiater waren also Wegbereiter des arischen Größenwahns und der „Rassenreinheit". Sie waren darüber hinaus ausführende Killerorgane in den KZs.

Unseres Erachtens nach tragen sie mindestens zu 20 Prozent die Verantwortung. Aber die verheerende Rolle der Psychiatrie ist bis heute nicht zur Gänze aufgearbeitet oder jedenfalls nicht im Bewusstsein der Bevölkerung verankert.

DIE KONSTRUKTIVE PERSÖNLICHKEIT IM POLITISCHEN RAUM

Es käme einer Todsünde gleich, nicht auch die konstruktive Persönlichkeit im politischen Raum zu identifizieren, denn wahrscheinlich ist es wichtiger, „gute Leute" zu unterstützen als „schlechte Leute" zu bekämpfen.

Grundsätzlich zeichnen sich konstruktive Persönlichkeiten im politischen Raum dadurch aus, dass sie für die Mehrzahl der Regierten positive Veränderungen herbeiführen, ohne dadurch Minderheiten zu unterdrücken.

Folgende Einstellungen und Haltungen zeichnen konstruktive Persönlichkeiten aus:

- Sie verteidigen die verschiedenen Freiheiten: die Redefreiheit, die Pressefreiheit, die Versammlungsfreiheit, die Freiheit, einen Beruf auszuwählen, die Freiheit zu reisen und die weltanschauliche Freiheit.

- Sie ordnen sich dem Gesetz unter und kämpfen für Recht und Gerechtigkeit. Die Gleichheit vor dem Gesetz ist ihnen ein echtes Anliegen. Gegen Ungerechtigkeiten gehen sie vor, selbst wenn sie dadurch persönlich in Misskredit geraten.

- Sie verteidigen den Frieden und suchen Krieg mit allen Mitteln zu verhindern.

- Sie freuen sich über den wachsenden Wohlstand des Staates und arbeiten daran, ihn durch ihre Entscheidungen und ihren Einfluss zum Wohle aller weiter zu mehren.

- Sie treffen Entscheidungen auch zu Ungunsten ihrer eigenen politischen Karriere, wenn sie dadurch ihrem Gewissen dienen. Sie sind mehr daran interessiert, zu versöhnen als zu entzweien. Sie suchen Kompromisse und können im Zweifelsfall Unrecht eingestehen – etwas, was die destruktive Persönlichkeit nie fertigbringt. Sie fördern konstruktive Ziele und andere konstruktive Persönlichkeiten.

- Sie kämpfen für Menschenrechte und die Würde der Frau.

- Sie sind tolerant in religiösen Belangen. Ihr Ziel besteht darin, jeden nach seiner Fasson selig werden zu lassen.

- Ihnen ist daran gelegen, zu dienen und nicht zu herrschen. Sie müssen nicht im Rampenlicht stehen und wissen um die Vergänglichkeit des Ruhmes; sie können von der politischen Bühne abtreten, ohne dass dadurch ihr Ego verletzt wird und ihre gesamte Welt zusammenbricht.

- Sie reden nicht der Angst das Wort, sondern versuchen, durch positive Nachrichten aufzufallen.

- Sie vermeiden es, den politischen Gegner in der öffentlichen Arena genüsslich zu schlachten und sind mehr Staatsmänner als Parteifunktionäre.

Die Beispiele in der Geschichte für konstruktive Persönlichkeiten im politischen Raum sind zahlreich.

Auch in der deutschen Historie wimmelt es davon: Was das deutsche Mittelalter angeht, so sind **Heinrich III.** (1017–1056), **Friedrich II.** (1194–1250) und **Rudolf von Habsburg** (1218–1291) zu nennen.

In der Neuzeit fallen besonders ins Auge Kurfürst **Friedrich Wilhelm I.** (1688–1740), viele Herrscher in den kleineren Fürstentümern sowie **von**

Stein (1757–1831), **Hardenberg** (1750–1822), **Humboldt** (1767–1835) und **Stresemann** (1878–1929). Nach 1945 ist ohne Frage **Ludwig Erhard** (1897–1977) zu nennen.

BEWERTUNGEN

Wir erkennen sehr schnell, dass es zahlreiche konstruktive Persönlichkeiten im politischen Raum gibt. Und da die destruktiven Persönlichkeiten so viel Schaden anrichten können, ist es von besonderer Bedeutung, sie rechtzeitig aus dem Verkehr zu ziehen und sie am besten von vorneherein nicht die Zügel in die Hand nehmen zu lassen.

Im Grunde fehlt bis heute eine systematische Bewertung der verschiedenen Persönlichkeiten im politischen Raum.

Während die römischen Kaiser Caligula oder Nero offensichtlich gefährliche Narren waren, um es gelinde auszudrücken, fällt es bedeutend schwerer, die eigenen vergangenen (deutschen) Herrscher und Kanzler einzuschätzen. Bis heute gibt es deshalb zum Beispiel zu viele, die sich vor Friedrich dem Großen oder vor Bismarck verneigen.

Doch schließen wir nun endgültig das Kapitel über den Großverbrecher Adolf Hitler und schreiben unsere Geschichte Deutschlands fort.

Untersuchen wir die Periode nach 1945.

Wenn zahlreiche destruktive Personen im politischen Raum ihrer Posten enthoben werden, bringt das gewöhnlich ungeheure Chancen für ein Volk. Genau so erging es den Deutschen nach dem Zweiten Weltkrieg, denn die Nazis wurden glücklicherweise radikal abserviert.

Was passierte nach Hitler?

8. DEUTSCHLAND NACH 1945

Nachdem Deutschland und die deutsche Wehrmacht im Jahre 1945 bedingungslos kapituliert hatten, sahen sich die Amerikaner, die Russen, die Engländer und die Franzosen dem Problem gegenüber, die Geschichte Deutschlands zu schreiben.

Das Land wurde in vier Besatzungszonen aufgeteilt. Die Briten gaben in Nordwestdeutschland den Ton an, die Amerikaner in Süddeutschland, die Franzosen im Westen (in Teilen Württembergs, Baden und Rheinland-Pfalz) und die Russen im Osten. Früh stritt man sich, wer den Krieg gegen die Deutschen eigentlich gewonnen hatte: Die standhaften Engländer? Die reichen US-Amerikaner? Die leidensfähigen Russen?

Die drei starken Männer jedenfalls waren Churchill (England), Truman (USA) und Stalin (UdSSR), wenn auch einige Amerikaner später behaupten sollten, sie hätten Deutschland niedergerungen und den „Russen nur die Knochen zum Abnagen übrig gelassen".[7]

Jedenfalls entwickelte sich aus den drei westlichen Besatzungszonen (USA, England und Frankreich) die Bundesrepublik Deutschland (BRD), aus der sowjetischen Besatzungszone formte sich die Deutsche Demokratische Republik, kurz DDR genannt. Um Berlin balgte man sich im Verbund.

Anfangs waren die Probleme überwältigend: Millionen von deutschen Soldaten waren ohne Arbeit und Brot oder befanden sich noch immer in Gefangenschaft, und rund ein Viertel aller Wohnungen war zerstört. Schier unzählige Vertriebene kehrten zurück und irrten durch die Städte. Die Siegermächte, vor allem die Russen, raubten und stahlen alles, was nicht niet- und nagelfest war. Sie demontierten allein eintausend Betriebe in ihrer Zone.

Früh wurde ein „Gesetz zur Befreiung vom Nationalsozialismus und Militarismus" erlassen, das deutsche Volk musste umerzogen werden! Die alten Nazis verkrochen sich in ihre Mauselöcher, einige setzten sich ins Ausland ab, beispielsweise nach Argentinien. Wichtige Nazi-Größen, wie Göring, wurden gefasst und gefangen gesetzt, Hitler und Goebbels hatten sich durch Selbstmord entzogen. Die unvorstellbaren Gräuel innerhalb der Konzentrationslager, die erst jetzt ans Tageslicht kamen, ließen die ganze Welt schaudern. Rund sechs Millionen Juden hatten die Nazis ermordet, im Verbund mit verschiedenen Psychiatern, die bereitwillig den Stiefelknecht gespielt und intellektuelle Vorarbeit geleistet hatten, wir haben bereits darüber berichtet.[8] Der Nürnberger Prozess, der die „Entnazifizierung" einleitete, deckte die Verbrechen vor der ganzen Welt auf. Kaum jemand in Deutschland hatte sich mit Ruhm bekleckert, als es den Nazis die Stirn zu bieten galt.

Deutschland verlor rund ein Viertel seines Gebietes. Es sah sich auf Gedeih und Verderb den Amerikanern und den Russen ausgeliefert – den beiden neuen Großmächten.

Da änderte sich die politische Großwetterlage auf dem Globus, und das sollte einen unmittelbaren Effekt auf das Schicksal Deutschlands haben.

DER KALTE KRIEG

Damals begann der sogenannte Kalte Krieg. In den USA und in England erkannte man mit Entsetzen, dass Stalin durch und durch ein Schurke war und mindestens eine ebenso schwarze Seele wie Hitler. Der Kommunismus machte sich daran, die Welt zu erobern, er blies überall die Lockpfeife und machte gegen den angeblich verbrecherischen Kapitalismus mobil.

Vor allem in den USA griff eine Kommunistenfurcht ohnegleichen um sich. Man empfand sich als die letzte Bastion der Freiheit. Also suchte man krampfhaft nach neuen Verbündeten. Die US-Präsidenten

(Truman, später Eisenhower) machten eine Kehrtwende um 180 Grad und setzten auf eine völlig neue Politik. Deutschland – oder was davon zu retten war – musste gegen die Kommunisten eingeschworen werden! Hinter den Kulissen begann der abenteuerlichste Krieg, den man sich vorstellen kann.

Auf der einen Seite stand die CIA, auf der anderen der KGB, also der US-amerikanische und der sowjetische Geheimdienst. Der KGB hatte in seiner Hochzeit bis zu eine Million Mitglieder, man muss es sich vorstellen! Es ging um den Einfluss in Europa, denn die Kommunisten begannen, sich auch in Italien und Frankreich breitzumachen.

Aber Deutschland spielte die Schlüsselrolle.

Die DDR und die BRD begannen völlig auseinanderzudriften, sie waren zum Spielball der neuen Weltmächte geworden. In den USA beschloss man, zumindest Westdeutschland oder der BRD wieder auf die Beine zu helfen. Man brauchte dringend Verstärkung im Kampf gegen den verruchten Kommunismus und Stalin!

Wir werden auf die genaue Rolle der CIA und des KGB noch zu sprechen kommen – sie liest sich spannender als jeder Spionage-Thriller. Aber betrachten wir zunächst die innenpolitische Entwicklung.

DAS DEUTSCHE WIRTSCHAFTSWUNDER

Die Bundesrepublik Deutschland nahm nach dem Zweiten Weltkrieg einen unglaublichen wirtschaftlichen Aufschwung, den Gegner wie Freunde nur mit ungläubigen Augen verfolgen konnten. Die Wirtschaft fasste relativ früh wieder Tritt. Deutsche Ingenieure und deutsche Wissenschaftler legten sich ins Zeug. In kürzester Zeit verfügte Deutschland schon wieder über eine der besten Infrastrukturen Europas. Das flächenmäßig kleine Land im Herzen Europas hatte in der Vergangenheit zahlreiche blitzgescheite Köpfe hervorgebracht; das gereichte Deutschland jetzt zum Vorteil. Nahezu in jedem Fachgebiet und jeder Wissenschaft fand sich nun erneut ein berühmter Name deutscher Herkunft. Die Industrie zog an und erlangte binnen weniger Jahrzehnte wieder Weltbedeutung – denken wir nur an die Elektro-

Industrie, den Maschinenbau oder an die deutschen Autos. Der Export boomte. Die Statistiken schrieben eine fast ungebrochene Erfolgsgeschichte. „Schon zwischen 1948 und 1952 stieg die deutsche Industrieproduktion um 110 Prozent und das reale Bruttoinlandsprodukt um 67 Prozent."[9] Die Stahlproduktion, 1946 praktisch nicht existent, entwickelte sich zur größten Europas mit über 34 Millionen Tonnen im Jahre 1960.

Ähnliche märchenhafte Expansionsraten erreichten andere wichtige Industriezweige. Das Bruttosozialprodukt liest sich in dürren Zahlen wie folgt:

1952	32 Milliarden Dollar
1962	89 Milliarden Dollar
1979	600 Milliarden Dollar
2000	über 1 000 Milliarden Dollar

Im Jahre 1960 betrug das verfügbare Pro-Kopf-Einkommen in Deutschland 1 186 Dollar – in den Vereinigten Staaten zu diesem Zeitpunkt 2 491 Dollar. 1970 aber sah es bereits folgendermaßen aus: In der Bundesrepublik Deutschland verdiente man im Durchschnitt 10.837 Dollar, in den USA lediglich 9 595 Dollar.[10] Die Deutschen hatten sogar die „erfolgreichste Nation der Welt" überholt.

Nach kürzester Zeit hatte Deutschland zumindest in wirtschaftlicher Hinsicht wieder eine der führenden Positionen auf dem Globus inne. *Made in Germany* wurde Inbegriff für Präzision und Langlebigkeit – ein Prädikat, mit dem allenfalls die Schweizer Uhren mithalten konnten.

DIE STUNDE NULL

Aber blenden wir noch einmal zurück, um den sagenhaften Aufschwung der BRD in allen Einzelheiten zu verstehen, denn nichts liefert mehr wertvolles Know-how als die Konzentration auf das Positive.

Wie nahm sich der Neubeginn aus? Was brachte den Erfolg?

Zunächst ein paar Fakten: In den von Engländern, Amerikanern und Franzosen besetzten Gebieten lebten 1946 43,7 Millionen Menschen; 1949, bedingt durch die Flüchtlinge, 46,8 Millionen. Die ausgelaugten Böden gaben kaum etwas her. Düngemittel gab es praktisch nicht. Arbeitsgeräte waren nur rudimentär vorhanden und konnten mangels Ersatzteilen nicht repariert werden. Auch die Anzahl der Rinder und Schweine war während des Krieges stark zurückgegangen.

Katastrophal mangelte es an allen Gütern des täglichen Bedarfs, angefangen von Kleidung und Hausrat bis hin zu Transportmitteln. Fahrgemeinschaften waren damals keine umweltpolitische Notlösung, sondern Notwendigkeiten im Kampf ums nackte Überleben. Kurios mutet heute ein mit Holzfeuerung betriebenes Auto an (es gab kein Benzin!), dessen „Motor" – ein großer Kessel – außen an der Seite befestigt war. Während der Fahrt musste ständig nachgeheizt werden. Die Ladekapazität dieser Fahrzeuge war wegen des schweren Heizkessels begrenzt, aber das Ganze funktionierte!

Die ohnehin desolate Wirtschaftslage wurde durch die Reparationsforderungen der vier Siegermächte noch verschlimmert. Besonders die Sowjetunion trieb es toll: Allein aus dem von ihr besetzten Gebiet, der späteren DDR, zog sie bis 1953 etwa fünfzig Milliarden D-Mark an Reparationsleistungen, dazu noch bis 1951 rund fünf Milliarden aus den drei anderen Besatzungszonen. Aber auch die anderen Sieger, wie zum Beispiel die Franzosen, ließen es sich nicht nehmen zu zeigen, wer jetzt Herr im deutschen Hause war: Aus Südbaden ist bekannt, dass jeder Bürger den Besatzern einen Anzug geben musste – als private Reparationsleistung sozusagen.

Der Grundtenor lautete: Strafe für die Anstifter des größten Weltbrandes aller Zeiten.

Dabei konnten die Deutschen noch von Glück sagen, dass ein Plan von 1946 die Handschrift des amerikanischen Kriegsministers Henry Lewis Stimson (1867–1950) trug. Dieser hatte bereits während des Krieges dafür plädiert, die deutsche Industrie zu erhalten. Dadurch sollten die Zahlungen der Reparationsleistungen sichergestellt werden, wozu ein Lebensstandard gerade über dem absoluten Existenzminimum notwendig war. Wäre es nach seinem Gegenspieler Finanzminister Henry Morgenthau (1891–1967) gegangen, hätte Deutschland noch mehr bluten müssen.

Morgenthau forderte einen nahezu vollständigen Abbruch aller deutschen Industrieanlagen, insbesondere an der Ruhr und der Saar.

Hunger, Flüchtlingselend, der Tod vieler Soldaten, eine Welt von Feinden, die nur an eines dachten: Rache – das war die Lage. Deutsche Spitzenwissenschaftler waren während des Krieges oder kurz danach zu Hunderten in die Siegerländer abgewandert. Somit fehlte ein großer Teil des innovativen Potenzials.

Hinzu kam der wachsende Gegensatz zwischen den drei Westalliierten einerseits und der Sowjetunion andererseits. Der Kalte Krieg begann, wie schon erwähnt, der „Eiserne Vorhang" (Churchill) fiel. Doch genau diese an sich sehr unerfreuliche Entwicklung sollte Deutschlands Chance werden.

DAS WUNDER KANN BEGINNEN

Es ist erhellend, einmal diese beiden Pole so krass einander gegenüberzustellen: auf der einen Seite ein Land vollständig am Boden – auf der anderen Seite die faszinierendste Erfolgsgeschichte, die die Welt bis heute gesehen hat. Fragen wir uns noch einmal: Was waren die Gründe für den phänomenalen Aufstieg?

- An erster Stelle muss man darauf verweisen, dass eine Unzahl destruktiver Persönlichkeiten ihrer Macht beraubt worden war. Die Nazis, ihre Schergen und ihre Steigbügelhalter wurden fast aller einflussreicher Posten enthoben. Deutschland wurde „entnazifiziert", wenn man auch „vergaß", die Sünden der Psychiatrie, der Großfinanziers, der Juristen und der Priester sauber aufzuarbeiten. Der laute, großkotzige, brüllende Deutsche, der martialische, mörderische, gewissenlose Nazi verschwand jedenfalls von der Bildfläche. Übrig blieben die konstruktiven Persönlichkeiten, die jetzt nicht mehr von der verbrecherischen Weltanschauung des Nationalsozialismus verblendet wurden.

- An zweiter Stelle ist die Wende in der Weltpolitik zu nennen, die wir bereits angedeutet haben. Die USA brauchten erstens Absatzmärkte und zweitens zuverlässige Bündnispartner im Kampf gegen den sowjetischen Einfluss in Europa.

Was lag da näher, als Deutschland zu helfen? Der alte Revanchist Franklin D. Roosevelt war 1945 kurz vor Kriegsende gestorben. Unter seinem Nachfolger Truman wehte schon bald ein anderer Wind. Es begann am 5. Juli 1947 mit einer Rede des amerikanischen Staatssekretärs George C. Marshall vor Harvard-Studenten. Wenn Europa (und also auch Deutschland), so Marshall, nicht völlig verelenden solle, müsse es Hilfe von außen erhalten. So kam es zum Marshallplan, erstmals war Licht am Ende des Tunnels zu sehen. Da die Amerikaner weitaus mehr produzierten, als sie im eigenen Land verbrauchen konnten, mussten neue Märkte erschlossen werden. Und da gab es ein Volk, das einen gewaltigen Bedarf an Gütern jedweder Art hatte: die Deutschen. Teilweise als Darlehen, teilweise als Geschenk flossen von nun an harte US-Dollars in das ausgeblutete Land. Der Rahmen für die Marshallplan-Hilfe bildete das ERP (*European Recovery Program*), das von 1948 bis 1952 die europäische Wirtschaft auf Vordermann brachte. Besonders dankbar waren die Deutschen für Rohstoff- und Nahrungsmittellieferungen in Höhe von 1,8 Milliarden Dollar aus dem Programm zur Linderung der unmittelbaren Not.

Doch die US-Hilfe kann nicht als alleinige Erklärung für den explosionsartigen deutschen Wirtshaftsaufschwung gelten, obgleich sie auch einen wichtigen Stein in dem Gesamtmosaik bildete. Welche anderen Faktoren kamen als Ursache dafür hinzu, dass Deutschland den Sprung vom Armenhaus zur führenden Wirtschaftsmacht Europas schaffte?

- Die Bundesrepublik Deutschland entschloss sich damals, eine der freiheitlichsten Verfassungen der Welt ins Leben zu rufen, natürlich mit Rückenwind seitens der USA, Englands und Frankreichs. Ein neues Grundgesetz wurde konzipiert. Die Väter dieser Schöpfung hatten aus den Fehlern der Weimarer Republik gelernt. Sie hatten in den USA, England und Frankreich intellektuelle Anleihen gemacht und waren ernstlich bemüht, einen vorbildlichen Rechtsstaat zu schaffen.

- Gleich nach der Waffenstillstandsvereinbarung begannen deutsche Frauen in Ermangelung männlicher Arbeitskräfte mit den Aufräumarbeiten der Bombenschäden. Sie gingen als die sogenannten Trümmerfrauen in die Geschichte ein. Der Wiederaufbau ging langsam, aber stetig voran. Zusammen mit dem sprichwörtlich deutschen Erfindergeist und Einfallsreichtum wurde so mancher Rohstoffmangel überwunden.

• Auch wenn Deutschland noch keine Regierung besaß, begannen sich auf Länderebene nun die ersten politischen Parteien zu regen. Im Mai 1947 wurde auf Ansinnen des bayerischen Ministerpräsidenten Hans Ehard (1887–1980) in München eine Konferenz aller Ministerpräsidenten abgehalten, einschließlich der sowjetisch besetzten Zone. Dort waren die SPD und KPD zwangsweise vereinigt worden. So wundert es nicht, dass die Bemühungen Ehards scheiterten, einen gemeinsamen Konsens zu finden und den Ostteil Deutschlands politisch wieder in die Nähe des Westteils zu rücken. Die Ostministerpräsidenten verließen unter Protest den Saal. Der Bruch zwischen Ost- und Westdeutschland war damit faktisch vollzogen. Damit begann für Ostdeutschland ein vierzig Jahre währender Sonderweg unter der Herrschaft des „real existierenden Sozialismus". Doch auch im Westen wurden unterschiedliche Ansichten über die Zukunft Deutschlands laut. Die SPD strebte einen DDR-ähnlichen Sozialismus mit Planwirtschaft und staatlicher Steuerung an, inklusive der Schlüsselindustrie. Die CDU sah in der Marktwirtschaft bessere Chancen für ein florierendes Land. Die CDU setzte sich schließlich durch.

Verantwortlich für den kommenden phänomenalen Aufschwung war der Mann mit der Zigarre.

LUDWIG ERHARD

Der eigentliche Beginn des deutschen Aufschwungs datiert auf Ende 1947/Anfang 1948. Der Marshallplan griff inzwischen immer besser, die langfristigen Kredite halfen der maroden Wirtschaft auf die Beine. Zur gleichen Zeit wurde der Wirtschaftsverwaltungsrat gegründet. Am

2. März 1948 übernahm Ludwig Erhard (1897–1977) den Vorsitz über dieses Gremium. Dieser Tag kann als Beginn des deutschen Wirtschaftswunders bezeichnet werden. Er ist untrennbar mit der Person Erhards verbunden. Es lohnt sich also, einen genaueren Blick auf die konkreten Aktionen des „Vaters des Wirtschaftswunders" zu werfen.

Ludwig Erhard war ein kühler Rechner und ein Pragmatiker zugleich, mit wirklichem Weitblick für wirtschaftliche Belange. Sein Kurs hieß „Soziale Marktwirtschaft". Damit wurde eine fundamentale Entscheidung für die zukünftige Entwicklung Deutschlands getroffen.

Was verbarg sich hinter diesem Konzept?

Mit den Wiederaufbaukrediten aus dem Marshallplan floss wieder Geld in deutsche Kassen. Erhard war sich darüber im Klaren, dass als Erstes eine Währungsreform durchgeführt werden musste. Er setzte sich gegen viele Widerstände durch, zum Teil sogar gegen kommunistisches Gedankengut aus der SPD. Festgehalten werden muss jedoch auch, dass die SPD etwa zehn Jahre später, 1959, im „Godesberger Programm" dem Kommunismus abschwor und sich ebenfalls zur Sozialen Marktwirtschaft bekannte.

Das Vertrauen in die Reichsmark war gelinde gesagt erschüttert. Die Nazis hatten zur Finanzierung des Krieges die Menge des im Umlauf befindlichen Geldes erheblich vergrößert. Das hatte zur Folge, dass es nach dem Krieg zwar genug Geld gab – doch, wie schon erwähnt, fehlten Waren. So konnte sich zwischen 1945 und 1948 ein Schwarzmarkt entwickeln, der in seiner brutalen Eigendynamik ein Zerrbild der späteren Sozialen Marktwirtschaft war, die nun die Rettung bringen sollte.

Am 20. und 21. Juni 1948 erlaubte man jedem Deutschen aus den drei westlichen Besatzungszonen zuerst vierzig, später dann noch einmal zwanzig Reichsmark in die neue Währung „Deutsche Mark" umzutauschen. Der Spruch „Mit vierzig Mark haben wir alle angefangen" stimmt allerdings nur bedingt: Die Abwertung galt nur für Geld, nicht für Sachvermögen. Wer also Häuser, Grundstücke, Fabriken und Sachwerte besaß, verfügte über ein Kapital, mit dessen Hilfe er schneller wieder auf die Beine kommen konnte.

Durch die Währungsreform war der Grundstock für den wirtschaftlichen Aufschwung gelegt. Doch noch fehlte der zündende Funke, das Tüpfelchen auf dem i. Erhard entschied, Unternehmer sollten Kredite erhalten, um die Produktion von Gütern wieder in Gang zu bringen. Das

Verhältnis Unternehmergewinne/Löhne sollte zu Beginn zugunsten der Gewinne höher ausfallen. Nach Erhards Auffassung musste es sich für den Unternehmer lohnen, zu produzieren und gute Gewinne zu erwirtschaften, sodass er in der Folge gar nicht umhinkönne, Leute einzustellen. Jeder Arbeitnehmer, so seine weitere Überlegung, ließe außerdem seinen Lohn wieder in den Wirtschaftskreislauf zurückfließen. Und weiter: Um dem Unternehmer einen Anreiz zu bieten, später wieder in den eigenen Betrieb zu investieren, müsse man ihm erlauben, die hohen Steuern um die Hälfte zu vermindern, sofern er das verdiente Geld in sein eigenes Unternehmen steckte. Das Ergebnis, so Erhards Kalkül, wäre eine sich ständig nach oben fortschreibende Spirale.

Erhard war sich darüber völlig im Klaren, dass der Aufschwung schnell vonstatten gehen müsste, wenn die Soziale Marktwirtschaft in der Bundesrepublik Deutschland greifen sollte. Und was war das Ergebnis dieser neuen politischen Wirtschaftsphilosophie?

Die Statistiken sprechen eine unmissverständliche Sprache. Von Frühjahr bis Herbst 1948 wurde die Produktion in Deutschland um 50 Prozent gesteigert.

Erhard hatte gewonnen.

Ein weiterer Schritt auf dem Weg zur Sozialen Marktwirtschaft war die eigenmächtige Aufhebung der Preiskontrollen durch Ludwig Erhard. Der 51-jährige Wirtschaftswissenschaftler und „Direktor der Verwaltung für Wirtschaft des vereinigten Wirtschaftsgebietes", wie sein Titel zunächst lautete, wusste zwar, dass er ohne Zustimmung der Alliierten (= Amerikaner, Engländer, Franzosen) keine Verordnungen ändern oder aufheben durfte. Doch Erhard erkannte ganz klar: Die Währungsreform konnte nur funktionieren, wenn Zwangsbewirtschaftung und Preisbindung fielen. Also unternahm er etwas Unvorstellbares. Er hob sechs Verordnungen über die Zwangsbewirtschaftung von Haushaltswaren eigenmächtig auf. Lassen wir ihn selbst zu Wort kommen:

„Die ganze Bürokratie war sich einig, dass ich mir Unerhörtes erlaubt hatte. Ich hätte sozusagen auf diesem Gebiet gegen sämtliche alliierten Militärgesetze verstoßen. Alles müsse zurückgenommen werden. Ich sagte: ‚Von mir nicht.' Im Übrigen wollte ich wissen, gegen welche Gesetze ich eigentlich verstoßen hatte. Dann wurde mir vorgelesen, dass ich eben ohne Genehmigung der Militärregierung keine Änderung der Bewirtschaftung und der Preisbindung vornehmen dürfe. Darauf wagte ich alles und sagte: ‚Ich habe nichts verändert, ich habe sie aufgehoben.' Ich dachte mir, jetzt hilf, was helfen mag …"[11] Und ihm wurde geholfen! Ludwig Erhard sollte als erster Wirtschaftsminister Deutschland mit seinem neuartigen Konzept zu einem unvorstellbaren Erfolg führen. Er agierte also ohne Wissen und Zustimmung der Alliierten, da er der Ansicht war, eine Marktwirtschaft könne mit Preiskontrollen nicht funktionieren. „So viel Markt wie möglich, so wenig Staat wie notwendig", lautete seine Devise. Er erhielt zwar einen gewaltigen Rüffel von General Clay, steckte ihn aber gelassen ein.

Nach Aufhebung der Preisbindung stiegen zunächst zwangsläufig die Preise. Die Gewerkschaften wurden nervös. Selbst Konrad Adenauer (1876–1967) beabsichtigte die Wiedereinführung von staatlichen Preiskontrollen. Abermals setzte sich Erhard durch – dieses Mal sogar gegen seinen eigenen Kanzler. Und wieder gab ihm der Erfolg Recht. Bereits Anfang 1949 ließ der Preisauftrieb nach und die Kaufkraft der jungen Währung stabilisierte sich.

Erhard hatte ein zweites Mal gewonnen.

VORSICHT THEORIE! WAS IST SOZIALE MARKTWIRTSCHAFT?

Ein umfängliches Verständnis des deutschen Wirtschaftswunders ist nicht möglich, ohne zumindest die Grundzüge des Erhard'schen Konzeptes zu kennen. Einige grundlegende Gedanken sollen daher kurz vorgestellt werden.

Marktwirtschaft heißt – im Gegensatz zur Planwirtschaft –, dass das Wechselspiel von Angebot und Nachfrage Motor für die Preisentwicklung ist.

Das hört sich gelehrt an, ist aber ganz einfach. Wenn alle Hunger haben, ist die Nachfrage nach Lebensmitteln groß: Die Preise steigen. Durch steigende Preise werden immer mehr Unternehmer aus der Lebensmittelbranche ermuntert, größere Mengen Lebensmittel auf den Markt zu bringen. Das heißt, auch das Angebot steigt – und zwar so lange, bis der Bedarf gesättigt ist. Dann gehen die Preise wieder zurück und das Angebot schließlich auch.[12] Von Bedeutung ist der freie Wettbewerb. Der Staat darf nur in Ausnahmefällen in die Wirtschaft eingreifen.

Freier Wettbewerb hieß für Erhard in erster Linie: Weg mit Trusts und Kartellen! „Monopolkapitalistische" Ballungen in der Hand einiger weniger übermächtiger Wirtschaftsführer (Tycoons) sind also unvereinbar mit der Idee der *Sozialen* Marktwirtschaft. Lassen wir in der Frage der Kartelle Ludwig Erhard selbst noch einmal zu Wort kommen:

„Den Gegenpol der wirtschaftlichen Freiheit stellt die Ausprägung wirtschaftlicher Macht dar. Es ist daher gesetzlich sicherzustellen, dass die Vorzüge der Wettbewerbswirtschaft nicht durch historisch erwiesene Nachteile einer bedenklichen Machtkonzentration aufgewogen werden."[13]

Die von Erhard visionierte Ordnung war nicht die der „Laissez-faire-Wirtschaft" des 19. Jahrhunderts mit einem bloß als „Nachtwächter" funktionierenden Staat. Der Staat sollte durchaus tätig werden, das war grundlegend neu an Erhards Konzept. Im Gegensatz zum „Wild-West-Kapitalismus" sollte der Staat außerdem über seine Sozialpolitik unerwünschten Auswirkungen der Marktwirtschaft entgegensteuern. Dazu gehörten Rentenversicherung, Krankenversicherung, Sozialleistungen wie Wohngeld, Heizkostenzuschuss und steuerliche Vergünstigungen für bestimmte Gruppierungen. Auch die Förderung der Ausbildungsmöglichkeiten enthält der Begriff der Sozialen Marktwirtschaft.[14]

Bei Licht betrachtet war das ein ganz neuer Weg, ein Land zu regieren!

Nach dem wirtschaftlichen Aufschwung wurde die politische Stabilisierung ins Auge gefasst. Am 8. Mai 1949 verabschiedete man das neue Grundgesetz. Nun gab es wieder ein festes Staatsgefüge, *Law and Order* hielten Einzug. Die 50er-Jahre, die ohne Übertreibung als die *Golden Fifties* bezeichnet werden können, schrieben eine atemberaubende Erfolgsgeschichte. Ununterbrochen nahm die Wirtschaft an Fahrt auf. Bald schon gab es Vollbeschäftigung. Die Preise blieben stabil und die Außenhandelsbilanz konnte ausgeglichen werden. Ein immer höherer Lebensstandard für die gesamte Bevölkerung war die Folge.

DIE ERFOLGSFORMELN

Wiederholen wir noch einmal, knapp zusammengedrängt, die Prinzipien, die die Bundesrepublik Deutschland in so erstaunlich kurzer Zeit nach ganz oben katapultierten:

1. Die Nazis und mit ihnen zahllose destruktive Persönlichkeiten verschwanden von der Bildfläche. (Ausnahmen seien zugestanden.)

2. Die USA wandelten sich vom Gegner zum Freund. Darlehen wurden gewährt, der Marshallplan kam zum Tragen. Die Amerikaner brauchten Absatzmärkte und Verbündete im Kampf gegen die Russen.

3. Eine freiheitliche und gerechte Verfassung wurde etabliert.

4. Die Währungsreform brachte neue Impulse und eine stabile D-Mark.

5. Die Soziale Marktwirtschaft wurde eingeführt. Die wichtigsten Prinzipien:
   a) Freiheit bildet die Grundlage des Wohlstandes.
   b) Angebot und Nachfrage regeln den Markt, nicht Preiskontrollen.
   c) Unternehmergewinne sind zu begrüßen.
   d) Gesetzgebung macht Re-Investitionen verlockend.
   e) Unternehmergewinne führen zu Arbeitsplätzen.
   f) Kartelle und Monopole sind verboten.
   g) Soziale Komponenten werden etabliert, die finanzierbar sind.

6. Positive Einstellungen und bestimmte Fähigkeiten, wie Fleiß, Sparsamkeit, unternehmerische Risikobereitschaft, Optimismus und Erfindungsreichtum, trugen zu der Blüte bei.

Auf diese Formeln kann man verkürzt den sagenhaften Aufstieg der BRD nach 1945 bringen.

Soweit die Geschichte der Bundesrepublik Deutschland, die indes zwei wichtige Spieler außer Acht lässt: die CIA und den KGB, die Amerikaner und die Russen. Tragen wir also auch das noch nach, was in den üblichen

Geschichtsbüchern gerne unter den Tisch gekehrt wird, vielleicht weil es zu brisant ist.

DIE HEIMLICHEN HERRSCHER

Es ist vielleicht nie in schonungsloser Offenheit gesagt worden, dass die Amerikaner (in der BRD) und die Russen (in der DDR) heimlich oder offen noch lange das Sagen hatten. Hieran erkennt man erneut, dass man die Geschichte eines Landes nie isoliert betrachten kann.

Vor allem die CIA, die *Central Intelligence Agency* (*Intelligence* bedeutet Nachrichtendienst, nicht Intelligenz) wühlte in unvorstellbarem Ausmaß hinter den Kulissen. Roosevelt hatte während des Krieges das Büro für Strategische Dienste (*Office of Strategic Services* oder *OSS*) gegründet, aus dem sich langsam die CIA entwickelte. Man wollte damit den Umsturzversuchen Paroli bieten, die Stalin und der KGB an allen Ecken und Enden der Welt in die Wege leiteten.

Geheimdienste, so muss man wissen, bedienen sich Methoden wie Mord, Totschlag, Bombenattentate, Umsturzversuche, Schwarzer Propaganda, Meineid, Unterwanderung, illegaler Abhörmethoden, Spionage, Folter und einer ganzen Reihe anderer „Techniken", die im Rahmen einer Ausbildung gelehrt werden. Das gilt auch für viele demokratische Staaten. Es ist ein schmutziges Geschäft, schöngeredet wird es nur von Kunstfiguren wie James Bond, wir haben bereits darauf hingewiesen.

So war die Einführung einer neuen deutschen Währung vom Standpunkt der CIA aus *auch* ein probates Mittel, Chaos in Berlin zu stiften und dort die Russen zurückzudrängen, wie man heute in der politischen US-Literatur nachlesen kann. Nicht alles war von edlen Absichten durchdrungen.

Die Sowjets reagierten auf die Einführung der D-Mark mit der Berlin-Blockade. Die USA schlugen zurück und richteten eine Luftbrücke ein. Trotzdem stand die CIA Kopf, man hatte nicht mit der Reaktion der Russen gerechnet. Die Belegschaft des US-amerikanischen Geheimdienstes war damals in Deutschland größer als in allen anderen Ländern rund um den Globus. Medienkonzerne wurden rasch aus dem Boden gestampft, um mittels Propaganda vor den intriganten Russen zu warnen, die offenbar die Welt beherrschen wollten. Tatsächlich versuchte die CIA in zahlreichen Hauptstädten der Welt und nicht nur in Berlin, die Sowjets und Stalin zu diskreditieren.

In Deutschland allerdings kaufte die CIA sogar den höchst umstrittenen Reinhard Gehlen ein. Reinhard Gehlen (1902–1979) war von Haus aus General der Hitler-Wehrmacht und unter den Nazis Leiter der Militärspionage Ost gewesen. 1945 hatte er die kompletten nachrichtendienstlichen Unterlagen der Nationalsozialisten auf Mikrofilm gebannt, in wasserdichte Fässer verfrachtet und diese in den österreichischen Alpen vergraben. Kurz gesagt wurde der lupenreine Nazi, Deckname Dr. Schneider, von der CIA angeheuert, um jetzt für sie zu spionieren und einen neuen „deutschen" Nachrichtendienst aufzubauen.

Der BND entstand, der Bundesnachrichtendienst, mit Sitz in Pullach bei München, wo er noch heute residiert. Reinhard Gehlen war bis zum Jahre 1968 Chef des BND und diente am Anfang offiziell zwei Herren: der Bundesrepublik Deutschland und der CIA. Inoffiziell aber diente er vier Herren, nämlich zusätzlich noch sich selbst und vielen alten Nazis, die er anheuerte oder denen er zur Flucht verhalf. Der Nazi-Wendehals stellte in der Folge sogar ehemalige SS-Killer ein und Dutzende von Nazi-Kriegsverbrechern …, bis eines Tages bekannt wurde, dass sein eigener Stellvertreter ein Maulwurf war und die ganze Zeit für die Sowjetunion gearbeitet hatte.

Aber greifen wir nicht vor! Anfangs versuchte die CIA, den Kampf gegen den Kommunismus vor allem mit Propaganda-Mitteln zu gewinnen: Flugblätter wurden in ostdeutsche Kasernen geschmuggelt, mit antimarxistischen Parolen gefüllte Ballons abgeworfen und vieles mehr. Hunderte Agenten wurden angeworben, um hinter den Linien den Kommunismus zu diskreditieren. Fast alle CIA-Agenten wurden allerdings geschnappt und getötet. Das teuflische Know-how des KGB war dem Know-how des CIA zu diesem Zeitpunkt weit überlegen. Ein Teil des Marshallplan-Geldes wurde nun dazu verwendet, Kommunistenhasser mit Waffen zu versorgen. In Bergen und Wäldern wurden Waffenvorräte und Goldbarren vergraben, vor allem in der BRD, um im Falle eines Falles darauf zurückgreifen zu können.

Geheimgefängnisse wurden eingerichtet, um Doppelagenten zu verhören und zu foltern. Mehr und mehr heuerte der amerikanische Geheimdienst auch Westdeutsche an. Damals verfügte die CIA über eine halbe Milliarde Dollar an Geheimgeldern. Ein Public-Relations-Apparat ohnegleichen wurde aufgebaut, der sich schließlich auf „mehr als 50 Presseorgane und Rundfunksender, ein Dutzend Verlagshäuser sowie die persönlichen Hilfsangebote von Männern wie Axel Springer ... stützen konnte." [15]

Um es abzukürzen: Während sich die Bundesrepublik Deutschland nach außen hin mit ihren neuen Parteien (CDU/CSU, SPD, FDP) zu formen begann, hielt – ungesehen von den meisten – die CIA fest die Zügel in der Hand.

Auf der anderen Seite war aber auch der KGB unvorstellbar aktiv. Der KGB versuchte, wichtige bundesrepublikanische deutsche Institutionen systematisch zu unterwandern. Fernsehanstalten, Rundfunksender, Parteien und Wirtschaftskonzerne wurden ausgespäht. Der sowjetische Geheimdienst benutzte die üblichen Methoden: Erpressung, Bestechung, Sexualpartner als Lockvögel, Mord, Desinformation, Unterwanderung – das ganze schmutzige Repertoire. Das MfS in der DDR (Ministerium für Staatssicherheit, im Volksmund „Stasi" genannt) unterstützte den KGB nach Kräften.

Viele wichtige Institutionen in der BRD wurden von der KGB-gelenkten Stasi ausgespäht, auch die Industrie und die Forschung. Aber die Aufgabe des MfS bestand darüber hinaus darin, das öffentliche Leben in der BRD aktiv zu beeinflussen, durch „Karrierespione", und gezielt Desinformationen über die DDR und die Sowjetunion in Umlauf zu bringen.

Günter Guillaume (1927–1995) – ein MfS-Offizier und klassischer Karrierespion, dessen Aufgabe es war, sich bis in die höchsten Zirkel hinaufzuarbeiten und dort aktiv die öffentliche Meinung zu beeinflussen – drang sogar bis ins Kanzleramt vor. Nach außen hin arbeitete er für Bundeskanzler Willy Brandt; er wurde erst 1972 enttarnt.

Natürlich hing die Stasi immer am Gängelband des KGB, der auch dafür sorgte, dass das Leben in der DDR lupenrein „kommunistisch" verlief. Der KGB hatte eine Historie hinter sich, die nur schaudern machen kann. Die stalinistischen Säuberungen hatten Millionen von Toten gefordert, alles war der kommunistischen Ideologie geopfert worden. Historiker schätzen, dass der Kommunismus bis heute rund einhundert Millionen Tote auf dem Gewissen hat! Riesige Spionagenetze überzogen den gesamten Erdball. Touristen und Diplomaten, das eigene Volk und das Militär, Minderheiten wie die Kirche oder die Intelligenzija wurden ausgespäht, und immer wieder Dissidenten, also Abweichler, die die letzten Bastionen der Freiheit verkörperten und ihre Integrität nicht über Bord geworfen hatten. Die UdSSR war ein Spitzelstaat mit einem völlig aufgeblähten Militärapparat, nicht anders als die DDR.

Und damit sind wir bei der Geschichte des zweiten deutschen Staates nach 1945 angelangt.

DIE SOGENANNTE DDR

Die Deutsche Demokratische Republik (1949–1990) war weder demokratisch noch eine Republik, tat aber alles, um die Illusion einer Demokratie aufrechtzuerhalten. Auch die freien, geheimen Wahlen waren weder frei noch geheim. Zwar waren verschiedene Parteien zugelassen, die allerdings streng kontrolliert wurden. Der Ausgang bei den Wahlen stand von vorneherein fest. Sie wurden stets euphorisch als Sieg des Systems gefeiert. Russisch war die erste Fremdsprache, die in den Schulen gelehrt wurde. Rund 16 Millionen Ostdeutsche wurden damals auf die marxistische Ideologie eingeschworen und „umerzogen". Am Anfang bemühte sich die (von den Sowjets kontrollierte) Regierung, das Land schnell wieder auf die Beine zu bringen und die Industrieproduktion anzukurbeln. Mithilfe von Fünfjahresplänen erzielte man besonders im Bereich der chemischen Industrie, des Maschinenbaus und der Energiewirtschaft (Braunkohle!) erstaunliche Produktionserfolge. Zu Beginn der 70er-Jahre war die DDR kurzzeitig das zehntgrößte Industrieland der Erde!

Positiv waren zudem die niedrige Arbeitslosenquote, die Kinderbetreuung, die zum Teil vorzügliche Ausbildung und die günstigen Lebensmittelpreise – alles Dinge, die heute gern vergessen werden.

Auf der anderen Seite gab es in der DDR nicht genug Konsumgüter (Autos, technische Geräte, Telefone), und auch andere Handelsgüter waren knapp. Die Infrastruktur hinkte hinterher, und die Produktionsmethoden wurden mit der Zeit ineffizient. Am erbärmlichsten war es um die verschiedenen Freiheiten bestellt. Über alles wachte der Staat, alles kontrollierte er. Der Staat schien allgegenwärtig zu sein, das Individuum war nichts, der Staat alles.

Darüber konnten auch hervorragende Leistungen in der Wissenschaft und Technik nicht hinwegtäuschen – etwa im Flugzeugbau, in der Weltraumtechnik, der Optischen Industrie, dem Lokomotivbau, der Militärtechnik, dem Schiffsbau, der Elektrotechnik und Elektronik, dem Maschinenbau, dem Fahrzeugbau und in der Medizin. Ja, die Ausbildung war zum Teil hervorragend, doch wenn es um geisteswissenschaftliche Fächer ging, dann wurde stramm in Richtung Marxismus/Leninismus indoktriniert.

Genau genommen wurden die Menschen in der DDR nach Strich und Faden belogen und betrogen. Mithilfe einzelner, sichtbarer Erfolge (im Hochleistungssport etwa) versuchte man, so etwas wie ein eigenes deutsches Bewusstsein zu schaffen, doch das misslang. Die freie Meinungsäußerung wurde unterdrückt, Bücher, Radio, Fernsehen und Kunst wurden streng zensiert. Die DDR war eine lupenreine Diktatur, selbst wenn es einige Freiräume und Bürgerrechtler gab, man westliche Sender hören und sehen konnte und im Rahmen der Kirchen so manches laut gesagt wurde. Aber schon die Reisefreiheit war beschnitten, die allgegenwärtige MfS bespitzelte alle und jeden. Es gab rund 90.000 offizielle und etwa 100.000 inoffizielle Mitarbeiter der Stasi – eine unerhörte Menge für ein Land mit nur rund 16 Millionen Einwohnern. Jeder 90. Bürger war ein Spitzel!

Opposition wurde grundsätzlich im Keim erstickt, Mord, Einschüchterung und Erpressung waren an der Tagesordnung. Es handelte sich um einen Unrechtsstaat, kontrolliert von der Sowjetunion, die mehr als 300.000 Soldaten in der DDR abgestellt hatte, vom KGB ganz zu schweigen. Die SED (Sozialistische Einheitspartei Deutschlands) hielt alles fest im Griff. Erst Walter Ulbricht, dann Erich Honecker (ab 1976) leiteten diese Diktatur im Auftrage der Sowjets.

Viele Bürger flohen, selbst die „Mauer" half nicht viel, der „antifaschistische Schutzwall", wie er offiziell genannt wurde. Das Recht wurde regelmäßig gebeugt, Menschen überall überwacht und Andersdenkende unterdrückt.

DIE DDR BIS 1989

Die Hypothek wog schwer: Bis zum Jahre 1945 wurden die Menschen in der DDR mit dem Nationalsozialismus traktiert, danach versuchte man, ihnen den Marxismus-Kommunismus einzuhämmern.

Karriere machen konnte nur, der sich anpasste oder unterwarf. Der Marxismus, der vom Leninismus scheinbar „weiterentwickelt" worden war, erzählte allen die Geschichte vom widerlichen Kapitalismus – wie Kindern das Märchen vom bösen Wolf. Natürlich besaß (und besitzt) der Kapitalismus Auswüchse, natürlich ist hier beileibe nicht alles Gold, was glänzt, und natürlich wurden im Rahmen des Kapitalismus schwere Verbrechen begangen. Die Ausbeutung vieler Völker ist nicht vom Tisch zu wischen. Aber der Kommunismus blutete die Völker noch viel stärker aus, er warf Russland und viele andere Staaten mindestens um ein Jahrhundert in der Entwicklung zurück, und er zeichnet verantwortlich für rund einhundert Millionen Tote, wir haben bereits darauf hingewiesen.

Und so wuchs in der DDR eine Opposition heran, die es in sich hatte und eines Tages die Kommunisten-Clique stürzte. Das sollte zur Wiedervereinigung führen.

Aber zunächst, wie gestaltete sich der Weg in der BRD?

DIE WEITERE ENTWICKLUNG IN DER BUNDESREPUBLIK DEUTSCHLAND

Selbst ein Wirtschaftsgenie wie Ludwig Erhard beging Fehler. Dass er als Staatsökonom eine Koryphäe war, hatte er hinlänglich bewiesen. Dennoch wurde er seiner eigenen Politik des Maßhaltens schließlich untreu. Die Sozialleistungen überstiegen eines Tages das wirtschaftliche Wachstum. Staatsverschuldung, Steuererhöhungen und Kürzungen von Subventionen waren die Folgeerscheinung. Die alte Achillesferse der Demokratie, Geschenke zu verteilen, zeigte sich.

Folgende Lehren der Geschichte waren verletzt worden:

Man darf den Sozialstaat oder Wohlfahrtsstaat nicht ausufern lassen, man muss die Steuern niedrig, das Beamtentum und die Admi-

nistration klein und die Verteidigungsausgaben niedrig halten. Weiter darf der Staat keine Schulden auftürmen, er muss sparen, sparen und nochmals sparen.

Schließlich muss man Selbstständige und mittelständische Unternehmer fördern und darf sie nicht behindern.

Obwohl es in den 60er-Jahren noch immer Vollbeschäftigung gab, zog die Inflation an. Doch noch immer lebte man satt und gut. Mitte der Sechziger kippte die Hochkonjunktur schließlich um. Die Wähler erwarteten von Erhard ein zweites Wunder, das er nicht liefern konnte.

1966 musste Erhard das Zepter an Kurt Georg Kiesinger übergeben. Dieser Kanzler unternahm den vagen Versuch, die Scherben wieder zu kitten, ebenfalls ohne Erfolg. Die inflationäre Entwicklung hielt an, doch immer noch lebte man in der Bundesrepublik wie die Made im Speck, man gab zu viel Geld aus. 1969 übernahm der SPD-Mann Willy Brandt das Ruder. Doch auch Brandt war nicht in der Lage, Inflation und Arbeitslosigkeit in den Griff zu bekommen. Die Gewerkschaften trugen ihren Teil dazu bei. Zwischen 1969 und 1974 stiegen die Löhne der Arbeitnehmer um durchschnittlich 12,5 Prozent pro Jahr. Zwar versuchten die Unternehmer, diesen zusätzlichen Kostenfaktor auf die Preise abzuwälzen, aber das gelang nicht. So bekam die Inflation neuen Aufwind. Das hatte zur Folge, dass die Rentabilität der Unternehmen sank und sich folglich das Interesse an Investitionen verminderte. Hinzu kam die Ölkrise. Innerhalb weniger Wochen stieg der Weltmarktpreis für Öl auf das Vierfache. Wortgewandt schob die Regierung die steigenden Arbeitslosenzahlen zwischen 1973 bis 1975 der Ölkrise in die Schuhe.

Man meckerte allgemein, aber man „meckerte auf hohem Niveau", wie es ein Spötter ausdrückte. Mit anderen Worten: Es ging den Westdeutschen immer noch fabelhaft, speziell im Vergleich zur DDR.

Aber die Gewerkschaften trieben ein böses Spiel, nicht so schlimm wie in England, aber schlimm genug. Die Wochenarbeitszeit sank, während die Entlohnung weiter stieg. Der Arbeitnehmer wähnte sich im Recht, schließlich kostete mehr Freizeit auch mehr Geld. Die Wirtschaft zeigte erste Stagnationserscheinungen. Die „Abhilfen": Entlassungen, Umstellungen auf Automation, steigende Arbeitslosenquoten und Steuererhöhungen. In der Folge gingen abermals Investitionen zurück.

Besonders perfide entwickelten sich die Steuern. Die progressive Einkommensteuer war nach einem marxistischen Prinzip (!) entwickelt worden: (Wer es nicht glaubt, kann es im „Kapital" nachlesen.) Je mehr man verdiente, umso mehr hatte man im Verhältnis zum Einkommen an Steuern zu zahlen. Was dabei übersehen wurde, ist die Tatsache, dass die Inflation sogar den einfachen Arbeiter in eine höhere Steuerklasse katapultierte.

Aber die Zeiten waren trotz allem fabelhaft, insgesamt befand sich Deutschland noch immer in einem Hoch.

1974 musste auch Willy Brandt seinen Hut nehmen, er stolperte über die Guillaume-Affäre, wir haben bereits darüber berichtet. Die Aufmerksamkeit richtete sich auf seinen Nachfolger Helmut Schmidt. Doch auch sein Kanzlerdasein stand unter einem schlechten Stern. Gleich zu Beginn seiner Amtszeit stand die größte Rezession in der Geschichte der Bundesrepublik ins Haus. Die Arbeitslosenzahlen stiegen weiter, auch wenn sie nach einigen Jahren geringfügig sanken. Auch die Staatsverschuldung stieg unaufhörlich, und damit gingen stets drastische Steuererhöhungen Hand in Hand – ein Teufelskreis.

Zeiten einer CDU/CSU/FDP-Regierung wechselten ab mit Zeiten einer SPD/FDP-Regierung, wenn man von der Großen Koalition absieht und den Grünen, die ein notwendiges umweltpolitisches Korrektiv in die deutsche Politik brachten. Aber alle Warnzeichen wurden übersehen, was das wichtigste Produkt einer guten Politik angeht: eine blühende Wirtschaft.

Da wurde die Aufmerksamkeit völlig von den wirtschaftlichen Zahlen abgelenkt: Der Kommunismus geriet weltweit ins Wanken, und ein neues Zeitalter kündete sich an.

9. DIE DEUTSCHE WIEDERVEREINIGUNG

Kein Kapitel der deutschen Geschichte ist emotionaler als das der Wiedervereinigung im Jahre 1990 – wobei die Auswertung, die wir am Schluss vorstellen wollen, sich erheblich von den gängigen Betrachtungen dieses Prozesses unterscheidet. Aber zunächst – zur Sache!

Den meisten Zeitgenossen ist nicht bewusst, dass der Block des Kommunismus schon lange vor dem Fall der Mauer unübersehbare Risse gezeigt hatte. Tatsächlich waren die Verfallserscheinungen überdeutlich; der Kommunismus war in die Jahre gekommen, es handelte sich gewissermaßen um einen tattrigen Greis, der zu allem Überfluss auch noch an Grippe erkrankt war. Das sowjetische Politbüro, auf dessen Schultern der Kommunismus weltweit ruhte und wo die Fäden zusammenliefen, bestand selbst nur noch aus hoffnungslos überalterten Mitgliedern.

Die greisen, herrschenden Männer der Sowjetunion wussten sehr wohl, dass das Weltreich UdSSR letztlich nur durch brutale Gewalt aufrechterhalten werden konnte.

Im Mai 1989 erlaubten sich die Ungarn die Ungeheuerlichkeit, die Grenzanlagen in Richtung Österreich einfach abzubauen und niederzureißen. Das war ein direkter Schlag ins Gesicht des Kommunismus. In der Folge reisten zahlreiche DDR-Bürger stehenden Fußes nach Ungarn und flüchteten.

Freiheit, Freiheit! Der verführerische Duft der Freiheit wehte durch die Straßen der DDR, etwas lag in der Luft, etwas knisterte. Nichts ist wichtiger für Menschen als die Freiheit! Dieser Schlachtruf veränderte das Gesicht von Jahrhunderten und Jahrtausenden und wird nie verstummen!

Gleichzeitig stürmten viele DDR-Bürger die Botschaften der Bundesrepublik Deutschland in Budapest, Prag, Warschau und die ständige Vertretung in Ostberlin. Einfach alle schienen auf einmal ausreisen zu wollen, das Recht auf Bewegungsfreiheit, das Recht auf Reisefreiheit, das Recht auf freie Meinungsäußerung wurde ohne Wenn und Aber eingefordert.

Schließlich setzte eine Massenflucht nach Österreich ein. Bayern errichtete Notaufnahmelager, um all der Menschen Herr zu werden. Politiker auf beiden Seiten standen Kopf und wussten nicht, wie ihnen geschah. Das Volk, das Volk selbst, forderte seine Grundrechte ein! Botschaftsflüchtlinge wurden in verschlossenen Sonderzügen im Transit über DDR-Gebiet in den Westen gefahren. Während der Durchfahrt mussten Bahnhöfe abgesperrt werden, da viele Menschen auf die Züge aufzuspringen versuchten, die in die Freiheit fuhren. Die SED-Bosse standen mit offenem Mund daneben und staunten nicht schlecht. Den cleversten dämmerte, dass eine neue Zeit anbrach; das faule, privilegierte, satte Leben war vorbei.

Einige versuchten verzweifelt, an den alten Zöpfen festzuhalten, aber immer wieder kam es in der DDR zu Massendemonstrationen, besonders in Leipzig. „Wir sind das Volk!", klärten die DDR-Bürger die verhasste kommunistische Mischpoke auf, die auf ihre Kosten vierzig Jahre lang in Saus und Braus gelebt und die Menschen namenlos unterdrückt hatte.

Die DDR-Oberen begannen zu zittern. Honecker sah alle Felle davonschwimmen und wandte sich an Gorbatschow, den Kopf der Sowjets.

„Wer zu spät kommt, den bestraft das Leben!", erwiderte Gorbatschow (angeblich) lakonisch und gab Honecker zu verstehen, dass von der UdSSR keine Hilfe zu erwarten sei. Honecker und seine Genossen wurden von Panik erfasst. Der Spieß drehte sich um. „Aus gesundheitlichen Gründen" trat Erich Honecker nun eilig zurück, feige wie die meisten destruktiven Persönlichkeiten. Die verbleibende Clique versuchte zu retten, was zu retten war.

Im November 1989 wurde ein neues Politbüro gegründet, der schleimige Egon Krenz – keinen Deut besser als sein Vorgänger, aber großmäuliger – trat an, ebenso wie Hans Modrow, der eifrig den sozialistischen Gutmenschen zu spielen versuchte.

Aber es war bereits zu spät, der Druck vonseiten des Volkes war zu groß. Am 3. November 1989 durften die DDR-Bürger sogar über die Tschechoslowakei ausreisen, ohne große Formalitäten. In Berlin kam es am 4. November 1989 zur größten Demonstration aller Zeiten, als rund eine Million Menschen protestierten. Das neue DDR-Politbüro und die neue Regierung traten am 7. November ratlos zurück, eine solche Menge konnte auch kein Panzer mehr bändigen. Am 9. November verkündete ein hohes Polittier öffentlich vor laufenden Kameras, dass ab sofort Privat-reisen in die Bundesrepublik und nach West-Berlin erlaubt seien, ohne die bisher üblichen Schikanen. Tausende kamen an die Grenze. Die Grenz-soldaten vergaßen ihre Schießbefehle und schauten mit offenem Mund zu, wie Heerscharen von Menschen in die Bundesrepublik strömten. Die Übergänge der Berliner Mauer wurden geöffnet.

Am nächsten Tag drängten Millionen in die BRD, vor allem in den Westteil Berlins. Die Menschen tanzten auf den Straßen, Freudentränen flossen, als sich Familien und Freunde wiederfanden, die so lange gewalt-sam voneinander getrennt gehalten waren.

Die Stasi zitterte in ihren Löchern, die Polit-Gangster ebenso.

Aber in Berlin brach ein unbeschreiblicher Freudentaumel aus, die Unterdrückung von fünfzig Jahren war überwunden! Selbst fremde Men-schen fielen sich in die Arme, aus Hunderten von Ländern verfolgten tau-send Kameras ungläubig, was sich da vor ihren Augen abspielte.

Das Volk hatte die Politik selbst in die Hand genommen. Eilig suchten Helmut Kohl und Willy Brandt die Stimmung für sich und ihre Par-teien zu nutzen. Willy Brandt prägte den Satz: „Jetzt wächst zusammen, was zusammengehört." Kohl lief zu Höchstform auf. Er präsentierte dem Deutschen Bundestag ein Zehn-Punkte-Programm, das die DDR und die BRD schrittweise vereinigen sollte.

Im Januar 1990 wechselte der Slogan in der DDR: „Wir sind *ein* Volk!", hörte man es auf einmal allenthalben rufen, jeder fühlte und spürte, hier und jetzt wurde Geschichte gemacht. Demonstranten stürmten die Sta-sizentrale im Ostteil Berlins, wo sich die alten Spitzel verkrochen hatten und die Welt nicht mehr verstanden.

Und jetzt ging es Schlag auf Schlag. Schon am 18. März wurde die erste echte Volksvertretung in der DDR gewählt, diesmal wirklich geheim und frei. Das SED-Regime brach zusammen, das noch kurz zuvor mit Prügeleien und Verhaftungen reagiert hatte.

Eine große Koalition unter Ministerpräsident Lothar de Maizière entstand, die den Weg zu einer Wiedervereinigung mit der Bundesrepublik Deutschland vorbereiten half. Zunächst wurde eine gemeinsame Wirtschafts-, Währungs- und Sozialunion geschlossen, mit der Deutschen Mark als offizielles Zahlungsmittel auch in der DDR. Der Einigungsvertrag folgte am 31. August 1990, das bundesrepublikanische Grundgesetz galt nun ebenfalls für den Osten Deutschlands.

Aber noch mussten die Siegermächte besänftigt werden. Kohl und Genscher reisten rund um den Globus und suchten die Mächtigen dieser Welt zu überzeugen, dass man das Rad der Geschichte nicht zurückdrehen könne. Sie überzeugten schließlich sogar Gorbatschow davon, dass das neue geeinigte Deutschland nur Mitglied der NATO werden könne. Brandenburg, Mecklenburg-Vorpommern, Sachsen, Sachsen-Anhalt und Thüringen wurden mit einem Schlag bundesrepublikanisch. Auch der US-Präsident George Bush nickte gnädig – und half, die zögerlichen Franzosen und Engländer zur Zustimmung zu überreden, denen der Nazi-Krieg noch in den Knochen steckte. Schließlich signalisierten auch die Engländer und Franzosen ihr Einverständnis.

Das deutsche Volk befand sich in einem schier nicht enden wollenden Freudentaumel und schüttete monatelang literweise Bier in sich hinein.

Die Wiedervereinigung war geglückt, Deutschland war erneut ein „einig Vaterland", ein suppressives System war zusammengebrochen. Man hatte die elende Bagage, die es aufgebaut und angeführt und das Volk so lange belogen hatte, endlich zum Teufel gejagt.

Die Frage aller Fragen aber ist: *Wer* war dafür verantwortlich, dass es zu diesem Befreiungsschlag kommen konnte? *Wer* verantwortete diese unblutige Revolution?

EINE UNGEWÖHNLICHE ANALYSE

Zunächst halten wir fest, dass *nicht* die Herren Kohl, Brandt oder Genscher für dieses größte und wichtigste Ereignis Deutschlands im

20. Jahrhundert verantwortlich zeichneten. Ja, Brandt hatte die Entspannungspolitik eingeleitet, und ja, als die Würfel gefallen waren, versuchten die Herren Kohl und Genscher hektisch, das „Volksbegehren" zu unterstützen. Aber ihnen gebührt ganz gewiss nicht die Siegespalme. Auch wenn alle drei geradezu verzweifelt ein Stückchen Unsterblichkeit zu erlangen suchten, immer wieder auf sich selbst und ihre Bedeutung verwiesen und damit versuchten, sich ihren Platz in der Geschichte zu sichern. Aber die Wahrheit sieht natürlich, wie so oft, ganz anders aus.

Listen wir die Persönlichkeiten und die Gründe, die zur Wiedervereinigung führten, in der Reihenfolge ihrer Bedeutung, auf:

1. Michail Sergejewitsch Gorbatschow (geb. 1931) ist an erster Stelle zu nennen, wenn es die „Gründe" zu benennen gilt, die zur deutschen Wiedervereinigung führten. Erinnern wir uns: Das Sowjetsystem war von innen längst hohl und marode, im Grunde hatte der Kommunismus sich selbst besiegt.

   Aber es bedurfte eines Gorbatschows, das zu erkennen und die entsprechenden Konsequenzen zu ziehen. Ein Großteil der Wirtschaftsleistung dieses Riesenreiches war in die Rüstung geflossen, Öl und Gas hatten das Militär und den Geheimdienst finanziert. Die UdSSR hatte sich totgerüstet, sie hatte den Rüstungswettlauf gegen die Vereinigten Staaten von Amerika verloren. Der Dollar hatte den Rubel besiegt, genauer gesagt eine freiheitliche US-amerikanische Verfassung eine Diktatur. Die Missstände in der ehemaligen UdSSR waren katastrophal, aber da man alles sorgsam unter der Decke versteckt hatte, wurden viele Probleme erst später publik. Niemand hatte die Missstände zugegeben, weder der demagogisch begabte Lenin noch der Massenmörder Stalin, weder der hinterlistige Chruschtschow noch der brutale Breschnew, weder der Parteiführer Andropow noch Tschernenko. Erst Michail Gorbatschow erkannte, dass das System dabei war, von innen zu verfaulen.

   Gorbatschow war in jeder Beziehung ein russischer Ausnahmepolitiker. Von Haus aus Jurist und Experte in Sachen Landwirtschaft, war er unter der schützenden Hand Andropows in der Parteihierarchie nach ganz oben gestiegen, bis er 1985 Generalsekretär des Zentralkomitees der kommunistischen Partei der Sowjetunion und

1990 ihr Präsident wurde. Er hatte sich innerhalb der UdSSR bereits einen Namen gemacht, indem er die größte Anti-Alkohol-Kampagne inszenierte, die das Land je gesehen hatte. Gorbatschow hatte außerdem das Ausland intensiv bereist, auch die BRD, die USA, Großbritannien und Kanada, die Luft der Freiheit dieser Länder gerochen und ihre Vorteile beobachtet. Als quasi unumschränkter Herrscher befahl er nun die vollständige Umgestaltung seines Riesenreiches. Er verordnete ihm *Glasnost* (= Offenheit) und *Perestroika* (= Umstrukturierung), was einer Revolution von oben gleichkam und die sowjetische Diktatur aufweichte.

Das Ende des Kalten Krieges wurde eingeläutet. Eine Reihe friedlicher Revolutionen in den osteuropäischen Ländern war die Folge, die sich nun langsam aber sicher von den Sowjets abnabelten, die sie so lange unter ihrer Knute gehalten hatten. Auch andere Sowjetrepubliken machten sich selbstständig und warfen ihre Fesseln ab.

Gorbatschow erhielt später den Friedensnobelpreis – und das zu Recht. Hätte dieser sowjetische Präsident mit Panzern und Gewehren regiert wie seine Vorgänger, wären zahlreiche blutige Revolutionen unvermeidlich gewesen. Die Welt wäre ohne ihn in einem Blutbad ohnegleichen versunken, das wahrscheinlich Millionen von Menschenleben gekostet hätte. So aber nahm die Weltpolitik eine ganz andere Wendung, letztlich durch die Einsicht, die Intelligenz, die Friedensliebe und die Unerschrockenheit eines einzigen Mannes.

2. An zweiter Stelle müssen wir all die Freiheitskämpfer in der DDR aufzählen, die sich dem kommunistischen System nie unterordneten.

Zahlreiche Namen wären an dieser Stelle zu nennen, die unter Einsatz ihres Lebens dafür kämpften, dass die Flamme der Freiheit nie verlosch. Mit anderen Worten: Nicht anonyme Bewegungen brachten die DDR zu Fall, keine gesellschaftlichen Entwicklungen, keine klassenkämpferischen Schichten, wie das Karl Marx genannt hätte, der nebenbei bemerkt auch eine völlig falsche Geschichtsphilosophie aus der Taufe gehoben hatte. Es waren unglaublich mutige Einzelpersonen, die sich nicht unterordneten und ihre Integrität in die Ecke stellten.

Die meisten dieser Einzelkämpfer waren Pfarrer. Die evangelische Kirche stellte gewissermaßen eine letzte, halb geduldete Fraktion der Freiheit in der ehemaligen DDR dar.

Danach sind Schriftsteller zu nennen, die auf eine Jahrhunderte und Jahrtausende während Tradition des ideellen Aufbegehrens zurückblicken können. Schriftsteller und generell Künstler sind die ewigen Rebellen, einige ihrer herausragenden Exemplare lassen sich nicht mit Geld ködern und reagieren nicht auf Druck. Schriftsteller verfochten schon immer Werte wie Frieden, Freiheit und Gerechtigkeit, die Geschichte ist voll von positiven, kämpferischen Beispielen dieser ewigen Idealisten, die sogar ihr Leben hintanstellen, wenn es der Wahrheit zu ihrem Recht zu verhelfen gilt.

Stets bekämpften konkrete Figuren das DDR-Unrecht, sie alle setzten teilweise ihr Leben, ihr Hab und Gut, ihre Freiheit und ihre Gesundheit aufs Spiel. Sie waren integer, mutig und entschlossen genug, angesichts der Unterdrückung nicht zu Kreuze zu kriechen. Ja, die Ziele dieser Freiheitskämpfer waren völlig unterschiedlich, sie kamen aus allen möglichen Ecken und Winkeln verschiedenster Weltanschauungen, aber sie alle einte die Fähigkeit zum Widerstand. Die meisten von ihnen hatten mit Überwachung, Repressionen aller Art, beruflichen Nachteilen, Ausbürgerung, Haft und manchmal sogar Folter und Tod zu rechnen. Die Stasi versuchte, sie kirre zu machen, aber es misslang.

Jeder, auch in der BRD, der gegen die Unterdrückung in der DDR mobil machte, müsste theoretisch genannt werden, selbst wenn die meisten Idealisten in der Bundesrepublik Deutschland nicht unter Einsatz ihres Lebens kämpften.

Umgekehrt waren alle sogenannten Intellektuellen, die für den unterdrückerischen Kommunismus den Trompeter gaben, sei es in der DDR oder der BRD, arme Burschen und müssen sich vorwerfen lassen, in der Analyse vollständig versagt zu haben, wenn sie nicht sogar den SED- und KGB-Mördern das Messer absegneten. Die gesamte „linke" Schickeria der BRD, die einstmals so „in" gewesen war, hatte im Prinzip intellektuell und moralisch vollständig versagt.

Aber bleiben wir positiv.

3. Neben den Freiheitskämpfern und den zahlreichen Bürgerrechts-
und Menschenrechts-Gruppen ist die unendliche Dummheit der
DDR-Oberen in Bezug auf den Fall der Deutschen Demokratischen Republik zu nennen.

Mörder und Verbrecher sägen sich gewöhnlich selbst den Ast ab,
auf dem sie sitzen. Dieses Gesetz gilt auch für Polit-Gangster.

Die wirtschaftliche Schwäche der DDR, die Krise der Planwirtschaft, die Unterversorgung mit Alltagswaren (Ersatzteilen, Ma-
schinen, Baumaterial), der elende Zustand der Staatsfinanzen, die
Unterdrückung der Meinungs-, Reise- und Demonstrationsfrei-
heit, die Wahlfälschungen, die Berliner Mauer, die Diktatur, die
Todesstrafe – all das und noch viel mehr war dafür verantwortlich,
dass sich überhaupt eine so starke Opposition bilden konnte.

Genau wie sich die Sowjetunion letztlich selbst vernichtete, genau
wie das Römische Reich ehemals an seinen eigenen Sünden zugrunde ging, so wurde auch die DDR durch ihre eigenen Unzu-
länglichkeiten und Verbrechen aus der Geschichte hinweggefegt.

Aber noch einmal: Es waren konkrete Einzelpersönlichkeiten, die
sich für die Freiheit stark machten.

Einfach nichts, nicht einmal die modernste Waffe, nicht einmal
die brutalste, schlagkräftigste Polizei, kein Militär kann Menschen
aufhalten, wenn sie erst einmal entschlossen sind, ihre Freiheit und
ihre Menschenrechte einzufordern.

Insofern bedient sich die konstruktive Persönlichkeit im politischen
Raum der stärksten Waffe, die es gibt: der Freiheitsliebe. Sie kann weder
durch Panzer noch durch Gewehre, weder durch Spitzel noch durch Re-
pressalien auf Dauer unterdrückt werden.

ENDE UND ANFANG

Damit sind wir am Ende dieses Buches über die Geschichte Deutschlands angelangt. Wir verzichten absichtlich darauf, die weitere Entwicklung nach der Wiedervereinigung aufzuzeigen, denn damit betreten wir

ein neues Kapitel, damit betreten wir die Gegenwart, die eine vollständig eigenständige Analyse erfordert.

Die weitere Entwicklung Deutschlands, die Politik von heute, wird in dem Buch „Sehr geehrte Frau Bundeskanzlerin" aufgezeigt. Hierin werden ebenfalls so neutral wie möglich – und jedenfalls unabhängig von politischen Gruppierungen und weltanschaulichen Ansichten – die Stärken und Schwächen unseres Landes analysiert, aber nicht ohne konkrete Lösungsvorschläge zu unterbreiten.[16]

Unsere „Geschichte Deutschlands" ist hiermit abgeschlossen, wobei man nie vergessen darf, dass „Geschichte" nichts anderes ist als Politik – sie ist Politik von gestern. Politik heute ist umgekehrt morgen schon wieder Geschichte.

Geschichte wird also ständig fortgeschrieben, in der Gegenwart.

Jeder Einzelne von uns kann dazu beitragen, Geschichte zu schreiben, indem er seinen Teil dazu beiträgt, Politik heute konstruktiver, humaner und überlebensfreundlicher zu gestalten.

Geschichte und Politik sind nichts, das „zufällig" passiert. Geschichte und Politik sind das Ergebnis der Anstrengungen verschiedener Einzelpersönlichkeiten, die helle genug sind zu erkennen, dass Geschichte und Politik „gemacht" werden, verursacht und konkret herbeigeführt – und die selbst gleichzeitig mutig und stark genug sind, sich einzumischen. Ob in der Zukunft destruktive oder konstruktive Kräfte die Oberhand behalten, hängt von jedem Einzelnen von uns ab; denn die Entscheidung, etwas Negatives zu tun oder etwas Positives, hat Einfluss auf die Zukunft.

Friede, Freiheit und Gerechtigkeit sind nicht selbstverständlich. Selbst wenn wir nur eine konstruktive Persönlichkeit im politischen Raum unterstützen, die diese Ziele verfolgt, leisten wir schon einen Beitrag.

Wir müssen uns Frieden, Freiheit, Wohlstand und Gerechtigkeit verdienen, indem wir einen Beitrag leisten, und mag er auch noch so unbedeutend erscheinen. Aber die Wahrheit ist: Es gibt keinen unbedeutenden Beitrag; denn die Summe aller unbedeutenden Beiträge brachte die Mauer in Deutschland zu Fall und den Kommunismus zum Einsturz. Eine ganze Welt wurde umgekrempelt!

Das aber beweist: Jeder von uns kann Geschichte machen, sofern er eine entsprechende Entscheidung trifft.

Geschichte beginnt heute, hier und jetzt.

LITERATURVERZEICHNIS

1. Kapitel

1 Lutz Röhrich: Lexikon der sprachwissenschaftlichen Redensarten, Freiburg, Basel, Wien, 1994, Band I, S. 316ff.
2 Will Durant: Das Zeitalter der Reformation, München, 1981, S. 312
3 Vgl. Paul Kennedy: Aufstieg und Fall der großen Mächte, Frankfurt, 1998

2. Kapitel

1 Vgl. Tacitus: Annalen, Stuttgart, 2000
2 Vgl. Edward Gibbon: Verfall und Untergang des Römischen Reiches, Frankfurt, 2000
3 Karlheinz Deschner: Kriminalgeschichte des Christentums, verschiedene Bände, Reinbek bei Hamburg, 2000
4 Vgl. diese und andere Informationen: Bruno Gebhardt: Handbuch der Deutschen Geschichte, Bände I bis IV, Stuttgart, 1959
5 Hans Wollschläger: Die bewaffneten Wallfahrten gegen Jeruslam, Zürich, ohne Zeitangabe, S. 140
Vgl. weiter Georges Tate: Die Kreuzritter, ohne Ortsangabe, 1993, S. 45ff. sowie Walter Zöllner: Geschichte der Kreuzzüge, Berlin, ohne Zeitangabe

3. Kapitel

1 Will Durant: Das Zeitalter der Reformation, München, 1981, S. 353
Vgl. auch Frank Fabian: Die Größten Lügen der Geschichte, München, 2010
2 Will Durant: Das Zeitalter der Reformation, a. a. O., S. 32
3 Karlheinz Deschner: Kriminalgeschichte des Christentums, Band 7, Reinbek bei Hamburg, 2003, S. 383
4 Horst Herrmann: Martin Luther, Berlin, 2003, S. 196
5 Hermann: a. a. O., S. 340
6 D. Martin Luther: Die gantze Heilige Schrift, Band I, Wittenberg, 1545 (München, 1974), S. 13
7 Martin Luther, Die gantze Heilige Schrift, a. a. O., Band I, S. 13, und Band III, S. 2261
8 Heiko Oberman, Wurzeln des Antisemitismus, Berlin 1981, S. 155 und S. 160

9 Zitat nach Will Durant: Das Zeitalter der Reformation, a. a. O., S. 433
   Vgl. weiter die Originalschriften Luthers
10 Vgl. Christopher Clark u. a.: Preußen, München, 2008 sowie
   Siegried Fischer-Fabian: Preußens Gloria, München, 2007
11 Vgl. Wilfried Barner (Hgg). Lessing, Werke und Briefe, Frankfurt am Main, 1985-2003
   Monika Fick: Lessing-Handbuch, Stuttgart-Weimar, 2004
12 Voltaire: Sämtliche Romane, Frankfurt und Leipzig, 1976, S. 39ff
13 Zitiert nach Wikipedia, Stichwort „Johann Sebastian Bach"
14 Vgl. Martin Geck: Mozart, Reinbek bei Hamburg, 2005
15 Vgl. Martin Geck: Beethoven, Reinbek bei Hamburg, 2008
16 Vgl. Ingo Hermann: Hardenberg. Der Reformkanzler, München, 2003
17 Frank Fabian: Die Kunst des Regierens, Suhl, 2010, S. 213
18 Frank Fabian: a. a. O., S. 260f.
19 Frank Fabian: a. a. O., S. 269
20 Will Durant: Die Französische Revolution, München, 1979, S. 40ff.
21 Christian Graf von Krockow: Bismarck: Eine Biographie, München, 2003, 3. Auflage,
   S. 23
22 Krockow: a. a. O., S. 49
23 Vgl. Lothar Gall: Bismarck, München, 2002, 2. Auflage
24 Krockow: a. a. O., S. 101
   Vgl. weiter Frank Fabian: Die Größten Lügen der Geschichte, Güllesheim, 2007
25 Lothar Gall: a. a. O., S. 824
26 Lothar Gall: a. a. O., S. 839

4. Kapitel

1 Karl Dietrich Erdmann, Bruno Gebhardt: Handbuch der Deutschen Geschichte, Band IV,
   a. a. O.,
2 Vgl. erneut Gebhard: a. a. O. sowie viele andere Historiker, die ähnlich urteilten
3 Hagen Schulze: Kleine deutsche Geschichte, München, 1998
4 Vgl. Detlev Peukert, Die Weimarer Republik, Frankfurt 1987
5 Vgl. Gebhardt: a. a. O.
6 Vgl. Wikipedia, Stichwort „Hindenburg"
7 Vgl. Tim Weiner: CIA. Die ganze Geschichte, Frankfurt, 2008, 5. Auflage
8 Vgl. Thomas Röder: Die Männer hinter Hitler, Malters, 1994
9 Paul Kennedy, Aufstieg und Fall der großen Mächte, Frankfurt 1987, S. 631
10 Paul Kennedy: a. a. O., S. 632
11 Ludwig Erhard, zitiert in: Frank Grube/Gerhard Richter: Das Wirtschaftswunder. Unser
   Weg in den Wohlstand, Hamburg, 1983, S. 62
12 Vgl. Ludwig Erhard: Wohlstand für alle, Köln, 2009
13 Grube/Richter: a. a. O., S. 176ff.
14 Vgl. auch andere Vordenker und Wegbereiter der Sozialen Marktwirtschaft, wie Wilhelm
   Röpke, Walter Bucken und Alfred Müller-Amack
15 Vgl. Weiner: a. a. O.
16 Frank Fabian: Sehr geehrte Frau Bundeskanzlerin, Suhl, 2010, 5. Auflage

ZUM AUTOR

FRANK FABIAN

Jahrgang 1952, lebt in Florida, USA. Fabian studierte Geschichte und Philosophie in Deutschland, England und in den USA.
Der in neun Ländern publizierte Bestsellerautor wurde mit vielen Preisen ausgezeichnet. Seine Bücher wurden zum Einsatz als Lehrbuch empfohlen, für die 9. bis 12. Klasse, für Regelschulen, Gymnasien und berufsbildende Schulen, für Studenten, Ausbilder und Lehrer.

Einige seiner Erfolgstitel in Deutschland:
- Sehr geehrte Frau Bundeskanzlerin
- Die Größten Lügen der Geschichte
- Die Größten Fälschungen der Geschichte
- Die Kunst des Friedens
- Was wir aus 10.000 Jahren Geschichte lernen können
- Unterdrückte Informationen über Jesus Christus
- Die Geheimmission des Tempelritters

Frank Fabian ist zu erreichen unter frankfabian11@yahoo.com